Ronald Reng
Mroskos Talente

PIPER

Zu diesem Buch

Mit 23 Jahren beginnt Lars Mrosko, ein Junge aus Berlin-Neukölln, als Scout für den FC Bayern München zu arbeiten. Er soll für den deutschen Meister die Fußballstars der Zukunft finden und tritt in eine Szene ein, die Millionen Menschen fasziniert, über die wir aber kaum etwas wissen: das Geschäft mit dem Fußball, die Welt der Scouts und Spielerberater. Anhand der ungewöhnlichen Lebensgeschichte von Lars Mrosko gewährt Ronald Reng in diesem Buch nun erstmals einen unverstellten Blick auf das Innenleben des modernen Profibetriebs.
»Mroskos Talente« ist die packende Geschichte eines einzigartigen Mannes, und sie handelt von Getriebenheit, Leidenschaft und bedingungsloser Liebe für die abenteuerliche, abgründige Welt des Fußballs.

Ronald Reng, geboren 1970 in Frankfurt, lebt als Sportreporter und Autor in München. Seine Biografie über den verstorbenen Torwart Robert Enke stand zehn Wochen unter den Top 5 der Spiegel-Bestsellerliste, »Spieltage. Die andere Geschichte der Bundesliga« wurde als Fußballbuch des Jahres sowie als bestes deutsches Sachbuch mit dem NDR Kultur Preis ausgezeichnet.

Ronald Reng

MROSKOS TALENTE

Das erstaunliche Leben eines Bundesligascouts

Mit 18 Abbildungen

PIPER
München Berlin Zürich

Mehr über unsere Autoren und Bücher:
www.piper.de

Von Ronald Reng liegen im Piper Verlag vor:
Barça. Die Entdeckung des schönen Fußballs
Spieltage. Die andere Geschichte der Bundesliga
Robert Enke. Ein allzu kurzes Leben
Gebrauchsanweisung für London
Mroskos Talente

FSC
www.fsc.org
MIX
Papier aus verantwortungsvollen Quellen
FSC® C083411

Ungekürzte Taschenbuchausgabe
Piper Verlag GmbH, München/Berlin
1. Auflage November 2016
2. Auflage Januar 2017

Umschlaggestaltung: Büro Jorge Schmid, München
Umschlagabbildung: Giorgio Fochesato/Getty Images
Litho: Lorenz & Zeller, Inning am Ammersee
Satz: Tobias Wantzen, Bremen
Gesetzt aus der MinionPro
Druck und Bindung: CPI books GmbH, Leck
Printed in Germany ISBN 978-3-492-31009-3

Inhalt

Prolog
Monopoly

Seit er sich erinnern kann, haben Frauen versucht, ihn zu verändern, seine Mutter, Yvonne, Antje, und weil es Frauen waren, dachte Lars Mrosko, er würde sich ändern. Das Problem war nur, dass es so langweilig war, stets vernünftig zu sein.

»Du schon wieder!«, begrüßte ihn Entes Vater, als Lars abends bei seinem Freund in der Tür stand. Er war sich sicher, dass ihn Entes Vater eigentlich mochte. Der Vater schloss das Wohnzimmer vor ihnen ab und nahm den Schlüssel mit, wenn er ein Bier trinken ging und die Wohnung Ente und seinen Freunden überließ.

Lars kletterte aus Entes Fenster hinüber auf den Wohnzimmerbalkon. Er war klein, muskulös, mit enormer Körperspannung und wachen Augen gesegnet. Er empfand es als Kompliment, wenn die anderen sagten: Der Lars kennt keine Angst.

Die Wohnung lag im ersten Stock des Hochhauses, nah genug an der Straße, dass ihn jeder Passant beobachten konnte. An der Johannisthaler Chaussee wunderte es allerdings niemanden, wenn ein junger Mann abends aus einem Fenster auf den Balkon nebenan kletterte. Lars klaute Entes Vater ein paar Satin-Unterhosen von der Wäscheleine am Balkon.

Entes Vater würde das nächste Mal ein bisschen schimpfen, wo seine Unterhosen waren, Lars würde sagen, das waren doch unsere Unterhosen, die hattest du dir nur unter den Nagel gerissen, als wir sie mal morgens vergessen haben. Beide würden meinen, recht zu haben, und dann ein Bier miteinander trinken. Entes Vater konnte Lars doch nicht wirklich böse sein. Denn Lars Mrosko, sagten alle, hat einen guten Kern; eigentlich, fügten manche hinzu. Er hatte, mit 23, auf dem Abendgymnasium versucht, sein Abitur nachzuholen, weil Antje das wollte. Er erinnerte sich dann bloß immer wieder daran, was er am liebsten wollte: mit den Jungs abhängen.

Sie bauten in Entes Zimmer das Monopoly-Spiel auf dem Teppichboden auf, um die Stunden totzuschlagen, bis im *Fun* was los war. Neben der üblichen Clique, Shergo, Bodden, Ente und Lars, war an diesem Abend auch Hotze zu ihnen gestoßen. In der Disco hatte Hotze einmal auf der Tanzfläche Anlauf genommen, einen Rückwärtssalto geschlagen und war auf einer Erhöhung gelandet. »Wo haste das denn gelernt?«, fragte ihn Lars. Gelernt gar nicht, sagte Hotze, das habe er im Fernsehen gesehen und gedacht, er probiere es mal aus.

Zu fünft war es ein wenig beengt in Entes Zimmer, das unverändert wie in Kindertagen eingerichtet war, obwohl sie mittlerweile alle über 20 waren. Am Fenster stand der Schreibtisch, mit Tags und Graffiti bemalt, und in dem schmalen Kinderbett würden nach der Disco zwei von ihnen schlafen; zwei im Bett, drei auf dem Fußboden, wer wo liegen durfte, würden sie ausschnicken, sching-schang-schong. Vielleicht würde aber auch einer im *Fun* bei einer Frau landen.

Lars nahm heimlich ein paar Geldscheine aus den Stapeln des Monopoly-Spiels und sagte den Jungs, er müsse mal kurz auf Toilette. Im Bad versteckte er das Spielgeld hinter der Shampooflasche und im Zahnputzbecher. Im Zimmer drehten sie das Volumen der Musik hoch. Ente besaß eine kleine Stereoanlage mit sechs CD-Laufwerken im Regal, topmodern, sodass sie sechs Interpreten hintereinander hören konnten, ohne eine CD wechseln zu müssen. Doch dann hörten sie wieder nur die eine. Sie sangen mit, »einfach geil – endlich frei, denn die Woche ist vorbei«. Rap oder Techno, der ganze harte Scheiß, war schon auch in Ordnung, aber bei den Schlagern von Wolle Petry wurde Lars von innen warm, und zügig breitete sich die Euphorie im ganzen Körper aus.

Es gab Wodka und Bier. Geld war beständig knapp, aber sie trieben doch immer genug auf, um was zu trinken zu haben, um in die

Disco reinzukommen. Bodden jobbte als Cocktailmixer, Shergo spielte bei den Reinickendorfer Füchsen in der vierten Liga Fußball. In der Sprache der Erwachsenen, zu denen sie sich in ihrem Alter nun zählen sollten, waren das Nebenjobs. Aber sie konnten von 600 Mark im Monat leben, wenn sie noch im Kinderzimmer wohnten. Warum sollten sie mehr, warum etwas Langweiliges arbeiten? Manchmal dachte Lars an die 75 000 Mark. Die Zahl klang gigantisch, aber so groß war sie doch gar nicht mehr, er hatte dank Antjes Insistieren schon ein paar Tausend Mark von den Schulden abgetragen, die er zwischen 20 und 22 aufgehäuft hatte, beim Vermieter, Sozialamt, bei den Banken, Versicherungen, überall. Im Prinzip unterschied das echte Geld sich nicht vom Monopoly-Geld: Man brauchte nur genug, dann blieb das Leben ein Spiel.

Lars' Ziel beim Monopoly war, Ente und Bodden in die übliche Streiterei zu treiben. Shergo unterstützte ihn dabei ohne Absprache, aus Gewohnheit.

»Mann, Ente, merkst du es nicht, wann immer du in die Nähe von Boddens Straßen kommst, baut er schnell Häuser, damit du eine höhere Miete löhnen musst.«

»Meinste, das fällt mir nicht selber auf? Der will mich fertigmachen, der Pleitegeier, aber dem zeig ich's!«

»Blas dich nicht so auf, du Osterhase! Sonst mache ich dich ruck, zuck alle.«

Falls Bodden und Ente wider Erwarten beim Monopoly erfolgreich über die Runden kamen, ging Lars auf Toilette. Hinter der Shampooflasche oder im Zahnputzbecher fand er, was er brauchte, um dem Spiel die Wende zu geben.

Er konnte sich keine besseren Freunde vorstellen. Als er noch nicht bei Antje, sondern wie die anderen in der Gropiusstadt gewohnt hatte, klingelte Bodden oft bei ihm. Er solle rauskommen, Fußball spielen. Um ein Uhr in der Nacht. Sie spielten dann auf dem Bolzplatz am Theodor-Loos-Weg »Rüberschießen«. Jeder stand in einem Tor und schoss über den gesamten Platz auf das Tor des anderen, Ballstoppen nur in der Luft, und Ballvorlegen gar nicht erlaubt, beide Spieler grimmig entschlossen, diese Partie unbedingt zu gewinnen. An diesem Spiel, an jedem Spiel hing die Welt.

Bodden hieß in Wahrheit Daniel. Sie hatten ihn nach Olaf Bodden umbenannt, dem schweren Bundesligastürmer, der jede Menge Tore erzielte, aber ihrer Meinung nach doch kein guter Fußballer war, einer, der mit Kopfbällen und Kampfgeist bestand. Ein echter Fußballer war einer wie Shergo, feinfüßig, mit Körperfinten, und beim ersten Körperkontakt ging er zu Boden, schindete einen Elfer. Ein echter Köter. Shergo spielte vierte Liga für 630 Mark im Monat und außerdem auf jedem Freizeitturnier, bei dem ihn die Jungs brauchten, für Sporting Mutante, Juve Rudow oder den Hertha-Fanklub. Shergo, der mit dem ganzen Gesicht lachen konnte, und dann mochte ihn jeder, rauchte eine Zigarette vor dem Spiel, aber am Abend vor der Partie blieb er zu Hause, also, er versuchte es zumindest. Er würde Profifußballer werden, war doch klar.

»Noch ein Spiel«, sagte Bodden in der Nacht zu Lars, nach drei verlorenen Partien Rüberschießen auf dem von Straßenlaternen nur streifenweise beleuchteten Bolzplatz. »Nur noch ein Spiel, jetzt mach ich dich platt, du Aas.« Der Verlierer sagte immer: Nur noch ein Spiel.

Wenn ein Schuss danebenging, schepperte der Zaun. Gegen halb zwei in der Nacht schrien die ersten Nachbarn von den Hochhäusern herunter: »Habt ihr ’ne Macke? Haut sofort ab!« Nach zwei Uhr schmissen Nachbarn mit Flaschen nach ihnen. Sie spielten weiter. Sie machten, in ihrer Wahrnehmung, keinen Ärger. Nur wenn ihnen einer zu blöd kam, schlugen Lars und Ente mit der Faust zu; sie schlugen immer nur zurück, in ihrer Wahrnehmung.

Mit dem Monopoly waren sie zu früh fertig, es war erst zehn, halb elf, vor Mitternacht brauchtest du dich im *Fun* nicht sehen zu lassen.

Was nun?

Im Keller bei Ente fanden sie immer etwas. Der Vater bewahrte dort sein Arbeitsmaterial auf. Er war Malermeister. Von seiner Frau lebte Entes Vater seit Längerem getrennt, Lars kannte nicht die Details, aber auch die vage Lebensgeschichte nötigte ihm Hochachtung ab: Drei Kinder, Ente und zwei Töchter, hatte der Vater alleine großgezogen. Der kleinste Sohn wuchs wohl bei der Großmutter auf.

Sie nahmen eine von Vaters Dosen aus dem Keller und füllten sie in einen Frühstücksbeutel um. Dann fuhren sie in den elften Stock.

Entes Hochhaus war das höchste in der Gegend. Wie ein weißer Turm erhob es sich an der Johannisthaler Chaussee, selbst das Einkaufszentrum Gropius Passagen wirkte neben ihm schmächtig. Ganz oben, auf dem Balkon im 19. Stock, wurde einem von der bloßen Aussicht schwindlig. Die Lichter Berlins schwankten unter ihnen, die ganze Stadt lag ihnen zu Füßen, seit elf Jahren tatsächlich grenzenlos.

Manchmal zeigten sie im Fernsehen Bilder von den Hochhäusern der Gropiusstadt. Die Jungs mussten nicht genau hinhören, das Gequatsche des Sprechers kannten sie schon, ursprünglich 90 Prozent Sozialwohnungen, Leerstand, Jugendkriminalität, Problembezirk Neukölln. Sie sahen nur genau hin, ob sie jemanden in dem Filmbeitrag erkannten.

Von ganz oben, vom 19., ließ sich nicht so gut zielen. Also drängelten sie sich auf dem Treppenhausbalkon im Elften.

Der Parkplatz am Straßenrand direkt unter ihnen war noch frei. Das *Fun* befand sich im Souterrain der Gropius Passagen, 150 Meter von Entes Hochhaus entfernt. Die Diskothekengäste würden sich über den leeren Parkplatz freuen.

Sie mussten nicht lange warten, bis ein schwarzer Mercedes 420 SEL die Fahrt verlangsamte und einparkte. Bei Autos genügte ihnen ein Blick, um das Modell zu erkennen.

»Der steht perfekt.«

»Direkt unter uns.«

Hotze ließ den Arm mit dem Frühstücksbeutel durch die Luft kreisen. Aus dem Mercedes stiegen zwei junge Frauen und Männer aus.

»Optimal! Glatzen.«

»Mit scharfen Ost-Bräuten!«

Hotze warf den Frühstückbeutel so, dass er vom Balkon aus aufstieg und für eine ewige Tausendstelsekunde in der Luft stillzustehen schien, ehe er hinuntersauste.

Frauen schrien spitz auf. Ein Mann brüllte: »Ihr Schweine!«

»Hör auf zu lachen!«, herrschte Lars auf dem Balkon Hotze an, während er selbst kichern musste. Schnell fuhren sie mit dem Aufzug vom elften in den ersten Stock hinunter und schlichen im Dunkeln in die Wohnung von Entes Vater. Vom Fenster hatten sie einen guten Überblick, ohne selbst gesehen zu werden.

Der Fahrer des Mercedes hatte einen Baseballschläger aus dem Kofferraum geholt und schlug damit wie von Sinnen gegen den nächsten Laternenpfahl.

»Kommt runter, ihr Schweine! Ich komme hoch, ihr Wichser, ich mach euch kalt!«

»Hotze, hör endlich auf zu lachen, du verrätst uns noch!«, zischte Lars.

Ihre blaue Lackbombe war prächtig auf dem Dach des schwarzen Mercedes gelandet und hatte auch die vier jungen Leute, die gerade ausgestiegen waren, vollgespritzt.

Sie warteten eine gute halbe Stunde, bis der Mercedes wegfuhr, und dann noch mal 40 Minuten, um sicher zu sein. Dann gingen sie ins *Fun*. Die Glatzen würden sicher nicht da sein, die mussten sich sauber machen.

Mittwochs war im *Fun* Schlagernacht, ihre Nacht. Beim ersten eingängigen Lied startete Lars eine Polonaise, und schon bald zogen sie die halbe Disco hinter sich her.

»Alter«, sagte einer seiner Jungs zu Lars Mrosko, »ich kann nicht glauben, dass du bei Bayern München arbeitest.«

1

Der göttliche Gatzweiler

Lars Mrosko, der mit seinen Freunden Lackbomben aus dem elften Stock feuerte, legte Wert darauf, bei seiner Arbeit äußerst seriös aufzutreten. Er war jung genug, darin keinen Widerspruch zu sehen. Ihm war es wichtig, verlässlich zu sein; beim Blödsinnmachen mit den Freunden genauso wie beim Talentesuchen für Bayern München. Nur für die anderen in Neukölln war es schwer zu begreifen, wie das zusammenging; dieser 23-jährige Junge im Kapuzenpulli, der bislang Ausbildungen als Kindergärtner, Dachdecker und Elektriker abgebrochen hatte, und der deutsche Fußball-Rekordmeister.

Bayern München, ja ja, sagte sein Opa Locke.

Wenn Lars zu erklären versuchte, was er tat, wurde es nicht besser.

Was biste, Scout? Was is'n das, Pfadfinder oder was?

Wenn die Verwandten und Freunde, die nicht glauben konnten, dass er beim FC Bayern arbeitete, in Neukölln auf der Straße auf ihn angesprochen wurden, wussten sie allerdings plötzlich voller Stolz ganz genau, was er machte: Er stellt für die großen Bayern die Mannschaft der Zukunft zusammen!

Ganz genau genommen, war er einer von über einem Dutzend Scouts auf Honorarbasis, die im Jahr 2000 in ganz Deutschland nach Talenten für die Nachwuchsmannschaften des FC Bayern suchten. Mrosko sah sich jede Woche vier bis acht Spiele von Jugendteams an und meldete seine Eindrücke nach München. In Momenten, in denen ihn etwas bedrückte, fand er: Er war das kleinste Licht. Aber die Verzagtheit wich schnell wieder, wenn er bei der Arbeit war.

Schon das Fahrtziel seiner Scoutingtour auf der Landkarte zu suchen versetzte ihn in Stimmung. Neuerdings gab es wohl elektronische Geräte zu kaufen, die die Route automatisch vorgaben, Navigationssysteme oder so. Das war sicher praktisch, aber er dachte, da würde auch etwas verloren gehen: diese Vorfreude, wenn er die Landkarte studierte; dieses Gefühl, auf große Fahrt zu gehen. Aber er brauchte auch nicht weiter darüber nachdenken: Er konnte sich den Navigator sowieso nicht leisten.

Für 3000 Mark, die keiner von ihnen besaß, hatte ihm der Vater einen gebrauchten roten Mazda V6 für den Job bei den Bayern gekauft. Das Auto musste rot sein, die Farbe von Ferrari, die Farbe der Bayern. Mrosko fuhr raus aus Berlin, auf der neu gebauten A9 Richtung Süden, blühende Landschaften entstanden da ja, waren in Wirklichkeit zwar meist nur Felder in blassen Farben, aber das spielte keine Rolle; Wolle Petry lief im CD-Spieler, einfach geil – endlich frei, und Mrosko dachte sich, dass er doch erst am Anfang war, mit 23 Scout bei Bayern München. Er würde der beste aller Scouts werden, unbedingt.

Der Beruf war in Deutschland so jung, dass es keine deutsche Bezeichnung für ihn gab. Späher, Talentejäger, das hätte nach alten Zeiten geklungen, und dies war doch die Epoche des modernen Fußballs, alles wurde systematischer, wissenschaftlicher und vor allem größer. Talente sollten nicht mehr zufällig von einem befreundeten Kleinstadttrainer empfohlen werden, sondern jeder Winkel des Landes nach begabten Kindern durchforstet werden, jeder potenzielle Zugang in einer Datenbank erfasst. Wohl erst nach 1990 hatten die ersten Bundesligaklubs feste Stellen für Nachwuchsscouts geschaffen, und erst seit Neustem, seit 2000, wurden spezialisierte Scouts in allen Profiklubs eine Selbstverständlichkeit. Mrosko musste bei Gelegenheit Jürgen Rehberg von Schalke oder Wolfgang Geiger vom VfB Stuttgart nach den Anfängen fragen; wobei, wahrscheinlich musste er nicht danach fragen. Sie würden es gewiss von selbst erzählen. Obwohl es ein junger Beruf war, gab es selbstverständlich schon Kollegen, die wie Veteranen auftraten.

Sie standen zusammen hinter der einfachen Blechbalustrade am

Fußballplatz der thüringischen Sportschule Bad Blankenburg, Rehberg mit der aufrechten Haltung und den sportlich-schicken Freizeithosen eines Tennislehrers, Geiger mit den melancholisch tief hängenden Augenlidern, Bernd Pfeifer von Werder Bremen, Peter Frahm vom HSV. Die 15, 20 üblichen Nachwuchsscouts waren zum DFB-Trainingslehrgang der besten 15-Jährigen Deutschlands gekommen.

Sie waren Konkurrenten. Sie traten stets als Gemeinschaft auf. Sie wohnten im selben Hotel, sie saßen bis nachts im Restaurant zusammen, sie standen beim Training in der Gruppe am Spielfeldrand. Es gab bei Lehrgängen und Länderspielen der Jugendnationalteams für alle dasselbe zu sehen, da brauchten sie sich nicht zu bekriegen. »Das ist kein James-Bond-Job, auf geheimer Mission hinter Hecken«, sagten die Veteranen zu Mrosko, und er nickte. Aber am nächsten Morgen schlich er trotzdem um acht aus dem Hotel *Am Goldberg*.

Er konnte zu Fuß gehen, über den Fluss Schwarza hinüber, in Bad Blankenburg hatte er das Gefühl, im Urlaub zu sein, das Hotel, gelb gestrichen, im Fachwerkstil am Waldesrand, die Abwesenheit von jeglichen Maschinengeräuschen. Sogar die Sportschule lag noch still, als er um zehn nach acht eintraf. Training war erst um neun. Er stellte sich an den Rand des Wegs zum Fußballplatz und versuchte, eine beiläufige Haltung einzunehmen, Hände in die Jeans, Hände aus der Jeans, doch besser in die Jeans. Es machte ihm nichts aus zu warten.

Gatzweiler kam in der Gruppe Frankfurter Spieler zum Training geschlendert, zwischen Daniyel Cimen und Joseph Mensah. Mrosko setzte sich in Bewegung, schnell genug, damit er nicht verdächtig wirkte, langsam genug, damit ihn die Frankfurter überholen konnten.

Er fing nur Fetzen des Gesprächs auf. Aber er hörte den einen Satz, für den sich der James-Bond-Einsatz schon gelohnt hatte.

»Jetzt macht euch doch nicht so einen Kopf«, sagte Marian Gatzweiler, »spielt einfach Fußball.«

Selbstverständlich konnte es bloß der banale Spruch eines 15-Jährigen sein, der vor seinen Mitspielern echt lässig wirken wollte. Doch jetzt gerade euphorisierte der Satz Mrosko. Nur er hatte ihn gehört, er hatte ihn ganz für sich allein, ein weiteres Mosaiksteinchen im Bild von Marian Gatzweiler, dem 15-jährigen Offensivspieler von Eintracht Frankfurt, der Fußball mit einer unverschämten Leichtfüßigkeit spielte. Der Junge war druckresistent, daran gab es immer weniger Zweifel, der Spruch *musste* ein weiterer, kleiner Beleg dafür sein.

Die Bayern hatten Marian Gatzweiler schon im Visier, das hatte ihm Chefscout Wolfgang Dremmler vor der Fahrt nach Bad Blankenburg erklärt, auf den Jungen sollte er besonders achten. Bayerns Honorarscout in Hessen hatte Gatzweiler bereits über ein Dutzend Male beobachtet, Mroskos Bewertung würde nur eine Komponente unter vielen sein, wenn Nachwuchsleiter, Chefscout und B-Jugendtrainer in München die Entscheidung trafen, ob sie versuchen sollten, den Jungen zum FC Bayern zu lotsen oder nicht. Aber in Bad Blankenburg am Spielfeldrand, da gab es nur noch Gatzweiler und ihn. Mit einer Körperdrehung schirmte der Junge den Ball vor dem Gegner ab und passte ihn weiter, alles in einer Bewegung, alles aus einem Guss, und in Mrosko pochte es. Er hatte gedacht, so ein Hochgefühl gebe es nur beim Anblick von Frauen, etwa als er ein WG-Zimmer gesucht hatte, und in Lichterfelde hatte Antje mit diesen dunklen Augen die Tür geöffnet. Einen Jungen mit graziöser Natürlichkeit am Ball zu sehen und zu spüren, der ist es, der wird mal einer, war eine neue Art, sich zu verlieben.

Gatzweiler täuschte mit dem Oberkörper an, als würde er außen am Verteidiger vorbeigehen, und war schon auf dessen Innenseite entschlüpft, nicht einmal 1,75 Meter groß, drahtig, aber mit einem gottgegebenen Gleichgewichtssinn, der ihn beim Körperkontakt mit robusteren Verteidigern auf den Beinen hielt, Gatzweiler beschleunigte, eine ästhetische Geradlinigkeit in den Bewegungen, er schoss, dem Ball mit dem Innenrist noch einen Tick mitgegeben, damit er sich in einer wunderschönen Flugkurve auf den letzten Metern von dem Torwart wegdrehte. Aber dieser Torwart schaffte es, dass Mrosko in dem Moment, in dem der Ball aufs Tor flog, Gatzweiler vergaß und nur noch an den Torwart dachte.

Der Torwart wurde beim Sprung immer länger. Wo holte er die Spannung aus seinem Körper? Er lenkte Schüsse mit den ausgestreckten Fingerspitzen um den Torpfosten, sodass Mrosko nur noch denken konnte: Leck mich am Arsch.

René Adler hieß der fliegende blonde Torwart.

Gatzweiler beschleunigte, Adler flog. Es war der Morgen eines

Scout-Liebe auf den ersten Blick: Diesen 16-jährigen Torwart wollte Mrosko sofort, unbedingt verpflichten. René Adler hieß er.

beliebigen Wochentags, auf einem windanfälligen Sportplatz in der thüringischen Provinz, ein alltägliches Training von 15-Jährigen, eine merkwürdig eng zusammenstehende Gruppe von 15, 20 Männern als einzige Zuschauer; und wer in der Gruppe hatte nicht das Gefühl, dass gerade etwas Großes begann und sie die Ersten waren, die es sahen. Wer in der Gruppe konnte sich in solchen Momenten gegen das Gefühl wehren, dass alles Große in der Bundesliga auch mit ihnen begann.

Mrosko kannte René Adler nur zu gut. Er hatte den Jungen vor einem Jahr, 1999, beim DFB-Schülercamp in Berlin gesehen. Scout-Liebe auf den ersten Blick: Wie der Junge den Strafraum dominierte, wie er, als gäbe es keine Schwerkraft, den Ball beim Abwurf 40 Meter weit schleuderte, genau in den Lauf des Mitspielers.

Mrosko wollte ihn sofort haben. Er arbeitete damals noch für den Zweitligisten Tennis Borussia Berlin, wo er als Jugendtrainer in dieses neue Ding Scouting reingeraten war, wo ihn einer der Honorarscouts des FC Bayern kennenlernen und den Münchnern empfehlen würde. Nachdem Mrosko den Nachwuchskoordinator von Tennis Borussia überzeugt hatte, dass sie diesen 14-jährigen Torwart haben mussten, dass es so einen Torwart nur einmal alle paar Jahre gebe, eilte er aufs Postamt, wo er sämtliche Telefonbücher von Deutschland fand. Er musste die Eltern des Jungen anrufen. Gut 60 Adlers waren in Leipzig registriert, okay, Café Adler und Adler-Apotheke konnte er streichen, aber er würde alle 58 Adlers anrufen, bis er die richtigen hatte.

Irgendwann, er hatte den Überblick verloren, ob beim 19. oder 25. Adler, war der Junge selbst dran. Höflich entschuldigte Mrosko die Störung und erkundigte sich, ob denn die Eltern auch zu Hause seien. So wie der Junge aussah, die weichen Züge im Gesicht, so zurückhaltend, aber aufgeschlossen, wie er sich auf dem Fußweg zum Training in der Gruppe der Mitspieler gab, glaubte Mrosko zu wissen, dies war ein ordentliches Elternhaus, da war es wichtig, die Form zu wahren: Nicht den 14-Jährigen anbaggern, sondern erst mit den Eltern reden. Ein guter Scout musste alles sehen, und er sah alles, fand Mrosko.

»Vati und Mutti sind gerade spazieren«, flötete der Junge, und Mrosko kombinierte, wie er »Vati und Mutti« sagt, das klingt nach einer engen Beziehung zu den Eltern; das wird nicht einfach, die Familie zu bewegen, René in Berlin auf ein Internat gehen zu lassen. Eine Stunde später rief Mrosko wieder an.

Er traf die Eltern in einem Hotel am Leipziger Bahnhof. Der Nachwuchskoordinator von Tennis Borussia hatte gesagt, fahr du hin, sprich du erst einmal mit den Eltern. Das war eine Beförderung: Er durfte, zum ersten Mal, den Klub bei Gesprächen mit Eltern repräsentieren, und dann gleich bei solch einem herausragenden Spieler. Mrosko wusste nicht, war er so glücklich, war er so aufgeregt? Vermutlich war er beides.

Hotels, dachte er sich, waren als Kulisse für solch ein Gespräch passender, seriöser als Cafés. Auch wenn das Hotel, das er am Bahnhof auswählte, ein *Ibis* war.

»Sie sind ja auch noch ganz schön jung«, sagten die Adlers.

Mrosko verstand es nicht als Zweifel an seiner Autorität, sondern als Einladung zu erzählen, von seiner Fußballkarriere in ambitionierten Amateurvereinen, von der Auszeichnung, in jungen Jahren schon einen derart verantwortungsvollen Job bei Tennis Borussia auszuüben.

Und René müsste in einem Sportinternat in Ost-Berlin wohnen und zum Training durch die ganze Stadt nach Charlottenburg fahren, hakten die Eltern nach. Es gäbe natürlich auch die Möglichkeit, den Jungen in einer Gastfamilie unterzubringen, meinte Mrosko spontan. Er wusste nicht, ob diese Möglichkeit tatsächlich bestand. Aber dann musste sie eben geschaffen werden.

Wie schnell das alles selbstverständlich geworden war: Kinder, die für den Fußball allein von Hamburg nach München, von Leipzig nach Berlin zogen, mit deren Eltern gefeilscht wurde, ob die 15-Jährigen 500 oder 600 Mark im Monat erhielten.

Als sie sich verabschiedeten, hatte Mrosko den Eindruck, das wird schwer, aber wir haben eine Chance. Die Jugendteams von Tennis Borussia waren die besten im ganzen Nordosten, und ihr Nachwuchskoordinator, Mirko Slomka hieß er, war eine Persönlichkeit, eloquent, pädagogisch, kompetent. Er musste Slomka gleich bitten nachzuhaken. Sie mussten dranbleiben. Einige Wochen später kam die Nachricht, der 14-jährige Torwart René Adler wechsle zu Bayer 04 Leverkusen.

So eine Scheiße, dachte Mrosko, oder murmelte er es schon, ich war da zuerst dran!

Rational betrachtet, hatten sie mit Tennis Borussia keine Chance, wenn einer der großen fünf deutschen Vereine einen Jungen lockte. Und natürlich hatte nicht nur er, sondern jeder Scout René Adler beim Schülercamp in Berlin gesehen. Doch das linderte den Liebeskummer nicht. Spieler, die er einmal entdeckt hatte, blieben seine Spieler. Es schmerzte, wenn sie ihm ein anderer Verein wegschnappte, wenn ein anderer offiziell sagen konnte: Ich habe ihn entdeckt.

»Niemand entdeckt einen Spieler«, sagten die Veteranen zu Mrosko. Das sei nur so ein blödes Etikett der Presse: der Entdecker von Rummenigge, Dettmar Cramer; der Entdecker von Lothar Matthäus, Hans Nowak. Das Talent eines Fußballers wie Matthäus entdecke jeder, der ihn sehe. Und dann brauchte es immer – auch bei einem Spieler wie Matthäus – etliche Förderer, nicht den einen: seine Jugendtrainer, den Mann mit den Kontakten, der ihn Borussia Mönchengladbach empfahl, seinen ersten Profitrainer, der ihn trotz seines zarten Alters schon in der Bundesliga einsetzte. Das klang logisch. Abends im Speisesaal des Hotels *Am Goldberg* bestellten die Scouts dann eine Schlachtplatte und erzählten, wer von ihnen welchen Klassespieler entdeckt hatte.

Vieles konnte ein Scout lernen. Technische Kriterien zur Spieleranalyse ließen sich von Trainern und Kollegen aufschnappen, geht der Rechtsaußen immer nur rechts am Gegner vorbei, weil er den Ball mit links gar nicht spielen kann, solche Sachen. Aber den Blick, glaubte Mrosko, den hatte man oder man hatte ihn nicht. »Ich erkenne in fünf Minuten, ob einer geradeaus laufen kann«, hatte er dem Reporter der *B. Z.* gesagt, als die einen Artikel über ihn veröffentlichten, war ja eine Story, Bayern München holt 23-jährigen Berliner. »Ich erkenne in fünf Minuten, ob einer Profi wird«, machte die Boulevardzeitung dann aus seinem Zitat. Las sich natürlich ein bisschen großspurig und war auch großer Quatsch. Ob einer Profi wurde, erkannte kein Mensch, bis der Junge wirklich einen Profivertrag unterschrieb. Aber alles in allem war der Artikel trotzdem cool. Denn der Text bestätigte doch, was Mrosko ahnte: Er hatte den Blick, für die Frauen wie für die Fußballer, Yvonne, Antje, René Adler, Marian Gatzweiler.

Zu Hause in Berlin, zurück vom Trainingslehrgang in Bad Blankenburg, trug Mrosko seine Bewertungen säuberlich in die vorgedruckten Analysebögen des FC Bayern ein. Die Kategorien waren vorgegeben, Größe, Fuß, Schnelligkeit, Passspiel, Zweikampfverhalten, Charakter, einiges mehr, Gesamteindruck. Für jede Eigenschaft musste er neben der Beschreibung Punkte auf einer Skala von 0 bis 10 vergeben. Angstfrei, notierte Mrosko neben etlichen Höchstnoten bei Gatzweiler, Marian. Per Fax reichte er seine Empfehlungen an die Klubzentrale weiter und erfuhr nie, ob seine Meinung irgendeinen Einfluss hatte.

»Ein Scout ist immer nur ein Zulieferer«, sagt er und versucht, emotionslos zu klingen. Er trägt Motorradkleidung in der Sonne, ein Bekannter hat ihm seine Yamaha geliehen. Lars Mrosko besitzt gerade kein Fahrzeug. Aber irgendjemand leiht ihm immer ein Auto oder Motorrad, in Berlin-Neukölln. Es ist September 2014, er hat Fieber. Zu unserem Treffen ist er trotzdem gekommen. Verlässlich zu sein bedeutet ihm weiterhin sehr viel. Wir sitzen auf Plastikstühlen im *Eiscafé di Russillo* an der Johannisthaler Chaussee; direkt unter dem 19-stöckigen Hochhaus, aus dem einmal eine Lackbombe flog. Heimat bedeutet in seinem Fall auch die Sehnsucht, immer wieder in die Jugend zurückzukehren. Der Berliner Südwesten ist sein Kiez geblieben, selbst wenn das Fußballgeschäft ihn nach Hamburg oder Wolfsburg verschlägt.

Seit 16 Jahren arbeitet er im Profifußball. Es war just die Zeit, als der Sport, befeuert vom Fernsehen und der Werbeindustrie, zum großen Unterhaltungsspektakel des angehenden 21. Jahrhunderts mutierte. Abend für Abend wird der Fußball nun für ein Millionenpublikum in Szene gesetzt. Dutzende Kameras fangen jede Bewegung auf dem Rasen ein und holen uns die Gesichter, die atemlosen Statements, die Gefühle der Fußballer ganz nah heran. Nur ab und an fragen sich manche von uns, wie es wohl hinter dieser inszenierten Oberfläche wirklich zugeht.

Die Lebensgeschichte von Lars Mrosko, den keiner der Millionen Fußballfans kennt, erlaubt uns einen Blick hinter die Kulissen der Bundesliga.

So oft sagen Teambetreuer, Mannschaftsärzte, Spielerberater:

»Ich könnte ein Buch schreiben.« Und dann erzählen sie hinter vorgehaltener Hand ihre Geschichten. Aber ein Buch schreiben sie nie. Die Furcht, ihren Platz in der Bundesliga zu verlieren, ist stets der stärkere Impuls. Trotz oder gerade wegen all der Kameras wird im Fußballbetrieb das Gesetz des Schweigens geachtet: Was in der Branche passiert, bleibt in der Branche.

Bücher, die einen Blick in solch eine abgeschottete Szene werfen, blasen oft gewollt oder ungewollt die unerhörten und niederträchtigen Ereignisse auf. Dieses Buch will alles andere als eine Skandalschrift sein. Lars Mrosko nimmt uns mit in den Alltag der Bundesliga, zu Startrainern und Hilfsarbeitern, und hoffentlich wird dabei beiläufig klar, wie der moderne Profifußball funktioniert.

Er ist als Scout 220 Tage im Jahr unterwegs, wenn der Rücken schmerzt, nimmt er eine Ibuprofentablette, und noch eine. Und noch eine. Er erlebt einen Trainer wie Felix Magath, der seine Spieler drillt, der ihn, den Scout, aber mit Zuneigung und echtem Vertrauen einbindet wie niemand zuvor und danach. Zusammen mit den Scouts der anderen Vereine schmuggelt er bei einer Junioreneuropameisterschaft ihren Fahrer ins Stadion. Er steht bei einem seriösen Verein wie dem VfL Wolfsburg eines Morgens fassungslos in der Bürotür: Sein Schreibtisch wurde über Nacht komplett leer geräumt; er glaubt, um ihm zu zeigen, du hast hier keinen Platz mehr. Er – wie kann er es erklären? – liebt dieses Spiel, diese Welt wahnsinnig.

Wer, wie die meisten von uns, in einem mehr oder weniger geordneten Umfeld aufgewachsen ist, wird nicht nur einmal staunen über Lars Mrosko und seine Freunde und Bekannte, die sich in der Halbwelt des Profifußballs unter dessen glamouröser Oberfläche tummeln; und mit Halbwelt meine ich keine kriminelle Handlungen, sondern ein Leben, in dem viele mit kleinen Rollen, kargen Gehältern und vagen Aussichten über Jahre ausharren, um irgendwie, wenigstens halb, dazuzugehören. Und sich einige wenige mit ungeheurem Fleiß und Talent etablieren.

Stendal war eines der nächsten Reiseziele nach dem DFB-Trainingslehrgang in Bad Blankenburg. Lars steuerte den roten Madza, und Hotze schlug ihm bei 180 Stundenkilometern vom Rücksitz mit der Zeitung ins Gesicht. So war die Fahrt ein bisschen aufregender.

Sie besuchten Shergo.

Shergo war im Juni 2001 zu Altmark Stendal gewechselt, weiterhin vierte Liga, offiziell Amateurfußball, aber Stendal hatte ihn als den Stürmer aus Berlin geholt, als Shergoal, da war er König, da gab es 2000 Mark, Wohnung und Auto gratis. Den Großteil des Geldes erhielt Shergo nicht vom Verein, sondern vom Arbeitsamt. Altmark Stendal hatte eine Arbeitsbeschaffungsmaßnahme beantragt und ihn offiziell als Gärtner angestellt, damit der Staat den Stürmer unwissentlich mit ABM-Geldern finanzierte. Einmal musste Shergo tatsächlich schnell in die grüne Latzhose schlüpfen und den Fußballrasen harken. Es kam eine Kontrolle. Bei der Bleibe, die der Klub ihm stellte, handelte es sich um eine Einzimmerwohnung in der Plattenbausiedlung. Sein Dienstwagen war ein gebrauchter Toyota Corolla mit 325 000 Kilometern und einer Öllampe, die permanent leuchtete.

Shergo schlug die Tür des Corolla ständig mit Gewalt zu, er rollte beim Parken mit der Stoßstange gegen Mauern, damit die alte Kiste endlich kaputtging und er einen neuen Wagen fordern konnte. Aber der Corolla hielt stand.

Sie hatten sich ein paar Wochen nicht gesehen, das Wiedersehen musste gefeiert werden, bis vier im *Miami*, und Shergo ging am nächsten Morgen um halb zehn trainieren, das war ein echter Fußballer, bis zum Ende der Nacht dabei, und am nächsten Morgen schoss er seine Tore. Die anderen verschliefen den Morgen.

Sching-schang-schong, wer verlor, musste als Erster aufstehen und die Rollläden hochziehen.

»Oh, guckt mal hier«, sagte Bodden, als er gegen elf, halb zwölf aus Shergos Fenster schaute.

Im Innenhof der Plattenbausiedlung hielten sich zwei junge Frauen auf. Die Jungs pfiffen. »Hallo«, rief Bodden, »ich komm gleich runter und suche mir eine von euch aus!« Die Frauen lächelten, wie um das Bemühen der Jungs anzuerkennen, und schauten gleichzeitig angestrengt zur Seite. Die Jungs mussten sich steigern. Bodden ließ die Unterhose herunter und schwenkte seinen nackten Hintern im Fenster.

War nur ein kleines Vergnügen, längst vergessen, als Shergo vom Training zurückkam und sein Telefon klingelte. Jürgen Döbbelin war dran, der Präsident von Altmark.

»Shergo Biran!«

»Ja, Herr Präsident?«

»Elisabeth Berninger hat hier angerufen.«

»Wer?«

»Du gehst sofort zu ihr und entschuldigst dich.«

»Ich verstehe nichts.«

»Deine Nachbarin! Sie hat dich gesehen, wie du vorhin deinen nackten Arsch aus dem Fenster gestreckt hast!«

»Aber ich war doch gar nicht zu Hause, ich war doch beim Training.«

»Sie hat dich erkannt. Südländischer Typ, schwarze Haare.«

Shergo versuchte, ernst zu schauen, als er sich wieder seinen Freunden zuwandte, und musste lachen. »Seid ihr bescheuert?«

Sie kauften gemeinsam Pralinen und Blumen. Sie kamen sich richtig gut vor, wie Schauspieler, das war mal eine Unternehmung, Blumen kaufen.

»Hallo?«, krächzte die Frauenstimme in der Sprechanlage im Plattenbau gegenüber von Shergos Wohnung.

»Frau Berninger, hier ist Shergo Biran von Altmark Stendal. Ich wollte mich bei Ihnen entschuldigen. Da gab es wohl ein Missverständnis. Können Sie mir bitte aufmachen?«

»Eine Unverschämtheit war das, du Ferkel!«

»Ja, Frau Berninger, lassen Sie mich doch bitte hochkommen, um es zu besprechen.«

»Da gibt's nichts zu besprechen!«

»Bitte. Meine Freunde haben sich nur einen kleinen Spaß erlaubt. Aber es liegt ein Missverständnis vor, wenn Sie glauben, einer meiner Freunde hätte Ihnen sein Gesäß entgegengestreckt.«

»Gesäß? Den Pillermann habe ich gesehen!«

Antje nannte es »deine Welt«, wenn Lars mit den Jungs loszog. Damit war klar zum Ausdruck gebracht, es war nicht ihre Welt. Sie studierte Medizin. Einmal hatte sie einen Brief von Lars aufgemacht, schließlich waren sie zusammen, und der graue Brief sah so offiziell, so besorgniserregend aus mit der Aufschrift »Amtsgericht Neukölln«. »Vollstreckungsbescheid«, stand fett gedruckt auf dem grauen Papier.

Es war auf gewisse Weise auch eine Erleichterung, dass ihr Lars daraufhin von den 75 000 Mark erzählen musste. Er habe einfach zwei Jahre lang nichts bezahlt, keine Miete, kein Telefon, nichts, und dazu bei der Sozialhilfe beschissen. Was er sich dabei gedacht habe? Nichts. Er habe gedacht, irgendwann werde er schon wieder zahlen. Aber das liege hinter ihm, fand Lars, auch wenn die Schulden zum größten Teil noch vor ihm lagen. Er führte nun ein anderes Leben.

Als er das Abendgymnasium abbrach, nahm es Antje persönlich. Er wollte doch ein anderes Leben führen!

Die Schule habe sich einfach nicht mit seiner Arbeit für Bayern München vereinbaren lassen, sagte Lars, und weil das stimmte, musste er auch nicht zu erkennen geben, wie erleichtert er war, die Schule aufzugeben.

Über einige Wochen hatte er auf dem Charlotte-Wolff-Kolleg in Berlin-Wilmersdorf Faxe von Bayern München vorgelegt. Wolfgang Dremmler, Chefscout des FC Bayern, bat Herrn Mrosko am Dienstagabend und dann am nächsten Mittwoch und wieder am nächsten Donnerstag zu entschuldigen, weil er für den Verein seiner Sichtungsarbeit nachgehen müsse.

Es freue ihn, dass er solch einer bedeutenden Arbeit nachgehe, sagte der Kollegdirektor eines Abends zu Lars, aber die Schule dürfe keinen Unterschied machen, ob einer beim Friseursalon Schmitz oder beim FC Bayern arbeite. Wer die Anwesenheitspflicht nicht erfülle, könne kein Abendabitur machen.

»Ich habe doch gar keine Wahl«, sagte Lars zu Antje und strengte sich an, nicht zufrieden zu klingen. »Oder soll ich etwa für die Schule meinen Posten bei Bayern München aufgeben?« Für einen ganz kurzen Moment kam ihm der Gedanke, dass es vielleicht sogar Verrückte gab, die eine gute Schulbildung einem Nebenjob beim Fußballmeister vorzogen; in ihrer Welt.

In jenen Tagen, als er im Briefkasten schon keine guten Nachrichten mehr erwartete, traf ein Päckchen von Bayern München für Mrosko ein. Die Sekretärin schickte ihm einen offiziellen Klubtrainingsanzug und schrieb, man freue sich, ihn bei den FC-Bayern-Talenttagen in München zu begrüßen. Mrosko hielt den Trainingsanzug in der Hand und war ergriffen. Er stand schon seit Monaten ständig als Mann des FC Bayern bei Jugendspielen am Spielfeldrand, aber das

Gefühl, zum FC Bayern zu gehören, war doch ziemlich abstrakt geblieben, in Jeans und Carlo-Colucci-Pullover auf dem Nebenplatz der Reinickendorfer Füchse. Zumal dort gerade niemand wissen sollte, dass er von den Bayern kam. Der Trainingsanzug dagegen machte für ihn die Größe des Klubs greifbar: ein Verein, der seinen Angestellten für einen zweitägigen Einsatz beim Kinderfußball selbstverständlich einen 120 Mark teuren Trainingsanzug schenkte.

Ein-, zweimal im Jahr kam Mrosko in die Klubzentrale an der Säbener Straße, zur Scoutingsitzung oder eben zu den Talenttagen. Rund 500 Kinder zwischen sieben und elf Jahren durften an zwei Tagen beim FC Bayern vorspielen. Im Klubrestaurant, von dessen Terrasse im ersten Stock der Blick wunderbar über alle Fußballplätze ging, kamen die Kellner nicht mehr hinterher, Eltern mit roten Köpfen zu bedienen. Heiner Schuhmann, der damalige Nachwuchskoordinator des FC Bayern, hatte die Idee der Talenttage Mitte der Neunzigerjahre von Ajax Amsterdam abgeschaut. Der deutsche Fußball spürte, irgendwie war er plötzlich ins Hintertreffen geraten mit seinen jahrzehntealten Gewissheiten, dem Libero, der Manndeckung, den Predigten vom »Zweikampf gewinnen!«, und in ihrer tiefen Verunsicherung kopierten die Deutschen einzelne Ideen von anderen Fußballnationen. Irgendwas mussten sie tun. Auch wenn sie noch nicht so ganz genau wussten, was.

Die Jugendtrainer des FC Bayern organisierten Übungen für die 500 Kinder, alle 16 Nachwuchsscouts waren aus ganz Deutschland angereist, standen in ihren neuen Trainingsanzügen am Spielfeldrand und sichteten das Gewusel. Es hatte keine Vorsichtung stattgefunden, die Kinder kamen teilweise auf Empfehlung von Provinztrainern oder aber auch nur mit den Träumen von ehrgeizigen Eltern aus der ganzen Republik, Kiel, Essen, Oberliederbach. Am Ende der Talenttage wurden von den 500 vielleicht ein oder zwei Kinder in die Nachwuchsteams des FC Bayern aufgenommen.

Als Werbeaktion waren die Talenttage ein Coup. Die Kinder und Familien würden den FC Bayern fest ins Herz schließen. Aber ob es wirklich eine sinnvolle Art war, Talente zu finden? Was brachte es überhaupt, ein achtjähriges Talent aus Kiel zu entdecken, wenn es aufgrund der Entfernung frühestens in sieben Jahren zum FC Bayern ziehen konnte; wer wusste schon, ob es dann noch ein Talent war.

Mit Bayerns Chefscout Wolfgang Dremmler konnte Mrosko über solche kritischen Gedanken offen reden. Schon die Augen bewegten sich bei Wolfgang Dremmler mit einer ansteckenden Ruhe.

Mrosko musste innerlich lachen, wenn er an den ersten Kontakt zurückdachte, im Sommer 2000. Dremmler rief nicht bei ihm, sondern bei seinem Vater an, keine Ahnung, wie er an die Nummer gekommen war, der FC Bayern würde doch nicht auch die Nummern von neuen Kontakten im Ausschlussverfahren aus dem Telefonbuch herausfiltern?

Der Vater überbrachte Mrosko die Nachricht sofort aufgeregt: »Wolfgang Dremmler hat angerufen!«

»Wer?«

»Mann Gottes, Lars, habe ich dir überhaupt was beigebracht! Kennst du Wolfgang Dremmler nicht.«

»Und wer ist das jetzt?«

»Der hat für Deutschland im WM-Finale 1982 gespielt.«

»Ist ja schön für ihn. Aber was will er von mir?«

»Was weiß ich! Aber er ist jetzt bei Bayern München! Du sollst ihn zurückrufen. Mach das sofort. Damit ich wenigstens sagen kann: Alles macht mein Sohn doch nicht falsch.«

Mrosko wählte die Nummer, die ihm der Vater diktiert hatte.

Er habe aufgrund einer Empfehlung von Ralf Kohr angerufen, der für den FC Bayern Nachwuchstalente in Hessen sichte, sagte Dremmler. Kohr habe Mrosko als Scout von Tennis Borussia bei Jugendspielen kennengelernt und ihn wärmstens empfohlen. Der FC Bayern suche noch einen Nachwuchsscout für den Großraum Berlin, ab und an auch Fahrten zu Auswahllehrgängen. Könnte sich Mrosko vorstellen, für den FC Bayern zu arbeiten?

»Vorstellen kann ich mir sehr viel«, sagte Mrosko.

Ein paar Tage später, August 2000, holte er Dremmler am Flughafen Berlin-Tegel ab. Dremmler war Mitte 40, das korrekte Karohemd kombinierte er gerne mit der jugendlichen Lederjacke. Er hatte 13 Jahre Bundesligafußball für Braunschweig und Bayern vorzuweisen, ein Scout der ersten Generation, seit 1995. Mrosko erzählte seinem Vater nicht, dass er schwitzte, ob er Dremmler am Flugsteig erkennen würde.

Dremmler wollte den Amateurklub FC Schönberg 95 bei einem

Auswärtsspiel in Brandenburg an der Havel beobachten. Es war der Gegner der Bayern in der ersten Runde des DFB-Pokals. Nebenbei konnten sie sich kennenlernen.

Was wolle er denn verdienen, fragte Dremmler auf der Autofahrt durch Wälder und Felder.

Das ist der FC Bayern, dachte Mrosko, jetzt musste er ein richtig hohes Gehalt nennen, allein schon, um sich nicht lächerlich zu machen – und vor allem auch, um es zu kriegen. »6000 Mark«, sagte er.

Das war ein ordentliches Gehalt für Festangestellte wie einen Großhandelskaufmann oder den Redakteur einer Lokalzeitung, die schon zehn, 15 Jahre in einem Betrieb arbeiteten.

Also, die Hälfte sei dann doch eher realistisch, sagte Dremmler. Er schien in keiner Weise irritiert über die überzogene Forderung. Er hatte es sich, nach so vielen Jahren im Fußball, angewöhnt, die aberwitzigsten Ideen und Taten von jungen Männern stoisch zu registrieren.

Dremmlers ruhige Reaktion gab Mrosko den Mut, auch eine noch ungewöhnlichere Gehaltsvorstellung vorzutragen: Wäre es möglich, dass er offiziell nur 630 Mark verdiene?

Das war der steuerfreie Höchstsatz. Von allem, was er darüber hinaus verdiente, würde ihm das meiste gepfändet, er habe da noch einige Zwangsvollstreckungen am Hals, Jugendsünden. Den Rest des Gehalts würde er dann über das Kilometergeld abrechnen, sagte Mrosko und wartete nervös auf die Reaktion.

Naja, üblich sei das ja nicht, sagte Dremmler, aber er solle sich keine Sorgen machen, irgendeinen Weg würden sie schon finden, um ihm zu helfen.

Für Dremmler würde er durchs Feuer gehen, schwor sich Mrosko. Und falls er fiktive Kilometer abrechne, um auf sein Gehalt von 3000 Mark zu kommen, dann werde er keinen fiktiven Kilometer zu viel abrechnen. Korrekt zu sein war wichtig, auch beim Schwindeln.

Wenn er Dremmler bei seinen Besuchen in der Klubzentrale sah, blühte Mrosko auf. Dremmler fragte ihn, er war aufrichtig an seiner Meinung interessiert. »Lars war ein vernünftiger Kerl, sehr fleißig, sehr gewissenhaft in seiner Arbeit«, sagt er noch heute.

Das Sichtungssystem der Bayern im Nachwuchsbereich mit den 16 Regionalscouts sei überdimensioniert, sagte Mrosko Dremmler: »Jeden Montag erhaltet ihr 16 Berichte, über 300 Spielerbewertungen, das könnt ihr doch gar nicht verarbeiten.«

95 Prozent des Scoutings, erklärte ihm Dremmler, diene dazu, Spieler auszuschließen, Fehleinkäufe zu verhindern.

Dremmler fragte weiter. Mrosko habe doch seinen Besuch bei den Talenttagen genutzt, sich auch die Nachwuchsmannschaften der Bayern anzuschauen. Wer habe ihm gefallen?

Piotr Trochowski! Ein 17-Jähriger, der schon in der zweiten Männerelf spielte. Der konnte Abwehrriegel mit seinem Dribbling sprengen, der machte unvorhersehbare Dinge; den hätte man auch in Neukölln beim Spiel auf der Straße gebrauchen können.

Und Philipp Lahm, der zentrale Mittelfeldspieler der A-Jugend?

Der war in Ordnung, bissig, sauberer Pass. Warum fragte Dremmler?

Nur so, weil manche im Klub meinten, der FC Bayern sollte Lahm abgeben. Der werde nie ein Spitzenspieler, viel zu klein, gerade mal 1,70 Meter.

Wer nicht mindestens 1,85 Meter groß sei, könne nichts werden, glaubten viele, glaubte 2001 vermutlich sogar eine klare Mehrheit im deutschen Fußball.

Obwohl Mrosko Dremmlers Wertschätzung spürte, antwortete er in ihren Gesprächen fast nur. Er dachte, es stehe ihm nicht zu, auch zu fragen. Zum Beispiel: Holt ihr Gatzweiler?

In seinem Bestreben, ein anderer Mensch zu werden, fuhr Mrosko sogar mit Antje nach Saalbach-Hinterglemm in den Snowboardurlaub. Oh Mann, dachte er, zum ersten Mal Silvester ohne die Jungs. Aber er sagte nichts.

Ein befreundetes Pärchen, beziehungsweise ein Pärchen, mit dem Antje befreundet war, begleitete sie. Abends vergnügten sie sich mit Würfelspielen. Mit den Jungs spielte er doch auch immer Monopoly oder Risiko. Was fehlte ihm jetzt also?

»Antje, ich muss noch mal vor die Tür«, sagte er.

Es war halb elf in der Nacht. Durch das Fenster einer Skihütte sah er Leute auf Sitzbänken tanzen und war schon drin. Ein paar Mädchen luden ihn ein, einen Kleinen Feigling mit ihnen zu trinken. Als er schließlich irgendwann meinte, so, er gehe jetzt, war es 7:30 Uhr am Morgen.

»Was denn?«, sagte er, als sich Antje aufregte. »Du hättest doch einfach mitkommen können.«

Abends, während des Jugendländerpokals in Wedau, unterhielt er die Nachwuchsscouts am langen Tisch im *Mamma Leone* mit seinen Geschichten. Auf den doppelt gelegten, steifen Tischdecken des Restaurants am Duisburger Hauptbahnhof waren schon ein paar Flecken, es wurde noch Wein nachbestellt, und Mrosko erzählte von Lackbomben, nackten Hintern im Fenster oder Après-Ski-Partys, auf denen er sich bei den Mädels mit dem Entree vorgestellt hatte: »Ich bin der Olove.« – »Wie heißt du? Olaf?« – »Nein, Olove.« Manches klang ein wenig pubertär, aber wenn Mrosko es erzählte, mussten die Scouts, nicht ohne Zuneigung, lächeln. Er war ihr Jüngster, er hatte, was man wohl eine Berliner Schnauze nannte. Er platzte geradezu vor Lebensfreude. Da war es natürlich, dass der jugendliche Enthusiasmus manchmal mit ihm durchging.

Wenn er außer Hörweite war, bestätigten sich die Veteranen, dass Mrosko nicht nur ein Typ, sondern ein Talent war. »Wenn junge Leute so dynamisch sind und Bock haben, gefällt mir das«, sagte der große Rehberg von Schalke 04. »Du merkst sofort: Er hat einen Blick für Fußballer, und er ist überall«, sagte Andreas Bergmann, der Jugendkoordinator des FC St. Pauli. Mit der großen Klappe und dem Umfeld, aus dem Mrosko offensichtlich kam, war es gut möglich, dass er auch mal Ärger mit der Polizei gehabt hatte, dachte sich Bergmann. Aber sicher nichts Ernsthaftes, keine Gewalttaten, nein, gewiss nicht.

Oder?

Im *Mamma Leone* wandte sich das Gespräch wieder dem Fußball zu.

»Der Cimen hat schon Bartwuchs, mit 15, da muss man vorsichtig sein, ob der sich körperlich überhaupt noch entwickelt.«

»Da musst du mal seinen Vater und seine Mutter treffen. Dann weißt du, welche Statur du bei ihm erwarten kannst.«

»Ich versuche, die Eltern von interessanten Spielern immer zu

Hause zu treffen: Da kannste auch ins Kinderzimmer von den Jungs schauen, welche Poster hängen da, nur von Mehmet Scholl und Lars Ricken oder auch von Christina Aguilera? Da kriegst du schon einen Eindruck, ob der Junge auf Fußball fokussiert ist.«

»Ich war letztes Jahr bei einem Jungen in Waltrop, Alexander Baumjohann«, sagte der große Rehberg, »bei dem hing das ganze Zimmer voller Dortmund-Poster. Und ich sollte ihn überzeugen, zu Schalke zu kommen! Aber ich habe ihn tatsächlich gekriegt. Tjaaaa«, er zögerte die Pointe noch ein wenig heraus: »Glück gehabt. Die Dortmunder waren erst 14 Tage später da.«

Bei den Scouts fühlte sich Mrosko glücklich. Was heißt glücklich, aufgehoben war das bessere Wort. Glücklich würde er sich erst fühlen, stellte er sich vor, wenn er einmal erzählen konnte, wie er den und den Bundesligaspieler entdeckt hatte.

Fast genau zehn Jahre, nachdem er die Eltern von René Adler im *Ibis-Hotel* vergeblich umworben hatte, würde das ganze Fußballland René Adler von Bayer Leverkusen entdecken. 2008 wurde Adler Nationaltorwart. Marian Gatzweiler spielte zu dem Zeitpunkt schon nicht mehr Fußball.

Bayern München hatte den 15-jährigen Gatzweiler schließlich nicht unter Vertrag genommen, die Gründe erfuhr Mrosko nie. Mit 18, als Jugendnationalspieler, verschwand Gatzweiler dann schlagartig aus dem Fußball. Pfeiffersches Drüsenfieber, sagte man Mrosko.

Mrosko verstand, niemand konnte bei einem 15-Jährigen erkennen: Der wird Profi. Trotzdem dachte er weiterhin beim Anblick von 15-Jährigen: Der ist es, der wird es! Ohne diese Überzeugung war ein Scout verloren, orientierungslos.

Nach dem Länderpokal für 16-Jährige in Wedau im Juni 2001 war eine Woche Pause, dann würden sich die Nachwuchsscouts beim DFB-Schülerlager in Kaiserau schon wiedersehen. Für eine Woche lohnte es sich gar nicht, nach Hause zu fahren, sagte sich Mrosko und fragte Uwe Vester, der ihm mit 29 vom Alter her unter den Nachwuchsscouts noch am nächsten kam: Fahren wir in den Urlaub?

Mrosko hatte eine Sonderprämie von 5000 Mark erhalten, weil Bayern München im Finale von Mailand gegen den FC Valencia die Champions League gewonnen hatte. Ist ja irre, dachte er sich, dieser Verein hatte Stil: Offenbar partizipierte jeder Mitarbeiter des FC Bayern am Erfolg der Profis, selbst wenn er, so wie Mrosko, gar nichts dafür getan hatte. Mit den unverhofften 5000 Mark konnte er seine Schulden reduzieren. Nur das Geld für ein Campingzelt zweigte Mrosko ab und reiste mit Uwe Vester nach Sylt.

Vester hatte zu Hause in Halle an der Saale höherklassige Amateur-Jugendmannschaften trainiert, in Leipzig Sport studiert und nach dem Abschluss einen ganzen Stapel blinder Bewerbungen an die Fußball-Profiklubs geschickt, um einfach mal reinschnuppern zu können. Er wollte keine konkrete Stelle. Er wollte irgendwie rein in die Bundesliga.

Einer antwortete auf die rund 30 Bewerbungen. Schalkes Nachwuchsleiter Helmut Schulte bot ihm an, Vester solle halt einfach einmal eine Woche vorbeikommen. Das war alles, was er an Kontakten in den Profifußball hatte, ein einwöchiges Praktikum. Daraus musste er seine Karriere zimmern. Vester versuchte, den Kontakt zu Schalke zu halten, ohne aufdringlich zu erscheinen. Er rief mal an, er kenne jemanden, der ein Softwareprogramm für Scoutingdaten entworfen habe, und irgendwann riefen Schulte oder der große Rehberg auch mal zurück, kenne er diesen 14-Jährigen da aus Rostock. Zwei Jahre wartete Uwe Vester, ehe ihm Schulte tatsächlich so etwas wie eine Stelle anbot: Vester wurde Assistenztrainer der C-Jugend, dazu Assistent von Rehberg in der Scoutingabteilung – Datenbank pflegen, mal einen 13-Jährigen beobachten, einfach ans Telefon gehen –, und sollte mithelfen, an der Gesamtschule Berger Feld einen speziellen Zweig für Fußballtalente aufzubauen. Drei Aufgaben, mehr als ein Vollzeitjob, für ein Teilzeitgehalt. Das bot der moderne Profifußball, vom dem es in Zeitungsberichten immer hieß, er schwimme nun im Geld, üblicherweise jenen, die im Nachwuchsbereich am Fundament arbeiteten.

Mrosko und Uwe Vester bauten das Zelt auf dem Campingplatz auf Sylt an einer abschüssigen Wiese auf. Ein anderer Platz war nicht mehr frei. Morgens wachten sie beide im unteren Eck des Zeltes auf. Sie waren im Schlaf die Schräge heruntergerutscht.

In einem Internetcafé riefen sie ihre E-Mails ab. Sie waren auch im Urlaub im Dienst. Antje schrieb ihm, sah Mrosko. Sie machte ein Praktikum in Amerika. Sie teilte ihm mit, dass ihre Beziehung vorüber sei. Er überflog die Zeilen, er war sich irgendwann nicht mehr sicher, hatte sie das Folgende wirklich geschrieben, oder hatte er die Botschaft nur aus ihren Sätzen destilliert: »Ich habe dich nicht hingekriegt, Lars.«

Scheiße, sagte Mrosko zu Uwe Vester. Aber gut, dann hatte er jetzt auch keinen Grund mehr, so zu leben, wie es Antje für ihn vorgeschwebt hatte. Sie tranken Cocktails und gingen in ein Sportgeschäft, wo sich Mrosko Turnschuhe, Fußballschuhe, T-Shirts, Kapuzenpullover, Trainingsjacken kaufte und zur Verkäuferin sagte: »Alles, was ich nehme, bitte zweimal.« Die komplette Montur, die er sich ausgesucht hatte, schenkte er auch Uwe Vester. Mrosko bestellte mehr Cocktails, kaufte mehr Klamotten, bis die 5000 Mark weg waren.

2

Die Gropiuslerche

Die Töne des Synthesizers wurden heller, dramatischer, gleich musste Stevie B mit dem Gesang einsetzen. Doch es erklang ein Röhren. Mrosko sang zu *Because I Love You* von Stevie B mit. Die drei Jungs bei ihm im Auto lachten, Alexander Jakowitz, Gökhan Senol, Ifet Taljevic. Sie waren im Mai 2001 auf dem Weg von Berlin zu einem dreitägigen Probetraining bei Bayern München.

»Bejos I love juuu«, schmetterte Mrosko in einer neuen Sprache, die Berlinglisch sein musste. »Was lacht ihr, ich war mal in einem Chor!«, protestierte er, und die Jungs lachten noch lauter.

Er hatte wirklich in einem Chor gesungen, mit zehn, elf, bei Herrn Jahn und den Gropiuslerchen. Einmal waren sie mit dem Dirigenten James Last sogar im Fernsehen aufgetreten, in einer Show von Michael Schanze. Der Schanze war vielleicht unfreundlich gewesen. Mrosko schüttelte die Erinnerung an seine Kindheit ab. Er wollte sich nicht die Laune verderben lassen.

»I'll jive ju my heart, my everyding«, sang er weiter. Die schmalzigsten Lieder wurden zu Hymnen, wenn er sie in einem erhabenen Moment hörte, wenn er sie für immer mit dem Moment verband. Von Berlin nach München waren es 585 Kilometer, bei dem Tempo, das er draufhatte, würden sie in weniger als fünf Stunden dort sein. In fünf Stunden hörten sie das Stevie-B-Album sechsmal.

Das, fühlte Mrosko, war sein Moment. Die Jungs hatte er entdeckt. Wenn er es genau nahm, waren Jakowitz und Senol wahrscheinlich sogar die ersten Talente, die er jemals gescoutet hatte; mal abgesehen davon, dass er vor zwei Jahren noch nicht gewusst hatte, dass man das Scouting nannte. Als Jugendtrainer von Tennis Borussia hatte er sie im Sommer 1999 beim Fußball beobachtet und zu TeBe gelotst. Jakowitz hatte er sogar getauft: auf den Spitznamen Sparwasser. Keine Ahnung, ob Jürgen Sparwasser so gespielt hatte wie Alex Jakowitz. Es war bloß der einzige DDR-Angreifer, der Mrosko eingefallen war. Um Senols Kosenamen brauchte er sich nicht zu kümmern. Alle riefen ihn Diego. Senol selbst wusste wahrscheinlich gar nicht mehr, dass er eigentlich Gökhan hieß.

Wenn Bayern die Jungs nehmen würde, seine Jungs, da würde er 'ne Rakete starten, dachte sich Mrosko. Nichts machte ihn so glücklich wie das Gefühl, anderen zu helfen. Wenn er nur noch 20 Mark hätte, würde er ihnen trotzdem 19 geben, bestätigten Shergo, Bodden und Ente; ey, so war der Lars, loyal bis zur Selbstaufgabe. Und kaum einer merkte, dass Mrosko abhängig war von dem Drang, anderen Gutes zu tun. Er musste sich immer wieder aufs Neue das Gefühl sichern, dass andere ihm dankbar waren, ihn schätzten.

Schon wieder fiel Mrosko der blöde Kinderchor ein. Eines Winters hatten sie Besuch von einem russischen Knabenchor gehabt, jede Gropiuslerche nahm einen russischen Jungen auf. Mit dünnem Jäckchen stand der Junge vor ihrer Wohnung im Berliner Schnee. Mrosko konnte mit ihm nur per Lachen reden, aber er verstand auch so, wie arm der Russe sein musste. Er schenkte ihm seine Fußballschuhe. Er dachte gar nicht daran, dass er dann keine Fußballschuhe mehr hatte und am folgenden Samstag einen Riesenärger mit dem Trainer bekäme.

»I'll be right by your side, to be your light, to be your guide«, sang Stevie B schon wieder, irgendwo hinter Hof, bald schon in Nürnberg. Die Jungs hatten sich längst von Mroskos Euphorie anstecken lassen. Mitzusingen trauten sie sich trotzdem nicht. Aber ausgelassen über Mroskos Späße zu lachen passte sowieso besser zu ihrem Verhältnis. Mrosko, erst 23, aber fünf, sechs Jahre älter als Diego und Sparwasser, war der Erwachsene für sie. Er hatte immer den Arm um Alex Jakowitzs Schulter gelegt und gefragt, wie läuft's im Internat, Sparwasser, sollen wir morgen mal ins Kino gehen, als der Junge, Sohn eines

Handelsvertreters, mit 16 alleine aus Neubrandenburg in die große Stadt gekommen war, um es als Fußballer zu schaffen. Mrosko hatte immer nach dem Training bei Tennis Borussia zu Gökhan *Diego* Senol gesagt, komm, wir kicken noch eine Runde, wenn er in Diegos Gesicht gesehen hatte, dass das Training wieder zu verschult für den Jungen gewesen war, einen Sohn türkischer Arbeiter aus dem Wedding, der doch einfach Fußball spielen wollte.

In Gedanken sah Mrosko Diego und Sparwasser und natürlich auch Ifet schon im berühmten roten Trikot. Hermann Gerland, der nach der Sommerpause die zweite Mannschaft der Bayern, die höchste Nachwuchself, trainieren würde, war eine Woche zuvor in Berlin gewesen und hatte an der Seite von Mrosko die drei Jungs in ihren Spielen für Tennis Borussia studiert. »Können vorbeikommen«, hatte Gerland geraunzt, und das hätte er doch nicht gesagt, wenn er nicht an sie glaubte. In Gedanken stellte sich Mrosko Diego im Training der Bundesligaprofis vor, Diego, wie er schwerelos an Stefan Effenberg vorbeizog, wie das aussehen würde. Diego war 1,61 Meter klein.

Wenn Mrosko eine tolle Möglichkeit sah, wie einen Wechsel der drei Jungs zum FC Bayern, dann begann er zu träumen, dann wurde er enthusiastisch, dann wurde die Möglichkeit in seinem Kopf schon Realität. Dann vergaß er, dass der Traum auch noch platzen konnte.

In München an der Säbener Straße sollten die Jungs gleich mit der zweiten Mannschaft mittrainieren. Viele Jahre später forschte Alex Jakowitz aus Neugierde einmal im Internet nach, mit wem sie da im Mai 2001 in Bayerns höchster Nachwuchsmannschaft eigentlich trainiert hatten, Michael Rensing, Markus Feulner, Stephan Kling. Damals spielte Ifet Taljevic beim Aufwärmspiel im Kreis den Bayern-Jungs gleich mal den Ball durch die Beine. Und nicht nur einmal.

Sollten doch gleich mal sehen, wer hier der Herr im Hause war, die Berliner waren da, von der Straße, wenn die Bayern wussten, was das war, die Straße.

Was willste, soll ich dich gleich umtreten?, zischten die Bayern-Jungs, mach hier mal nicht den Dicken!

Die Augen unter den dicken, pechschwarzen Brauen zu Schlitzen zusammengekniffen, konnte Ifet einfach weitermachen, als ob er

Alle riefen ihn Diego: Mrosko mit seiner Entdeckung, Gökhan Senol, so klein, so ein Gefühl im Fuß, dass die Zuschauer an Diego Armando Maradona dachten.

nichts gehört hätte. Er hatte mit 17 schon einen Profivertrag bei Tennis Borussia erhalten, genug, um seinen Vater und die Geschwister zu unterstützen, was wollten die Bayern-Jungs denn. Im Gegenwind surfte er.

Am Rand des Trainingsplatzes glaubte Mrosko vor Scham zu versinken. Hatte Ifet denn gar kein Gefühl, dass nicht nur sein Fußballtalent auf der Probe stand, sondern auch seine Fähigkeit, sich ins

Team einzufügen? Und gleichzeitig empfand Mrosko, er versuchte es zu unterdrücken, Stolz auf Ifet.

Diego glitt durch die Abwehrreihen, Mrosko hatte es schon tausendmal gesehen und musste trotzdem innerlich wieder vor Glück lachen, dieser kleine Kerl, dessen Wangen sich beim Fußball röteten, es sah aus, als ob ein Kind Männern entwischte. Sparwasser versuchte, im Mittelfeld die Aktionen einfach zu halten, die Lücke zu schließen, gleich abspielen, keinen Fehler machen, sehr gut.

Mittags saßen sie beim Essen stundenlang auf der Terrasse des Klubrestaurants und warteten, was passieren würde, ob einer der Profis vorbeikommen würde, Effenberg, Kahn, Scholl. Einmal kam Carsten Jancker und grüßte freundlich. Abends sagte Mrosko, »kommt, wir fahren noch mal in die Stadt«. Die Jungs konnten doch sowieso nicht schlafen. Besser, er organisierte den Ausflug, dann würde Ifet wenigstens nicht in die Nacht abhauen.

Auf der Leopoldstraße sollte was los sein. Sie waren direkt an der Säbener Straße, am Wettersteinplatz, untergebracht, im Süden der Stadt, wo München eine einzige Siedlung ist, Wohnhaus an Wohnhaus. Mrosko fuhr los, da musste doch bald die Abfahrt kommen, oder hatte er sie schon verpasst? Sie fuhren weiter, und irgendwann gab er auf. Dann würden sie eben nur durch die Stadt kreuzen, zwei Stunden im Auto, Stevie B sang, »just let me reassure you that you can count on me«. Mrosko, Sparwasser, Diego, vielleicht sogar Ifet, jeder fühlte inmitten der anderen eine unerklärliche Leichtigkeit. Dann klingelte Alex Jakowitz's Handy.

Der Trainer.

Musik aus, alle still. Es musste auch keiner eine Regung unterdrücken, sie waren vor Schreck stumm.

»Ja, Trainer, es geht schon besser«, sprach Alex Jakowitz ins Telefon, »ich bin noch im Bett, aber das Fieber ist schon runtergegangen, ich hoffe, am Donnerstag bin ich wieder im Training.«

Diego und Alex hatten sich bei Claudio Offenberg, ihrem A-Jugendtrainer bei Tennis Borussia, mit dem Hinweis abgemeldet, sie seien krank. Alex hatte es nicht geschafft anzurufen und seinen Vater gebeten, für ihn zu lügen.

Mrosko fand nichts dabei, dass die Jungs ihren Trainer belogen hatten. Die Wahrheit war keine Option. Tennis Borussia hätte sie niemals zum Probetraining nach München gelassen. Mrosko verstand dieses Denken nicht: Er war doch, da konnste Shergo, Bodden oder Ente fragen, der loyalste Mensch der Welt; wenn er für einen Verein arbeitete, gab er dem Verein alles. Aber in dem Fall musste die oberste Loyalität des A-Jugendtrainers doch nicht seinem Verein Tennis Borussia gelten, sondern seinen Jungs: Man durfte ihnen nicht die Chance nehmen, für Bayern München zu spielen.

Ein Jahr zuvor, als Mrosko noch als Scout bei Tennis Borussia angestellt gewesen war, wollte der große Rehberg von Schalke 04 seine Meinung zu zwei Berliner Jugendspielern wissen. Würde Mrosko Schalke eher zu Charles Takyi oder Sahr Senesie raten? Beide Jungs waren in Afrika geboren, da siehste mal, wie sich Berlin veränderte, afrikanische Jungs, die gleichzeitig Berliner Jungs waren. Sahr Senesie spielte bei Tasmania, Takyi bei Tennis Borussia. Mrosko riet Rehberg vehement zu Takyi – ja, sollte er Takyi schlechtreden, nur damit der Junge bei Tennis Borussia blieb? Mrosko fuhr Takyi sogar zum Gespräch nach Schalke.

Tennis Borussias Präsident Klaus Schumann kochte. Es war nur so ein Gefühl, aber es würde nicht mehr weichen, es würde sein Misstrauen gegen Mrosko auf Jahre zementieren: »Fängt der Mrosko jetzt an, unsere Spieler zu anderen Vereinen zu transferieren?«

Mrosko war fassungslos, als er davon hörte. Das war das Allerletzte, ihm zu unterstellen, er würde hinter dem Rücken Geschäfte machen, Spieler seines Vereins verticken. Er war loyal! Was wollte Schumann denn, auf der zweiten Fahrt nach Schalke hatte Tennis Borussias Ärztin Judith Bahjat Takyi chauffiert, wolle er die etwa auch verdächtigen? Schumann sollte doch stolz sein, dass ein Verein wie der FC Schalke einen Jungen von TeBe für sich reklamierte. So wie Mrosko stolz darauf war, dass der große Rehberg ihn nach seiner Meinung fragte. Jürgen Rehberg war der erste Scout gewesen, der Mrosko seine Visitenkarte gegeben hatte. Die Karte hütete Mrosko. Er selbst hatte keine. An so etwas dachte Schumann natürlich nicht, was so eine kleine Karte für Eindruck machte. Der große Rehberg hatte Mrosko sogar sein Notizbuch gezeigt, schau mal hier, da stand noch die Nummer von Sebastian Deisler, Deutschlands größtem Talent. Den habe er entdeckt, als er noch für Borussia Mönchengladbach und nicht Schalke gesichtet habe, erzählte ihm Rehberg.

Nachdem ihn Mrosko über Charles Takyi fachkundig informiert hatte, rief ihn der große Rehberg jedes Mal wieder an, wenn ihn ein Berliner Jugendspieler interessierte. »Der kennt alle«, sagte sich Rehberg beeindruckt.

Permanent kommt im Profifußball der Verdacht auf, dass dieser und jener krumme Geschäfte mache. Dieser Sportdirektor verpflichte fast nur Fußballer von jenem Spielerberater. Dieser Trainer habe denselben Berater wie der Rechtsaußen, den er immer aufstelle. Lars Mrosko war 22, als er Scout wurde. Er ahnte damals nicht, wie schnell in diesem Geschäft Gerüchte entstehen. Er handelte einfach nach seinen eigenen, Neuköllner moralischen Vorstellungen, und wenn ihm die Schalker ein paar Euro für den Tipp in Sachen Takyi angeboten hätten, hätte er ziemlich sicher abgelehnt. Auch aus einem Ehrgefühl heraus, dass er nicht käuflich war, aber vor allem, weil er für eine Hilfe unter Kollegen, unter Freunden kein Geld nahm!

»Der Junge hat einen guten Kern, ehrlich, geradeaus, keiner, der seine Freunde beklaut«, beobachtete Thomas Westphal, der als Teambetreuer bei Tennis Borussia arbeitete: »Hoffentlich wird er nicht ausgenutzt.«

An einem trainingsfreien Vormittag während des Probetrainings beim FC Bayern fuhr Mrosko mit den drei Berliner Jungs tiefer in den Münchner Süden hinein, die Wohnhäuser wichen vereinzelt Fabriken und Bürogebäuden. Sie parkten in Obersendling vor einem ganz mit Glas verkleideten Haus, Baierbrunner Straße 21, Diego würde die Adresse noch in zehn Jahren wissen, weil er sich Adressen einfach so merken konnte, für immer. Ein gigantisches Omega-Zeichen aus Stahl stand als Wahrzeichen der Exklusivität in einem Blumenbeet vor der Eingangstür. »Lothar Matthäus parkt mit seinem Jaguar immer in der Feuerwehreinfahrt«, erzählte man Mrosko und den Jungs im Büro der Beratungsagentur *Sporthouse,* hinter der Glassfassade des elegant geschwungenen Bürogebäudes Omega-Park.

Georg Stanggassinger, der Eigentümer von *Sporthouse,* war einmal Damen-Bundestrainer im alpinen Skilauf gewesen. Nun vertrat er Lothar Matthäus.

Bayern-Chefscout Wolfgang Dremmler hatte Mrosko auf Stanggassinger hingewiesen. Stanggassinger war Dremmlers Nachbar in München.

Beim FC Bayern fanden sie offensichtlich, es sei nicht von Nachteil, wenn sie ihre jungen Spieler in die Richtung bestimmter Beratungsagenturen lotsten. Dann standen diese Berater unterschwellig unter moralischem Druck, diese Spieler nicht gegen den Willen der Bayern zu anderen Vereinen zu bringen.

Mrosko fand, »wenn die Jungs zu Bayern wechseln wollen und dann gleich mit dem Berater von Matthäus, mit der Hausmacht, ankommen, kann das nur helfen«.

Stanggassinger winkte die Jungs mit ausholender Handbewegung herein und bot ihnen erst einmal Golfschläger an. In seinem Büro hatte er eine Kunstrasenbahn zum Putten verlegt. An der Wand hingen enorme Fotos von Lothar Matthäus in Siegerpose.

Mit ihren Eltern hatten die Jungs zu Hause über den Besuch beim Berater gesprochen. Keiner zweifelte, dass sie als 17- und 18-jährige Jugendspieler einen Agenten benötigten. Manch einer erinnerte sich noch, wie sich die Jugendleiter deutscher Klubs über »Kinderarbeit« und »unmoralische Angebote« empört hatten, weil englische Klubs deutsche Jugendspieler mit passabel dotierten Arbeitsverträgen lockten. Aber das war lange her, als Verträge für 16-Jährige obszön erschienen waren. Drei Jahre.

Bei Gökhan Diego Senol zu Hause in Wedding hatten immer mal wieder fremde Männer angerufen, sie seien Berater, sie könnten ihn zum SC Freiburg bringen oder zu Galatasaray Istanbul. Diego spielte in der türkischen Juniorennationalelf. Niemand hatte Diego vorher gesagt, dass es so etwas gab, Berater.

Nun erzählte ihnen Stanggassinger von Rundumbetreuung, Finanzberatung, Wohnung besorgen bei Vereinswechsel, den Leihwagen und den Flug in den Urlaub buchen; alles würde die Agentur übernehmen. Welchen Urlaub sich die Jungs üblicherweise leisten konnten, fragte er nicht. Sie erhielten bei Tennis Borussia als Jugendspieler zwischen 500 und 900 Mark Zuwendung im Monat.

Aber nun waren sie bei Bayern München im Probetraining, an der Schwelle zum Jungprofi. Alle drei schlossen sich Stanggassingers Agentur an.

Ein paar Tage nach dem Besuch in München rief Wolfgang

Dremmler bei Mrosko an. Trainer Hermann Gerland wolle Diego leider nicht, der sei mit 1,61 Meter definitiv zu klein. Ifet schließe sich von selbst aus, solche Typen machten nur Ärger, von wegen beim Aufwärmspiel erst mal die anderen tunneln. Bei Alex Jakowitz müssten sie sehen. Sie würden ihn in Tennis Borussias A-Jugendspiel gegen Dynamo Dresden nochmals beobachten.

Danach sprach keiner vom FC Bayern mit Mrosko jemals wieder über Jakowitz. Das war eine Art im Fußball, zu sagen: Wir nehmen ihn doch nicht.

Zurück im Alltag auf Tennis Borussias Trainingsfeld am Mommsenstadion ging der Ärger erst los. Trainer Offenberg hatte herausgefunden, wo Diego und Alex ihre Krankenzeit verbracht hatten.

Mrosko strengte sich an, die Absagen der Bayern nicht persönlich zu nehmen. Der FC Bayern konnte auch nur 24 Nachwuchstalente in seiner zweiten Mannschaft unterbringen, er konnte nicht alle Begabungen aufnehmen. Und während er sich die logischen Argumente vorsagte, schlich sich das Aber schon in seine Gedanken: *Aber* der Kleinwuchs war doch Diegos Vorteil, mit seinen schnellen Drehungen konnte er all den Baumstämmen entwischen, die sie im deutschen Fußball favorisierten. *Aber* Ifets Respektlosigkeit war doch eine Qualität, er spielte gegen jeden Gegner rotzfrech auf. *Aber* einen wie Alex konnte jede Elf gebrauchen, dominant, zuverlässig.

Es tat ihm für die Jungs leid, ein wenig auch für sich selbst, so einfach war das nicht zu unterscheiden. Aber, noch ein Aber im Kopf, er würde die Enttäuschung doch nicht an sich heranlassen, auf keinen Fall.

»Scouts darf man nicht danach bewerten, wie viele Spieler sie zu ihrem Verein bringen«, sagt Wolfgang Dremmler. »Es kann sein – gerade wenn du für Bayern München in Berlin und Norddeutschland sichtest –, dass du über Jahre keinen einzigen Spieler bei uns unterbringst. Weil die eher zu norddeutschen Vereinen gehen und wir eher süddeutsche Spieler holen.«

Mrosko vertiefte sich in die Alltagsarbeit. Am 15. August 2001 besuchte er gemeinsam mit Wolfgang Grobe, einem weiteren Honorarscout der Bayern für Norddeutschland, in Eisenhüttenstadt das Juniorenländerspiel Deutschland gegen Polen, um den 17-jährigen

Patrick Ochs von Eintracht Frankfurt zu begutachten. Neben ihnen sollte auch der Bundeskanzler kommen. Gerhard Schröder wollte sich in Ostdeutschland volksnah geben.

Grobe hatte Hunger. Nachwuchsscouts, die oft genug mit 40 Zuschauern bei Regionalligajugendspielen auf irgendwelchen Nebenplätzen im Regen standen, planten das Büfett im VIP-Raum bei Jugendländerspielen gerne als seltenen Höhepunkt ein.

»Bitte gedulden Sie sich«, bat eine Hostess Grobe, »das Büfett eröffnet der Kanzler.«

Als der Anpfiff näher rückte und Schröder weiterhin auf sich warten ließ, ernannte sich Wolfgang Grobe selbst zum Bundeskanzler. »Das Büfett ist eröffnet!«, erklärte er lautstark, und ehe die Hostessen einschreiten konnten, hatte sich schon eine Schlange gebildet, die beherzt bei Rindfleisch und Kartoffelpüree zugriff.

Mrosko lachte lautlos. Ich habe einen sensationellen Job, dachte er sich.

Dann beobachteten Grobe und Mrosko in Stille Ochs gegen die Polen, jeder fuhr nach Hause, schrieb alleine sein Gutachten und reichte es bei Dremmler ein, ohne die Meinung des anderen Scouts zu erfahren. So verlangte es der Klub. Es ging ja darum, dass zwei Scouts den Spieler unabhängig voneinander bewerteten, um ein breites Bild von ihm zu erhalten. Das *Aber* meldete sich wieder bei Mrosko.

Wehmütig erinnerte er sich an das innere Klopfen, wenn er für Tennis Borussia ein Talent entdeckt hatte. Wie er auf dem Postamt Neukölln die Adlers in Leipzig durchtelefoniert hatte, und plötzlich hatte er René Adlers junge Stimme in der Leitung gehabt, das war ein Rausch gewesen, Jagdfieber. Fiebrig konnte er zum Nachwuchskoordinator, zu Slomka, rennen, und Mirko hörte ihm zu, er diskutierte mit ihm. Da klopfte es so heftig in ihm, wenn er spürte: Wir holen den Spieler, meinen Spieler.

»Du bist bei Bayern München!«, sagte ihm sein Freund unter den Scouts, Uwe Vester, am Telefon, wenn sich Mrosko, wie sollte er es ausdrücken, über das fehlende Fieber bei der Arbeit für Bayern beklagte. Mit Uwe konnte er reden, Uwe war ruhig, rational, ein Fußballwissenschaftler, er trug Poloshirts, nicht bunte Carlo-Colucci-Sweater. Und am Ende des Telefonats gelang es Mrosko oft genug, wie Uwe zu denken, ruhig, rational.

Er arbeitete für Bayern München, den tollsten Verein der Welt, der ihm für zwei Talenttage sogar einen Trainingsanzug schickte. Er sollte glücklich sein. Okay, er war glücklich. *Aber* was nutzte ihm ein Bayern-Trainingsanzug, wenn er ihn nur einmal im Jahr anziehen konnte?

Den Trainingsanzug bewahrte er genau wie den Rest seiner Kleidung in Sporttaschen und Koffern auf. Nach dem Auszug bei Antje war er kurzfristig bei zwei Neuköllner Freunden untergekommen, Bryan und Ricky. Er schlief auf dem Sofa und lebte aus der Sporttasche. Der kurzfristige Zustand dauerte schon Monate an. Mrosko störte sich nicht weiter daran. Er war 24. Er dachte nicht darüber nach, ob Möbel schön aussahen. Momentan war es noch nicht einmal wichtig, Möbel zu haben. Hauptsache, die Wohnung, in der er lebte, war sauber. Da war er penibel.

Er fand, als Scout von Bayern München müsse er ruhiger leben. Die Jungs sah er nicht mehr täglich. Shergo war enttäuscht. Mensch, der Lars zog sich zurück. Aber Shergo sagte nichts. Denn da war der Lars irgendwie anders als sie: Er redete oft nicht über sein Inneres. Das einzige Gute daran, dass sie sich weniger sahen, war, dass sie dann bei ihren Treffen umso heftiger feierten.

Shergo legte sich eine neue Frisur zu, den senkrecht aufgestellten Pony blond gefärbt, das Resthaar glänzend schwarz. Mrosko experimentierte mit blonden Strähnchen. Bodden hatte einen neuen Job. Er spielte in der Nachmittagstalkshow von Sonja Zietlow auf Sat.1 mit ernster Miene die Rolle als Neuköllner Prolet mit den Ansichten, die je nach Thema gerade gefordert waren.

»Frauen gehören in die Küche!«, rief Bodden in einer Sendung. Während eine Teilnehmerin der Talkrunde sich über ihn ereiferte, ließ er die schwarzen Haare ins Gesicht hängen, was die mächtige Nase betonte. »Was willst du denn«, unterbrach Bodden die Frau, »du würdest bei mir zu Hause die Brote schmieren.« Lachen im Publikum. »Ihr braucht nicht lachen, ich weiß, dass hier die Hälfte genauso denkt.« Er bekam das ohne Scham oder Lachanfälle hin, er war halt ein Profi, und am Ende gab es jedes Mal 400 Mark, nach der Euro-Umstellung sogar 300 Euro. Da konnten sie wieder feiern gehen und Lars sogar noch zum Geburtstag einen Hamster kaufen.

Den besonderen Gag des Geschenks bemerkte Lars erst einige Wochen später. Der Hamster war trächtig.

Unterdessen machte sich Andreas Bergmann Gedanken über Mrosko. Der Junge fiel ihm bei jedem Auswahlturnier oder Jugendländerspiel auf, zu dem Bergmann als Nachwuchskoordinator des FC St. Pauli reiste: Immer hatte Mrosko eine Meinung, immer einen frechen Spruch auf Lager. Bergmann glaubte, Mrosko einschätzen zu können. Er hatte als Sportlehrer gearbeitet, ehe er in den Ausbildungsbetrieb des Profifußballs fand. Typen wie Mrosko gerieten mit ihrer direkten Art öfters in Schwierigkeiten und boxten sich dann mit ihrer List wieder raus. »Wie einer von der Straße«, dachte sich Bergmann. Er wollte Mrosko als hauptamtlichen Nachwuchsscout beim FC St. Pauli anstellen.

St. Pauli war gerade aus der Bundesliga abgestiegen, einen etablierten Scout würde er weder bezahlen noch zum Kommen überreden können, schätzte Bergmann. »Ich musste also wie bei den Jugendspielern auch beim Scout nach einem Talent suchen, das noch nicht offenkundig war. So war das bei Lars. Er besaß bereits ein enormes Wissen, hatte das Auge, war akribisch.« Was den Umgang betraf, dachte Bergmann, was Mroskos Freundinnen immer dachten: »Ich habe gehofft, ich kriege ihn hin.«

»Lars, du bist bei Bayern München, der Nummer 1 in Deutschland«, sagte ihm Uwe Vester am Telefon. »Von dort kommst du immer weg, da brauchst du nicht beim erstbesten Angebot runter in die zweite Liga zu gehen.«

»Hast ja recht«, sagte Mrosko. *Aber.* Er wollte endlich wieder etwas bewegen, wieder spüren, dass seine Arbeit einen Effekt hatte. Und er sollte auf St. Pauli eine Festanstellung erhalten, er konnte vielleicht sogar für das Profiteam arbeiten, die hatten dort überhaupt noch keinen Scout, musste man sich mal vorstellen, im Jahr 2002. Er konnte dort richtig durchstarten.

»Aber du musst auch die Möglichkeit einkalkulieren, dass du dort nicht zurechtkommst. Und als der Mann, der auf St. Pauli scheiterte, würdest du nicht mehr so leicht hochkommen.«

»Hast ja recht«, sagte Mrosko. *Aber* er würde nicht scheitern. Er würde der beste Scout werden.

»Ich würde es nicht machen«, sagte Uwe Vester.

Ein paar Tage später führten sie dasselbe Gespräch wieder, und dann wieder.

Im Juli 2002 fuhr Andreas Bergmann mit einem Kleinbus des FC St. Pauli in Berlin-Neukölln vor. Die Busse hatten sie angeschafft, um die Jugendteams zu Auswärtspartien zu bringen. In Berlin lud Bergmann ein Bett, einen Schreibtisch und ein paar Koffer in den Bus, viel mehr war es nicht. Er half St. Paulis neuem Scout Lars Mrosko beim Umzug.

Mrosko erhielt 1550 Euro brutto im Monat und als Dienstwagen einen VW Polo. Als er am 8. Juli 2002 auf seiner ersten Dienstreise mit dem Wagen zum DFB-Schülerlager in Bad Blankenburg eintraf, dachte er sich, Scheiße, das Nummernschild.

Helmut Harlacher, einer der Jugendscouts des FC Bayern, hatte ihn vor dem Hotel *Am Goldberg* einparken sehen und sicher das HH im Autokennzeichen registriert. Jetzt würde alles rauskommen.

Er hatte beim FC St. Pauli unterschrieben, ohne irgendjemanden beim FC Bayern von seinem Weggang zu unterrichten. Wolfgang Dremmler ging davon aus, dass Mrosko in Bad Blankenburg für die Bayern sichtete.

Natürlich wusste Mrosko, dass dies keine Art war, er war ja nicht blöd! Aber er konnte es Dremmler einfach nicht sagen. Dremmler war so gut zu ihm gewesen, er bewunderte die Souveränität und Höflichkeit Dremmlers. Er konnte ihn nicht enttäuschen.

Du musst ihn anrufen, hatte er sich Hunderte Male gezwungen. Ach, jetzt ist er sicher gerade beim Mittagessen, jetzt geht er vielleicht gerade zu einer Sitzung mit Uli Hoeneß, hatte er sich Hunderte Male überlegt und gedacht, besser, ich rufe morgen an.

Rein formal hatte Mrosko keinen Fehler begangen. Sein Vertrag beim FC Bayern war am 30. Juni 2002 ausgelaufen, zum 1. Juli hatte er sich dem FC St. Pauli verpflichtet. Er hatte allerdings Dremmler im Glauben gelassen, er würde selbstverständlich beim FC Bayern weiterarbeiten.

Schon im Mai hatte er Andreas Bergmann zugesagt. Seit sieben Wochen trug er den ausstehenden Anruf mit sich herum, sieben Wochen lang hatte er sich selbst beschimpft: »Du bist feige. Ruf jetzt an.«

Sieben Wochen hatte er sich überzeugt, dass es gerade jetzt nicht ging.

Ganz natürlich saß er in Bad Blankenburg mit dem Bayern-Scout Helmut Harlacher gemeinsam am Tisch. Es war nur wahnsinnig anstrengend, ganz normal zu tun.

Jetzt musst du aber anrufen, sagte er sich auf der Heimfahrt von Bad Blankenburg nach Hamburg, Harlacher würde Dremmler sicher von dem Nummernschild erzählen. Wenn er in Hamburg wäre, würde er anrufen.

Dann rief Dremmler ihn an.

Das Display zeigte Mrosko den Namen des Anrufers, er ließ das Handy klingeln. Schließlich drückte er die Taste mit dem grünen Hörer.

»Lars«, sagte Dremmler, »ich denke, du hast mir was zu sagen.«

Dremmlers Stimme sollte zornig klingen, hatte Mrosko gedacht. Aber sie war so ruhig wie immer.

»Es ging alles so schnell, ich hatte noch gar keine Zeit anzurufen«, sagte Mrosko.

»Lars, ich bitte dich. Ich habe von deinem Wechsel schon vor Wochen von mehreren Seiten gehört. Ich muss dir ehrlich sagen, ich bin sehr enttäuscht, ich muss das erst mal verarbeiten. Ich wollte gerne noch lange mit dir zusammenarbeiten.«

»Ich konnte das Angebot aus finanziellen Gründen nicht ausschlagen.« Ihm fiel ein, dass Dremmler ahnen würde, was ein Scout bei St. Pauli verdiente. »Ich kriege da sogar eine Aufstiegsprämie, falls die Profis hochgehen.«

»Lars, du hättest mich einfach anrufen sollen. Du wärst nach München gekommen, und wir hätten das gelöst.«

Das verzeihe ich mir nie, das verzeihe ich mir nie, das verzeihe ich mir nie, dachte Mrosko, er wusste nicht, ob er es schon dachte, während er Dremmler noch Ausreden auftischte. Was für schlechte Ausreden, wusste er selber und dachte noch lange, nachdem sein Handy schon wieder neben ihm lag: Das verzeihe ich mir nie!

Er schrieb Wolfgang Dremmler einen Brief. Kurios, wie man manche Dinge nicht aussprechen, aber zu Papier bringen kann.

»Es war mir so wichtig, zu meinen Freunden immer ehrlich zu

sein. So habe ich nicht nur Dich, sondern mich selbst betrogen«, begann er in seiner sorgfältigen Handschrift und endete mit einer Entschuldigung.

Wolfgang Dremmler bedankte sich für den Brief. Er stieg in der Wertschätzung von Mrosko ins Unendliche, weil er in einer Branche, die Reputationen geradezu zwanghaft durch Geschwätz beschädigt, nie jemandem von Mroskos Fahnenflucht erzählte.

»Mein Gott, jeder Mensch macht Fehler, und als Junge erst recht.« Wolfgang Dremmler ist wieder am Telefon, Jahre später, die Stimme markant gelassen. »Sicher hätte ich es gerne, dass mich meine Mitarbeiter über ihre Wechsel informieren, aber okay, dann war es halt anders. Mir hat sein Brief gefallen. Dass sich jemand aufrichtig entschuldigt und sich dazu die Mühe macht, dies handschriftlich zu tun, das bleibt in Erinnerung.«

»I got your letter from the postman just the other day«, fing Stevie B schon wieder an zu singen. Nach der Rückkehr vom Probetraining in München hatte sich Alexander Jakowitz als Erstes das Album gekauft.

3

St. Pauli ist anders, sagen alle

Wie es sich für eine Sekretärin gehörte, die nach ihrer Selbstwahrnehmung eher als gute Fee arbeitete, beließ es Jutta Kadrii beim FC St. Pauli nicht dabei, Briefe zu schreiben und Telefonanrufe entgegenzunehmen. Sie wollte dem halben Büro auch mal was richtig Schönes kochen. Čevapčići mit Pommes frites gebe es heute, verkündete sie eines Mittags, was eine Herausforderung darstellte bei einem Campingkocher mit zwei Herdplatten als einzigem Kochgerät in der Küchennische.

Zwei Container bildeten 2002 die komplette Geschäftsstelle des Bundesligaabsteigers FC St. Pauli. Im Winter war es kalt in den Containern, im Sommer unerträglich heiß. Das Bratfett und der Kochdampf von Juttas Festmahl hüllten in Windeseile die wenigen Räume ein. Das Essen war noch nicht fertig, da stand schon Manager Stephan Beutel in der Kochnische. »Mach sofort das Ding aus!«, schrie er. »Das stinkt hier wie in 'ner Pommesbude!« Beutel hatte gerade den Spielerberater Stefan Schneekloth im Container zu Besuch und offenbar wenig Interesse daran, dass ein Bild von seinem Klub als Imbissbude entstand.

Der FC St. Pauli war anders, sagten alle. Was genau den Klub von herkömmlichen Profivereinen unterschied, konnte jeder für sich selbst definieren. Viele Fans fanden, ihr Klub sei weltanschaulich links. Viele Zeitungen schrieben vom typischen St.-Pauli-Fußball, vom Außenseiter, der sich mit überbordender Leidenschaft über seine Beschränkungen und scheinbar übermächtige Gegner hinwegsetze. Die Fans finanzierten dem Klub eigenhändig einen Sozialpädagogen für die Jugendteams, im Stadion am Millerntor wurden Piratenflaggen geschwenkt, und niemanden interessierte tiefer gehend, wie der FC St. Pauli eigentlich wirklich war. Es genügte das diffuse Bild, dass der Verein irgendwie anders, irgendwie reiner als die anderen war.

Auch Mrosko suchte nach seiner Ankunft voller Vorfreude nach Indizien für dieses Anderssein. Der Sicherheitsbeauftragte des Klubs, Sven Brux, ein Hüne mit Camouflage-Hose, Straßenkampf-Vergangenheit und Händen wie Brettern, kam schon mal direkt vom Angeln ins Büro und blockierte mit seinen Zandern den halben Kühlschrank. Der Jugendkoordinator Andreas Bergmann musste morgens um zehn vor seiner Bürotür über schlafende Zimmermänner hinwegsteigen. Er hatte sein Büro direkt neben der Vereinskneipe. Brigitte, die Wirtin, gewährte Handwerkern auf der Walz stets Asyl. Und der Scout sollte also mit einem VW Polo Tausende Kilometer durch Deutschland touren, um Gegner und Spieler zu beobachten.

Dass es beim FC St. Pauli aber auch ganz anders zuging, ließ sich in dem kurzen Moment erahnen, als der Manager Stephan Beutel inmitten der Wolke von Juttas Bratfett weiterschrie: »Ich verbiete euch, hier jemals wieder zu kochen!«

Im Frühling 2002, als er sich zwischen dem FC Bayern und St. Pauli entscheiden musste, hatte sich Mrosko mit St. Paulis gesamter sportlicher Führung im *R & B* in Eimsbüttel getroffen, Trainer Dietmar Demuth, Manager Beutel, Jugendkoordinator Bergmann. Schon das Ambiente versetzte ihn in Stimmung, die Wände mit Covern von Soul-Alben bedeckt, Wachstischdecken, und draußen vor den Fenstern Hamburg-Eimsbüttel, auf legere Art wohlhabend, da waren Frauen auf der Straße. Alles, was seine drei Gesprächspartner erzählten, weckte seinen Ehrgeiz. Es gab überhaupt noch kein strukturiertes Scouting beim FC St. Pauli, sie wussten, dass sie da professioneller werden mussten. Sie übertrugen ihm die volle Verantwortung, hörte Mrosko heraus.

Als er im Sommer seine Arbeit begann, überließ ihm Manager Beutel unsortiert irgendwelche Videokassetten. Wahllose Aufzeichnungen von Fußballern, die deren Agenten ungefragt eingesandt hatten. Hatte St. Pauli auf dieser Basis seine Mannschaft zusammengestellt?

Mrosko sortierte die Videos in einem Regal nach Spielpositionen, Liga und Land. Einen Videorekorder, um sie anzusehen, hatte man ihm nicht zugeteilt. Eine Datenbank über bisher gesichtete Spieler existierte nicht. Hier konnte er etwas bewegen, dachte er sich und nannte sich im Stillen, nicht ohne Stolz, den jüngsten Chefscout Deutschlands. Er war 25. Als er seine erste Gehaltsabrechnung öffnete, sah er, dass ihm nach Abzug von Steuern und Sozialabgaben im Monat 1100 Euro blieben.

Er kaufte sich von seinem eigenen Geld ein Computerprogramm der Firma Topcoach zum Anlegen einer Spielerdatenbank. Er wollte nicht gleich mit finanziellen Forderungen auflaufen. Wenn es erst einmal lief, dachte er, würde er das Computerprogramm schon abrechnen können.

Er arbeitete für die Nachwuchsmannschaften genauso wie für die Profielf, er war ständig unterwegs, er liebte das Gefühl, in Bewegung zu sein. Rastlos zu sein bedeutete, entscheidend zu sein. Er fuhr zum Jugendbundesländerpokal nach Wedau, den ganzen Tag am Platz stehen, Spiel auf Spiel, Mensch, da hatte er eine Idee. Er kaufte im Möbelcenter in Duisburg einen Gartenstuhl, ach, weißt du was, er nahm gleich zehn Gartenstühle. Er wollte die Nachwuchsscouts der anderen Bundesligisten, seine Kollegen, damit überraschen. Wie sehr er an sie dachte. Von Wedau ging es fast nahtlos weiter, um St. Paulis Auftaktgegner in der zweiten Liga, Eintracht Frankfurt, in einem Testspiel zu beobachten, er telefonierte mit ein paar Kontakten, um die Aufstellung der Eintracht rauszukriegen, war nicht so einfach vor dem ersten Spiel. Mit Hand zeichnete Mrosko die Frankfurter Varianten bei Eckbällen auf sowie auf weiteren Karobögen ihre Positionen und Laufwege beim Angriff wie in der Defensive. Drei Tage vor dem Spiel gab er seine Gegneranalyse bei Trainer Demuth ab. »Falls Sie noch Fragen haben, jederzeit«, sagte er. Demuth nahm die Papiere mit einer Kälte entgegen, die Mrosko nur so interpretieren konnte: Es interessierte ihn einen Dreck.

Der Trainer empfand ihn offenbar nicht als Hilfe, sondern als Eindringling. Es lag nicht an Mrosko. Dietmar Demuth litt allgemein am Gefühl, in seiner Macht beschnitten zu werden. Unter diesem Eindruck erschien ihm sogar der neue Scout als jemand, der gekommen war, um ihm Kompetenzen zu rauben.

Im Sommer hatte das Präsidium Demuth zusätzlich zum Manager mit Franz Gerber auch noch einen Sportdirektor an die Seite gestellt. Das ließ sich aus Sicht des Trainers nur so interpretieren: Man setzte ihm und dem Manager einen Aufpasser an die Seite.

In der Tat zweifelten Präsident Reenald Koch und sein Vize Christian Pothe mittlerweile am sportlichen Urteilsvermögen von Trainer Demuth und Manager Beutel, nachdem sich deren teure Neuzugänge häufig nicht bewährt hatten. Nach dem Brasilianer Marcão, mit 800 000 Euro Ablöse der zweitteuerste Fußballer in St. Paulis Geschichte, hatte ein Mitarbeiter der Marketingabteilung, Mike Glindmeier, seinen gebrauchten VW Polo benannt: Der beschleunigte auch träge und lief langsam.

Üblicherweise hätte man den alten Manager durch einen neuen ersetzt, der dann vielleicht auch einen neuen Trainer angeheuert hätte. Aber Manager Stephan Beutel war beim FC St. Pauli faktisch nicht zu entlassen. Der Manager amtierte gleichzeitig auch als Präsidiumsmitglied, sodass zu seiner Abwahl ein Stimmverhältnis von 6 : 1 im Aufsichtsrat nötig gewesen wäre. Und dort hatte Beutel seit dem wunderbaren Bundesligaaufstieg 2001, trotz des postwendenden Abstiegs, treue Verfechter. Also versuchte das Präsidium, den Manager indirekt von allen sportlichen Entscheidungen zu entbinden, indem sie ihm einen Sportdirektor zur Seite stellten. Aber wer lässt sich schon mit Begeisterung entmachten?

»Kann das gut gehen?«, fragte sich der Vizepräsident Christian Pothe abends auf dem Nachhauseweg manchmal selbst. »Wir hatten die vage Hoffnung, dass ein Trainer und ein Manager den Wiederaufstieg schaffen würden, an die wir nicht mehr glaubten.«

Er hatte mit dem Konflikt nichts zu tun, sagte sich Mrosko. Natürlich traf es ihn, dass der Trainer seine Gegneranalyse einfach zur Seite legte, aber als er am nächsten Morgen auf dem Weg zum Container wieder das riesige Totenkopf-Graffiti am Stadion erblickte, kehrte

T-Shirts kaufte er im Fanshop: Dieser Klub mit dem Totenkopf als Symbol begeisterte Mrosko schon, bevor er die Arbeit beim FC St. Pauli begann.

dieses Summen und Brummen im ganzen Körper zurück. Er arbeitete für St. Pauli! Mrosko kaufte sich Kleidung im Fanshop. Er trug die Sweatjacke offen, damit jeder das weiße T-Shirt darunter sah, mit der hervorstechenden Aufschrift »St. Pauli«.

Mit der Zeit würde er den Trainer schon durch seine Analysen überzeugen. Er würde alle durch seine Expertise für sich gewinnen, er musste einfach zu allen loyal sein, Gerber, Beutel, Demuth, und dann würden sie gemeinsam aufsteigen mit St. Pauli.

Mrosko bestellte Christopher Clemens und Jens Urlbauer von der Firma Mastercoach aus Düsseldorf in den Container nach Hamburg.

Die Firma lieferte Videosequenzen von Fußballteams und Spielern aus der ganzen Welt, ein ganz neuer Service, da konnte der Trainer etwa jeden Donnerstag die Eckballtricks des nächsten Gegners studieren. Mastercoach bot sogar bereits zusammengeschnittene Analysen der Gegner an, aber Mrosko hatte sie überredet, St. Pauli ausnahmsweise das Rohmaterial zur Verfügung zu stellen, dann würde er nachts die Analyse für den Trainer selbst zusammenschneiden. Dann würde es für St. Pauli billiger.

Mrosko hatte explizit Gerber und Beutel zum Treffen mit Mastercoach hinzugebeten, um keine der Parteien zu verprellen. Er saß mit den Videoanalytikern aus Düsseldorf im Container und wartete. Weder Gerber noch Beutel erschienen zu der fest angesetzten Sitzung.

Wenn ihn Mrosko traf, war Sportdirektor Franz Gerber stets zuvorkommend. Mit 49 hatte Gerber fast ein halbes Leben im Profigeschäft hinter sich, von der einen Bundesligapartie für Bayern München bis zum Gastspiel bei einem Klub namens Tusla Roughnecks in Nordamerika. Vom wallenden Haar seiner Jugend war nur noch der kleinste Rest an den Schläfen geblieben. »Schlangenfranz« hieß er in der Branche. Er hatte mal ein paar Nattern zu Hause gehalten.

Er wüsste ein paar Spieler, die sie noch auf die Schnelle holen könnten, und sie brauchten zügig Verstärkung, sagte Mrosko zu Franz Gerber, nachdem die selbst ernannte Aufstiegshoffnung FC St. Pauli mit 0:4 gegen Eintracht Frankfurt und 1:4 gegen LR Ahlen in die Saison gestartet war.

An wen denke er, fragte Gerber und setzte einen Blick konzentrierter Erwartung auf.

Emmanuel Krontiris, ein 19-jähriges Sturmtalent von Borussia Dortmund, schlug Mrosko vor. Die Altintops, ein Zwillingspaar, das bei Wattenscheid 09 in der Regionalliga spielte. Ali Bilgin von Rot-Weiss Essen.

Interessant, sagte Gerber. Aber solche Spieler würden St. Pauli momentan nicht weiterhelfen. Er werde die Jungs im Auge behalten.

Mrosko hörte nie wieder etwas von Gerber zu den Spielern.

Emmanuel Krontiris wechselte fünf Monate später von Dortmund zu St. Paulis Ligakonkurrenten Alemannia Aachen, glich im ersten Spiel mit drei Toren eine 3:0-Führung des 1. FC Köln aus und schloss daran eine passable zehnjährige Karriere in der ersten und zweiten Bundesliga an. Die Brüder Halil und Hamit Altintop wurden türkische Nationalspieler und Persönlichkeiten im Spitzenfußball, mit Engagements bei Schalke, Bayern, Real Madrid. Ali Bilgin brachte es zum Mannschaftskapitän bei St. Paulis Zweitligakonkurrenten Rot-Weiss Essen und wurde später vom türkischen Meister Fenerbahçe angestellt. Aber Schlangenfranz brauchte keine Tipps vom Scout. Er hatte sein eigenes Netzwerk.

Als Mrosko aus Gerbers Büro kam, rief ihn Beutel an.

Der Manager, 36 Jahre jung, die grauen Haare intensiv gegelt, erzählte den Hamburger Reportern gerne, was er bei der Bundeswehr fürs Leben gelernt habe. Sein Vater war Berufsoffizier. Wenn bei St. Pauli die Mitarbeiter frühabends zu Brigitte ein Bier trinken gingen, kam Beutel gelegentlich mit und bestellte ein Wasser. Nach wenigen Minuten verabschiedete er sich, er habe noch einen Termin.

Er habe ihn gerade zu Gerber gehen sehen, sagte Beutel zu Mrosko am Telefon, was habe der Sportdirektor gewollt?

»Nichts, nur Small Talk«, sagte Mrosko.

»Der muss doch was gewollt haben!«

Der August 2002 hatte noch sieben, acht Tage. Mrosko ging mit dem bangen Gefühl zum Geldautomaten, ob der noch etwas für ihn ausspucken würde. Er sah nicht, wie er auf Dauer mit knapp 1000 Euro im Monat auskommen sollte.

Kaum hatte er seinen Dienst beim FC St. Pauli begonnen, war der Gerichtsvollzieher auf der Geschäftsstelle erschienen, um, Stück für Stück, Mroskos alte Schulden beim Sozialamt, den Banken, dem Vermieter, der Telekom einzutreiben. Korrekt nach staatlicher Pfändungstabelle wurden monatlich 120 Euro seines kargen Gehalts gepfändet. In Berlin hatte Mrosko nebenbei Hausdächer gedeckt, um schwarz dazuzuverdienen, aber in Hamburg hatte er weder die Kontakte noch die Zeit.

Yvonne war aus Berlin mit ihm nach Hamburg gezogen. Sie hatten sich erst vier Wochen vor seinem Umzug kennengelernt, große Ohrringe unter langen schwarzen Haaren, Mann, er würde echt nie eine hässliche Freundin haben. Er hatte sie über die Freundin eines Freundes kennengelernt, und als er erfuhr, dass sie im Friseursalon

Serno lernte, ging er an drei Tagen hintereinander zu ihr zum Haareschneiden. Dann ließ sie sich auf ein Treffen ein. Über den B-Jugendtrainer von St. Pauli, Torsten Fröhling, hatte Yvonne auch gleich Arbeit in der neuen Stadt gefunden. Fröhling hatte sich nach seiner Laufbahn als Fußballprofi gefragt, mit welchem Geschäft er Geld verdienen konnte, ohne permanent anwesend sein zu müssen. Er wollte nebenbei Zeit finden, sich als Trainer zu versuchen. So hatte er drei Sonnenstudios in Hamburg eröffnet. Yvonne konnte im Studio in Barmbek mitarbeiten. Aber es kam nicht infrage, dass Mrosko Yvonne um Geld bat, so weit käme es noch, ihr einzugestehen, dass er nicht für sie sorgen konnte, wenn sie schon für ihn nach Hamburg gegangen war.

Die Miete allein betrug 490 Euro. Sie wohnten in der Luruper Hauptstraße 226, wo die Stadt kaum noch städtisch war, mit Bäumen und Wiesen zwischen den gleichförmigen, vierstöckigen Neubauten. Als Mrosko in die Grundschule gegangen war, zogen seine Eltern mit ihm und den vier Geschwistern in ein Einfamilienhaus am Berliner Stadtrand, in Rudow, das war auch Neukölln, die Leute vergaßen es immer. In Rudow kamen die Füchse und Rehe in die Stadt. »Irgendwann kaufe ich dir das Haus zurück«, hatte Mrosko als Teenager zu seinem Vater gesagt, als alles über ihnen zusammenstürzte – und das Versprechen würde er noch einlösen, auch wenn ein Hauskauf ein kurioser Gedanke war, mit nur 40 Euro auf dem Konto. Doch er würde aufsteigen, er würde der beste Scout Deutschlands werden, und dann würde er irgendwann sagen: Hier, Papa, der Haustürschlüssel.

Dietmar Demuth, der Trainer, an den das Präsidium schon vor Saisonbeginn nicht mehr wirklich geglaubt hatte, wurde nach den zwei hohen Auftaktniederlagen entlassen. Den Trainer nach zwei Spielen zu feuern war ein peinliches Eingeständnis der eigenen Fehlplanung. Doch das war das geringere Problem. Der neue Trainer Joachim Philipkowski zweifelte öffentlich, ob er überhaupt Trainer dieser Truppe sein wollte.

»Ich war weder von der Qualität der Mannschaft überzeugt noch von den Umständen im Verein, wo sich Gerber und Beutel blockierten, zumal ich das Gefühl hatte, Gerber warte eigentlich nur darauf, selbst Trainer zu werden«, sagt Philipkowski.

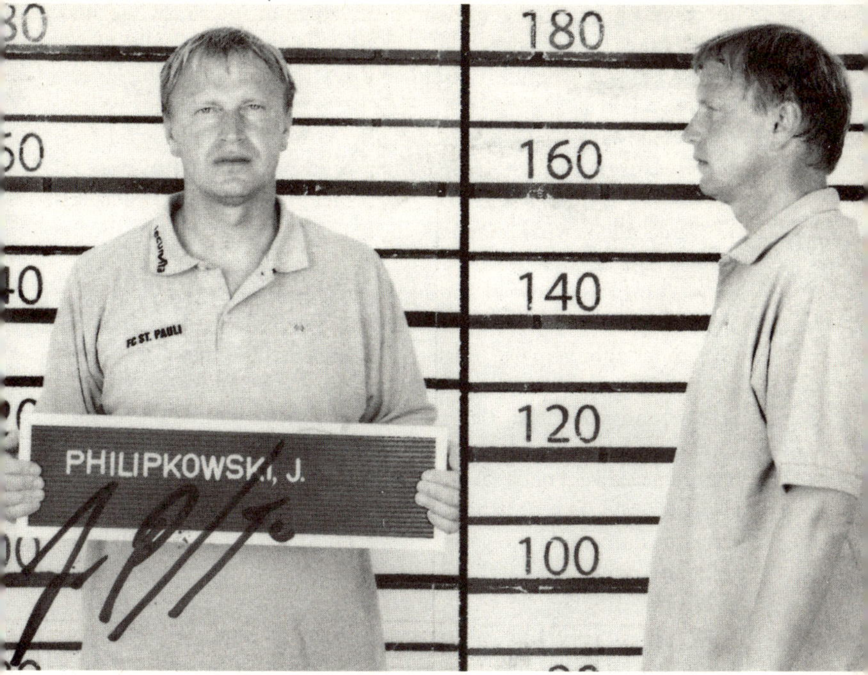

Von welcher Seite man ihn auch betrachtet, ein Mann mit entschlossenem Blick: Trainer Philipkowski ist der erste bei St. Pauli, der Scout Mrosko wirklich vertraut.

Er hatte schon 25 Jahre zuvor als Jugendlicher bei St. Pauli gespielt, er war St. Pauli, »kämpfen und noch mal kämpfen« hieß sein Spiel. In seinem Büro hängte Philipkowski Jahre später mit Reiszwecken eine *Kicker*-Rangliste auf: »Die unfairsten Profis der Bundesliga«. Mit vier Roten Karten lag er nach 40 Jahren Bundesliga auf Rang zwei. Unter Demuth hatte Philipkowski als Assistenztrainer gedient. Demuth und Beutel hatten nie etwas Essenzielles mit ihm besprochen.

Also gut, er mache dann notgedrungen den Trainer, willigte Philipkowski nach tagelangem Zögern ein, aber nur interimsweise, mal sehen, wie es laufe. In der ersten Partie unter Philipkowski bildete die Mannschaft die Unentschlossenheit ihres Trainers exakt ab. Sie verlor 0:6 in Lübeck.

»Piepel! Wir schaffen das!«, rief Mrosko am nächsten Tag im Trainingszentrum Kollauer Straße Philipkowski zu. Sie saßen zu zweit in der kleinen Trainerkabine. »Du fängst hier erst an. Die Transferperiode läuft noch, wir können noch Spieler holen. Wir bringen die Mannschaft da unten raus!«

Joachim Philipkowski hatte Mrosko gebeten, bei der Gegnerbeobachtung stets auch die systematischen Spielzüge des kommenden Rivalen festzuhalten, wie lief der Ball vom Anstoß weg, welche Wege aus der Abwehr heraus waren einstudiert. Philipkowski bat Mrosko montagsmorgens dazu, wenn er auf Video noch einmal das eigene Spiel vom Wochenende analysierte. Das Video bekam der Trainer netterweise direkt nach dem Spiel im Ü-Wagen von den Fernsehleuten geschenkt. Die Brötchen und Marmelade zum Frühstück beim Videostudium am Montagmorgen brachte Mrosko mit. Endlich hatte er einen Trainer, der auf ihn zählte. Er würde sich für ihn zerreißen.

Als nächster Gegner nach dem 0:6 in Lübeck wartete – es musste Schicksal sein – Tennis Borussia Berlin auf St. Pauli, in der ersten Runde des DFB-Pokals.

Für Herrn Mrosko mache Tennis Borussia eine Ausnahme von der Regel, dass die Klubs den Scouts des Gegners gerne und kostenlos VIP-Karten zur Verfügung stellten, schrieb Präsident Klaus Schumann an den FC St. Pauli: Herr Mrosko habe oft genug versucht, Tennis Borussia Spieler zu stehlen, den werde man nicht noch umsonst ins Stadion lassen.

Herr Schumann brauche sich keine Sorgen machen, schrieb Manager Beutel zurück: Der FC St. Pauli werde Lars Mrosko genug Geld mitgeben, damit er sich nicht nur eine Eintrittskarte, sondern auch eine Bratwurst selber kaufen könne.

Mensch, der Beutel konnte richtig cool sein, dachte sich Mrosko.

Im Mommsenstadion, in das ihn Schumann nicht reinlassen wollte, begrüßte der Stadionsprecher dann über Lautsprecher ganz herzlich Lars Mrosko zurück an alter Wirkungsstätte. In seiner Analyse von Tennis Borussia erwähnte Mrosko auch einen Stürmer, der sich äußerst geschickt fallen ließ, um Elfmeter oder Freistöße zu schinden: Shergo Biran.

Shergoal war aus Stendal zurück in Berlin. Tennis Borussia spielte nach dem Lizenzentzug zwar nur noch vierte Liga, aber egal, das war doch ein Name, TeBe, für die zu spielen war ein Fortschritt.

»Wenn du in dem Match richtig aufdrehst, kann ich dich gleich mit zu St. Pauli nehmen«, sagte Mrosko, es sollte ein kleiner Witz sein. Natürlich träumten sie davon, dass es ernst wurde.

Im strömenden Regen gewann der FC St. Pauli das DFB-Pokalspiel Ende August 2002 beim Viertligisten Tennis Borussia Berlin 2:1. Die Nachrichtenagenturen berichteten, der früh eingewechselte Stürmer Shergo Biran habe in der 26. Minute eine große Chance zum Ausgleich vergeben. Bei St. Pauli sei es »vermutlich das letzte Spiel unter Interimstrainer Philipkowski« gewesen.

Es folgten drei weitere vermutlich letzte Spiele unter Philipkowski. Dann sagte er, okay, er mache den Trainer jetzt richtig und offiziell. »Ich habe mich vom Präsidenten bequatschen lassen.«

Mrosko fuhr für Philipkowski mit dem Polo nach Oberhausen, er fuhr nach Mannheim. Nachdem er auch in Reutlingen gewesen war, 700 Kilometer hin, 700 zurück, traute er sich zu fragen, ob er nicht ein schnelleres Auto und ein höheres Gehalt beziehen könne, er komme kaum hin. Am 25. September 2002 erhielt er eine Zusatzvereinbarung mit drei Paragrafen zu seinem Arbeitsvertrag. Sein Gehalt wurde auf 2500 Euro brutto erhöht, und es wurde ihm ein Golf Diesel gestellt. Die im Vergleich zum Polo höheren Versicherungskosten habe er selbst zu tragen. Außerdem erlösche sein eigentlich auf zwei Jahre, bis Juli 2004 gültiger Vertrag, falls der FC St. Pauli am Ende der Saison 2002/03 in die Regionalliga absteigen sollte.

Den letzten Punkt hatte er gar nicht mit dem Präsidium besprochen. Aber er traute sich nicht, Manager Stephan Beutel deswegen noch einmal anzusprechen. Beutel war doch permanent gereizt, seit sie den Aufpasser neben ihn gesetzt hatten.

»Wo bist du?«, fragte Jugendkoordinator Andreas Bergmann Mrosko am Handy, als dieser schon wieder auf dem Weg nach Reutlingen zur Gegnerbeobachtung für Philipkowski war, immer dieses verfluchte Reutlingen, wo regelmäßig St. Paulis nächster Gegner spielte.

»Aber du weißt schon, dass heute die Hamburger A-Jugendauswahl spielt, die du beobachten solltest«, sagte Bergmann.

»Was soll ich machen, umdrehen?«

Nach dem Klang von Bergmanns Stimme zu urteilen fürchtete Mrosko für einen Moment, dass der Jugendkoordinator ihm glatt entgegnen könnte: Ja, dreh um!

So weit kam es nicht. Bergmann, der mit seinen frühen grauen Haaren, im legeren lockeren T-Shirt zur Jeans auf geradezu unverschämt einfache Art blendend aussah, besaß auch den entsprechenden Charme. Doch es ließ sich nicht verkennen, dass der Jugendkoordinator nicht begeistert war.

»Ich hatte Lars zu St. Pauli geholt, und auf einmal war die Nachwuchsabteilung nicht mehr interessant für ihn«, sagt Bergmann. »Ist schon logisch, dass er die Gunst der Stunde nutzte, als er die Chance sah, für die Profielf zu arbeiten. Aber Lars hätte mir einfach auch mal sagen können: ›Ich arbeite jetzt voll für die Profimannschaft‹, statt sich still abzusetzen.«

Da müsse doch Lars nichts sagen, findet Philipkowski: »Falls Andreas Bergmann es störte, dass Lars zu viel für mich arbeitete, dann hätte er sich bei mir beschweren müssen. Das hat er nie getan. Kann natürlich sein, dass Bergmann sich hinter meinem Rücken beschwert hat.«

In einem Profiverein, der unter sportlichem Misserfolg leidet, stehen sich Fachleute, die jahrelang korrekt miteinander zusammenarbeiteten, schnell in unausgesprochener Konfrontation gegenüber. Im Nu haben sie sich selbst überzeugt, dass der andere nichts könne und persönlich was gegen sie habe. Es ist das Schwierigste im Profifußball: gemeinsam zu verlieren.

Mrosko hatte keine Zeit, zu denken, ist das irre, hier kämpft jeder gegen jeden statt miteinander. Er war im Rausch in seiner neuen, wichtigen Rolle als Philipkowskis drittes Auge. Er nahm die Machtkämpfe als Normalität hin und versuchte sich anzupassen, durchzukommen.

Sportdirektor Gerber rief ihn in sein Containerbüro. Es waren nur Container, aber trotzdem gab es oben und unten. Die Führungskräfte saßen im Obergeschoss. Gerber gab ihm einen Stapel Videokassetten, um einen brasilianischen Spieler zu begutachten.

Abends, als die anderen Mitarbeiter nach Hause gingen, setzte sich Mrosko in Gerbers Büro. Dort stand der Videorekorder. Er konnte das Videomaterial erst sichten, wenn Gerber das Büro verlassen hatte. Bis Mitternacht schaute er Spiele des Brasilianers. Als er am nächsten Tag Gerber sein Urteil mitteilen wollte, machte der Sportdirektor ein Gesicht, was denn jetzt wieder sei, Mrosko solle ihn nicht stören, was interessiere ihn irgendein brasilianischer Spieler.

Das Klima im Container fühlte sich nur kurz so schlimm an, wie es tatsächlich war. Denn es gab immer die andere Seite, die andere Partei, mit der sich über den lästern ließ, der einen gerade schlecht behandelt hatte. »Beutel und Gerber haben heute Morgen mal wieder echte Probleme, sich zu grüßen«, sagte Vizepräsident Pothe zu Mrosko, und für einen Moment ließ sich schon wieder lachen.

Dabei merkte Mrosko nicht, wie er in den Augen der anderen auch Partei wurde. Er lachte mit Pothe! Er hing die ganze Zeit beim Profitrainer Philipkowski herum!

Wann immer er einem nahestand, war das ein Signal für andere, dass er gegen sie war, denn Beutel zürnte Pothe, Gerber beäugte Philipkowski und umgekehrt.

Er konnte sich nicht verdoppeln, um gleichzeitig für die Jugendabteilung und die Profimannschaft zu scouten. Doch er arbeitete so oft er konnte nicht nur für Philipkowski, sondern auch im Nachwuchsbereich. Er sah sich A-Jugendpartien wie SC Concordia gegen Eimsbütteler Ballspiel-Club an, um einen Jungen namens Jan-Philipp Kalla zu beobachten. Er fand heraus, dass ein Talent aus Kiel, Fin Bartels, Köln-Fan war, und hatte die Idee, den Jungen zum Zweitligaspiel gegen den 1. FC Köln ins Stadion am Millerntor einzuladen, um ihn für St. Pauli zu begeistern. Jahre später würden Kalla und Bartels Publikumslieblinge des FC St. Pauli sein. Am 18. November 2002 rannte Mrosko durch die Gänge des Stadions am Millerntor, um kurz vor Anpfiff der Partie gegen Köln den Jugendkoordinator zu finden, den er Fin Bartels und dessen Eltern vorstellen wollte. Andreas Bergmann stand am Kiosk bei den Fans aus der Abteilung Fördernde Mitglieder. Sie bezahlten den Sozialpädagogen der Jugendteams und förderten den Bau des Jugendhauses. Ihre Zuneigung musste Bergmann auch noch wachhalten. Geduldig, diplomatisch redete er ihnen Ideen aus wie jene, dass beim linken FC St. Pauli doch jedes Kind mitspielen dürfe, unabhängig von Talent und Leistung. Die Fans sahen sich in diesem an politischen Verflechtungen nicht armen Verein auch noch als Machtfaktor.

Endlich saß Mrosko neben dem Jungen Fin und den Eltern Bartels auf seinem Sitzplatz. Das Spiel begann, und der FC St. Pauli, dieser Schauplatz selbstzerstörerischer Machtkämpfe, wurde augenblicklich ein anderer Verein. Ein Gong ertönte über Lautsprecher, noch einer, dann die schwere Leadgitarre von Angus Young, 19 000 Zuschauer schrien auf, schwenkten die Piratenfahnen, ein Montagabend im November, das Flutlicht schien Nebelschwaden in die Dunkelheit auszustoßen, das kleine Stadion war proppenvoll, die Spieler schritten auf den Rasen, die Zuschauer sprangen auf und nieder, ballten die Fäuste, die durchdringende Stimme von AC/DC-Sänger Brian Johnson schrie: »I am gonna take you to hell!«, der Stadionsprecher hatte *Hells Bells* voll aufgedreht, die Fans schrien: »Sankt Pauli, Sankt Pauli!«, im Rhythmus passten das Lied vom Band und die Rufe der 19 000 nicht zusammen, und dennoch vermischten sie sich, kamen sie zusammen. Mrosko fühlte, wie der ekstatische Lärm seinen Körper ergriff, wie die Atmosphäre ihn gleichzeitig glücklich, aggressiv, versöhnlich, kriegerisch stimmte. So etwas hatte er außerhalb dieses Stadions noch nie erlebt.

Er sah, nach über vier Monaten im Verein, erst zum zweiten oder dritten Mal ein Spiel von St. Pauli. Er musste doch immer die kommenden Gegner beobachten; nach Reutlingen fahren.

Nach 13 Spieltagen lag der FC St. Pauli auf dem vorletzten Tabellenplatz der zweiten Bundesliga, aber nicht einmal das, nichts spielte in dem Moment, als *Hells Bells* erklang, eine Rolle. Mrosko saß dort, wo eine Art VIP-Bereich sein sollte, aber er saß unter Zuschauern, die Pauli-Mützen und -Schals trugen, die mit glühenden Wangen schrien und die weder die Qualität des Spiels noch eine taktische Analyse zu interessieren schien. St. Pauli kämpfte, und die 19 000 wollten nur mitkämpfen.

Wie in jedem Heimspiel unter Philipkowski jagte St. Pauli auch gegen den 1. FC Köln den Ball mit Vehemenz und Wucht, schon die Stürmer grätschten nach dem Ball, jagen, jagen, jagen, St. Paulis Spiel trug den Klang des längst verstummten AC/DC-Lieds weiter, »I'm a rolling thunder, a pouring rain«, 19 000 Begeisterungsschreie nach jedem Zweikampf, »I won't take no prisoners, won't spare no lives«. Und wie in fast jedem Heimspiel unter Philipkowski brach der FC St. Pauli nach einer Halbzeit erschöpft vom eigenen Heavy-Metal-Fußball ein. Am Ende verlor die Elf 2:3 gegen Köln. Auf der Gegengerade sangen die Fans in inbrünstiger Ignoranz des Resultats weiter.

Mike Glindmeier, der junge Mann aus der Marketingabteilung, der Mrosko morgens im Container immer so locker grüßte, stand unter ihnen und versuchte, ein paar Freunden zu erklären, was das für eine Scheiße im Verein war, Beutel gegen Gerber, jeder gegen alle, wie die Machtkämpfe eine Verstärkung der Mannschaft und einen wahren Teamgeist verhinderten. »Ach, hör doch auf«, rief ein Freund, »das will ich gar nicht wissen!« Und sie sangen weiter, »You'll never walk alone«.

Die meisten Menschen gingen zum Fußball, um Dinge zu vergessen, und nicht, um Sachen zu erfahren. Mrosko konnte es nachvollziehen. Er selbst bekämpfte seinen Frust in diesem Fußballverein jeden Montagabend beim Fußballspielen. Andreas Bergmann hatte den Montagskick des FC St. Pauli organisiert, jeder durfte mitspielen, Jugendtrainer, Marketingleute, ehemalige Profis, Buchhalter, die politischen Fans, der Scout. Schon als Kind war Fußball für Mrosko nicht nur Wettkampf, sondern eine Therapie gewesen, 90 Minuten nur an den Ball, den Laufweg, den nächsten Pass denken, und danach lag noch eine ganze Weile eine große Distanz zwischen ihm und all den Problemen des realen Lebens.

Montagabends nach dem Kick am Brummerskamp trank Mrosko mit den Marketingleuten, Jugendtrainern und Fans des FC St. Pauli noch ein Bier in der Umkleidekabine. Da war er glücklich.

»Wo bist du?«, fragte Jugendkoordinator Andreas Bergmann schon wieder Mrosko am Handy. Es war wochentags, vormittags, er war gerade auf dem Weg in die Geschäftsstelle, um die Gegneranalyse zu Papier zu bringen.

»Du müsstest mir mal helfen«, bat Bergmann.

Er zog in eine schöne Eimsbütteler Altbauwohnung. Mrosko sollte bitte mitanpacken, um die Parkettbretter nach oben zu tragen.

Schließlich hatte er Mrosko bei dessen Umzug aus Berlin sogar abgeholt. Schließlich war dieser Klub doch anders.

Oben in der Wohnung half Mrosko Bergmann noch, die Lampen zu montieren.

Als Mrosko am späten Mittag ins Büro kam, sprach ihn Manager Stephan Beutel an: »Wo warst du?«

»Bei Bergmann.«

»Und was wollte der?«

Lampen montieren, dachte sich Mrosko und sagte: »Wir haben über einen Jugendspieler gesprochen.«

4

Frohe Weihnachten

Für all die Mitarbeiter des FC St. Pauli, die sich bekämpften und verteufelten, packte Mrosko Tütchen mit Plätzchen. Dazu kaufte er für jeden einen Piccolo. An Weihnachten hatte es romantisch zu sein, fand Mrosko. Die Plätzchen hatte er gemeinsam mit Yvonne gebacken. Für jeden Mitarbeiter der Geschäftsstelle hängte er ein kleines Schild mit seinem persönlichen Weihnachtsgruß an die Tütchen. Bei der Vorstellung, wie die Kollegen am nächsten Morgen seine Überraschung auf ihrem Schreibtisch finden würden, wurde ihm ganz warm. Er liebte die Momente, wenn er mit der Familie, den Jungs oder den Arbeitskollegen in Harmonie vereint war, und während er sich diese Momente vorstellte, vergaß er, wie selten er sie erlebte.

Er nahm Yvonne mit zur Geschäftsstelle, um die Plätzchen und den Sekt aufzustellen, es war kurz nach 22 Uhr in einer Dienstagnacht, der 19. Dezember 2002. Als Mrosko seinen Schlüssel in das Schloss am Container vor dem Stadion steckte, öffnete sich die Tür nicht. Er versuchte, den Schlüssel zu drehen, er rüttelte, obwohl er sofort gemerkt hatte: Der Schlüssel passte nicht mehr.

Das gab es doch nicht. Gestern war er ganz normal mit seinem Schlüssel ins Büro gekommen, und warum sollte der Schlüssel auch nicht mehr passen? Er versuchte es bei der zweiten Eingangstür und dann wider besseres Wissen noch einmal. Nichts. Jemand hatte die Schlösser ausgetauscht.

Er war an diesem Dienstag nicht im Büro gewesen, sondern hatte zu Hause Videos von Fußballern studiert, das Büro des Sportdirektors mit dem Videorekorder war tagsüber ja nicht frei, und sie mussten unbedingt in der Winterpause neue Spieler verpflichten, sonst stiegen sie sicher ab. Aber wenn an diesem einen Tag in seiner Abwesenheit die Schlösser ausgetauscht worden waren, dann hätte ihn doch irgendwer benachrichtigt. Und warum sollten die Schlösser ausgetauscht werden?

Mrosko ging mit Yvonne in die Vereinsgaststätte, um bei Brigitte nachzufragen. Brigitte wusste immer alles.

Brigitte mochte Ende 30 sein, wer vermochte schon das Alter einer Wirtin zu bestimmen. Sie trug die kürzesten Hotpants aus Jeans, das T-Shirt mit dem St. Pauli-Totenkopf hochgeknotet. Am Wochenende nach den Spielen tranken die Fans in der Vereinsgaststätte, und in Brigittes Küche hatten die Fußballer auf Bierkästen gesessen und getrunken, Thomas Meggle, Nico Patschinski, Holger Stanislawski. Das war nicht einmal ein Jahr her. Jetzt kamen die Fußballer kaum noch. Sie verloren zu regelmäßig in der zweiten Liga, 2:4 bei Union Berlin, 1:4 gegen Mainz, 0:2 in Reutlingen, schon wieder Reutlingen. Das Gefühl, eine Mannschaft zu sein, war als Allererstes verloren gegangen.

Ja, habe er denn gar nichts mitgekriegt, rief Brigitte aus. Die Geschäftsführerin Tatjana Groeteke sei am Morgen beurlaubt worden. Alle Schlösser waren ausgetauscht worden, damit sie keinen Zugang mehr zur Geschäftsstelle fand.

Mrosko stand stumm vor Brigitte, die Plätzchen und Piccolo-Flaschen in den Händen.

Seit Wochen nannte selbst das zurückhaltende *Hamburger Abendblatt* den FC St. Pauli in seinen Überschriften kaum noch beim Namen, sondern »Chaos-Club«. Als Präsident Reenald Koch zum 31. Dezember 2002 erschöpft von Misserfolg und Grabenkämpfen zurückgetreten war, notierte der St. Pauli-Reporter des *Abendblatts*, Dieter Matz: »Koch strahlt. Er hat es hinter sich.«

Die anderen konnten nicht ahnen, was sie noch vor sich hatten.

Alles würde gut werden, glaubten viele im und um den Verein nach dem Rücktritt des Präsidenten, aller Realität zum Trotz. Denn

So eine Wirtin hat auch nur der FC St. Pauli: Brigitte, in deren Küche die Profifußballer nach den Spielen auf Bierkästen saßen.

im Fußball leben alle, mehr noch als an der Börse, vom Glauben und der Hoffnung. Der FC St. Pauli hatte als Nachfolger von Reenald Koch in den Augen der Fans und Öffentlichkeit den perfekten Präsidenten gefunden, er würde alles wieder richten. Corny Littmann, schwul und Theaterintendant, übernahm das Amt. Dieser Klub war anders!

Auf den unzähligen Fotos, die von Littmann, dem Kulturschaffenden im vermeintlichen Macho-Betrieb Profifußball, sofort erschienen, sah er mit klarem, offenem Blick in die Kamera. Auf der Geschäftsstelle bemerkte Mrosko, dass Littmann seinem Gegenüber nicht in die Augen schauen konnte. Aber was hatte er mit dem Präsidenten zu tun. Er arbeitete mit dem Trainer, mit Piepel Philipkowski, zusammen.

Dann entließ Littmann als erste Maßnahme Philipkowski. Die Ergebnisse boten dem Trainer keinen Schutz. »Oh, wie ist das schön!«, sangen die Fans während des 1:4 gegen Alemannia Aachen. Ironie war die letzte Form, mit der Bitterkeit fertigzuwerden: Mit kümmerlichen neun Punkten war St. Pauli zum Ende der Vorrunde am 13. Dezember 2002 auf dem letzten Tabellenplatz der zweiten Liga angekommen. In seinem Schmerz konnte selbst Philipkowski seine Freistellung nachvollziehen. »Es war die falsche Entscheidung gewesen, die Stelle überhaupt anzunehmen«, sagt er im Rückblick und deutet ungewollt an, woran es ihm gefehlt hat: Mehr als alles andere, mehr noch als taktische Ideen, muss ein Trainer Überzeugung vermitteln.

Für Mrosko war Philipkowskis Aus eine persönliche Niederlage. Sein Trainer war gescheitert. Und in dem Ausdruck »mein Trainer« schwang auch Angst mit: Wie würde es nun für ihn weitergehen?

Die Hamburger Zeitungen nannten täglich neue Trainerkandidaten, Rudi Wojtowicz, Petr Rada, Uwe Erkenbrecher, Uwe Rapolder. Die einen Vorschläge kamen von Manager Beutel, die anderen von Sportdirektor Gerber. Die beiden suchten völlig getrennt voneinander einen Nachfolger für Philipkowski.

In den nationalen Medien gab Corny Littmann Interviews über Schwulsein im Fußball, Ballsport und Theater sowie seinen toleranten Führungskurs. In den Büros des FC St. Pauli bemühte er sich, auf die einfachste Art für Ruhe zu sorgen: Er warf die alte Hausmacht raus. Er berief den Vizepräsidenten Christian Pothe und die Geschäftsführerin Tatjana Groeteke ab. »Keiner hat geglaubt, dass die Tunte auf den Tisch hauen kann«, sagte Littmann den Reportern. »Aber der Präsident hat's getan, denn jetzt ist Schluss mit lustig.«

An Littmanns *Schmidt Theater* hinter der Reeperbahn lief gerade das Stück *Schneemänner dürfen nicht weinen.*

Allerdings musste Littmann die fristlose Kündigung der Geschäftsführerin irgendwie ja auch begründen. Es bestehe der Verdacht, dass Tatjana Groeteke eine schwarze Kasse geführt habe, wurde den Hamburger Sportjournalisten zugeflüstert, und um die Ernsthaftigkeit der Anschuldigungen zu belegen, wurden alle Schlösser an den Containern ausgetauscht. Denn Groeteke könne ja zurückkehren und Beweise vernichten. Mitarbeiter behaupteten allerdings, sie hätten dann Littmann mit einem Gefolgsmann nachts durch die Container schleichen sehen, um in Computern herumzustöbern.

Aber es war doch Weihnachten. Am 20. Dezember 2002, einen Tag nachdem er Groeteke entlassen und die Schlösser an der Geschäftsstelle hatte austauschen lassen, hielt Corny Littmann im Container die übliche Weihnachtsansprache vor den Vereinsmitarbeitern. Er wünschte gute Zusammenarbeit und besinnliche Erholung. Mrosko war auch erschienen, um nach dem vergeblichen Versuch in der Nacht nun seine Weihnachtsplätzchen zu verteilen. Sven Brux, der Hüne vom Sicherheitsdienst, konnte sich nicht gegen die eigene Rührung wehren. Das hätte er dem Mrosko als Typ gar nicht zugetraut, mit seiner frechen Schnauze, dass der ihm Plätzchen auf den Schreibtisch stellte, wo man denkt, das macht normalerweise die Dame vom Empfang. Klasse.

Mrosko hatte Groeteke gemocht. Sie hatte ihren kleinen Sohn oft in der Geschäftsstelle mitgehabt, und wenn es auf ein Bier zu Brigitte ging, war Groeteke immer vorne mit dabei gewesen. Soweit er das abschätzen konnte, hatte sie ihre Arbeit ordentlich erledigt. Genauso wie er sich immer gerne mit Christian Pothe unterhalten hatte, dem vertriebenen Vizepräsidenten. Pothes Gesicht und wacher Geist erinnerten an den Reporter Tim aus dem Comic mit Struppi. Vor jedem Spiel hatte der Rechtsanwalt das Gespräch mit Mrosko gesucht, in der Hoffnung, von dessen unerschütterlichem Optimismus aufgemuntert zu werden. Mit Philipkowski, Pothe und Groeteke waren just drei Mitarbeiter entlassen worden, denen er nahestand.

Während Littmann seine Weihnachtsansprache hielt, tat sich Mrosko schwer, sein Gefühl festzumachen: Da war Wut, die alte Wut, die er so schwer kontrollieren konnte, aber da war unterschwellig noch etwas anderes, Schwereres: Er fühlte sich einsamer ohne Philipkowski, Pothe, Groeteke.

Für die Weihnachtstage fuhr Mrosko mit Yvonne nach Berlin. Am 23. Dezember, es war Samstag, rief ihn Manager Beutel an. Das Fußballgeschäft kennt weder Wochenende noch Feiertage.

»Sag mal«, meinte Beutel, »du wurdest am Dienstagabend gesehen, wie du Tatjana Groeteke mit deinem Auto mitgenommen hast und ihr versucht habt, in die Geschäftsstelle zu gelangen.«

»Das war meine Freundin! Wir wollten heimlich Plätzchen für alle Mitarbeiter auf die Tische stellen.«

»Deine Freundin? Es gibt aber einen Zeugen, der dich mit Groeteke gesehen hat.«

»Stephan, ich schwöre, dass es Yvonne war. Du kannst sie selber anrufen. Und was soll das Ganze überhaupt?«

»Nichts, ich frage nur so, weil ich von einem Zeugen gehört habe, du hättest mit Tatjana nach ihrer Entlassung versucht, in die Geschäftsstelle reinzukommen. Aber wenn es deine Freundin war, dann ist alles in Ordnung. Erzähl einfach niemandem von unserem Telefonat, und es ist vergessen.«

Mrosko fragte sich, ob er jemals vergessen würde, wie es beim FC St. Pauli zuging, aber andererseits geschah so viel so schnell, dass er keine Zeit hatte, lange an verstörende Erfahrungen wie das Vorweihnachtsgespräch mit Beutel zu denken.

Unmittelbar nach den Feiertagen kehrte er schon wieder nach Hamburg zurück. Er hatte zu tun. Er ging die Videos und Empfehlungen für Neuzugänge durch, die nun in der Wintertransferphase verstärkt von Spielerberatern eingingen. Sie brauchten dringend neue Kräfte, von der Torwartposition bis zum Sturm. Und wenn er Gerber noch einmal die Altintops vorschlug? An Hamit war wohl Schalke dran, hatte ihm Uwe Vester gesteckt. Aber auch wenn sie nur Halil bekämen, das war ein toller Stürmer, saubere Technik, unheimlich schnell in den Entscheidungen, Diego hatte schon immer von ihm geschwärmt. Gökhan *Diego* Senol und die Altintops hatten gemeinsam in der türkischen Jugendnationalelf gespielt, dort waren sie die Deutschen. Diego hatte versucht, Halil Altintop beizustehen, wenn er wieder wegen seines holprigen Türkisch von den Mitspielern gehänselt wurde.

Diego selbst spielte, nachdem der Wechsel zum FC Bayern nicht geklappt hatte, bei Kickers Emden, Niedersachsenliga, vierte Klasse, als 19-Jähriger musste man von unten heraufklettern, das war der Weg, das war doch sicher zu schaffen. Ein junger Mitarbeiter des Lothar-Matthäus-Beraters Stanggassinger rief Diego auch immer noch regelmäßig an. Nur etwas Konkretes hatte er nie zu sagen.

Mroskos Gedanken kehrten von Diego zu den Altintops zurück, und dann sah er sich vor seinem inneren Auge schon beim Gespräch mit Franz Gerber, wie er den Sportdirektor noch einmal zu Halil Altintop drängte, wie er es schaffte, Gerber zu überreden. Wenn er einen Moment innegehalten hätte, hätte er erkannt, dass er das Gespräch nie führen würde. Es war sinnlos, Gerber Spieler vorzuschlagen.

Er brauchte das Kabel für seinen Laptop, er hatte es im Büro vergessen. Er musste sich mit Jutta, der Sekretärin, verabreden, der Container war geschlossen, am 27. Dezember 2002, und einen Schlüssel hatte er ja nicht.

Während er in seinem Schrank nach dem Kabel suchte, stand Jutta hinter ihm. »Arbeitest du jetzt bei der Stasi?«, fragte Mrosko, herber Humor, das gefiel Jutta doch, »haste auch schon die Überwachungskameras eingeschaltet?« Jutta antwortete ihm ernst, sie habe Anweisungen von oben, genau aufzupassen. Es sei auch vor Weihnachten nach der Entlassung von Tatjana Groeteke eingebrochen worden.

Auf einmal dämmerte Mrosko etwas. Ein Zeuge habe ihn mit Groeteke nachts am 19. Dezember gesehen, hatte Beutel gesagt. Wollten die ihm einen Einbruch in die Schuhe schieben? Die waren doch irre! Oder war er irre, so etwas zu denken?

Mrosko hatte bis zum Ende der Weihnachtsferien am 6. Januar 2003 neun Tage Zeit, darüber zu spekulieren, was da gerade beim FC St. Pauli gegen ihn lief. Wer so lange grübelt, hat sich meistens vom schlimmsten Szenario selbst überzeugt: Die schlugen ihn der alten Partei um Pothe, Philipkowski, Groeteke zu, die wollten ihn fertigmachen, die führten doch politische Säuberungen im Klub durch.

Unterdessen berichteten die Hamburger Tageszeitungen in Berufung auf anonyme Quellen aus dem Verein, es habe vor Weihnachten einen Einbruch auf der Geschäftsstelle gegeben. Aus dem Büro der entlassenen Geschäftsführerin Tatjana Groeteke seien Präsidiumsprotolle geklaut worden.

Wollten die tatsächlich einen Entlassungsgrund für ihn konstruieren, das war doch ein schlechter Film, das heißt, vermutlich war es in diesem Klub mittlerweile Normalität: Groeteke, bei der fieberhaft nach einem Entlassungsgrund geforscht worden war, hatte man schließlich nachgewiesen, dass es eine Schwarzzahlung an einen Elektriker gegeben hatte und dass deshalb 38,10 Euro in der Kasse fehlten. Man hatte ihre Festanstellung wegen Veruntreuung von 38,10 Euro fristlos gekündigt.

Mrosko musste mit Littmann sprechen. Er musste dem Präsidenten klarmachen, dass er, egal wer der Chef war, egal was für ein Arsch der Chef war, loyal war.

Am 6. Januar meldete sich Mrosko gleich um neun bei Corny Littmanns Sekretärin an und wartete. Er wartete bis 17 Uhr, acht Stunden lang. In der Zwischenzeit empfing der Präsident mindestens drei andere Gesprächspartner.

»Du Sack benutzt mich für irgendwelche Spiele«, redete Mrosko ersatzweise in Gedanken mit Littmann, um sich gleich wieder vorzusagen: »Bleib ruhig. Du musst ruhig bleiben.«

Am nächsten Tag begegnete er Littmann auf dem Flur und reichte ihm die Hand. Angesichts von Littmanns einschüchterndem Schritt brachte er es nicht fertig, den Präsidenten erneut um ein Gespräch zu bitten.

Seine Haut juckte Mrosko. Er kratzte sich, da waren auch nässende Ekzeme an den Unterarmen. Nach mehr als einem Jahrzehnt litt er wieder an Neurodermitis, der quälenden Krankheit seiner Kindheit.

Es gab einen neuen Trainer. Franz Gerber. Die Zeitungen schrieben, der Sportdirektor Franz Gerber habe den Trainer Gerber gegenüber Manager Stephan Beutel durchgesetzt. Gerber selbst sprach davon, er habe sich »für den Verein geopfert«.

In der Trainerkabine an der Kollaustraße, wo Mrosko mit Philipkowski so oft gemeinsam reichlich Fehler der St. Pauli-Spieler in den Videoaufzeichnungen analysiert hatte, besprach er mit Gerber, welche Details sich dieser bei der Gegneranalyse wünschte. »Wir brauchen auch neue Spieler«, sagte Mrosko. Ja, da sei er schon dran, sagte Gerber freundlich, und Mrosko wartete vergeblich auf die Frage des Trainers, ob er denn auch Empfehlungen habe.

Mit dem Torwart Heinz Müller, dem Stürmer Babacar N'Diaye, Stefan Blank sowie den Brasilianern Chris und Nascimento holte

Franz Gerber in der Kürze der verbliebenen Transferzeit fünf exzellente Verstärkungen, die das Niveau des Teams erheblich hoben. Der Scout, offiziell für die Spielersichtung zuständig, hatte keinen einzigen der fünf jemals gesehen.

Es gab neben seiner Nähe zur vertriebenen Macht offenbar noch einen Grund, warum der Verein Mrosko loswerden wollte: Sein Gehalt sollte eingespart werden. Franz Gerber hatte neben den fünf neuen Fußballern auch zwei neue Assistenztrainer eingestellt. Es mussten an anderer Stelle Abstriche gemacht werden. Wie viel ein Verein mit dem Jahresbudget von 4,5 Millionen Euro wirklich sparte, wenn er einen Scout mit 2500 Euro brutto im Monat aus dem Verein drängte, schien niemand mehr zu realisieren.

Mrosko hatte nicht den Eindruck, dass Franz Gerber etwas gegen ihn hatte. Eher schien ihm, als drücke das milde Lächeln, mit dem ihm Gerber oft begegnete, Mitleid aus.

Ach, sagte Franz Gerber bei ihrer Besprechung am 7. Januar 2003 in der Trainerkabine noch, Mrosko solle ihm doch bitte den neuen Schlüssel für die Geschäftsstelle raus ins Trainingszentrum bringen.

Jutta verteilte die neuen Schlüssel. »Gibst du mir bitte meinen auch gleich«, sagte Mrosko, als er Gerbers abholte.

Tue ihr leid, antwortete Jutta. Er bekomme keinen Schlüssel. Befehl von oben.

Weil der FC St. Pauli so ganz anders war, hatten im Herbst 2002 fünf Angestellte, darunter Sven Brux und Mike Glindmeier, den ersten Betriebsrat bei einem deutschen Profiverein gegründet. Nun kam es Glindmeier, der unter anderem die Vereinszeitung redaktionell betreute, so vor, als beschäftigte er sich hauptsächlich mit Kündigungen, Gerichtsverfahren und, wie sollte man das nennen, was dem Scout Mrosko geschah: Mobbing?

Glindmeier kannte Mrosko nur oberflächlich, sie hatten sich meist kurz gegrüßt im Container. »Charly« nannten sie dort Mrosko, wenn er nicht im Raum war. Weil es Ende der Sechziger mal einen Angreifer Charly Mrosko bei Bayern München gegeben hatte.

Sie haben Charly Angst eingejagt, dachte Glindmeier, als Mrosko mit gehetztem Blick zu ihm kam.

Der Verdacht eines Einbruchs vor Weihnachten wurde nie erhärtet, offenbar auch nicht angezeigt. Die Polizei jedenfalls erschien nie, um Mrosko oder sonst einen Mitarbeiter zu befragen. Aber das Gerücht blieb. Gerüchte halten sich länger als die Wahrheit: Der Mrosko soll ja versucht haben, für die Groeteke belastende Unterlagen zu stehlen. Es musste nichts bewiesen werden, es genügte, ein bösartiges Gerücht zu verbreiten, um einen Menschen in die Verzweiflung zu treiben.

Er müsse in einer formellen Erklärung an den Betriebsrat schildern, was ihm widerfahre, erklärte Glindmeier Mrosko, und dann müsse er jeden Tag auf der Arbeit erscheinen, seine Arbeitskraft anbieten, auch wenn er ohne Schlüssel nicht in sein Büro kam.

Mrosko setzte sich zu Jutta an den Empfang. Sie dürfe ihm nicht sein Büro aufschließen, bedauerte sie. So saß Mrosko drei Tage lang bei Jutta herum.

In seiner Erklärung an den Betriebsrat schrieb Mrosko, unter ausgiebiger Nutzung von Ausrufezeichen:

»Seit einem halben Jahr versuche ich, dem Verein zu helfen, und es gab noch nicht eine Situation, wo man meine Erfahrung oder meine Person genutzt hat. Da frage ich mich jeden Tag, wozu man mich geholt hat. Ich stoße täglich gegen Schikanen und Hindernisse, da einige Mitarbeiter meinen, sich zum eigenen Wohle profilieren zu müssen. Aber es geht um den FC St. Pauli! Ich stelle meine volle Arbeitskraft zur Verfügung und bin bereit, alles für den Verbleib in der zweiten Bundesliga zu tun!!!

Zuletzt möchte ich anmerken, dass ich weder Streit mit irgendeiner Person im Verein habe noch irgendwelche Differenzen – jedenfalls bisher. Dazu werde ich mir von niemandem sagen lassen, zu wem ich in irgendeiner Form Kontakt habe, es sei denn, es stände so in meinem Arbeitsvertrag. Trotz der miserablen Zusammenarbeit und Gesamtsituation mag ich nur eines, den Erfolg!!!«

Nach einigen Tagen erstritt der Betriebsrat einen Schlüssel für Mrosko. Es war allerdings nicht der Schlüssel für die Geschäftsstelle, sondern nur für den Container neben der Vereinsgaststätte, wo die Nachwuchsabteilung saß. Es ging offensichtlich nicht mehr um die Sache, sondern darum, ihn zu besiegen, zu demütigen. Was Mrosko mit dem Schlüssel noch anfangen konnte, wie man ihn noch einsetzen würde, war eine gute Frage.

Er sollte die neuen Spieler aus Brasilien, Chris und Nascimento, vom Flughafen abholen. Er sollte noch einmal zum Flughafen fahren, um die Frauen von Chris und Nascimento abzuholen. Der Koffer von Chris war nicht angekommen. Er sollte dem Brasilianer seine wattierte St. Pauli-Winterjacke geben und erhielt sie nie zurück. Er buchte das Hotel für die Brasilianer, er fuhr sie zum Training, fuhr sie zum Institut für Sport- und Bewegungsmedizin, fuhr mit ihnen in die Innenstadt zum Einkaufen. Manager Stephan Beutel hatte ihn zum Mädchen für alles degradiert. Mach einfach, lass dir nichts zuschulden kommen, sagte sich Mrosko, und erledigte jede Aufgabe klaglos.

Er würde nicht nachlassen. Am 16. Februar 2003 sollte er St. Paulis kommenden Auswärtsgegner Mainz 05 beobachten, da fuhr er extra einen Tag früher los, um in Kaiserslautern noch einen A-Jugendspieler zu sichten. Mrosko freute sich auf den VIP-Raum im Mainzer Stadion. Da gab es leckere Hefeklößchen. Kurz hinter Frankfurt erhielt er einen Anruf vom Trainer. Er müsse nicht mehr weiterfahren, sagte Franz Gerber. Sein neuer Assistenztrainer Harald Gärtner übernehme die Gegnerbeobachtung in Mainz.

Mrosko nahm die nächste Ausfahrt und fuhr zurück nach Hamburg, wieder 500 Kilometer.

Es gab eine emotionale Sicht auf seine Situation: Er war in einen irrsinnigen Machtkampf geraten, in dem es unmöglich war, nicht einer Seite zugerechnet zu werden, sich nicht einer Seite zuzuschlagen. Und nun zahlte er den Preis dafür, der Verliererseite näherzustehen. Es gab aber auch eine erschreckend sachliche Erkenntnis: Trainer und Sportdirektoren wie Franz Gerber, die schon ein paarmal erlebt hatten, wie sie ihren Posten beim kleinsten Misserfolg verloren, wollten es oft nicht riskieren, einem neuen, ihnen unbekannten Mitarbeiter zu vertrauen. Sie holten sich einen Altvertrauten an ihre Seite, wie Gerber mit seinem ehemaligen Spieler Gärtner, und missachteten das Fachwissen der vorhandenen Vereinsmitarbeiter. Sie fühlten, sie hatten keine Zeit herauszufinden, ob ein Scout wie Mrosko ein Auge hatte. Sie fürchteten, falls sie auf ihn hörten und er sich irrte, hatten sie ihren Job schon verloren.

Als der neue Geschäftsführer des FC St. Pauli, Frank Fechner, ihn

Ende März 2003 ins Büro bestellte, glaubte Mrosko, er wisse schon, was Fechner ihm mitteilen werde.

Der FC St. Pauli kündigte seinem Scout Lars Mrosko aus betriebsbedingten Gründen zum 31. Mai 2003. Zwei Monate später wäre sein Vertrag sowieso ausgelaufen, da die Mannschaft trotz einer ansehnlichen Aufholjagd unter Trainer Gerber in die Regionalliga abstieg. Der FC St. Pauli habe kein Geld zu verschenken und müsse die 5000 Euro für die zwei Monatsgehälter Juni und Juli für Mrosko einsparen, begründeten die Rechtsanwälte des Vereins die Kündigung. Gleichzeitig meldete das *Hamburger Abendblatt*, das Budget des FC St. Pauli für die Regionalligasaison betrage 2,3 Millionen Euro.

Mrosko zog aus der Luruper Dachwohnung aus. Yvonne hatte sich von ihm getrennt. Torsten Fröhling, St. Paulis ehemaliger B-Jugendtrainer, der Yvonne in seinem Sonnenstudio Arbeit gegeben hatte, gewährte nun Mrosko Asyl. Fröhling lebte, seinerseits vorübergehend von seiner Partnerin getrennt, in einer Zweizimmerwohnung in der Hermann-Kauffmann-Straße 39, Barmbek, der Stadtpark war um die Ecke. Mrosko bezog das Wohnzimmer. Am Wochenende war Fröhlings einjähriger Sohn Paul bei ihnen. Fröhling hatte Mrosko so kennengelernt: »Viel reden und von allem, was er sagt, voll überzeugt sein. Wenn du ihn kennenlernst, denkst du, was für ein Chaot. Wenn du ihn kennst, denkst du, alles klar, so ist er, guter Typ.«

Abends hielt es Mrosko nicht in ihrer Zweck-WG aus, er musste raus in die Kneipen, unter Leute, in den Lärm, schauen, reden, und deshalb musste Fröhling mit, damit er reden konnte. Der Rauswurf bei St. Pauli, schien es Fröhling, beschäftigte Mrosko gar nicht so sehr. Das Aus mit Yvonne trieb ihn um. Mrosko ging nachts in Fröhlings Sonnenstudio und schmückte es mit Girlanden, Pappherzen, Glitzersternen, damit Yvonne am nächsten Morgen eine Überraschung zum Geburtstag erwartete. Er schickte ihr 20 Rosen. Fröhling, mit 36 elf Jahre älter als Mrosko, kam sich ganz schön erwachsen vor an seiner Seite.

Mrosko sagte sich, keiner werde merken, wie er unter den Erniedrigungen durch den FC St. Pauli litt. Er meldete sich beim Bezirksamt Altona, Ortsdienststelle Lurup. Er erhielt Sozialhilfe. Gleichzeitig reichte er beim Arbeitsgericht Klage gegen seine Entlassung ein. Die Gerichtsunterlagen seiner Kanzlei Kuhrt Hungerland & Kösling füllten über 100 Seiten. Der Zorn der Jugend trug ihn wieder: Dem Littmann, Beutel, Gerber würde er es zeigen, er konnte vor Gericht doch nur gewinnen, so, wie die ihn behandelt hatten.

Er telefonierte mit den Nachwuchsscouts der anderen Bundesligisten, das waren seine wahren Kollegen. Er musste sehen, ob er irgendwo bei einem von ihnen unterkam. Aber vor allem musste er der Welt erzählen, wie ungerecht er behandelt worden war.

Der große Rehberg beim FC Schalke 04 überlegte sich, Mrosko einzustellen, »dann hast du gleich deinen Nachfolger gefunden«, dachte er sich. Über Einstellungen jedoch entschied nicht Rehberg, sondern der Nachwuchsleiter, und es gab gar keine freie Stelle für einen weiteren Scout.

Der VfL Wolfsburg dagegen musste die Stelle eines Nachwuchsscouts schaffen. Der Deutsche Fußball-Bund zwang die Bundesligavereine, die Talentförderung zu forcieren, so genau wusste in den Klubs noch kaum einer, was alles auf sie zukam, man hörte nur von strengen Auflagen, soundso viel Rasenplätze, lizenzierte Trainer, fester Nachwuchsscout. Es konnte nicht mehr so weitergehen, der letzte Platz der Nationalelf in der Vorrunde der Europameisterschaft 2000 war eine Peinlichkeit gewesen. Bei der Weltmeisterschaft 2002 hatte die deutsche Elf zwar schon wieder das Finale erreicht, aber davon wollten sich die Reformer um DFB-Trainer Michael Skibbe nicht mehr täuschen lassen: Man hatte entschieden, dass in der Ausbildung gehörig was getan werden musste, also wurde etwas getan. Bernhard Janssen, der Nachwuchskoordinator des VfL Wolfsburg, bot Mrosko die neu zu schaffende Stelle des Talentscouts an.

Torsten Fröhling war beeindruckt; also, wenn er ehrlich war, war er neidisch. Er hatte in der DDR-Oberliga und der Bundesliga gespielt und hatte trotz dieser Profierfahrung keinen neuen Trainerjob gefunden, seit er sich im Herbst 2002 vom FC St. Pauli wegen Meinungsverschiedenheiten mit dem Jugendkoordinator verabschiedet hatte. Und der liebesleidende 25-jährige Mrosko auf seinem Sofa, der keine Vergangenheit im Profifußball hatte, fand nach seinem Rauswurf bei St. Pauli gleich wieder einen nominell noch tolleren Posten.

Aber er komme erst nach Wolfsburg, wenn das Gerichtsverfahren gegen den FC St. Pauli abgeschlossen sei, sagte Mrosko zu Janssen.

Wenn ich es denen so richtig heimgezahlt habe, dachte er. Die Verhandlung am Arbeitsgericht an der Osterbekstraße war auf den 16. September 2003 terminiert, da lief die neue Fußballsaison schon, er würde zwei Monate und zwei Monatsgehälter in Wolfsburg verlieren. Wenn er meine, sagte Janssen.

Torsten Fröhling fuhr Mrosko am 16. September zum Gerichtsgebäude. Der Richter drängte die Parteien zu einem Vergleich. Der FC St. Pauli verpflichtete sich, Mrosko für den Monat Mai noch das Gehalt von 2500 Euro brutto nachzuzahlen sowie eine Abfindung in gleicher Höhe. Damit erhielt Mrosko exakt das Geld, das ihm zugestanden hätte, wenn der Vertrag korrekt bis zum Ende eingehalten worden wäre.

Er hatte von 10 000 Euro oder mehr geträumt.

Aber er hatte etwas erhalten, St. Pauli hatte ihm etwas zahlen müssen. Die Summe war gar nicht so wichtig, merkte er erstaunt. Das Gefühl, recht bekommen zu haben, genügte schon, um sich entschädigt zu fühlen.

Als Mrosko Ende September seine paar Sachen in Hamburg in die Sporttaschen packte, um nach Wolfsburg zu ziehen, fühlte er sich erwachsen. Bei Bayern München hatte er seine Lehrzeit absolviert. Beim FC St. Pauli hatte er gelernt, wie der Profifußball wirklich war.

Nie wieder würde er sich so zum Spielball machen lassen, sagte er sich. Da war er sich ganz sicher.

5

Easy Rider

Ein Mann mit Schild in der Hand erwartete Mrosko am Flughafen Krakau. Seine wenigen verbliebenen Haare schien der Mann einzeln gekämmt zu haben, so sorgfältig und verzweifelt waren sie seitlich über den Kopf gelegt, um die Glatze zu bedecken. Mrosko entschied, dass er keine Lust hatte, mehr als das Nötige mit seinem Chauffeur zu quatschen. Es schien ihm zu anstrengend. Dabei tat er doch eigentlich nichts, dachte sich Mrosko, außer herumfahren und Fußballspiele gucken, aber es schlauchte einen. Vielleicht konnte er an einer Tankstelle noch einen seiner Spezialdrinks zu sich nehmen, Kaffee mit Red Bull. Der Chauffeur brachte ihn zum Wagen, einem alten Ford Fiesta.

Mrosko war sich nicht sicher, ob das wirklich Sinn machte, 16-jährige Jungs aus dem Ausland, aus Polen, zum VfL Wolfsburg zu holen. Heimweh war in so jungen Jahren doch programmiert. Aber Bayern München, Hertha BSC oder Bayer Leverkusen holten nun Dänen, Österreicher, Amerikaner für ihre Jugendteams, also musste das der VfL Wolfsburg auch ins Auge fassen, fand der Nachwuchskoordinator. Der VfL, seit 1997 in der ersten Bundesliga, orientierte sich sechs Jahre später weiterhin sehr an den anderen.

Mrosko vergaß den Namen des Chauffeurs in dem Moment, in dem sich dieser vorstellte. Er hatte zu viele Namen von Jugendfußballern im Kopf, Kroos, Maek, Marin, Ritter, die Namen, die Daten, rechter Fuß, scharfer Steilpass, solider Schüler, fährt Auto ohne Führerschein, füllten sein Gedächtnis, ihm kam vor, sie verdrängten alles andere Wissen.

Der Berliner Spielerberater Eugen Kaminski hatte dem VfL Wolfsburg einen 16-jährigen Jungen von Gwarek Zabrze ans Herz gelegt, was für ein Auge, was für eine Technik. Von Beratern sollten sich Scouts und Trainer ganz weit fernhalten, denn die ganze Branche war schon neurotisch von den Gerüchten, dass manche Berater Scouts oder Trainer schmierten, um ihre Spieler unterzubringen. Berater waren die Pest, erzählten sie sich in den Büros des VfL Wolfsburg, und gleichzeitig vertrauten sie den Empfehlungen mancher Berater. Kaum ein Bundesligist wollte sich einen eigenen Scout in Polen leisten. Leute wie Kaminski hatten das zu ihrem Geschäft gemacht. Er durchforstete die polnischen Ligen für den deutschen Markt. Kaminski nannte sich Spielerberater, den Ausdruck Vereinsberater gab es nicht. In Wirklichkeit war er beides, ein Zwischenhändler, der polnischen Spielern anbot, für sie in Deutschland einen Verein zu suchen, und deutsche Vereine auf begabte polnische Spieler aufmerksam machte.

Nicht der VfL, sondern Kaminski hatte Mrosko den Chauffeur gestellt, um ihn von Krakau die 100 Kilometer nach Zabrze zu einer Jugendpartie zu bringen. Kein Thema, sagte Kaminski, und das klang wie: Wir wollen doch alle glücklich werden.

Wolfsburg zahlte im Jugendbereich keine Provision an Berater. Kaminski musste hoffen, dass ein Wechsel nach Wolfsburg den Marktwert des 16-jährigen Jungen so hob, dass er ihm vielleicht in zwei, drei Jahren, im Erwachsenenalter, bei einem Vereinswechsel Geld einbrachte. Oder dass ihn der VfL Wolfsburg eventuell später einmal als bezahlten Kontaktmann bei einem Profitransfer einschaltete, wenn er sich jetzt als verlässlicher Informant bewährte. Viele im Profifußball lebten von der Hoffnung, irgendwann einmal Geld zu verdienen.

Der Chauffeur fuhr Mrosko zu einer Halle, wollte der ihn verarschen, es war Winter, Ende 2003, beim Ausatmen bildeten sich Wolken, aber trotzdem, er sollte den Jungen doch wohl nicht bei einem Hallenspiel sichten?

Die Halle beherbergte einen enormen Hartgummiplatz. Es begann ein offensichtlich ernsthaftes Jugendspiel. Mrosko schaute es aus Anstand bis zum Schlusspfiff an. Der Junge behandelte den Ball sorgsam, aber er war nicht außergewöhnlich schnell, nicht wahnsinnig geistreich, den konnte er gleich vergessen, da hatten sie fünf bessere in Wolfsburg. Und wegen so einem war er extra nach Polen gereist.

»Ist guter Junge. Muss nach Deutschland. Sein Onkel lebt da«, sagte der Chauffeur in einem Deutsch mit englischen Wörtern auf der Fahrt ins Hotel.

»Ich habe mir einen Eindruck gemacht. Aber ich muss erst mal darüber nachdenken und die Sache in Wolfsburg besprechen«, antwortete Mrosko und wusste schon, nächste Woche würde er absagen.

Die Heizung im alten Ford setzte mit dreiminütiger Verspätung ein und füllte den Wagen augenblicklich mit einem Schwall trockener Heißluft.

»Kann ich Ihnen noch etwas Gutes tun?«, fragte der Chauffeur.

»Danke, ich mache jetzt schon was Gutes: Ich gehe pennen.«

»Es ist so kalt, alleine im Hotelbett.« Das Gesicht des Chauffeurs strahlte auf einmal, als käme ihm ganz spontan eine Idee. »Kann ich besorgen, schöne Frau.«

»Nee. Mir reicht die Bettdecke zum Wärmen.«

Mrosko schlug die Autotür von außen fest zu. Er war nicht entsetzt, dass der Mann offensichtlich versuchte, ihn zu bestechen, war doch interessant, dass ihm das endlich auch mal passierte, wo alle immer darüber tratschten. Nein, was ihn empörte, was ihn beleidigte, war, dass der Typ offensichtlich glaubte, er, Mrosko, würde sich mit Prostituierten einlassen! Sah er etwa so aus, dass er es nötig hätte, für Liebesdienste zu bezahlen? Der sollte mal richtig hinschauen. Er, Mrosko, konnte sich ja wohl auf seinen Charme und seine lockere Art verlassen, um Frauen zu begeistern!

Vom Hotelzimmer in Zabrze kehrte Mrosko in sein Hotelzimmer in Wolfsburg zurück. Er hatte keine Wohnung mehr.

Während der ersten Monate in der Stadt hatte er zunächst ein Einzimmerapartment im italienischen Viertel gemietet, was nach Cappuccino und großen Sonnenbrillen auf der Piazza klang, aber in Wolfsburg Straßen mit Mietskasernen beschrieb, in denen sich die italienischen Gastarbeiter der Volkswagenwerke angesiedelt hatten. Staunend war Mrosko in den ersten Tagen durch die Stadt gelaufen. 1938 war sie von den Nationalsozialisten als »Stadt des KdF-Wagens bei Fallersleben« auf blanken Feldern gegründet worden, um hier Automobile zu produzieren. 65 Jahre später merkte man der Stadt noch immer an, dass sie mehr für Autos als für Menschen konzipiert worden war.

Mehrspurige Fahrbahnen durchkreuzten das Zentrum, während das, was man andernorts als Innenstadt verstand, nur aus zwei Straßen zu bestehen schien, einer Geschäfts- und einer Vergnügungsgasse. Weiträumig auslaufend, begannen schon im Zentrum die flachen Arbeitersiedlungen der Nachkriegszeit. Doch auf der anderen Seite der kleinen Stadt, von Bahnschienen und dem Mittellandkanal säuberlich abgetrennt, standen neuerdings, wie aus London oder New York gelandet, die gigantischen Bauwerke moderner Metropolen.

Neben den vier mächtigen braunen Schornsteinen der VW-Fabrik erhob sich dort die Autostadt mit glitzernden Glasfassaden und Türmen, in denen Autos gespeichert waren wie Kaugummis in einem Automaten. Das persönliche Abholen ihres Volkswagens sollte in der Autostadt für die Käufer zum Erlebnis werden, mit einem *Ritz-Carlton*-Luxushotel, zehn Restaurants, Eis-Revues und einem Dufttunnel, in dem die Besucher an 2000 Blumentöpfen schnuppern durften. Abends spazierten in der Autostadt auf den mit Holzplanken ausgelegten Fußwegen junge VW-Managerinnen in Hosenanzügen zum Geschäftsessen mit Dienstreisenden aus der ganzen Welt, und im Vorbeilaufen blieben Wortfetzen ihrer Gespräche hängen: »Dann muss ich wohl mal bei dir in China vorbeischauen.«

Die Volkswagen Arena, 2002 fertiggestellt, mit geschwungenem Glasdach und einem Design, das Leichtigkeit ausstrahlte, stand in einer Reihe mit der Autostadt und dem *Ritz-Carlton* auf der metropolitanen Nordseite der Stadt. Der VfL, der Betriebssportverein des VW-Werks, hatte jahrzehntelang im oberen Amateurfußball herumgedümpelt, bis Anfang der Neunziger die Hochzeit der Unterhaltungsindustrie begann. Sich zu vergnügen wurde als wichtiger Wert propagiert. Städte und Großbetriebe wie VW standen unter Druck, den Menschen nicht nur Arbeit, sondern – ein neues Wort – Lebensqualität zu bieten. Volkswagen baute nicht nur die Autostadt, sondern den VfL Wolfsburg zu einem Bundesligaspitzenklub auf.

Mrosko und die Jugendabteilung saßen, getrennt von den Profis, in den Büros am alten Stadion, auf der alten Seite der Stadt, bei den Arbeitersiedlungen und Ausfallstraßen mitten im Zentrum. Es war in Ordnung, sagte sich Mrosko. Die Erfahrungen beim FC St. Pauli hingen ihm nach, er wollte lieber wieder ganz klar nur dem Nachwuchsbereich zugeordnet sein, statt noch einmal in irgendwelche Grabenkämpfe verwickelt zu werden.

Er konnte überall wohnen, sagte er sich, er kam doch überall zurecht. Bloß, Wolfsburg war einfach zu nah an Berlin, 58 Minuten mit dem ICE zum Bahnhof Zoo. Er war ständig in Berlin. In Berlin gab es die interessantesten Talente für den VfL, Großstadtjungs, Jungs wie er, unerschrocken, wagemutig in ihrem Spiel.

Er campierte in Berlin auf dem Sofa bei einer Bekannten. »Kann ich einmal bei dir übernachten?«, hatte er Sandra gefragt, sie hatte eine eigene Wohnung in Neukölln, und vermutlich hatte sie tatsächlich gedacht, es sei nur für ein Mal. Er kam mehrmals die Woche zu ihr. Er kannte sie vom Freizeitfußball, sie war mit einem Mitspieler von Grün-Weiß Neukölln zusammen gewesen, damals.

Sandra arbeitete als Sekretärin in einer Immobilienagentur, dort hatte sie sich angewöhnt, die Haare straff zurückzubinden. Dazu konnte sie einen harten Blick aufsetzen, wenn sie mit Leuten nichts zu tun haben wollte, denn das war nur Zeitverschwendung, mit jemandem auskommen, den man nicht mochte, fand sie. Das beeindruckte Mrosko doppelt: Wie radikal sie sein konnte, und dass sie offensichtlich etwas mit ihm zu tun haben wollte, denn mit ihm redete sie ganze Abende hindurch. Er kündigte seine Wohnung im Italienerviertel in Wolfsburg. Sandra und er waren kein Paar, er wollte es nur sehr gerne werden. Also würde er doch sowieso so viele Abende wie möglich in ihrer Wohnung in Neukölln verbringen.

In Wolfsburg wohnte Mrosko fortan wie ein Besucher. Er mietete sich bei Radi und Stenka im *Hotel Niedersachsen* eine Kammer für 350 Euro pauschal im Monat.

Der Schriftzug »Hotel« über der Eingangstür war nicht beleuchtet. In der *Dalmatiner Stube* saßen Radis Freunde und zogen die Au-

Berliner Liebe: Sandra.

gen beim Zigarettenpaffen zusammen. An der Rezeption standen Fußballpokale aus Katzengold. Kletterpflanzen rankten sich an den Wänden des Treppenhauses nach oben. Die Einrichtung der blitzsauberen Hotelzimmer hatte die Schlichtheit einer Gefängniszelle, Tisch, Stuhl, Bett, Schrank. Aber der Klodeckel war in einen Plüschbezug gepackt. Mrosko musste den Deckel festhalten, damit er ihm nicht auf den Rücken fiel, während er auf dem Klo saß.

Es mochte ein Hotel für die Arbeiter und ihre Angehörigen bei der Ankunft in Wolfsburg vor 30, 40 Jahren gewesen sein. Seitdem war es in der Zeit stehen geblieben. Es war Mrosko egal. In seinem Kopf wohnte er sowieso bei Sandra.

Er brachte die Nachwuchstrainer des VfL Wolfsburg in die *Dalmatiner Stube* zu Radi und Stenka. So einfach, wie die Zimmer waren, so überbordend war die Freundlichkeit der Hotelwirte, so festlich war das Essen. »Macht ihr uns eine Kleinigkeit«, sagte Mrosko, und dann brachte Stenka Berge von Fleisch. War der Teller leer, füllte sie ihn schon wieder. Das Schnapsglas konnte sich gar nicht leeren, zu schnell schenkten Stenkas unsichtbare Hände den Sliwowitz nach. Warum wohne er eigentlich im Hotel, fragte einer der Nachwuchstrainer, gut zwei Monate nachdem Mrosko seine Einzimmerwohnung im italienischen Viertel gekündigt hatte. Er wolle so oft wie möglich in Berlin sein, sagte Mrosko, weil seine neue Freundin dort wohne. Sie heiße Sandra.

Im Juli 2004, zu Beginn von Mroskos zweiter Saison in Wolfsburg, rief ihn der Nachwuchskoordinator Bernhard Janssen ins Büro. Mrosko solle doch bitte den neuen B-Jugendtrainer zu VW-Immobilien fahren, damit der Neue bei der Wohnungssuche weiterkomme.

Mrosko spürte, wie sich seine Muskeln zusammenzogen. Er war Scout, nicht Chauffeur, durchfuhr es ihn zornig; fing Janssen jetzt auch schon so an, wie es beim FC St. Pauli aufgehört hatte?

Letztlich war es doch nur eine kleine Aufmerksamkeit, die er schnell erledigen konnte. Beiläufig würde er auf der Fahrt auch noch den neuen Trainer ein wenig kennenlernen. Aber so konnte er es nicht mehr sehen. Das Gefühl hatte sich eingebrannt, kleine Aufgaben wie Chauffeurdienste würden im Bundesligafußball eingesetzt, um zu demütigen.

Nachwuchskoordinator Janssen rechnete Mroskos Spesenabrechnungen nach. Wieso hatte er auf der Scoutingreise schon wieder tanken müssen, das waren doch hin und zurück nur 650 Kilometer! Janssen gab ihm statt des persönlichen Dienstwagens, der ihm laut Vertrag zustand, ein Geschäftsstellenauto. Wenn Mrosko von einem Abendspiel in Essen um halb eins in der Nacht zurückkam, musste er den Wagen vor der Geschäftsstelle abstellen und die zweieinhalb Kilometer zum *Hotel Niedersachsen* zu Fuß durch die Nacht gehen.

Der Wagen werde am nächsten Morgen von einem anderen Mitarbeiter gebraucht, behauptete Janssen.

Bernhard Janssen, fast zwei Meter groß, den Körper auch mit Anfang 50 noch regelmäßig im Fitnessstudio getrimmt, war ein eloquenter, freundlicher Mann. Wenn er den VfL Wolfsburg nach außen vertrat. Auch Mrosko hatte ihn als angenehm empfunden, als sie im Sommer 2002 am Hamburger Bahnhof über seinen Wechsel nach Wolfsburg gesprochen hatten. Aber innerhalb des Vereins ging es Janssen um die Macht und darum, sie immer wieder zu demonstrieren.

Die 60 Euro für die Prepaid-Handykarten könne der Verein Mrosko nicht zurückerstatten, sagte ihm Janssen, mit den Karten könne er ja irgendwen privat angerufen haben. Dann brauche er eben ein Diensthandy, rief Mrosko. Ein Diensthandy? Nein, das sei für den Nachwuchsscout nicht vorgesehen.

Mroskos Zorn, nun als Chauffeur bei der Immobiliensuche des B-Jugendtrainers eingesetzt zu werden, erwies sich allerdings als Beginn einer wunderbaren Freundschaft: Mit dem Trainer verstand er sich auf den ersten Blick.

Die Haut bronzefarben, die langen, dunklen Haare aufgehellt von der Sonne Afrikas, saß Peter Hyballa auf dem Beifahrersitz des VfL-Kleinbusses, den Mrosko schnell genommen hatte. Hyballa hatte gerade ein Team in Namibia trainiert, die Windhoek Ramblers. Er trug Lederstiefel zur Lederjacke. Sein Spiegelbild gefiel ihm: Er war der Easy Rider, fand er.

Hyballa war zwischen den Welten groß geworden. Die Mutter war Niederländerin, der Vater, ein Deutscher, arbeitete 15 Jahre lang als Seemannsdiakon für deutsche Matrosen in Rotterdam am größten Hafen Europas. Im Seemannshaus zeigte der Vater Heinz-Rühmann-Filme, betete mit den Seemännern, und wenn ein Matrose, nach wochenlanger Fahrt über die Meere, vom Dach zu springen drohte, sagte der Vater, ja, ja, er komme schon. Später zogen sie ins Grenzgebiet, auf die deutsche Seite nach Bocholt, aber Fußball schaute Peter Hyballa nicht nur dort, sondern weiterhin auch in Nijmegen oder Enschede. Als junger Mann wohnte er in einer Studenten-WG, schrieb seine Magisterarbeit über niederländisches Fußballtraining und trainierte die B-Jugend von Preußen Münster in der höchsten Spielklasse, mit 23.

Dieser Scout war einer der wenigen Mitarbeiter im Profifußball, die ähnlich jung wie er waren, fiel Hyballa im VfL-Kleinbus auf. Hyballa war noch unter 30, als er 2004 in Wolfsburg anfing. Mrosko war 27.

»Ich habe dir dieses Jahr 'ne Topmannschaft zusammengestellt«, begann Mrosko ohne größere Einleitung das Gespräch.

Da ist einer aber selbstbewusst, fand Hyballa und mochte Mrosko schon.

Doch strahlte der Scout auf Hyballa weniger überschäumende Lebensfreude aus als Getriebenheit. »Mit der B-Jugend müssen wir dieses Jahr wirklich was reißen«, sagte Mrosko im nächsten Satz.

Mrosko konnte Hyballa von jedem einzelnen B-Jugendspieler ein Personenprofil wiedergeben, als arbeite er als Detektiv und habe Karteikarten erstellt, der Spielmacher »ein ganz feiner Kerl, wenn er zur Begrüßung lächelt, wird sogar Janssen überschwänglich und steckt ihm gleich fünf Essensmarken zu«, der Mittelstürmer »hat einen Pfeil im Kopf, schwierige Familie, der Bruder sitzt wegen Drogenhandels«. Hyballa sagte, geil, die Mischung finde er super, die Jungs aus gutem VW-Haus und Berliner Straßenköter, an so einer Mannschaft könne er sich richtig reiben. Er liebe die Spieler, die querdenken, die Unterschiedmacher. »Genau wie ich!«, rief Mrosko, und für die nächsten drei Jahre waren sie nicht mehr zu trennen.

Mrosko schaute beim B-Jugendtraining zu, er lauschte Hyballas Ansprachen in der Umkleidekabine. Hyballa fuhr mit ihm auf Scoutingtouren, »ich sag dir nicht, welchen Spieler wir heute beobachten, mal schauen, ob du ihn erkennst«, gab ihm Mrosko auf. Beim Mittagessen saßen sie bis zum vierten Espresso zusammen und redeten über Fußball. Okay, manchmal auch über Frauen.

Auf dem Nachhauseweg in sein Einzimmerapartment in Fallersleben betrachtete Hyballa die sauber geschnittenen Hecken vor den Wolfsburger Einfamilienhäusern und überlegte, wie es wohl den Charakter von jungen Spielern präge, die in so einem Umfeld aufwuchsen, welche Ansprache sie brauchten. Wenn er Mrosko als »getrieben« bezeichnete, konnte Hyballa den Begriff natürlich auch auf sich selbst anwenden.

Mrosko hatte seine Freundin in Berlin, Hyballas Freundin wohnte in Köln, und so lebten sie in Wolfsburg wie auf einer Bohr-

Diese Autogrammkarte von Uwe Erkenbrecher blieb unangetastet. Auf anderen erschien der Trainer plötzlich mit Schnauzer und schwarzen Zähnen.

insel, »keine Frau, keine Kinder, nur Fußball«, sagt Hyballa. Wenn trainingsfrei war, machte er Individualtraining mit seinen Spielern. Wenn kein Spiel zum Beobachten anstand, sichtete Mrosko im Wolfsburger Training die eigenen Jugendspieler. Sie putschten sich auf in ihrem enthusiastischen Sturm und Drang, »immer auf der Suche, ich weiß gar nicht nach was, vielleicht: nach dem nächsten Kick«, sagt Hyballa und wäre damals am liebsten sofort als Trainer in die Bundesliga aufgestiegen und gleichzeitig nach Island ausgewandert.

In ihrer Euphorie übersahen Mrosko und Hyballa nur eines: Wie anstrengend sie für die anderen im Verein waren, mit ihrer absoluten Überzeugung, den einzigen Weg zum Erfolg zu gehen. »Peter Hyballa wird mal Profitrainer«, verkündete Mrosko ungefragt jedem im Verein, der es nicht hören wollte. Er, der Hyballa-Zwilling, würde als Scout natürlich genauso groß rauskommen, schwang da immer mit.

Sie brauchten den nächsten Kick. Sie stibitzten den Generalschlüssel der Sekretärin und gingen heimlich ins Büro von Uwe Erkenbrecher, dem Trainer der Reserveelf, während dieser auf dem Trainingsplatz arbeitete.

»Hyballa! Mrosko! Seid ihr bekloppt!«, schrie Erkenbrecher später, nach dem Training, aus seinem Büro heraus.

»Was ist denn passiert, Uwe?«, fragte Mrosko mit besorgtem Gesicht und sah dann gemeinsam mit Hyballa erstaunt auf die Autogrammkartensammlung, auf die Erkenbrecher zeigte. Er hatte alle Autogrammkarten aus seiner Karriere als Spieler schön ordentlich in einer Reihe an die Bürowand gehängt, der junge Erkenbrecher mit der hohen Föhnwelle im Trikot von Werder Bremen, von Wattenscheid 09, Göttingen 05, KSV Baunatal, Atlas Delmenhorst, Paderborn. »Das waren meine letzten Autogrammkarten!«, schrie Erkenbrecher. Jemand hatte sie mit Schnauzer, Petersilie aus den Ohren und Lippenstift bemalt. Niemand zweifelte, wer das wohl gewesen war.

Aber Steffen, der Sohn von Uwe Erkenbrecher, würde noch Jahre später zu seinem Vater sagen: »Peter Hyballa war der beste Trainer, den ich je hatte.« Steffen spielte in jener Wolfsburger B-Jugend. Vor einem Spiel donnerte Hyballa mit eindringlicher Stimme in der Umkleidekabine: »Heute spielen wir wie Straßenköter!«, er spürte, wie das Feuer seine Jungs ergriff, und wurde davon selbst ganz ergriffen, Mann, da hatte er wieder einen Spruch rausgehauen – und bei nächster Gelegenheit erklärte er seiner Mannschaft fundiert, akademisch, wie zwei Mitspieler mit dem ballführenden Mann auf dem Spielfeld stets ein Dreieck bilden mussten, damit der Mann am Ball immer zwei Anspielstationen besaß.

Den Gossenton des einstigen Proletensports mit der modernen wissenschaftlichen Trainingssprache zu verbinden war für Hyballa die hohe und faszinierende Kunst eines Trainers. In der Freizeit hielt er es mit Mrosko genauso. Sie waren die Easy Rider, die Männer aus der Marlboro-Werbung, lässig lagen sie im Café mehr in den Stühlen, als dass sie saßen, und klopften kesse Sprüche. Und dann sangen sie auf der Autofahrt zu einer Spielerbeobachtung in Offenbach gemeinsam Lieder aus der christlichen Jugendfreizeit, »Ich hab 'ne Tante aus Marokko, und die kommt, hipp hopp« und »Bolle reiste jüngst zu Pfingsten, nach Pankow war sein Ziel«. Hyballa war erst einmal baff. Wieso kannte Mrosko diese Lieder? Das sprengte sein Image von der harten Neuköllner Herkunft, das passte gar nicht, aber als er sich von der Überraschung erholt hatte, fand Hyballa Mrosko noch lässiger: Die richtig coolen Typen beherrschten alle Register, redeten je nach Situation wie ein Straßenjunge oder wie ein Ministrant.

Irgendwo tief in Mroskos Jugend musste es einige Geheimnisse geben, die diesen Widerspruch, diese zwei Persönlichkeiten, erklärten. Hyballa fühlte, er sollte nicht nach den Geheimnissen fragen, sondern warten, bis Mrosko den Zeitpunkt für gekommen hielt, sie preiszugeben.

Unterdessen rannte die Wolfsburger B-Jugendelf mit diesem unheimlichen Feuer durch die Saison 2004–05, siegte gegen den Hamburger SV, Werder Bremen, Hannover 96, gewann 24 von 26 Spielen in ihrer Regionalgruppe. Erst im Viertelfinale der Deutschen Meisterschaft scheiterte sie im Elfmeterschießen an Hansa Rostock.

Mrosko rannte mit diesem Feuer im Frühling 2005 zu Uli Mohr, dem Profiscout, zu Eric Gerets, dem Profitrainer, zu Thomas Strunz, dem Sportdirektor der Wolfsburger Profis. »Ich habe in der B-Jugend einen Weltklassespieler gesehen. Er weiß es selber nur noch nicht, dass er einer wird: Toni Kroos von Hansa Rostock. Für so einen Spieler müssen wir halt auch mal zwei Millionen Euro hinlegen.«

Zwei Millionen Euro für einen 15-Jährigen? Mohr, Gerets, Strunz waren überrumpelt. Das konnten sie nicht machen. Das hatte noch niemand gemacht. Doch grundsätzlich waren sie die ersten Führungsleute aus dem Profibereich, die Mroskos Anliegen ernst nahmen. Thomas Strunz, der Sportdirektor, fand, sie mussten sich um Jugendspieler bemühen wie um Profis. Das verlangte die neue Zeit.

Es war unverkennbar, dass die Jugendausbildung in Deutschland um 2005 Teil des Profigeschäfts wurde. In Wolfsburg hatte der VfL gerade erst ein paar Wohnungen im Tulpenweg angemietet, um Jugendspieler auch aus Berlin oder Sachsen anheuern zu können, es gab Essensmarken für den Mittagstisch bei Metzger Werker, und bei den Gesprächen mit den Eltern talentierter Jugendlicher merkten Mrosko und Janssen, wie sie schon wieder ins Hintertreffen geraten waren, so schnell ging die Professionalisierung vonstatten: Andere Bundesligaklubs bauten Internate und schlossen Kooperationen mit Schulen, die den Unterricht mit dem Training abstimmten. Während in der Bundesliga Trainer wie Friedhelm Funkel Fußball noch immer als altdeutsches Spiel aus Fitness und defensiver Kompaktheit lehrten, wurde im Jugendbereich, unbemerkt von der Öffentlichkeit, um 2005 der deutsche Fußball revolutioniert. Er wurde ein kreativeres, schnelleres, ballliebendes Spiel. Trainer wie Peter Hyballa oder Nachwuchskoordinatoren wie Ernst Tanner bei 1860 München und Helmut Groß beim VfB Stuttgart reisten durch die Welt, sammelten niederländische und Schweizer Trainingsübungen, spanische und ukrainische Spielideen und entwickelten daraus Konzepte. Ihre Grundidee war so simpel wie genial: Je öfter ein Spieler im Training den Ball berührte, desto besser wurde er. Während viele Profitrainer 2005 noch mit Ausdauerläufen eine Konditionsbasis legen wollten, spielten die Jugendlichen bei Peter Hyballa im Konditionstraining auf einem kleinen Feld von 30 mal 30 Meter einfach sechs gegen sechs Fußball, Tore zählten nur, wenn sich alle Spieler des Teams in der gegnerischen Hälfte befanden, Ersatzbälle lagen am Spielfeldrand bereit, damit pausenlos gespielt werden konnte; so rannten die Spieler permanent, schulten die Ausdauer, ohne es zu merken.

Jugendfußballer waren immer einfach da gewesen, wie der Sand am Meer. Nun wurden sie das gehegte, umkämpfte Kapital der Profivereine.

Bei den DFB-Jugendturnieren in Wedau oder Bad Blankenburg bekamen die Nachwuchsscouts plötzlich Gesellschaft. Spielerberater tauchten auf, um ihrerseits Klienten zu sichten, die größeren Beratungsagenturen stellten sogar selbst Scouts ein. Eltern nahmen sich plötzlich Urlaub, um ihren 15-jährigen Sohn in Wedau für die Hessen-Auswahl gegen Baden oder Niedersachsen spielen zu sehen. Es war ein Ereignis, etwas, was die Eltern erleben, unbedingt fördern mussten, wenn der Sohn es im Fußball, dem neuen Götzen der Nation, schaffen konnte. Drei, vier Jahre zuvor hatten die Jungs in Wedau noch auf Trainingsplätzen vor einer verlorenen Traube Zuschauer gespielt. Ab 2004, 2005 herrschte die Atmosphäre eines Castings. Kameras und Klappstühle wurden hinter den Seitenlinien aufgebaut, Zuschauer drängelten, um eine gute Sicht zu erhaschen.

Die Eltern schlichen am Sportplatz in Wedau um Mrosko herum, sie beobachteten aus den Augenwinkeln, wie er sich Notizen machte, fassten sich ein Herz und sprachen ihn an: Entschuldigung, arbeite er als Scout oder Berater? Für wen denn? Ihr Sohn sei die Nummer 6 von Hessen.

Mrosko sagte: »Ah ja, interessant«, und schaute weiter auf das Spielfeld, den Eltern bloß keine falsche Hoffnung machen, nichts Verbindliches sagen.

Integer sein war ganz wichtig, bestätigten die Scouts einander abends im *Mamma Leone*, also nie einen Jugendspieler zwischen Tür und Angel, auf dem Weg vom Spielfeld zu den Umkleidekabinen ansprechen. Das machten immer nur die anderen, die Scouts, die gerade nicht am Tisch im italienischen Restaurant saßen.

Alex Jakowitz, Mroskos »Sparwasser«, hatte 2002 beim Jugendbundesländervergleich in Wedau erlebt, wie sich ihm nach einem Spiel zwei Männer in den Weg stellten. Sie seien von Borussia Mönchengladbach, flüsterten sie ihm zu, »wir warten nach deinem letzten Match heute im Café gegenüber der Sportanlage auf dich«. Ein anderer Mann, schmal, blond, vielleicht 30, drückte ihm vor der Umkleidekabine eine Visitenkarte in die Hand und zischte, »ruf mich an«. Es war ein Jugendtrainer des VfL Wolfsburg.

Die Berater versauten den Markt, sagten die Scouts abends im *Mamma Leone*. »Heute ist einer von denen mit dem Schlusspfiff quer über den Platz gelaufen.«

»Habe ich auch gesehen, was wollte der denn, den Torwart von Mittelrhein Ron-Robert Zieler anquatschen, oder was?«

»Den Platz betreten geht gar nicht. Würde ich nie machen.«

»Der Platz ist heilig.«

»Der Zieler hat sowieso schon bei Manchester United unterschrieben.«

»Das weiß ich schon seit drei Monaten.«

»Was die Engländer zahlen, ist bekloppt. Angeblich 6000 Euro im Monat – einem 15-Jährigen!«

»Und jetzt sag ich dir was«, sagte der große Rehberg, »bei uns im Jugendbereich müsste viel mehr gezahlt werden. Nicht den Spielern, sondern den Trainern und den Scouts, die dort arbeiten. Denn wer legt denn die Basis einer großen Karriere? Oben verdient jeder Einfüßige 20 000 Euro im Monat, aber wenn ein Topjugendtrainer 3000 statt 2000 Euro will, ist das schon ein Problem.«

»Richtig!«, »So sieht es aus!«, »Das werden die oben aber nie kapieren!«

»Ich finde, auch für einen Jugendspieler wie Kroos müsste ein Klub einfach mal zwei Millionen hinlegen. Warum nicht?«

»Ach, Kroos. Den habe ich schon vor über einem Jahr entdeckt.«

»An dem bin ich schon viel länger dran.«

»Was meint ihr, was ich mit dem Vater Kroos schon geredet und getan habe«, sagte der große Rehberg. »Ich habe bei uns auf Schalke den Verantwortlichen gesagt: Da können wir die ganze Familie holen, der Vater Kroos ist ein guter Trainer, beide Söhne können kicken, da kannst du gar nichts verkehrt machen. Aber dann kostet der Junge natürlich 'ne gewisse Summe, und für einen 15-Jährigen zu zahlen, kann sich unser Manager Rudi Assauer nicht vorstellen, habe ich gehört.«

»Noch 'ne Flasche Rotwein, bitte!«

»Die Bayern sind doch schon längst an Kroos dran«, wusste Mrosko. »Die haben ihn im Februar zum Champions-League-Spiel gegen Arsenal eingeladen, Hotel *Vier Jahreszeiten*, VIP-Karten, und am nächsten Tag hat ihn Uli Hoeneß in seinem Büro empfangen – einen 15-Jährigen. So macht man das heute.«

»Natürlich wird's für uns nahezu unmöglich, wenn die Bayern aufkreuzen. Aber du musst es trotzdem weiter probieren, wenn es sich um ein Ausnahmetalent wie Kroos handelt«, sagte der große Rehberg. »Ich erzähle euch mal, wie lange wir gebraucht haben, einen kleinen Türken zu kriegen, 88er-Jahrgang, für mich das größte Talent im ganzen Ruhrpott.«

»Wer? Der Özil, oder was? Den kenne ich natürlich schon lange.«

»Den kennt doch jeder hier.«

Der große Rehberg holte Luft und erzählte: »Vor drei Jahren, also 2002, hat unser U15-Trainer Edgar Holtick auf einer Trainersitzung gesagt: ›Da spielt ein 14-Jähriger namens Mesut Özil bei Rot-Weiss Essen, der wohnt in Gelsenkirchen-Buer und geht bei uns vor der Tür auf die Gesamtschule Berger Feld. Warum spielt der nicht hier?‹ Denke ich: Gehst du dir den kleinen Türken mal anschauen. Ich sehe den und erinnere mich sofort an die holländische Schule: technisch super, aber klein, gar kein Körper. Doch wenn der mal einen Körper kriegt, überholt er alle. Also haben wir versucht, ihn zu bekommen. Klappte aber nicht, weil Mesut auf Schalke schon mal vorgespielt hatte und nicht genommen worden war. Da hatte er seinen Stolz. Werde ich nie vergessen, wie ich mit dem Vater zusammensitze und er sagt: ›Schalke? Auf keinen Fall!‹ Ein Jahr später haben wir ihn wieder angesprochen, der Edgar Holtick kann sogar Türkisch, er ist beim Gericht in Bocholt für kriminell gewordene Jugendliche zuständig, Integration und so, ich weiß nicht, wie man das nennt. Und wie der Teufel es wollte, hatte sich Mesut auf eigene Initiative bei unserem U16-Trainer gemeldet, den Namen will ich jetzt mal nicht nennen. Auf jeden Fall sollte Mesut da mal mittrainieren. Jeder Jugendtrainer hat die Vorschrift, es bei uns im Scouting zu melden, wenn Probespieler mitmachen. Es wurde aber nichts an uns weitergeleitet. Und wir hatten eine Kaderbegrenzung, 17 Mann pro Jugendteam. Nicht 18, sondern 17. Und der U16-Trainer hatte den Stall schon zu. Also wurde Mesut wieder abgelehnt. Ohne dass das jemand bei uns mitbekommen hätte. Wir haben es erst vom Vater gehört, als wir wieder anfragten: ›Ihr habt ihn doch gerade erst abgelehnt! Der Mesut kommt nie mehr zu euch!‹ Dann holte der Junge auch noch mit Rot-Weiss Essen den Westdeutschen Pokal, er haute alle weg, der beste Spieler im ganzen Westen. Da mussten wir fürchten: Jetzt sind wir raus. Wenn der Junge nach Dortmund geht, ärgern wir uns schwarz. Bloß ging der auf die Berger-Feld-Schule. Wir haben seinen Schulfußball-Lehrer vorgeschickt. Der hat Mesut Özil dann nach drei Jahren überredet, zu uns zu kommen. Denn, was für ein Glück, dieser Schulfußball-Lehrer Norbert Elgert ist gleichzeitig unser A-Jugendtrainer.«

Eine Runde Rotwein ging noch. Die Stuttgarter Scouts erzählten, wie sie beim VfB den Fußball neu erfunden hätten, mit Verteidigern, die wie Mittelfeldregisseure passten, und Stürmern, die bei Ballverlust wie Abwehrspezialisten verteidigten. Hermann Hummels, einer der Bayern-Scouts, erklärte, wie er schon an den Beinen sehe, ob einer was werde, »wenn einer dicke Knie hat, kannst du den vergessen«. Mrosko schwelgte in dem Gruppengefühl. Hier war er zu Hause. Aber gleichzeitig wollte er los, raus, Heldentaten vollbringen, mit denen er bei den anderen Scouts in der Achtung stieg. Auch wenn es zunächst einmal darum ging, am nächsten Morgen ohne Kopfschmerzen aus dem Bett zu kommen.

»Noch 'ne Runde Pils, bitte!«

6

Abgemahnt

Uwe Erkenbrecher kam mit dem Erke-Becher in Mroskos Büro. Aus der Kaffeetasse mit der Aufschrift »Erke-Becher« durfte nur er trinken. Der Trainer der Reserveelf hatte sich die persönliche Tasse mitgebracht, um den Alltag in der Geschäftsstelle des VfL Wolfsburg ein klein wenig heimelig zu gestalten. Ansonsten fanden sich wie immer im Bürotrakt eines Bundesligisten nur wenige persönliche Gegenstände. Als ob die Trainer und Sportdirektoren fühlten, dass ein Büro nicht ihr natürliches Terrain war, als ob sie eigentlich nur raus wollten, zum Rasenplatz, waren die Wände oft kahl, die Schreibtische aufgeräumt. Peter Hyballa hatte in Wolfsburg einen Text aus der Fachzeitschrift *Fußballtraining* aufgehängt. Den er selbst verfasst hatte. Da würden sich sicher wieder ein paar der anderen Jugendtrainer hinter seinem Rücken aufregen, ahnte Hyballa und freute sich bei der Vorstellung.

Uwe Erkenbrecher, Kaffeetasse in der Hand, wollte Mrosko in den letzten Wochen des Jahres 2004 etwas fragen. Er suchte Verstärkung für seine Reservemannschaft, die nach der Hälfte der Saison abgehängt auf dem letzten Tabellenplatz der dritten Liga stand. Ein Berater, dem er vertraute, was man ja nicht laut sagen durfte, hatte ihm einen Stürmer von Hansa Rostock empfohlen. Erkenbrecher wollte Mroskos Meinung hören und erschien in der Erwartung im Büro, dass es eine lautstarke Diskussion werden könnte.

Mit Mrosko konnte er herrlich über Spieler streiten. »Wenn Mrosko von einem Spieler überzeugt ist, dann ist er stur, geradezu besessen«, registrierte Erkenbrecher, »gerade wenn der Spieler aus Berlin kommt, das betrachtet er als sein Hoheitsgebiet, da zieht er für die Spieler, die er will, in den Krieg.« Wie alle im Verein fand Erkenbrecher diesen besessenen Zug an Mrosko ziemlich anstrengend, und wie alle im Verein schätzte Erkenbrecher Mrosko für seine entschiedene Meinung besonders. Zu viele Scouts gaben keine klaren Urteile ab aus Angst, später für eine Fehlinvestition zur Rechenschaft gezogen zu werden. »Mrosko ist kein Oberflächler, er schaut genau drauf«, sagt Erkenbrecher, »er ist ein Dickschädel, genauso stachelig wie ich. Da kann man sich richtig schön fetzen.«

Hör mal, sagte Erkenbrecher mit dem Erke-Becher, was könne ihm Mrosko über den Stürmer Shergo Biran von Rostock sagen, der sei ihm angeboten worden. Der stamme wohl aus Berlin, schob er noch hinterher, wie um Mrosko zu animieren.

Zu seiner Überraschung antwortete Mrosko ganz ruhig. Ein Stürmer, der den Ball nach Zuspielen aus dem Mittelfeld gut behaupte, nicht der schnellste, aber reaktionsschnell, im Strafraum zu Hause, mache aus Nichts Tore. Wenn Erkenbrecher den für die dritte Liga haben könne, müsse er alles daransetzen.

Mrosko versuchte sich zu kontrollieren. Innerlich brüllte er: Shergoal kommt nach Wolfsburg!

Am 29. Dezember 2004 fuhr Mrosko nach Rostock, um seinen Neuköllner Jugendfreund nach dessen letztem Arbeitstag bei Hansa abzuholen. Shergo war im Sommer 2003 zu Hansas Reserveelf in die viertklassige Oberliga gewechselt. Aber etwas war anders als bei all den Oberliga-Engagements zuvor. Er hatte Hansas Profimannschaft, die Bundesliga, direkt vor Augen. Er begann, an den Vormittagen Extratraining zu machen. Zunächst schämte er sich ein wenig. »Zusätzlich zu trainieren ist doch streberhaft, uncool, das passt doch gar nicht zu mir«, dachte er. Das durften Lars und die Neuköllner Jungs nicht erfahren.

Aber er wollte da rein, in die Bundesliga.

Er ging in die Rostocker Leichtathletikhalle und sprang Seil, 50 Sprünge volle Kanne, kurze Pause und wieder 50 Sprünge, und wieder. Er legte sich Hürden auf den Boden, mit seiner Größe, nicht mal

1,80 Meter, hatte er immer beim Kopfball kämpfen müssen, er sprang über die flach liegenden Hürden, schnell, schnell, schnell. Die Leichtathleten dachten sicher, er war bekloppt, wahrscheinlich waren seine Übungen vorsintflutlich, aber er kannte niemanden, den er um Rat fragen konnte. Er sprang weiter.

Die Scham wich Entschlossenheit, er musste da rein, in die Bundesliga. Er nahm sich einen Ball und schoss ihn vormittagelang auf Hansas Gelände gegen eine Mauer, rechter Fuß, linker Fuß, Innenrist, Außenrist, die Mauer stand genau gegenüber von Hansas Geschäftsstelle, sie mussten das dumpfe Aufprallen des Balls auf den Beton hören, Hunderte Male, Tausende Male. Sie konnten ihn nicht mehr übersehen.

Nach 30 Toren in einer Saison für die Reserveelf beförderte Trainer Juri Schlünz Shergo im Sommer 2004 zu den Profis. Shergo dachte daran, wo er herkam, Gropiusstadt, Freizeitturniere für Juve Rudow, wie er sich hochgekämpft hatte, und hatte schon einen Ellenbogen im Gesicht. Im Training zeigten ihm die Profis mit Schlägen und Tritten, dass er sich den Platz unter ihnen erst mal verdienen musste, der kleine Köter aus der Reserve. Shergo trat zurück, da ging es erst richtig los. Er hatte einen der schwedischen Hansa-Spieler erwischt, und schon jagte ihn die gesamte Schweden-Fraktion bei jedem Zweikampf, Joakim Persson, Marcus Lantz, Markus Allbäck, Rade Prica, den Ellenbogen in den Rücken, das Standbein von hinten weggezogen. Nach gut drei Monaten war Shergo vollwertig aufgenommen. Blaue Flecken und Prellungen waren seine Taufzeichen.

Am 23. Oktober 2004 kassierte Hansa nach intensivem Abwehrkampf acht Minuten vor Ende der Bundesligapartie gegen Bayern München doch noch das 0:1 durch Willy Sagnol. Wie still ein Stadion schlagartig erschien, in dem die Zuschauer für einen Moment nur grummelten, stöhnten, klagten. Trainer Juri Schlünz durfte nicht akzeptieren, was alle fühlten: dass die Partie verloren war. Er wechselte einen Stürmer ein. Shergo Biran betrat in der 84. Spielminute die Bundesliga.

Bundesligaspieler wurde man mit 18 oder 19, sonst war es zu spät. Shergo war schon 25.

Als er 18 oder 19 war, hatte seine Mutter eines Mittags zu ihm gesagt: »Da ist Post für dich.« Das Amt für Straßen und Grünflächen des Bezirks Treptow-Köpenick lud ihn zu einem Vorstellungsgespräch für die Ausbildungsstelle eines Gärtners ein. »Ich habe mich da doch gar nicht beworben«, sagte Shergo erstaunt.

»Das habe ich für dich getan«, antwortete die Mutter.

Sie waren sechs Kinder in der Familie. Der Vater, ein Kurde aus Syrien, war gekommen, um in Deutschland zu studieren, und arbeitete nun als Übersetzer und Dolmetscher bei der Ausländerbehörde. Die Mutter versuchte, die Kinder zu bändigen. Es ging nicht an, dass Shergo mit 18 den ganzen Tag Fußball spielte, damit ein besseres Taschengeld verdiente und die berufliche Zukunft verspielte, hatte die Mutter entschieden.

Weil er ein lieber Kerl war, weil er seiner Mutter nicht wehtun wollte, trottete Shergo zum Vorstellungsgespräch. Konnte er doch nicht ahnen, dass die ihn dann tatsächlich als Gärtner einstellten! Er musste jeden Tag um sechs Uhr aus dem Bett, um rechtzeitig beim Gartenbauamt in Köpenick zu sein, schon die grüne Latzhose nervte ihn, wie das aussah.

In den ersten vier Monaten meldete sich Shergo zwei Monate krank. Selbst das half nicht: Er war immer müde. »Du läufst wie eine Ente über den Platz«, sagte sein Vater nach einem Spiel für die Reinickendorfer Füchse zu ihm. »So geht es nicht weiter.« Ja, klar ging es so nicht weiter, aber seine Eltern wollten doch, dass er die doofe Ausbildung machte. »Wenn man Träume hat, soll man sie verfolgen«, sagte der Vater, der in 30 Jahren als Beamter in der Ausländerbehörde keinen Tag krank gefehlt hatte, immer korrekt, immer die Pflicht erfüllt. Er erlaubte Shergo, die Ausbildung als Gärtner abzubrechen und wieder nur Fußball zu spielen, in der vierten Liga, für 630 Mark, für die Träume.

Shergo hatte oft das Gefühl gehabt, zu Hause gehe es wild her, bei sechs Kindern, da war kein Platz für Erziehung. Als sein Vater ihm gestattete, die Ausbildung hinzuwerfen, fühlte er, dass Erziehung nicht immer aus Vorschriften und Hausaufgabenkontrolle bestand, sondern manchmal einfach aus Liebe.

»Ich werde Fußballprofi«, hatte er den anderen Gärtnern in der Mittagspause im Bauwagen ständig erzählt, und wenn sie höflich gewesen waren, hatten sie einfach geschwiegen. Nun spielte er gegen Bayern München. Eine Minute nach seiner Einwechslung schoss

Mehmet Scholl das zweite Tor für die Bayern, das Spiel war vorbei. Nur Shergo dachte, jetzt geht es los.

Zwei Wochen später wurde er im Heimspiel gegen den 1. FC Nürnberg für 19 Minuten eingewechselt. Er war Bundesligaspieler. Aber er würde in Rostock kein Bundesligaprofi werden, erfuhr er nur wenige Wochen danach. Trainer Juri Schlünz wurde in Abstiegsangst entlassen. Einen wie Shergo Biran brauche er sich gar nicht erst anschauen, befand der neue Trainer Jörg Berger, für Experimente sei keine Zeit im Abstiegskampf. Shergos Platz im Team benötigte Berger für einen echten Profi und machte das auf eindeutige Weise klar: Er ließ Shergos Spind in der Umkleidekabine ausräumen.

Da musste sich Shergo doch wehren, das konnte er sich nicht gefallen lassen, dachte sich Lars Mrosko, er wurde schon allein von der Erzählung aggressiv. Aber Shergo war ja immer versöhnlich, grummelte Lars; okay, Shergo fand auch, dass er, Lars, immer zu schnell aufbrauste. War jetzt auch egal, Shergo kam nach Wolfsburg, das zählte.

Lars drehte auf der Heimfahrt von Rostock nach Berlin die alte CD auf, *Die Woche ist zu Ende – das Leben fängt an!*, es waren Weihnachtsferien, der 29. Dezember 2004, ach, weißte was, sagte Lars zu Shergo, lass uns doch einfach nach Riesa fahren, da steigt ein Hallenturnier.

»Eintritt zahlen wir aber nicht«, sagte Lars vor der WM-Halle in Riesa, die wirklich so hieß, weil hier mal eine Weltmeisterschaft stattgefunden hatte; in der Rhythmischen Sportgymnastik.

»Guten Tag, Mrosko, VfL Wolfsburg, zwei Karten müssten für uns hinterlegt sein«, sagte Lars freundlich und zeigte seinen Mitarbeiterausweis vor. Shergo versuchte, nicht zu lachen.

Die Frau an der Kasse ging die kleine Schachtel mit den Akkreditierungen durch. »Tut mir leid, da habe ich gar nichts.«

»Das kann nicht wahr sein! Mrosko, VfL Wolfsburg! Wir haben zwei Karten bestellt.«

»Tut mir leid, ich …«

»Dann bringen Sie sofort die Sekretärin her, die die Akkreditierungen bearbeitet hat!«

»Jetzt beruhigen Sie sich doch erst einmal. Es muss ein Versehen vorliegen.«

»Ich fahre 300 Kilometer, und Sie kriegen nicht mal die Kartenbestellung hin!«

»Bitte beruhigen Sie sich doch. Wir regeln das schon, irgendwie.«

Wenig später saßen Lars und Shergo im VIP-Raum, tranken Bier, aßen zu Abend, sahen sich ein paar Fußballspiele an, Fortuna Düsseldorf, Stahl Riesa, Lok Leipzig, die Halle dröhnte von den Anfeuerungsrufen, »weißte was«, sagte Lars, »wir fahren noch nach Wolfsburg in die Disco.«

Sie riefen ihren Kumpel Jan in Berlin an. »Jan, setz dich in den ICE und schieß rüber nach Wolfsburg.«

Im *Nachtschicht* in Wolfsburg war die grün-weiße Nacht ausgeschrieben. Wer im VfL-Trikot erschien, erhielt freien Eintritt. Lars, Shergo und Jan hatten im Nu für Cocktails und Bier 100 Euro ausgegeben, ihr gesamtes Geld. »Jungs«, sagte Lars, »keine Angst, wir kriegen schon noch was zu trinken, ich mach das schon.«

Sein Blick suchte die Bar ab und blieb bei einem Mann hängen, der das grüne VfL-Trikot vehement in die Jeans gesteckt und mit einem Gürtel festgebunden hatte. Nummer 3, Biliškov, stand auf dem Trikotrücken.

»Mensch, du bist doch der Biliškov!«, sprach ihn Lars enthusiastisch an.

Der Mann lachte.

»Doch, Biliškov, ich habe dich erkannt.«

Der Mann lachte ausgelassener.

Lars sprach über den echten Marino Biliškov, den Innenverteidiger, die kroatische Wand des VfL, er ließ den Fan reden über Samstage im Stadion, warum er Biliškov liebte. Lars ahnte schon, was kam, denn Fans, die Abwehrspieler verehren, lieben immer dasselbe an Verteidigern, die Verlässlichkeit, den Kampfgeist, die Opferbereitschaft, und so konnte er Biliškov vor dem Fan vorauseilend preisen. Er achtete darauf, den Fan weiterhin immer mit »Biliškov« anzusprechen, er merkte, wie sich der Mann geschmeichelt fühlte. »Biliškov, du bist doch Millionär«, der Mann lachte breit, Mrosko sprach weiter: »Du könntest meinen Jungs eigentlich 'ne Runde ausgeben.« Und natürlich machte Biliškov das. Er war doch, er wusste gar nicht warum, plötzlich so ausgelassen, so glücklich.

Am nächsten Nachmittag, einen Tag später als vorgesehen, kamen Shergo und Lars in Berlin an. Es war, fand Shergo, einer der schönsten Tage gewesen. Nichts Irres war passiert. Es war einfach nur auf so wunderbar unbeschwerte Art spontan gewesen.

Solche Abende würde er mit Lars in Wolfsburg öfters erleben, freute sich Shergo. Der VfL stellte ihm eine Wohnung zur Verfügung. »Hier hast du 20 Euro, geh mal essen«, sagte ihm der Nachwuchskoordinator, Herr Janssen, bei der Ankunft, war der nett. Dann sah Shergo die Wohnung. Der Vormieter hatte Zigaretten auf dem Teppich ausgedrückt, an den Wänden waren Flecken. Sein Berater schrieb Herrn Janssen eine E-Mail, so eine Wohnung sei geradezu gesundheitsgefährdend, war 'ne krasse E-Mail, fand Shergo, und plötzlich wurde Herr Janssen garstig, was er sich einbilde, über die Wohnung zu schimpfen, er kriege die Wohnung oder gar keine. »So ist der Janssen, immer nur nach unten treten«, sagte Lars, und Shergo wunderte sich kurz über die Bitterkeit.

Aber er hatte die Wohnung, so schäbig sie auch war. Lars konnte bei ihm übernachten, und dann würden sie die Wolfsburger Nacht erkunden, wie früher in der Gropiusstadt. Shergo lud ihn ein, »kommste heute Abend zum Champions-League-Gucken vorbei«. Doch Lars kam nicht. Shergo versuchte, sich seine Enttäuschung nicht anmerken zu lassen, ist ja klar, sagte er sich, er will zu Sandra nach Berlin. Aber dass Lars abends fast nie vorbeikam, dass er stets entweder zu Sandra fuhr oder als Scout unterwegs war, traf ihn. In seinem Kopf sah er sie noch als die Berliner Kumpels, die Lackbomben warfen, die Discos aufmischten, in den Tag hinein lebten. Lars bewahrte dieses Bild von seinen Jungs durchaus auch liebevoll im Kopf. Es hatte nur nichts mehr mit seinem Alltag zu tun. Er musste weiter, der beste Nachwuchsscout Deutschlands werden.

Mrosko roch seinen Coup. Sie konnten einen 16-jährigen Jungen auf ähnlichem Niveau wie Toni Kroos kriegen. Das Problem war, dass sie dazu die gesamte Familie des 16-Jährigen verpflichten mussten.

Er hieß Marko Marin. Als Kleinkind war er mit seinen Eltern aus dem jugoslawischen Bürgerkrieg nach Frankfurt geflohen. Sein Fußballtalent war das größte Pfund, das die Familie beim Aufbau einer neuen Existenz im fremden Land hatte. Wenn Marko zum VfL

Wolfsburg wechseln solle, müsse der Verein seiner Frau und ihm Arbeit beschaffen, sagte der Vater Ranko Marin.

Es begann in dieser Zeit, um 2005, dass Eltern regelmäßig fragten, wie sie denn am Geschäft mit ihrem Sohn partizipieren würden. Manche Berater boten bei Ausnahmetalenten den Familien an, sie an den Provisionen zu beteiligen, falls ihr Sohn später einmal einen Profivertrag unterschrieb. Marko Marins Verein Eintracht Frankfurt hatte aber offenbar die Wünsche der Familie abgelehnt, nicht nur dem Sohn mit 16 ein ordentliches Gehalt zu zahlen, sondern auch noch den Vater als Jugendtrainer oder Scout zu beschäftigen. So hatte es Mrosko aufgeschnappt. Er hing »gefühlte 95 Stunden am Tag« mit anderen Scouts, Beratern, Jugendtrainern am Telefon, kam es Sandra vor, wenn er doch nach Berlin gekommen war, um mit ihr allein zu sein. Deswegen hatte er auch ein schlechtes Gewissen, war ja nicht so, dass er nicht merkte, wie das Telefon sein Leben in Beschlag nahm, aber dieses eine Mal hatte sich seine Umtriebigkeit gelohnt: Er wusste als einer der Ersten, dass Marko Marin zu haben war.

»Wow«, sagte Peter Hyballa: Wenn er den für seine Mannschaft haben könnte. Marin war ein kleinwüchsiger Dribbler, ein Fußballanarchist. Die kleinen Spieler waren sowieso die besten, um ein taktisches Patt auszuhebeln, fand Hyballa, weil sie mit ihrem niedrigen Körperschwerpunkt auf engstem Raum, in hohem Tempo die Richtung wechseln konnten. Wieso hatten so viele im deutschen Fußball jahrelang geglaubt, wieso glaubten immer noch so viele, dass Fußballer große, starke Athleten sein mussten?

Der Sportdirektor der Profiabteilung, Thomas Strunz, wurde für diese Verpflichtung eines 16-jährigen Talents eingeschaltet. Acht Jahre zuvor hätte in der Bundesliga vermutlich kein Sportdirektor den Namen auch nur eines 16-jährigen Jugendspielers gekannt. Im Frühling 2005 wurde für Marko Marin, von dem niemand sagen konnte, ob er jemals Profi werden würde, die Politik aktiviert: Der Geschäftsführer der VfL-Jugendabteilung, Bernd Sudholt, Betriebsrat bei Volkswagen, telefonierte mit einem Stadtdezernenten, und im Nu fand sich eine Stelle für Marins Mutter als Operationsschwester im Städtischen Krankenhaus. Dann wählte Sudholt die Nummer des Wolfsburger Spediteurs Rolf Schnellecke. In Schnellleckes Personalausweis stand als Geburtsort noch »Stadt des KdF-Wagens bei Fallersleben«. 1941 geboren, war er nur drei Jahre jünger als die Stadt. Ihm gehörte eine der größten Speditionen Deutschlands. »Kannst du einen ungelernten Mann nehmen?«, fragte Sudholt. Für den VfL nehme er Marins Vater, sagte der Spediteur, fügte jedoch sicherheitshalber hinzu: »Aber das ist keine Scheinanstellung. Richtig arbeiten muss er schon.«

Während in seinem Verein alles getan wurde, um den Ansprüchen des 16-Jährigen zu genügen, empfahl Mrosko den Marins, sich einen Rechtsanwalt zu nehmen, der Marko gegenüber dem VfL Wolfsburg vertrat. Er fühlte Zuneigung zur Familie des Jungen, Bürgerkriegsflüchtlinge. Er wollte, dass sie sich korrekt behandelt, sicher fühlten. Außerdem würde es doch auf ihn und somit auch auf den Verein nur positiv zurückfallen, wenn die Marins spürten, der VfL war kein Verhandlungsgegner, sondern ein Partner.

Vor allem, beobachtete Peter Hyballa, »brauchte er es immer wieder zur Selbstbestätigung, dass andere sagen: ›Danke, Lars. Super, Lars.‹ Wenn du ihm einen psychologischen Fragebogen hinlegst, würdest du sehen: Anerkennung ist sein Trieb.«

Der Rechtsanwalt übermittelte die Forderungen von Ranko Marin an Thomas Strunz. Der Junge sollte ein Gehalt von 800 Euro im Monat erhalten, das war gut das Doppelte, was in der A-Jugend in Wolfsburg üblich war. Dazu würde der Verein der Familie neben den Arbeitsplätzen für die Eltern auch eine Vierzimmerwohnung zur Verfügung stellen und die Miete übernehmen. So weit war man sich einig. Dazu habe der Vater mehrmals bemerkt, in der Wohnung müsse aber bitte schon ein Schlafzimmerschrank eingebaut sein, übermittelte der Rechtsanwalt. Schlafzimmerschrank, wiederholte Strunz und versuchte, sich nichts anmerken zu lassen. Er stand gerade unter gehörigem Druck der nationalen Medien, weil er für das Bundesligateam Profis wie den Bielefelder Matthias Langkamp ohne Rücksprache mit dem Trainer Eric Gerets verpflichtet hatte. »Chaos beim VfL Wolfsburg, der ein schwaches Bild abgibt«, kommentierte der *Kicker*: »Spricht dort niemand mit dem anderen?« Aber um den Schlafzimmerschrank werde er sich auch noch kümmern, versprach Strunz.

Kurz darauf wollte Ranko Marin bitte auch noch zwei VIP-Dauerkarten für die Bundesligaheimspiele des VfL haben. Strunz' Geduldsfaden wurde dünner, merkte der Rechtsanwalt. Ranko Marin wisse schon, dass sein Sohn nicht bei den Profis, sondern in der A-Jugend spielen würde, fragte der Sportdirektor. Aber die VIP-Karten würde es in Gottes Namen auch noch geben.

Dann hörte der VfL Wolfsburg keine Forderungen mehr von Ranko Marin. Sein Sohn – und damit die Familie – unterschrieb lieber bei Borussia Mönchengladbach.

Konsterniert versuchten sie in Wolfsburg aufzuklären, was schiefgelaufen war, was Mönchengladbach anders gemacht hatte. Die Borussia hatte dem Vater keine Stelle als Lagerarbeiter in einer Spedition angeboten, fand Mrosko heraus. Die Borussia hatte Ranko Marin direkt angestellt. Sie hatte ihm kurzerhand eine Stelle als Nachwuchsscout geschaffen. Das hieß nichts anderes, als dass Borussia Mönchengladbach den Vater bezahlte, damit sein Sohn für sie spielte. Ob der Vater als Scout geeignet war, schien nachrangig.

Natürlich konnten sie schimpfen, wie die Welt verkam, wenn Pseudojobs für die Eltern kreiert wurden, um die Kinder zu kriegen. Aber Mrosko fand, wenn das der neue Einsatz war, mussten sie ihn in Wolfsburg eben auch setzen. Dann kostete ein A-Jugendspieler wie Marko Marin einen Klub halt 50 000 Euro im Jahr. Aber die Wahrscheinlichkeit, dass solch ein Ausnahmetalent in wenigen Jahren einmal über eine Million wert sein würde, war nicht so gering.

Nach dem fehlgeschlagenen Coup mit Marko Marin hatte der Sportdirektor Mrosko etwas zu sagen. Thomas Strunz war angetan von Mroskos Arbeit: Er hatte ein Auge für Talente, er war unglaublich gut informiert. Strunz bot an, Mroskos Vertrag um drei Jahre bis 2008 zu verlängern. Die schönen Worte gaben Mrosko den Mut, den Sportdirektor um einen Gefallen zu bitten. Könnte der Verein ihm ein zinsloses Darlehen über 6000 Euro gewähren?

6000 Euro war alles, was im Frühling 2005 noch übrig war von seinen einst 75 000 Mark Schulden.

Das ließe sich einrichten, sagte Strunz. Mrosko fühlte sich auf einmal, was für ein Gefühl, frei.

Selbst ein Zahnarztbesuch machte ihm im Frühling 2005 keine Angst mehr.

»Ich habe heute um 17 Uhr einen Zahnarzttermin in Berlin. Darf ich deshalb ausnahmsweise schon um drei gehen?«, fragte er eines Morgens den Nachwuchskoordinator Bernhard Janssen.

»Ja, selbstverständlich«, meinte Mrosko zu hören.

Gegen 14:30 Uhr sagte Janssen zu ihm, einer ihrer besten Nachwuchsspieler, Christopher Lamprecht, komme nach einer ärztlichen Behandlung in München um halb vier mit dem ICE in Hannover an. »Holst du ihn ab?«

Etwas riss.

Mrosko hatte erlebt, wie Janssen seinen Freund Peter Hyballa angegangen war, weil es Hyballa gewagt hatte, den Profitrainer Eric Gerets vor einem B-Jugendspitzenspiel gegen Werder Bremen um eine Motivationsansprache an die Jungs zu bitten. Gerets kam der Bitte auch mit Freuden nach. Janssen echauffierte sich, das hätte über seinen Schreibtisch laufen müssen, der B-Jugendtrainer könne nicht einfach den Cheftrainer anquatschen! Mrosko erlebte oft, wie die Sekretärin in Tränen ausbrach, weil Janssen sie wegen Kleinigkeiten beschimpfte, ein Fax fehle schon wieder!

Alle Nachwuchstrainer waren von Herrn Janssen genervt, der nach außen so souverän auftrat, aber offenbar Schwierigkeiten hatte, seine Führungsrolle auf der Geschäftsstelle allein mit fachlichen Qualitäten zu behaupten. Fünf Gesprächspartner bezeugten für dieses Buch seine Ausfälle. Aber alle hatten damals auch das Gefühl, das Beste sei, Janssens Ränkespiele zu ignorieren. Bloß, ignorieren gehörte nicht zu Mroskos Stärken.

Selbst ferne Freunde wie der Schalker Scout Uwe Vester hatten am Telefon mitbekommen, wie sich Mrosko an Janssen rieb. »Bei Lars geht es viel um Personen, um persönliche Enttäuschungen, um gerecht und ungerecht«, bemerkte Vester. »Und wenn er einmal die Meinung hat, Unrecht geschehe, dann arbeitet er sich daran ab. Dann ist er nur noch schwer zu stoppen.«

Etwas riss, etwas knackte.

Auf St. Pauli hatten sie ihn für ihre dummen Machtspiele missbraucht, und jetzt ging das hier mit Janssen weiter, obwohl er seine Arbeit machte, wer hatte denn den Marin-Kontakt angebahnt, wer hatte denn die Super-B-Jugend zusammengestellt, und alles, worum er bat, war, einmal zum Zahnarzt zu gehen, und jetzt kam Janssen wieder mit seinem Fahrdienst-Scheiß an, das musste der absichtlich machen, das … »Mir reicht es, ich bin hier als Scout angestellt und nicht als Chauffeur!«, begann Mrosko zu sprechen. Die folgenden Worte verschwanden in einem Nebel, welche hatte er gesagt, welche nur gedacht, welche von Janssen gehört, welche nur aus Janssens Gestik interpretiert, »kannst mich mal«, »du mich schon lange«, »bin nicht dein Sklave«, »bin dein Chef«.

Der Ordner lag vor Mrosko auf dem Schreibtisch, es war einfach der nächste Gegenstand, den er zu greifen bekam. Er feuerte ihn hinterher, als Janssen aus der Tür ging.

Am nächsten Tag wurde eine Abmahnung wegen Nichtbefolgen einer Dienstanweisung in seine Personalakte aufgenommen.

Mrosko arbeitete ganz normal weiter. Er fuhr zum Bundesländer-Pokal für 16-Jährige nach Wedau. Manfred Mattes, ein Wolfsburger Jugendtrainer, begleitete ihn. Das heißt, Mattes fuhr mit dem Zug hinterher. Mit Mrosko im Auto zu fahren fand er offenbar nicht so spaßig. Er fuhr doch nur 180, fand Mrosko, okay, auch schon mal 130 auf der Landstraße, aber nur, wenn er die Strecke kannte, und nie durch Dörfer. Zu rasen war Pflicht für einen Scout.

»Halt dich einfach mal zurück«, riet ihm Peter Hyballa. »Für mich war das auch absurd, dass ich einen Anpfiff bekam, weil ich selbstständig den Profitrainer zum B-Jugendspiel einlud. Ich bin mit Gerets per Du! Wieso sollte ich ihn nicht direkt ansprechen? Aber wir sind nun mal beim VfL Teil der Volkswagen-Kultur. Das ist ein Konzern mit klaren Strukturen in einem ordnungsliebenden Land.« Klar konnten sie lästern, Mann, sind die unlocker. Doch Hyballa sah mittlerweile auch die andere Seite: »Ich hätte vielleicht auch einfach zu Janssen hingehen und ihn informieren können: ›Pass auf, ich würde gerne den Profitrainer in die B-Jugendkabine holen.‹« Es passte nicht in ihr Selbstbild von den Easy Ridern, die sich nur nach dem Gesetz der Lässigkeit richteten, aber Hyballa schärfte Mrosko ein: »Wir machen hier nicht die Regeln. Wir müssen uns an sie halten.«

Das verstand Mrosko selbstredend. Zumindest theoretisch.

Am zweiten Tag des Bundesländer-Pokals in Wedau, es war Sonntag, der 8. Mai 2005, sagte Mrosko zu Manni Mattes, er fahre am späten Nachmittag nach Dortmund, um sich das Bundesligaspiel zwischen der Borussia und Werder Bremen anzusehen.

Aber am Nachmittag wollten sie doch ihre Auswertung der Jugendpokalspiele machen, protestierte Mattes. Die Auswertung könnten sie genauso gut am Montagmorgen machen, sagte Mrosko. Er habe sich den Sonntagnachmittag extra frei gehalten, regte sich Mattes auf, sie machten immer eine Auswertung nach dem zweiten Spieltag des Länderpokals, um am dritten Spieltag noch einmal gezielter einzelne Talente zu beobachten. Die herausragenden Talente habe er sowieso im Kopf, entgegnete Mrosko und fuhr nach Dortmund.

Auf der Rückfahrt vom Bundesländer-Pokal dachte Mrosko an die Jugendländerspiele, die er nächste Woche besuchen wollte, er wollte überall sein, er musste überall sein. Das schrieb ihm keiner vor, den Anspruch hatte er an sich selbst. Irgendwo auf der Autobahn klingelte sein Handy.

Der Handybildschirm zeigte ihm den Namen des Anrufers an, Bernd Sudholt, der Geschäftsführer. Mrosko mochte Sudholt, mit seinem Schnauzer aus einer anderen Zeit und der sozialen Ader, die bei einem guten Chef zeitlos gefragt war. Und Sudholt mochte Mrosko, »wie ältere Männer oft jüngere mögen«, glaubte Hyballa: »Sie erkennen ihr junges, wildes Ich in dem Jungen wieder. Oder zumindest ein junges, wildes Ich, wie sie es gerne gewesen wären.«

»Du kommst sofort im Büro vorbei«, sagte Sudholt mit kalter Stimme am Telefon zu Mrosko.

»Bernd, ich war eine halbe Woche unterwegs, ich bin kurz vor Berlin. Ich knall mich ins Bett und schau morgen früh vorbei.«

»Du kommst jetzt vorbei! Sofort!«

»Was ist denn los?«

»Das möchte ich gerne von dir wissen! Du warst am Sonntag in Dortmund beim Bundesligaspiel statt in Wedau.«

»Das war alles abgesprochen und genehmigt. Ich hatte das Ticket über die Scoutingabteilung der Profis bestellt.«

»Das ist mir egal! Ich will wissen, was du in Dortmund gemacht hast!«

»Fußball geschaut.«

»Jetzt werde nicht noch frech!«

Bevor sie auflegten, bestand Sudholt noch einmal darauf, dass Mrosko sofort nach Wolfsburg kam. Mrosko sagte »alles klar« und fuhr weiter Richtung Berlin. War ja klar, dass sich Mattes bei Sudholt beschwert hatte. Die beiden kannten sich seit über zehn Jahren, sie trugen sogar ähnliche Schnauzer. Aber den Ärger würde er am nächsten Morgen im Büro schon ausbügeln. So schlimm war es doch nicht, an einem spielfreien Nachmittag in Wedau nach Dortmund zu fahren.

Als Mrosko am nächsten Morgen auf der Nachwuchs-Geschäftsstelle des VfL Wolfsburg am alten Stadion erschien, rief Bernd Sudholt den Nachwuchskoordinator Bernhard Janssen mit ins Büro und eröffnete Mrosko: »Wir müssen dich darauf hinweisen: Dies ist eine arbeitsrechtliche Anhörung.«

»Das fängt ja schon mal gut an«, sagte Mrosko. »Dann schießt mal los, ihr Experten.«

»Man muss doch nicht gleich so in ein Gespräch gehen!«, versuchte Janssen zu beschwichtigen.

»Wir haben mehrere Dinge gegen dich vorliegen«, versuchte Sudholt, sachlich zu beginnen.

»Bin ich vor dem Kriegsgericht?«

Mroskos forsche Art gefiel Sudholt. Nur vielleicht nicht gerade in dieser Situation.

»Du hast dich in Dortmund mit Spielerberatern getroffen.«

»Stimmt nicht.«

»Du kannst mir doch nicht erzählen, dass du einfach so zu einem Spiel gehst.«

Man müsse sich in die damalige Situation versetzen, sagt Sudholt Jahre später, herzlich, gesellig, der Schnauzer ist ab, die moderne Brille mit dem dicken, dunklen Rand lässt ihn im Rentenalter jünger als vor zehn Jahren erscheinen. Er war 16 Jahre lang nebenbei im Wolfsburger Stadtteil Reislingen Ortsbürgermeister für die SPD, er arbeitet mit 68 noch als Geschäftsführer für einen Freund in dessen Oldtimer-Autohaus; er ist darauf geeicht, Konflikte zu erkennen und zu lösen, und damals, 2005 beim VfL Wolfsburg, »war gerade der Sportdirektor Peter Pander durch Thomas Strunz ersetzt worden, obwohl Pander erfolgreich war. Da hingen Gerüchte in der Luft, um was es bei Panders Entlassung dann wohl gegangen sei. Dementsprechend hypersensibilisiert waren wir, auch was den Kontakt unserer Scouts oder Trainer mit Spielerberatern anging.« Als sich Mrosko beim Jugendländerpokal nach Dortmund absetzte, wurde sich in dieser Stimmung schnell zusammengereimt: Er musste Spielerberater getroffen haben! Vielleicht oder wahrscheinlich – ach was: ganz sicher – schusterte er Wolfgang Vöge, einem der prominentesten Spielerberater, der gerade bei Borussia Dortmund viele Fußballer umsorgte, Wolfsburger Jugendspieler zu. Tatsächlich hat Mrosko bis heute Wolfgang Vöge kein einziges Mal gesehen. Aber wenn sich Menschen einen Verdacht erst einmal in den Kopf gesetzt haben, glauben sie oft schon bald mit Absolutheit daran.

»Du wirst doch verstehen, dass wir dem nachgehen müssen, wenn der Verdacht aufkommt, unser Scout mache Geschäfte mit Spielerberatern«, sagte Janssen in der Sitzung am alten Stadion, Anfang Mai 2005.

Etwas riss.

»Und selbst wenn ich mich mit Spielerberatern treffe, geht es euch nichts an! Ich hatte die Scoutingabteilung der Profis informiert, dass ich am Sonntagnachmittag nach Dortmund fahre.«

»Mäßige deinen Ton! Das ist eine ernsthafte Angelegenheit!«

»Dann schaltet doch mal euren Verstand ein: Wie viel Euro Provision zahlen wir im Nachwuchsbereich? Null Euro. Wie viel Euro könnten mir Spielerberater von null Euro Provision also hinter dem Rücken zurückzahlen, wenn ich wirklich ihre Spieler beim VfL reingedrückt hätte. Na?«

»Es könnte ja auch sein, dass du unsere Talente zu bestimmten Beratern lockst und dafür kassierst.«

Eine Hitze ergriff Mrosko. Auf seine Loyalität, seine Korrektheit gegenüber dem Arbeitgeber war er stolz, konnte ja sein, dass er privat schon ziemlichen Blödsinn verzapft hatte, aber auf sein Arbeitsethos ließ er nichts kommen. Er würde sich nie von Spielerberatern schmieren lassen! Etwas riss in der Hitze in ihm, etwas knackte, wie so oft in der Kindheit.

»Schaut euch zwei doch mal an, wie ihr hier sitzt«, sagte Mrosko zu Sudholt und Janssen, Geschäftsführer und Nachwuchskoordinator: »Der eine Dick, der andere Doof.«

7

An der Mauer wachsen Brombeeren

Mrosko nahm an der Weitsprunggrube Anlauf. Er war elf, vom Ehrgeiz eines Jungen beseelt, in allem, was mit Bewegung zu tun hatte, der Beste zu sein. Er sprintete die Anlaufbahn hinunter. Die Fünftklässler des Canisius-Kollegs Berlin standen Schlange, eine Linie in grünen Turnhosen und weißen T-Shirts, die Schulsportuniform war Pflicht. Der Lehrer stand mit dem Maßband bereit. 20 Meter hinter der Sprunggrube wuchsen die Kastanienbäume. Beim Absprung ließ es sich für einen Moment träumen, über die Bäume hinwegzufliegen. Mrosko näherte sich dem Absprungbalken. Und etwas riss, etwas knackte. Er lief einfach über den Absprungbalken hinweg, durch die Weitsprunggrube hindurch. Ein Gedanke hatte ihn spontan überfallen, der Gedanke kam oft plötzlich, in heißen Wellen: Er hasste diese blöde Katholiken-Schule. Und er wollte das allen zeigen. Er schwätzte im Unterricht, ein Lehrer warf mit dem Schlüsselbund nach ihm. Die Leute glaubten, das gebe es nicht mehr, Lehrer, die handgreiflich wurden, im Jahr 1988, aber selbstverständlich gab es das noch. Mrosko nahm die Schlüssel und feuerte sie auf den Lehrer zurück. In der Pause, beim Ringelpiez an der Tischtennisplatte, trat ein Schüler Mroskos Bruder Björn in den Rücken. Mrosko packte den Jungen, etwas riss, die Hitze überflutete ihn. Er schlug den Hinterkopf des Jungen gegen die graue, alte Schulwand. Die Hitze ließ nicht nach, er wollte den Kopf weiter gegen die Wand schlagen und immer weiter.

Er war stolz, dass er seinem Bruder Gerechtigkeit verschafft hatte. Seinem Bruder war der Gewaltausbruch höchst peinlich.

Lars ließ sich bis ins Extreme von seinen Emotionen lenken, beobachtete die Mutter, »er hat ein übertriebenes Gerechtigkeitsgefühl, und er kann keine Niederlage einstecken«. Er musste lernen, Gefühle zu verarbeiten, negative Erlebnisse abzuschütteln. Sonst würde er im Erwachsenenalter Probleme bekommen, sonst würde er sich im Arbeitsleben nicht einfügen können, was immer er einmal machte, von ihr aus sogar irgendetwas im Fußball, wenngleich das gewiss nicht ihr Traum war.

Die Mutter hatte die Söhne 1987, nach der Grundschule, am Canisius-Kolleg angemeldet, einer von drei Jesuiten-Schulen in Deutschland. Lars und Björn Mrosko sind Zwillinge. Die weizenblonden Haare bis zu den Augenbrauen, ein vorsichtiges Lächeln in den Augen, sahen sie sich als Kinder zum Verwechseln ähnlich und bewiesen, wie unterschiedlich Geschwister sein können. Björn saß mit zehn am Schreibtisch und komponierte ein Klavier-Rondo. Lars musste raus, rennen, toben, schlagen. Gemeinsam gingen sie zum Judo. Björn gefiel die Geschicklichkeit, das Taktieren des Kampfes. Lars fand den Sport langweilig. Nie sollte man den Gegner wild und ungestüm angreifen.

»Björn schaltet schneller von Gefühl auf Verstand um, auch bei Enttäuschungen«, bemerkte die Mutter.

90 freie Plätze gab es am Canisius-Kolleg pro Jahrgang, über 500 Kinder hatten sich 1987 beworben. Die Mrosko-Zwillinge wurden beide genommen. Lars war der bessere Schüler, damals.

Nachmittags, einmal die Woche, blieben die Kinder zur Jugendgruppe der Gemeinschaft Christlichen Lebens in der Schule. Die Gruppenleiter ermunterten sie, gemeinsam zu singen. Sofort juckte es Lars loszulegen, er sang gerne, gerade in Gruppen. Aber er verschloss vehement den Mund. Wegen der Jugendgruppe verpasste er das Fußballtraining. Er hatte seiner Mutter doch gesagt, dass er nicht auf diese Schule für Schnöselkinder wollte!

»Aber welches zehnjährige Kind weiß schon, was gut für es ist«, sagte sich die Mutter. Der Glaube, den das Kolleg zu vermitteln versuchte, war ihr weniger wichtig. Es ging um die Bildung. Die Mroskos hatten fünf Kinder, neben den Zwillingen drei Mädchen, »an Hab

**Wie unterschiedlich Zwillinge doch sein können:
Lars (rechts) mit Björn.**

und Gut können wir ihnen nicht viel geben«, dachte die Mutter, »aber Wissen, das verlieren sie nie mehr«. Der Vater dachte, die großen Fragen – wie wollten sie leben, auf welche Schule sollten die Kinder gehen – entschied sowieso seine Frau.

Sie wohnten in einer 3,5-Zimmer-Wohnung in den Wohnblocks an der Ringslebenstraße in Buckow, Bezirk Neukölln, wo West-Berlin fast schon endete. Damit die Kinder so viel Platz wie möglich hatten, schliefen der Vater und die Mutter auf dem Sofa im Wohnzimmer.

Mit einem Wohnberechtigungsschein der Stadt hatten sie die Mietwohnung 1975 zum Erstbezug erhalten. Mit ihnen zogen viele junge Familien in die ganz neu errichteten zwölfstöckigen Blocks. Es werde Spielplätze geben, Hecken und Bäume, schwärmten die Stadtplaner. Als die Mroskos einzogen, lagen rund um die Blocks Lehm und Erde. In den Baggerspuren bildeten sich bei Regen Pfützen. Zum Zeichen des Komforts und Standards wurden die Betonmauern der Balkons in den immer gleich grauen Blocks gelb gestrichen. Nach wenigen Jahren schwärzte sich das Gelb.

Morgens gingen die Eltern zusammen aus dem Haus. Der Großvater hatte sich ein neues Auto gekauft und den Mroskos seinen alten Opel Ascona überlassen, damit sie auch einen Wagen hatten. Die Mutter setzte den Vater am Amtsgericht Neukölln ab, wo er als Justizbeamter im mittleren Dienst die Einsätze der Gerichtsvollzieher plante. Die Mutter fuhr weiter zum Amtsgericht Tempelhof-Kreuzberg. Als Justizoberinspektorin prüfte sie Vormundschaften, den Anspruch auf Altershilfe oder das Recht Behinderter auf Ergänzungspfleger. Sie fand, ihr Mann sollte sich ebenfalls mehr um eine Karriere bemühen, selbst Gerichtsvollzieher werden, statt sie nur einzuteilen. Der Vater fand es wichtig, dass er bei der Arbeit Fröhlichkeit verbreitete, sich mit allen verstand, für alle der »Klausi« war; ein dufter Typ.

Klaus Mrosko ist 1,61 Meter groß. »1,61 einhalb!«, insistiert er. Neben seiner Frau mit den gesunden Oberarmen wirkte er nicht nur klein, sondern schmächtig.

Lars erschrak die ersten paar Male, als die Faust seiner Mutter auf seinen Schreibtisch donnerte. »Du wirst doch wissen, was 6 × 6 ist!«, schrie sie. »6 × 6!« Unter der Bedrohung, die von ihr so abrupt ausging, konnte er erst recht nicht mehr bei den Hausaufgaben rechnen, aber irgendwann kam er durch Raten auf 36, und die Bedrohung verschwand augenblicklich wieder.

Die Nerven, sagte sich die Mutter, sie musste ihre Nerven im Zaun halten, auch wenn die Kinder sie zum Explodieren brachten, immer war etwas. Aber sie wollte doch fünf Kinder, sagte sie sich vor, eine große Familie. Schnell machte sie sich wieder daran, die gesamte Wäsche ihrer Kinder zu bügeln, selbst die Unterhosen. Keiner sollte sagen können, ihren Kindern fehle es an etwas, nur weil sie zu siebt waren.

Auf dem Lehm hinter den Wohnblocks wuchs schließlich tatsächlich Gras, Tore konnte die Kinder mit Pullovern abstecken. Lars spielte Fußball, bis der Vater aus dem achten Stock kurz herunterpfiff, Essenszeit. Zweimal die Woche fuhr Lars mit seinem Bruder und anderen Kindern aus der Nachbarschaft zum Fußballtraining nach Schöneberg, erst die U-Bahn, dann der Bus, schließlich zu Fuß. Selbstverständlich fuhren sie alleine 45 Minuten durch die Stadt, mit acht oder neun Jahren.

Ein Schild warnte vor dem Betreten des Rasenplatzes gleich hinter den Umkleidekabinen des VfL Schöneberg, der gepflegteste Platz war für einen wichtigen Sport reserviert, Faustball.

Lars blieb bis kurz vor Trainingsbeginn oder bei Spielen bis zum Anpfiff in der Umkleidekabine, er wärmte sich nicht auf. Denn auf dem Rasen schwollen von Frühling bis Herbst seine Augen und die Luftröhre zu. Fiel er auf den Rasen, bildeten sich augenblicklich große rote Pusteln an den Beinen. Er litt unter einer starken Gräser- und Pollenallergie mit Asthma. Auf den Fußball zu verzichten war keine Option. In der Halbzeitpause legte der Vater kalte Binden auf Lars' Augenlider, dann ließ die Schwellung ein wenig nach.

Irgendwann erschienen rötliche Ekzeme an seinen Beinen, Armen, am Hals. Lars kratzte sich blutig, er lag am Boden und bat seine Mutter schreiend: »Bitte schlag mir die Beine ab!«

Neurodermitis, sagte der Arzt.

Er verschrieb Salben, Cremes, und dann müsse man hoffen.

Sonntags gingen die Mroskos zu Oma und Opa zum Familienessen, der Wohnzimmertisch wurde ausgezogen, zu zwölft oder vierzehnt waren sie immer, und Lars spürte das Jucken an den Beinen und Armen nicht mehr. Opa Locke, der so hieß, weil er eine Glatze hatte, kochte wie ein Meister, Braten, Kassler, Kohlrouladen. Lars saß im Drehsessel, streichelte die zwei Katzen oder drehte sich einfach. Das war eigentlich das Schönste im Leben, sich im Drehsessel zu drehen, auf Opa Lockes Essen zu warten, den Gesprächslärm der großen Familie zu hören und im Schwindel des Drehens zu fühlen: Hier gehöre ich dazu.

Gelegentlich fing Lars Gesprächsfetzen der Erwachsenen auf, oder sein Blick fiel auf die Überschrift in einer Illustrierten. In der Gropiusstadt, nur ein paar Hundert Meter von ihnen entfernt, schienen Kinder in schrecklichen Bedingungen aufzuwachsen. *Wir Kinder vom Bahnhof Zoo*, das meistverkaufte Sachbuch der Jahre 1980 und 1981, von Christiane F., einem drogensüchtigen Mädchen aus der Gropiusstadt, hatte der Bundesrepublik ein kollektives nationales Schockerlebnis verschafft: Wie Kindern mitten unter uns durch Verwahrlosung und Drogensucht ihre Kindheit gestohlen wurde.

Doch nur ein paar Hundert Meter nach Westen in Neukölln, die Ringslebenstraße hinauf, verlief Lars' Kindheit entlang derselben Fixpunkte wie bei den meisten Jungen in der Bundesrepublik der Achtziger: zweimal die Woche Fußballtraining, Familienessen am Sonntag, zu ganz besonderen Anlässen ein Besuch im nächstgelegenen jugoslawischen oder italienischen Restaurant und einmal im Jahr, koste es, was es wolle, in den Urlaub. Die Mroskos mussten für den Urlaub stets einen Kleinbus mieten. In den alten Ascona vom Opa passten nicht alle fünf Kinder. Sie fuhren meistens nach Neubokel in Niedersachsen, wo die Häuser aus Fachwerk waren und vermutlich mehr Bauernhoftiere als die 900 Menschen wohnten.

Lars behielt das unerklärliche Gefühl der Bedrohung für sich, wenn sie auf der Urlaubsreise an der Grenze von den DDR-Zöllnern kontrolliert wurden, wenn sie auf der DDR-Autobahn unter lauter anders aussehenden Autos fuhren; wenn sie doch als etwas Fremdes, Anderes herausstechen mussten. Zu Hause dagegen, im vertrauten Umfeld, war die deutsche Teilung für die West-Berliner Kinder in der Ringslebenstraße nur ein Alltagsvergnügen. Vom Wohnzimmerfenster im achten Stock konnte sich Lars mit »Soldaten schauen« die Zeit vertreiben. Manchmal sah er einen gepanzerten amerikanischen Wagen mit aufgebautem Maschinengewehr Patrouille fahren. Die Mauer stand 200 Meter vor ihrem Haus. Die viersprachigen Schilder »Sie verlassen den amerikanischen Sektor« beeindruckten Lars, die Warnung der Schilder schien etwas Endgültiges auszudrücken, als ob man nur einen Schritt weiter, in den Osten hineingehen müsste, und man würde nie mehr zurückkönnen. Er blickte vom achten Stock über die Mauer hinüber. Auf der anderen Seite war eine weite Grasfläche, wo, wie Lars in der Stillen Post von den Größeren hörte, Minen vergraben waren. Dahinter erkannten sie Wachposten. Nur normale Menschen sahen sie beim Blick vom Wohnzimmer drüben im Osten nie, obwohl sich doch die Häuser des Dorfs Großziethen klar abzeichneten.

Die Mutter erinnerte sich noch, wie ihr Vater sie am 13. August 1961 als Achtjährige zum Checkpoint Charlie mitgenommen hatte. Amerikanische und sowjetische Panzer standen sich gegenüber, während ostdeutsche Bauarbeiter mit Ziegelsteinen und Zement eine Mauer errichteten. In den Jahren danach stellte Lars' Mutter wie so viele West-Berliner auf dem Fensterbrett Kerzen für ihre eingemauerten Mitbewohner im Osten der Stadt auf. Irgendwann aber blieben die Fenster dunkel. Die Mauer war etwas geworden, was einfach da war, was immer da sein würde, man musste doch realistisch sein. Im Sommer gingen die Mroskos mit den Kindern von ihrer Wohnung in der Ringslebenstraße zum Brombeerpflücken an die Mauer. Die Hecken wucherten dort so herrlich wild und ungehindert. Im Winter gingen sie an der Mauer Schlitten fahren, weil der Schnee nicht weggefegt wurde.

Herr Lange aus dem ersten Stock kletterte auf eine Birke am Mauerweg, der nicht so hieß, den jeder nur so nannte. Herr Lange wollte nach ein paar Bier mal rüber in den Osten schauen. Er fiel von der Birke auf den Boden der DDR. Nach einem mehrtägigen Verhör kam er wieder nach Hause. Natürlich durfte man über die Mauer nicht lachen. Aber wie sollten sie nicht über Herrn Langes Mauersturz lachen?

Sporadisch sahen sie die andere Seite der Mauer. Die Mutter hatte Verwandte in Ost-Berlin. Ihre Familie war am Ende des Zweiten Weltkriegs aus Schlesien gen Westen geflohen, »in Polen waren wir die Scheiß-Deutschen, in Berlin waren wir dann die Scheiß-Polen«, sagte die Mutter, im Berliner Kindergarten war sie, vor allen anderen

Kindern, als Einzige auf Läuse untersucht worden. Aber stärker als solche oberflächlichen Demütigungen hatte sich ihr die Angst eingeprägt, die den Treck auf der Flucht aus Schlesien panisch antrieb, die Furcht vor den Russen. Allein der Geruch in Ost-Berlin ließ die Angst unterschwellig wieder erwachen, dabei konnte sie den Geruch gar nicht definieren, kam er von den Braunkohleheizungen, dem Öl-Benzin-Gemisch der DDR-Autos, von den Reinigungsmitteln? Es roch nach Osten, nach den Russen.

Sie besuchten Elke, die Cousine der Mutter, in einem weiß verkleideten Hochhaus in Schönefeld, das vom Baustil dem ihren auf der anderen Seite der Mauer glich. »Sie reden im Westen immer so verächtlich von den Plattenbauten der DDR«, dachte sich die Mutter, »dabei bauen sie im Westen nichts anderes.«

Auch die Lebensmittel in der Küche ihrer Cousine Elke erwiesen sich zu ihrer Überraschung als dieselben wie im Westen, Coca-Cola, Nutella, Bad Schwartauer Marmelade. Wo hatte Elke denn die Waren her, fragte sich die Mutter neugierig. Aber über solche Themen oder gar über Politik wurde bei den Besuchen in Ost-Berlin geschwiegen, da gab es eine unausgesprochene Übereinkunft, spürten sie.

Elke und ihre Tochter Nancy luden die Mroskos zum Abendessen in den Palast der Republik ein, in der zweiten Etage über der Volkskammer befanden sich mehrere Restaurants.

»Mama«, sagte Björn beim Essen, es war vielleicht 1984, er war demnach wohl sieben: »Stimmt's, in der DDR gibt es weniger Diebe als im Westen?«

»Warum das denn?«

»Na, weil es hier viel weniger Sachen zum Klauen gibt.«

Verkrampft versuchten sich die Erwachsenen an einem natürlichen Lachen, um die Situation zu überspielen. Aber unterschwellig, merkte Lars' Mutter, fühlte sie zu ihrer Verblüffung auch eine Art Triumph. Hatte Björn es denen mal gesagt, dass es bei ihnen im Westen viel besser war. Woher kam dieses Wir-sind-besser-Denken, wunderte sie sich über sich selbst, sie hatte gedacht, sie sei darüber erhaben. Aber offenbar konnte sich kaum jemand ganz der öffentlichen Meinung seines Staates entziehen. Offenbar verteidigten die meisten ihr Land im Vergleich mit anderen instinktiv, weil sie glaubten, ihr persönliches Leben verteidigen zu müssen.

Lars fuhr lieber nach Niedersachsen in den Urlaub als zu den Verwandten in die DDR. Auf dem Weg nach Ost-Berlin waren immer alle so still, während sie auf der Fahrt in den Urlaub gemeinsam Lieder sangen, die ganze Familie im Auto, »Hoch auf dem gelben Wagen sitz ich beim Schwager vorn«, vor lauter Glück schmetterte er lauthals mit.

1984 zogen die Mroskos vom zwölfstöckigen in einen vierstöckigen Block. Den Abstieg in ein unteres Stockwerk durften sie als Sinnbild ihres Fortkommens werten: Je niedriger das Haus, desto besser.

Ihr neues Zuhause lag dort, wo Berlins Straßen keine Namen mehr haben. Straße 574, Hausnummer 22 lautete ihre Adresse in Rudow, dem letzten Zipfel Neuköllns. Die Straßen rund um die Stadt waren traditionell nur nach Nummern geordnet worden. Mitte der Achtzigerjahre fraß sich die Stadt in das umliegende Land. Die Wohnblocks, Symbole urbaner Härte, standen an bestellten Feldern.

Samstags gingen Lars und seine Geschwister vom neuen Zuhause mit Kannen an der Mauer entlang, um bei Bauer Mendler auf dessen Hof Milch und Eier zu kaufen. Das war ihr West-Berlin.

Vom Canisius-Kolleg kamen im Frühling 1988 die Nachrichten, Lars sei in eine Prügelei verwickelt gewesen, er provoziere die Lehrer, er verweigere die Mitarbeit. Die Mutter wollte ruhig mit ihm sprechen, sie verstand doch, was mit ihm passierte. Aber als sie dem Jungen gegenüberstand, schrie sie ihn an, sie wusste auch nicht, warum es immer dazu kam, und der Junge schrie nun zurück.

Der Vater stand unten in der Küche, während die Mutter und Lars im Kinderzimmer brüllten. Klaus Mrosko fühlte, das musste man doch anders lösen können. Aber er räumte weiter die Spülmaschine aus. Wenn er ins Kinderzimmer ginge, glaubte er, würde alles nur schlimmer, dann würde er es auch noch von seiner Frau abbekommen.

Nach einem Schuljahr verließ Lars Mrosko das Canisius-Kolleg. Er war erleichtert. Er glaubte, er habe sich durchgesetzt. 30 Jahre später würde er es anders sehen: »Damals habe ich verlernt, Konflikte diplomatisch zu lösen. Ich gewöhnte mir an, bei Schwierigkeiten sofort in Kampfstellung zu gehen und zu denken: Du musst einfach nur stark sein.«

Die Eltern dachten, sie müssten den Kindern einfach eine umsorgte Kindheit bieten, dann werde das schon. Der Vater kümmerte sich nicht um Beförderungen auf dem Amtsgericht, wichtig war, dass er frühzeitig zu Hause war, um Lars und Björn bei den Gropiuslerchen singen zu hören. Der Vater war bei jedem Fußballspiel von Lars dabei, er begann selber Judo zu kämpfen, weil Björn und die Töchter Kerstin, Annika, später auch Inga den Sport mit solchem Enthusiasmus betrieben. Die Mutter sorgte dafür, dass die Familie Ende der Achtziger in ein Einfamilien-Reihenhaus in Rudow zog. Der Vater dachte, wenn sie das plant, werden wir es uns schon leisten können.

Das war ein erfüllter Traum. Klang nicht schon der Straßenname idyllisch? Pfarrer-Heß-Weg. Rhododendronbüsche blühten in der Einfahrt. Der Großstadtlärm bestand aus Vogelzwitschern. Jedes Kind bekam ein eigenes Zimmer.

Zum Nachbargarten bauten die Mroskos keinen Zaun, sodass die Kinder einfach hinüberlaufen konnten. Die Dachbalken bei allen Häusern in der Reihe strichen Lars und Björn, sie waren zwölf, 1989, Björn hielt die Leiter, Lars stand hoch oben und strich die Balken, das schien die logische Arbeitsaufteilung. Pro Haus verdienten sie sich 30 Mark.

Samstags schaute der Vater Fußball im Fernsehen. Um 17:15 Uhr brachte *Sport aktuell* im Deutschen Fernsehfunk der DDR die Berichte von der DDR-Oberliga. Um 18 Uhr schaltete der Vater zur Bundesliga-Zusammenfassung in der ARD *Sportschau* um. Manchmal, wenn ein besonders gutes Spiel lief, blieb er aber auch bei der DDR-Sendung hängen.

Klaus Mrosko verstand die Leute nicht, die sagten, sie seien Fußballfans, und dann schauten sie nur die Bundesliga oder gar nur die Partien ihres Herzensklubs. Er liebte den Fußball als Spiel. Er wollte gute Fußballer spielen sehen, egal, in welchem Team oder Land. Er würde auch nie ein Bier beim Fußballschauen trinken, da verschwamm doch die Konzentration. Einer der Spieler, die ihn am meisten faszinierten, war in den Siebzigern Lothar Kurbjuweit von Carl Zeiss Jena gewesen, ein Abwehrspieler, der Kampf und Eleganz aufs Wunderbarste verband, wegen Kurbjuweit allein schaute er DDR-Fernsehen. Er konnte verrückt werden, wenn die Mitspieler beim VfL Schöneberg Kurbjuweit nicht einmal kannten, was waren das denn für Fußballfans!

Einer der Vorteile, in West-Berlin zu wohnen, war doch, dass er DDR-Fußball und die Bundesliga schauen konnte. Er schaute auch sonst gerne DDR-Fernsehen, die Spielfilme erschienen ihm immer recht schön, *Der graue Räuber* zum Beispiel.

Lars setzte sich samstags zum Vater, um die Bundesliga zu schauen. Werder Bremen mochte er, weil sie als Außenseiter galten und trotzdem oft gewannen. Viel weiter ging sein Interesse nicht. Er ging nie zu Hertha ins Stadion. Fußball war für ihn ein Spiel zum selber spielen.

Am 9. November 1989 kam abends noch ein Fußballspiel im Fernsehen, VfB Stuttgart gegen Bayern München, DFB-Pokal-Achtelfinale. Das ist doch bekloppt, dachte der Vater, jetzt schon donnerstags ein Fußballspiel zu übertragen, bei aller Liebe, sollte bald jeden Tag Fußball laufen? Der Fernseher bei den Mroskos blieb aus. Sie gingen früh ins Bett. Am nächsten Morgen nahm der Vater die U-Bahn in die Arbeit, er wollte schon in aller Frühe, um halb sieben, auf dem Amtsgericht sein, dann konnte er auch früher gehen. Er erhaschte einen Blick auf die Boulevardzeitung des Fahrgasts gegenüber. »Die Mauer ist auf!«, stand auf der Titelseite.

Die schreiben nur Scheiße, dachte sich der Vater, stieg an der U-Bahn-Station Rathaus Neukölln aus und blickte oben auf der Straße entgeistert auf all die Trabis, die hupend, mit singenden und fröhlich rufenden Ostdeutschen an Bord, durch West-Berlin fuhren.

8

Grenzenlos

An diesem Tag wusste Lars, wohin mit seiner Kraft. Er rüttelte an Autos, er trommelte auf Autodächer, stundenlang, er spürte keine Anstrengung. Seine Energie wurde vom glücklichen Lachen und Geschrei der Menschenmasse aufgeladen.

In einer endlosen Schlange rollten die Trabis und Wartburgs am Nachmittag des 10. November 1989 über den Grenzübergang Flughafen Schönefeld. Jeder Wagen bekam von Lars die obligatorische Glücks-Rüttel-Begrüßung. Manche Fahrer stiegen aus, um sofort den ersten Quadratmeter Boden im Westen zu berühren, zu fühlen. Lars umarmte jeden, den er zu greifen bekam, es schien das Natürlichste der Welt. Er war zwölf, er dachte nicht daran, was das bedeutete, die Mauer war auf, aber dachte überhaupt jemand daran in der Menge der Neuköllner, die zum Grenzübergang gekommen waren, um die Menschen aus dem Osten willkommen zu heißen? Eine irre Freude hatte sich ihrer bemächtigt, und wenn etwas an diesem Tag nach der Maueröffnung so besonders war, dann, rekapitulierte der Vater später, dieses absolute Ruhen im Moment, die Abwesenheit von Gedanken, dieses einfache, alles umfassende klopfende Glücksgefühl.

»Hast du eine Zigarette für mich?«, fragte ein Mann aus einem der Trabis den Vater.

»Hier hast du ’ne ganze Packung.«

»Eine West! Dann muss ich tatsächlich im Westen sein! Die kann ich nicht rauchen, die muss ich einrahmen.«

Die gesamte Familie Mrosko war gemeinsam zum Grenzübergang gelaufen; das Gefühl zusammenzugehören umfasste an diesem Tag nicht nur Ost und West, sondern einzelne Familien. Die Mroskos brachten ein Ehepaar, das zu Fuß über die Grenze kam, spontan zur Bank, damit es das Begrüßungsgeld von 100 D-Mark entgegennehmen konnte. Vor der Bank stand eine Schlange von einem halben Kilometer. In die Supermärkte in Rudow konnten die Mroskos nicht mehr einkaufen gehen, sie waren erst überfüllt mit Ostdeutschen und dann leer gekauft. Aber war doch egal, alle hatten doch Zeit, alle hatten Geduld.

Lars' Mutter hörte, wie Westfirmen im Osten ihre Restposten verramschten, abgelaufene Lebensmittel, reklamierte Kleidung. Nancy, Lars' Großcousine aus Ost-Berlin, erzählte, wie die Klassenkameraden am ersten Montag nach dem Mauerfall in der Schulpause ihre Beute vorzeigten, Uhren, Taschenrechner, Schokoladennikoläuse, alles im Westen geklaut. Aber das war doch nicht so wichtig. Alles schien grenzenlos, auch das Verständnis.

In den Jahren danach merkte Lars Mrosko, dass am 9. November 1989 in Berlin nicht nur die Mauer, sondern für die Jugendlichen alle Grenzen gefallen waren. Die Stadt war damit beschäftigt und überfordert, zusammenzuwachsen. Für die Fürsorge oder gar Kontrolle der Jugend schienen die Autoritäten keine Kraft mehr zu haben. Wild wucherten die Jugendkulturen. Klubs öffneten ohne Genehmigung in leer stehenden Häusern, Banden markierten ihr Revier. Einfach ist die Kindererziehung vermutlich nie, dachte sich der Vater, aber die Sprünge, die seine Kinder nach dem Mauerfall in den Neunzigern machten, waren schon, nun, wie sollte er sagen: interessant. Eben war er noch mit den Kindern zum Chor und Judo gegangen. Plötzlich hatte die eine Tochter eine Schlagrute im Zimmer und einen rechtsradikalen Skinhead zum Freund. Die zweite färbte sich die Haare bunt und rauchte Gras. Björn hing in der Rockabilly-Szene rum. Lars, sofern die Eltern das einschätzen konnten, sprühte mit 14, 15 Wände voll.

Er hieß jetzt Jester. Hofnarr auf Englisch. Der Name gefiel ihm, die Freiheit des Narren, sich alles erlauben zu dürfen.

Er und die Jungs warteten am S-Bahnhof Neukölln im Gebüsch. Wenn die S-Bahn einfuhr, stürmten sie heraus und sprühten ihre Künstlernamen auf die Waggons, sie mussten schnell sein, bevor der Zug wieder losfuhr. Wie das Blut durch den Körper pulsierte! Aber irgendwann wurde das auch langweilig. Es bestand doch keine reale Gefahr, dass jemand sie erwischte. Und andere Sprayer, hörten sie, machten ganz andere Sachen.

Seine Jungs waren Roger und Mario aus der Schule, die nun Josa und Wrek hießen, und Cor, von dem Lars nie seinen echten Namen erfuhr, weil er ihn nur vom Sprayen kannte. Cor konnte mit der Lackdose richtig malen. Er sprühte nachts *whole car*, ein Bild über einen ganzen Waggon, oder sogar *end-to-end*, einen Spruch über ganze abgestellte S-Bahn-Züge, von einem Ende bis zum anderen, was für Sprüche ihm auch immer einfielen: »Cor schießt ein Tor« oder »Cor hat ein Rohr«. Lars, also Jester, entwarf zu Hause in seinem Blackbook, das jeder Sprayer haben musste, Skizzen von tollen Graffiti. Seine Eltern erlaubten ihm sogar, eine Wand im Kinderzimmer mit seinem gesprühten Künstlernamen zu verzieren. Doch er konnte mit der Spraydose einfach nicht gut genug malen, es war anders als mit Stiften, schwieriger, du brauchtest eine traumwandlerische Handführung, wie sollte er es ausdrücken, ein Gefühl im Handgelenk. Er musste sich seine *fame* anders holen. Die *fame* war wichtig.

Lars fuhr tagelang die Linie U7 rauf und runter, von Rudow nach Spandau und zurück, die längste U-Bahn Berlins, über 30 Kilometer eine Strecke, 56 Minuten Fahrtzeit. Er taggte die U-Bahn. Ohne Rücksicht, ob ihn andere Fahrgäste beobachteten, hinterließ er Tausende seiner *tags*: Er schmierte seinen Künstlername an die Wände und auf die Sitze, Jester, Jesta, Chester, man durfte sein *tag* in den verschiedensten Varianten schreiben. Irgendwann glaubte er, es gebe in der U7 kein *tag* öfter als das seine. Er war, sagte er sich, der Line-King. Aber irgendwann wurde das auch langweilig.

Bisas, einer der richtig großen Sprayer, aus Mariendorf, eine Legende, den niemand kannte und von dem alle redeten, hatte auf einen Zug *end-to-end* gemalt: »Backe, backe Kuchen, ihr könnt mich lange suchen.« Irgend so etwas mussten sie auch machen. Aber wenn sie doch nicht gut malen konnten!

Jester lief mit Josa und Wrek vom U-Bahnhof Neukölln zur nächsten U-Bahn-Station, Grenzallee oder Karl-Marx-Straße. Sie marschierten durch den U-Bahn-Tunnel, an den Gleisen entlang, um die Tunnel von innen zu besprühen. »Wenn du siehst, boah, scheiße, da kommt 'ne Bahn entgegen, was meinst du, was da die Pumpe läuft«, sagte Wrek, ein schlaksiger Junge, dessen Familie aus Kroatien nach Berlin gekommen war, plötzlich betonten alle in Neukölln, was sie waren, Kroaten, Türken, Libanesen, als ob ihnen das Stärke gab. Wenn das Rauschen eine U-Bahn im Tunnel ankündigte, mussten sie schnell aufs andere Gleis. Und wenn dort auch ein Zug gekommen wäre? Dann müssten sie schnell zwischen die Gleise und sich hinlegen, um nicht vom Fahrtwind mitgerissen zu werden, sagten sie sich. Aber zwei Bahnen kamen nie gleichzeitig. Sie gingen stets zwischen 21 und 23 Uhr in die Tunnel, wenn die Züge schon im ausgedünnten Spätabend-Rhythmus fuhren. Aber irgendwann wurde das auch öde. Sie füllten Lack in Plastikbeutel und feuerten sie im Tunnel auf die Windschutzscheiben der anrauschenden U-Bahnen. Auf dem Rückweg hörten sie im Bahnhof Neukölln die Lautsprecherdurchsagen: »Unterbrechung des U-Bahn-Verkehrs zwischen Neukölln und Rudow wegen einer Betriebsstörung.« Ein Gefühl von Zufriedenheit ergriff Jester: Das hatten sie gemacht. Dass sie dann auch warten mussten, bis sie mit der U-Bahn nach Hause fahren konnten, war zweitrangig.

Die Mutter spürte mehr, als dass sie es belegen konnte, dass etwas mit Lars falsch lief. Sie hatte ihm gestattet, das Canisius-Kolleg für eine gewöhnliche Schule in Neukölln zu verlassen, sie hatte nachgegeben, als er mit dem Chor und Judo aufhören und nur noch Fußball spielen wollte. Aber nie war etwas gut genug, immer gab es trotzdem noch Ärger.

Irgendwann hatten Björn und Lars sonntags auf dem Friedhof Farbe gefunden und waren völlig verdreckt zum Mittagessen gekommen, sie hatte nicht schreien wollen, aber da schrie sie schon, ob das der Sonntagsfrieden sei, ob sie das selber waschen wollten! Nachmittags gingen die Jungen wieder raus – und Lars, nicht Björn, kam erneut voller Farbe zurück! Die Mutter tobte, es war eigentlich gar nicht so sehr Zorn auf Lars, sondern Wut auf das Leben, das irgendwie einfach nicht reibungslos laufen konnte, die Wut brachte sie zum

Platzen, ihre Hand flog durch die Luft, auf Lars zu. Der Vater war in einem anderen Zimmer und dachte sich, das geht zu weit, Kinder schlägt man nicht. Er trat mit versöhnlicher Stimme zu seiner Frau und Lars. Seine Frau warf mit einer Wasserwaage nach ihm.

Lars machte ein trotziges, ein hartes Gesicht, wenn der Zorn die Mutter verwandelte. Ihm machte das doch nichts, er hielt alles aus. Aber sobald er mit seiner Mutter zu Hause im idyllischen Pfarrer-Heß-Weg war, überkam ihn ein diffuses Gefühl der Bedrohung. Er hing mit den Nachbarkindern im Garten herum, die Terrassentür ging auf, und sofort sprang er instinktiv in den Habachtmodus, sofort jagte ihm der Gedanke durch den Kopf: Was habe ich jetzt wieder angestellt? Er blickte zur Terrassentür und sah mit jäher Erleichterung, dass es gar nicht seine Mutter, sondern nur Kerstin war, die ihm sagen wollte, es sei Zeit, zum Fußballtraining zu gehen.

Er war zu Tasmania gewechselt, einem der fünf besten Berliner Vereine für Jugendteams, zumindest solange Berlin West-Berlin gewesen war. Im Winter 1990 hatten sie bei einem Hallenturnier das erste Mal gegen den BFC Dynamo aus dem Osten gespielt. Sie waren 13. Sie lachten, guck mal, die haben Baumwollturnhosen an. Und die Baumwollstutzen haben ihre Omas wohl noch selbst gestrickt! Dann begann die Partie. Die Spielzeit bei dem Hallenturnier betrug 15 Minuten. Der BFC Dynamo besiegte Tasmania 14:0. Lars und seine Mitspieler waren nur damit beschäftigt, wieder den Anstoß nach einem Gegentor auszuführen, und schon war der Ball wieder weg. Die Dynamo-Jungs passten ihn mit einer Schnelligkeit, Strategie und Selbstlosigkeit, wie er es noch nie, auch nicht gegen Hertha BSC oder Tennis Borussia, erlebt hatte. Die schienen das Zusammenspiel auf einem ganz anderen, irgendwie höheren Niveau zu betreiben, in ihren Baumwollturnhosen.

Seine neue Schule, St. Marien, lag mitten in Neukölln. Die Farben der umliegenden Häuser waren von Regen und Feuchtigkeit der Jahrzehnte getrübt worden. Die Hauswände waren die Übungsleinwände für ihre Graffiti. Eine Stunde Physik zu schwänzen und im *Café Linus* Billard zu spielen stärkte ihr Selbstbild. Im Café hingen morgens um 11:15 Uhr außer ihnen auch schon einige ausländische Erwachsene herum, die ihre Jacken nicht auszogen, aber keine Eile hatten, irgendwo hinzukommen.

In Neukölln drohten Ghettos zu entstehen, stand in den Zeitungen, die der Vater las. Im Bezirk lebten immer mehr Zuwanderer, vor allem Araber, die kein Deutsch lernten, die unter sich blieben. Das sei das neue Deutschland, verteidigten einige Politiker und Geisteswissenschaftler die zurückgezogenen Einwanderer, ein multikulturelles Land, in dem verschiedene Kulturen leben konnten, wie sie wollten.

Für Lars waren die ausländischen Jugendgangs mit 14, 15 eine weitere Möglichkeit zum Abhängen. Er kannte einen kurdischen Jungen aus dem Fußballverein, mit dem und seiner kurdischen Gang machte er gelegentlich das Freibad unsicher. Er trug dazu, ohne einen Widerspruch zu spüren, die Haare an den Seiten raspelkurz und auf dem Haupt gescheitelt, wie er das von den rechtsradikalen Bekannten seiner Schwester abgeschaut hatte. Alles, was wild und scheinbar rebellisch war, gehörte für ihn in den frühen Neunzigern zusammen.

Rastlos streifte er mit Josa und Wrek nach der Schule durch Neukölln. »NHS« sprühten sie auf die Wände. Neukölln Hustlers. Das waren sie.

Sie wanderten durch die Abteilungen des großen Einkaufszentrums, Neukölln Forum. Sie schauten die Sporttaschen an, testeten, welche die größte, welche die stabilste war, rissen das Preisschild ab und gingen in die Heimwerkerabteilung. Sie füllten die Tasche mit Farbspraydosen und gingen, »Entschuldigung, dürfen wir mal durch«, freundlich lächelnd an der Kasse vorbei ins Freie.

Wie einfach das ging. Wie langweilig das schon bald wurde.

Mit Cor – »Cor hat was vor!«, sprühte er – suchte Jester nach dem idealen Baumarkt. An der Ecke Köpenicker und August-Froehlich-Straße bestand die Großstadt Berlin wieder einmal vor allem aus kleinen, flachen Betriebsgebäuden und weitem Brachland. »Kluwe – Ihr Baufachhändler« stand blau auf gelber Schrift über einem Eingang. Jester hatte bewusst Hardy mitgebracht, den neuen Mischlingshund der Mroskos. »Können Sie bitte auf meinen Hund aufpassen, während wir drinnen sind?«, fragte Jester höflich den Pförtner am Baumarkt. Sie hatten einen Rucksack dabei. Den mussten sie mit 20 Spraydosen ganz vollmachen, damit die Dosen nicht klimperten.

»Und, wie hat sich Hardy bei Ihnen benommen, hat er sich wohlgefühlt? Ist ein braver Hund, ne«, plauderte Jester beim Rausgehen mit dem Pförtner. So würde der Pförtner bei ihnen, diesen zwei netten Jungs, ganz gewiss nicht verlangen, in den Rucksack zu schauen.

Aber wie wäre es, wenn sie mal nachts in den Kluwe einbrechen würden, so richtig wie die Ganoven in Filmen?

Sie gingen das Gelände ab, hinten raus konnten sie ideal über die Rudower Höhe abhauen, die aus Kriegsschutt entstanden war. Und falls die Polizei antanzen würde, bot ihnen nebenan die Kleingärtnerkolonie Neues Heim perfekte Verstecke.

Sie warteten, bis Mitternacht vorüber war. Morgen um acht mussten sie wieder im Matheunterricht sitzen, das war der nächste Termin. Sie hatten keinen Plan. Jester schlug ein Fenster mit einem Stein ein, Cor griff hindurch und öffnete es von innen. Sie nahmen einen Einkaufswagen, um die Spraydosen zu transportieren, sie nahmen aus schierem Übermut noch ein paar Bauarbeiterpullover und Stichsägen mit. Sie kamen fünfmal nachts in den Baumarkt. Bei einem ihrer späteren Besuche leuchtete eine Taschenlampe wild herum, und jemand rief: »Wachdienst! Stehen bleiben!«

»Cor, hör auf mit der Scheiße«, zischte Jester. Aber Cor fand es lustig. »Polizei! Stehen bleiben, oder wir schießen!«, rief er und malte mit dem Licht der Taschenlampe Sterne an die Baumarktwand.

Kurz nachdem er aus dem Baumarkt nach Hause gekommen war, hörte Lars, wie sein Vater aufstand. Er fuhr mitten in der Nacht, gegen vier, zur Arbeit. Er wollte um 6:15 Uhr auf dem Amtsgericht sein und brauchte mit Bus und Bahn praktisch zwei Stunden. Er hatte sich nach der Wende nach Köpenick versetzen lassen, um dort mitzuhelfen, das ehemalige DDR-Kreisgericht umzustrukturieren.

Mit seinen drei Kollegen aus dem Westen erschien er zur Abschiedsfeier der ehemaligen DDR-Gerichtsmitarbeiter. Sie wurden erst einmal allesamt pauschal freigestellt, um ihren Leumund zu prüfen. Der Vater und seine Kollegen sollten sich die Schlüssel von den ausscheidenden Ostlern an deren letztem Arbeitstag abholen und standen nun da, während die DDR-Staatsangestellten mit Tränen in den Augen nach Hause gingen. Mann, das muss man doch besser lösen können, dachte sich der Vater und senkte den Kopf, um nicht in die tränenüberströmten Gesichter zu sehen. Frau Dietrich, eine der scheidenden Mitarbeiterinnen, führte ihn und seine Kollegen durch das Gebäude. Als sie über die Ordnung in den Aktenschränken sprach, sagte einer der Kollegen aus dem Westen: »Das müssen Sie uns nicht erklären, wir haben es schließlich gelernt.«

Der Vater wäre am liebsten im Boden versunken. Er sagte nichts.

Sie sollten das neue Amtsgericht nach bundesrepublikanischem Recht aufbauen, hatte man ihnen gesagt, und das mit dem Aufbauen war wörtlich zu nehmen. Sie mussten erst einmal die ganzen Regale und Schränke wieder zusammenbauen und aufstellen. Demonstranten hatten das Gericht nach dem Zusammenbruch des realsozialistischen Staatssystems gestürmt und verwüstet. Als müssten sie sich körperlich und mit Gewalt von der DDR befreien.

Telefonieren war nahezu unmöglich. Hatte der Vater endlich eine Verbindung in den Westen, brach die Leitung prompt zusammen. Der Pförtner rief erst gar nicht von der Pforte an, um zu sagen, er habe Kaffee gekocht. Er übermittelte die Nachricht lieber über die Lautsprecheranlage, die eigentlich für Notfälle gedacht war.

Ohne Telefonkontakt nach außen fühlten sie sich weit weg von jeglicher Kontrolle, frei, »das ist richtig genial«, erzählte der Vater am Abendbrottisch, »da kann ich wunderschön vor mich hin entscheiden«. Was offenbar vor allem bedeutete, dass er während der Arbeitszeit in Seelenruhe für drei Mark zum Friseur in der Puchanstraße ging und später dann auf dem Amtsgericht eine Partie Tischtennis spielte. In einem Raum, unter dem Porträt von Erich Honecker, hatten sie eine Tischtennisplatte entdeckt. Das Porträt drehten sie bald um. Honecker, kam es dem Vater vor, schaute so missbilligend auf sie herab.

Im Keller fanden sie auch Gasmasken und Orden für Helden der Arbeit, da hatten sie gleich das nächste Faschingskostüm beisammen.

Nach und nach kamen die Ostler zurück, der Vater rief sie liebevoll »meine sozialistischen Brüder«. Sie nannten ihn »Wossi«. Eine Kreuzung aus Wessi und Ossi. Auf wenig war er so stolz wie auf die Zuneigung seiner ostdeutschen Kollegen. Für ihn gab es nicht Ost und West, sondern nur gute und schlechte Menschen, erklärte der Vater den Kindern, und bis Klaus Mrosko einen Menschen als schlecht einstufte, musste der schon ein paar Terrormorde begangen haben.

Der Vater zeigte seiner Tochter mit dem rechtsradikalen Freund, warum es töricht war, mit einer Schlagrute herumzulaufen. »Greif mich mal damit an«, sagte er und nahm ihr, als sie ausholte, schon

Ihn muss man mögen: Der Vater, Klaus Mrosko.

die Rute ab. »Siehst du. So leicht verlierst du sie in einem Kampf, und dann wendet sich deine eigene Waffe gegen dich«, erklärte er ihr. Er kaufte ihr die Schlagrute ab. So, hoffte er, würde er sie zur Vernunft bringen.

Er versuchte ja, auf die Kinder einzuwirken. Aber was willst du machen, sagte er sich, du kannst Kinder mit 14, 15 nicht kontrollieren. Die Polizei hatte sich gemeldet. Gegen Lars lag eine Anzeige wegen Einbruchs in einen Baumarkt vor. Ayman, ein Araber aus Neukölln, hatte sie verpfiffen. Die Jungs auf der Straße sagten: Weil Ayman selbst wegen räuberischer Erpressung angeklagt war und sich Strafmilderung erhoffte. Natürlich wussten im Viertel etliche Jungs wie Ayman von Lars' Einbrüchen, das war doch Teil der Attraktion: dass er was Großes zu erzählen hatte.

Die Mutter war auf einer Familienfeier, als ihr der Vater am Telefon die Nachricht von der Polizei überbrachte. Sie eilte nach Hause. Lars saß in seinem Zimmer, und als die Tür aufging, dachte er, jetzt schlägt sie dich grün und blau.

Seine Mutter aber sagte ganz ruhig: »Lars, du bekommst doch alles von uns. Warum denn nur?«

Sie blieb während des ganzen Gesprächs freundlich, mal abgesehen davon, dass sie sagte: »Du darfst die nächsten zwei Jahre nicht mehr ohne deinen Bruder raus.«

Zwei Jahre!

Etwas mehr als zwei Wochen versuchte die Mutter tatsächlich, diese Überwachung durchzuhalten, die aber vor allem einer Bestrafung für den unschuldigen Zwillingsbruder gleichkam.

Der Bruder wunderte sich nicht über die Anzeige gegen Lars. Björn war kurz zuvor eines Nachts, es war wohl 1992, mit 15 auf dem Heimweg gewesen, als ihn zwei Männer packten. Er dachte, es seien Schläger, und wehrte sich nach Leibeskräften. Es waren aber Zivilpolizisten, die glaubten, er habe Wände mit Graffiti besprüht. Sie brachten ihn zum Polizeirevier Tempelhof, wo die Missverständnisse ausgeräumt werden konnten. Begrüßt hatte ihn die diensthabende Polizistin Frau Vogel auf dem Revier mit den Worten: »Sieh an, der Bruder von Lars.«

Da schienen sich zwei schon zu kennen, mutmaßte Björn.

Die Eltern brauchten Erholung. Sie fuhren für ein verlängertes Wochenende in die Niederlande. Klasse, fand Kerstin, die älteste Tochter, zwei Jahre älter als Lars und Björn. Da machen wir eine Party.

Ein halbes Jahr zuvor hatte sie sich von ihrem Freund getrennt und gleich auch von der rechtsradikalen Spinnerei losgesagt, das war nur so lange interessant, wie der Freund interessant gewesen war. Zur Party jedoch kamen alle: ihre neuen Rockabilly-Freunde wie auch 20, 30 Skinheads. Zu einer Party in Neukölln musste man nicht eingeladen sein. Da versuchte man reinzukommen.

Kerstin war noch nicht 17, nicht die beste Voraussetzung, um sich als Gastgeberin eines Ansturms zu erwehren. Der Lärm, der darauf schließen ließ, dass einiges im Haus der Mroskos zu Bruch ging, belästigte und ängstigte die Nachbarn. Eine Nachbarin rief die Polizei. Ein Streifenwagen kam, sah aus der Distanz eine größere Gruppe Skinheads in der Einfahrt der Mroskos und fuhr langsam weiter, am Haus vorbei. Die Nachbarin, die die Polizei gerufen hatte, konnte es nicht fassen. Sie war selber Polizistin.

Am nächsten Morgen betrachteten Kerstin und Björn den Schaden. Lars hatte die Nacht bei Freunden verbracht. Kerstin und Björn einigten sich darauf, allen zu erzählen, die Skinheads hätten aus Rache für ihre Untreue an der Bewegung das Haus gestürmt und gezielt verwüstet.

Mit ihren Rockabilly-Freunden trommelten sie 10, 15 Mann zusammen und renovierten quasi das gesamte Haus in den anderthalb Tagen, bis die Eltern Sonntagnacht zurückkehrten. Sie strichen Wände, reinigten Sofaflecken, rahmten Fotos neu. Die Aufräumarbeiten fand Björn viel schöner als die Party. Dieses Gemeinschaftsgefühl. Lars half auch eifrig mit. Aber er fühlte weniger Freude als Hass und Ohnmacht. Warum war er nicht da gewesen, warum war er mit 15 nicht stark genug, es mit der Bande Skinheads aufzunehmen. Er entwarf Bilder im Kopf, wie er die Skinheads verprügelte, wie er immer weiter auf sie einschlug.

Er ging seit Kurzem neben dem Fußballtraining auch zum Kickboxen. Seine Eltern wussten nichts davon, die Mutter hätte es ihm niemals erlaubt. Die Oma bezahlte ihm heimlich die Unterrichtsstunden.

Als die Eltern aus den Niederlanden zurückkamen, bemerkten sie im ersten Moment keine Veränderung im Haus. Kurz glaubten sie, es rieche nach frischer Farbe, vielleicht kam das vom Nachbarn, vielleicht hatten sie auch irgendeinen Geruch in die Nase bekommen, der sie an Farbe erinnerte. Erst als der Vater fragte, wo denn der Blumentopf vor der Haustür sei, rückten die Kinder mit ihrer Geschichte heraus. Ein Skinhead habe ihm sogar den Arm auf den Rücken gedreht, als er das Haus verteidigt habe, erzählte Björn. Der Vater war beeindruckt von der Wehrhaftigkeit seiner Kinder.

Als sich auf der Haut der Mutter 1992 ein fester, roter Fleck erhob, sagte der Arzt, das sei nur ein Abszess, den schneiden wir schnell auf. Aber es war nicht nur ein Abszess. Es war der erste von gut 50 Abszessen. Hatte der Arzt einen geöffnet, wuchs schon ein neuer an anderer Stelle. Eine Autoimmunkrankheit, diagnostizierte der Arzt. Die Mutter versuchte, die Abszesse morgens in der Ambulanz behandeln zu lassen und nachmittags wieder zu Hause zu sein, als ginge sie zur Arbeit.

In ihrer Wahrnehmung klappte das einigermaßen. Sie rackerte sich ab, um die Ordnung zu Hause aufrechtzuerhalten. Aus Sicht der Kinder war die Mutter keine Konstante mehr. Sie war oft weg, ganz mit sich beschäftigt, dann tauchte sie plötzlich wieder auf und wollte die Hausaufgaben sehen, wollte wissen, wo sie hingingen.

Am 3. Oktober 1992 wollten Björn und Annika ins Tempodrom, um ein Konzert der Straycats zu hören. Die Straycats waren das Beste überhaupt, *we gonna rock this town, rock it inside out.*

»Du gehst auf keinen Fall!«, sagte die Mutter zu Annika, die erst 13 war.

Aber Björn war doch dabei.

Auf keinen Fall!

So ging Björn allein mit seinen Freunden ins Tempodrom. Bevor es losging, stand plötzlich Annika mit ihrer großen Schwester Kerstin neben ihm im Konzertsaal. Die Mutter hatte wieder zurück ins Krankenhaus gemusst, und in dem Moment, wo sie aus der Tür war, galt ihre Autorität nicht mehr.

Sie leide an Diabetes, eröffnete ihnen die Mutter. Vielleicht war das die Ursache der unaufhörlichen Abzesse?

Die Mutter suchte den Rat einer Spezialistin und fühlte sich dort nicht nur medizinisch gut versorgt, sondern zum ersten Mal seit langer Zeit verstanden. Über die Ärztin traf sie sich auch privat mit anderen Frauen, die an Diabetes litten, das war wohl so eine Art Selbsthilfegruppe, glaubte Lars. Nachfragen wollte er nicht. Er wollte bloß so wenig wie möglich damit zu tun haben.

Zu Hause hießen die Frauen »Mamas Zucker-Freundinnen«, »Mamas Diabetes-Welt«. Die Mutter nahm radikal ab, schminkte sich die Lippen rot und blieb über Nacht weg. Sie ging mit den Zucker-Freundinnen tanzen und übernachtete dann bei der Ärztin. Sie blieb in einer Nachtklinik. Die Kinder wussten es nicht so genau.

Der Vater versuchte, die Familie in den Abwesenheiten der Mutter zu organisieren. Er teilte den Putzdienst ein, Lars die beiden Bäder, Kerstin staubsaugen, Annika den Garten, Björn die Treppe. Der Vater legte ein Stück Papier auf die Treppe.

»Björn, hast du die Treppe gemacht?«

»Schon lange.«

Das Papier lag immer noch da. »Kann also gar nicht sein«, sagte der Vater zu Björn. So funktionierte es.

Jedes Kind kochte an einem Wochentag. Inga, die zehn war, wollte auch unbedingt kochen. Die anderen versuchten, ihr zu helfen, ohne dass sie es merkte.

An den Kühlschrank heftete sich der Vater mit Magneten Listen: Wer mag was auf das Pausenbrot. Wer mag was nicht. Lars aß alles außer Böse-Oma-Wurst. So hatte der Vater Mett- und Leberwurst getauft. Der Vater blieb heiter, äußerlich.

Für Lars wurde Sylt zu einer Ersatzheimat. Jeden Sommer durfte er auf Krankenschein für sechs Wochen auf die Nordseeinsel. Die Meerluft würde seiner geröteten Haut guttun. Er trug mit 16 ausschließlich Rollkragenpullover, damit niemand die Ekzeme der Neurodermitis am Hals sah. Für die heißen Monate kreierte er seinen eigenen Modestil: Er kaufte feine Baumwoll-Rollkragenpullover und schnitt die Ärmel ab.

Mit elf, bei seinem ersten Kuraufenthalt in der Fachklinik Sylt für Kinder und Jugendliche, hatte er noch rebelliert, ohne genau zu wissen, warum. Beim Essen schnitt er den Traubensaft-Tetrapak auf und schüttete dem Jungen neben ihm den Saft über den Kopf. Er warf mit Essen, er missachtete lauthals die medizinischen Anordnungen. Nach vier Wochen merkte er, wie schön es eigentlich auf Sylt war, unter Kindern, die alle dieselben Hautprobleme hatten, wo er seine nicht verstecken musste; am Strand, wo er neben Mädchen im Sand sitzen konnte, die ihn auf die ewige Weite des Meeres und des Himmels hinwiesen. Aber er dachte, jetzt könne er sein Bild vom unmöglichen Bengel nicht mehr glaubwürdig korrigieren, und benahm sich deshalb die zwei verbliebenen Wochen bis zum Ende des Kuraufenthalts unverdrossen daneben. Im nächsten Jahr kam er als geläuterter Mensch wieder.

1993, mit 16, nahm er schon die Rolle des liebenswürdigen Veteranen ein, der den jüngeren Kindern half, die Cremeverbände anzulegen, oder ihnen die richtige Atemtechnik beim Inhalationstraining zeigte.

»Lars«, sagte ein Betreuer beim Abendessen, »deine Mutter hat heute angerufen.«

»Meine Mutter? Meine Mutter ruft nicht an. Die habe ich seit Ewigkeiten nicht gesprochen. Wahrscheinlich war es meine Oma.«

»Nein, nein, es war deine Mutter.«

»Kann nicht sein.«

»Also, sie hat definitiv gesagt: ›Ich bin die Mutter von Lars.‹ Du warst gerade bei der Behandlung. Sie hat gebeten, wir sollten dir zumindest ausrichten: Sie hat dich sehr lieb.«

»Dann war es garantiert meine Oma.«

Am nächsten Tag wurde Lars von den Betreuern während der Behandlung hochgerufen. Sie müssten mit ihm reden. Seine Mutter habe versucht, sich das Leben zu nehmen.

9

Sylter Luft

Sie besuchten die Mutter auf der Intensivstation des Krankenhauses Neukölln und schwiegen. Sie hörten die Erklärungen der Ärzte, Überdosis Insulin, selbst gespritzt, das Nervensystem und Sprachzentrum geschädigt, die Freundin, bei der sie wohnte, hat sie glücklicherweise noch rechtzeitig auf dem Fußboden gefunden. Aber die Beine werden wohl gelähmt bleiben.

Dann schwiegen auch die Ärzte, als erwarteten nun sie eine Erklärung.

Warum?

So logisch, so dringlich die Frage war, es schien keine Art zu geben, darüber zu sprechen. Die Antwort auf das Warum suchte jeder für sich selbst im Schweigen, der Vater, die Kinder; die Mutter.

Von dem Leben, wie sie es sich in aller Bescheidenheit vorgestellt hatte, war nichts mehr übrig. Von ihrer großen Familie, die sie sich gewünscht hatte, lebte sie faktisch getrennt. Die Kinder, die sie liebte, hatte sie oft nur noch angebrüllt und gepackt. Mit ihren Zucker-Freundinnen hatte es Streit gegeben, dieses neue, freie Leben war doch nur eine Illusion. Die Abszesse kamen immer wieder, und das Amtsgericht machte es ihr auf kalte, bürokratische Art schwer, das Krankengeld zu erhalten. Da hatte die Einbildung ihre Gedanken gefangen genommen: Ohne dich würde es doch allen besser gehen.

»Es war einfach alles zu viel«, sagt die Mutter 21 Jahre später, und selbst mit dem Abstand der Jahrzehnte stellt sich sofort wieder das Schweigen im Raum ein. Sie lebt nun in Kreuzberg, rechts ab von der Oranienstraße, wo es von allem zu viel gibt, Autolärm, Menschengeschrei, Gerüche, Staub, Restaurants, doch nur einmal abgebogen, und es blühen die Kastanienbäume. Sie fährt mit dem Rollstuhl durch ihre hohe, luftige Wohnung, die weißen Haare lang und seidig, geschickt öffnet und schließt sie die Fenster mit einem Holzkochlöffel. Die Enkel kommen gerne durch das Fenster zu Besuch. Plötzlich, weil sich manche Dinge leichter mit Fremden als mit den nahestehenden, den betroffenen Menschen besprechen lassen, weicht das Schweigen kurz. Einen kleinen Teil des Warum will die Mutter erklären, hatte sie schon lange erklären wollen, aber das Schweigen war bislang immer stärker gewesen: »Es war für mich selbst unerträglich, dass ich Lars geschlagen habe. Ich habe da einfach die Nerven verloren, und hinterher hat es mir auch so leidgetan. Vom Gefühl her wollte ich die Situation schlagen. Aber das kann man nicht rückgängig machen.« Obwohl er nicht im Raum ist, wendet sie sich direkt an ihn: »In dem Augenblick konnte ich das nicht besser machen, Lars, das ist keine Entschuldigung, aber eine Erklärung.«

Nach dem Selbstmordversuch fielen Entscheidungen, die vorher gigantisch erschienen, auf einmal leicht. So war Ende 1993 klar, dass der Vater und die Mutter nicht mehr zusammenleben würden.

Zu Hause im Haus am Pfarrer-Heß-Weg, dem Familientraum, schmierte der Vater morgens weiter hektisch die Pausenbrote. Kerstin, die Älteste, 18 mittlerweile, ging statt der Mutter auf die Elternabende von Lars oder Björn. Wie es finanziell hinhauen sollte, mit fünf Kindern, ohne das Einkommen der Mutter, wusste der Vater nicht. Er entschied, nicht darüber nachzudenken. Überweisungen, all dieses Zeug, hatte doch immer seine Frau erledigt. Wenn er einfach weitermachte, wenn er aufopferungsvoll arbeitete und sich um die Kinder kümmerte, würde es schon gehen. Dann musste es gehen.

Lars spürte, wie mit der Mutter auch eine Art Flimmern aus dem Haus verschwand. Die Atmosphäre war nicht mehr aufgeladen. Die innere Daueranspannung, ob sie gleich ausflippen würde, ob er gleich bestraft würde, fiel ab. Sie schwiegen darüber. Aber Björn spürte dieselbe Erleichterung.

In der Schule war der Moment gekommen, sich zur Abwechslung einmal zu bemühen. Lars war in der zehnten Klasse. Dieses Zeugnis, das Realschulabschluss-Zeugnis, sollte gut aussehen. Bis dahin hatte es ihm genügt durchzukommen. Wenn ihm in der achten oder neunten Klasse in einer Physikklausur die Formel nicht sofort eingefallen war, hatte ihn die Wut auf diese blöden Formeln gepackt, auf diese blöde Schule, diese blöde Welt, und vor lauter Zorn hatte er ein leeres Blatt abgegeben. In der zehnten Klasse lernte er die Formeln. Er sprang in Physik von einer 5 auf eine 2, in Mathe von 4 auf 3.

Frau Gerlach, die Klassenlehrerin, wusste selbstredend vom Selbstmordversuch der Mutter. Sie war beeindruckt, dass Lars das schreckliche Erlebnis nie erwähnte, nie versuchte, es als Ausrede für Schulprobleme einzusetzen. Lars glaubte, es sei die beste Verarbeitung, den Selbstmordversuch und die Schwierigkeiten mit der Mutter zu verdrängen; er glaubte, das ginge, verdrängen, vergessen.

Von der siebten Klasse an hatte er Frau Gerlach einige Sorgen bereitet. Die Kriminalpolizei stattete der Marienschule einen Besuch ab. Offenbar seit mehreren Monaten wurden an der Schule gefälschte BVG-Monatsmarken verkauft. Sie waren schlichtweg mit einem Farbkopierer reproduziert worden. Das Lehrerkollegium hatte einen Verdacht, wer dafür infrage kam.

Einmal tauchten zwei arabische Jungs vor dem Schultor auf. Sie passten Lars' Sprayerkumpanen Josa ab. Lars erkannte den einen, Mohammed. Sein Bruder Tarik sang in einer Neuköllner Boyband. Lars rannte zu ihnen und hörte, was los war. Josa hatte Mohammed gecrossed. Er hatte dessen *tag* mit seinem eigenen *tag* übersprüht. Es war die schlimmste Tat. Josa sollte Mohammed als Wiedergutmachung 30 Spraydosen geben. Josa weigerte sich.

»Okay«, sagte Lars zu Mohammed, »er gibt dir 30 Dosen. Aber dann besorgst du mir auch 30 Dosen, und die Sache ist geklärt.«

»Findest du dich witzig, du Keck?«

»30 Dosen gegen 30 Dosen.«

»Ich geb dir 'ne Schelle, Alter, ich schwör's dir!«

»Kannst es ja mal versuchen.«

Jäh spürte Lars einen brennenden Schmerz in den Augen. Tränengas. Er hörte noch, wie Josa einen der arabischen Jungs anschrie: »Nimm den Schraubenzieher weg!« Dann rannte er zurück in die

Schule. Er wusch sich die Augen aus und rannte weiter, in die Kammer des Hausmeisters, und griff einen Besen.

»Hey, was soll das?«, rief der Hausmeister.

»Die haben versucht, mich abzustechen.«

»Was?«

Der Hausmeister griff eine Zange und rannte mit, um die beiden Jungs von der Schule zu vertreiben.

Frau Gerlach wusste nicht mehr, wie oft sie mit Lars reden musste. Aber die Konflikte, in die er verwickelt war, hatten ein Muster, fiel ihr auf: »Er lebte im Gefühl, für hehre Ziele zu kämpfen. Wenn er glaubte, für Benachteiligte oder gegen Ungerechtigkeiten zu streiten, hat er sich dann auch des Öfteren im Ton gegenüber Mitschülern oder Lehrern vergriffen.« Also redete sie noch einmal mit ihm. »Man muss immer das Ziel hinter der falschen Aktion eines Schülers sehen: Lars war nie einer, der anderen aus Gaudi wehtat.«

Zu Hause beim Vater klingelte das Telefon. Auch der Direktor von Annikas Schule wollte ihn sprechen. Sie war 15 Jahre alt, 1994. Sie deale mit Drogen, sagte der Schuldirektor. »Nee. Ganz sicher nicht«, sagte der Vater. »Wenn, dann raucht sie den Joint schon selber.« Seine äußere Leichtigkeit würde man ihm nicht nehmen. Was er innerlich dachte, war eine andere Sache.

Nachmittags verabschiedete sich Lars bei seinem Vater, er gehe ins Fußballtraining. Er spielte mittlerweile beim VfB Neukölln in der A-Jugend, Berliner Landesliga, höchste Jugendliga, Saison 1994/95, Partien gegen Hertha BSC, Tennis Borussia, 1. FC Union. Der BFC Dynamo war schon schlagbar geworden nach nur vier Jahren Wiedervereinigung, der besten Talente von den Berliner Profivereinen beraubt.

Das Fußballtraining dauert vermutlich nicht bis zwei Uhr nachts, sagte sich der Vater, aber was sollte er machen, wenn Lars einfach nicht nach Hause kam.

Lars wollte alle kennen, die spätabends auf der Straße unterwegs waren. Er hörte von den 36 Boys, er kannte die Jungs von der TGA, Terror Gruppe Arbeitsamt. Das war wichtig: Bescheid zu wissen, die 36er haben auf der Jungfernheide mit Skins geboxt, bekannt zu sein unter den Jungs, anerkannt zu sein. Als er hörte, wie sein Kumpel

Toni abgezogen worden war, die Jacke und Baseballmütze von einem der Turkish Ghetto Boys abgenommen, wollte er das klären. Klären war ein netter Ausdruck.

Toni und er trommelten alle aus ihrem Bekanntenkreis zusammen, die grimmig schauen konnten. Sie verabredeten sich mit den Ghetto Boys unter den Bäumen gegenüber dem Arbeitsamt, auf der anderen Seite der Sonnenallee. Vor den hohen Wohntürmen, deren Außenwände teilweise behelfsmäßig mit Wellblech abgedichtet waren, standen die Müllcontainer. Sie waren mit Gittern komplett umzäunt. Hier mussten die Müllcontainer geschützt werden.

Die Turkish Ghetto Boys hatten nur zwei Dutzend Jungs mitgebracht, registrierte Lars, er hatte nicht mehr die Nerven zu zählen, aber sehr wohl zu fühlen: Toni und er waren viel mehr, Jungs von der TGA, Jungs aus dem Schwimmbad, Jungs mit Pitbulls.

Lars hatte das Treffen angezettelt, also musste er es auch klären. Daniel Ilić, der Toni abgezogen hatte, und er mussten in die Mitte. Die anderen bildeten einen Kreis. Kurios, woran man später glaubt, sich erinnern zu können. Dass die Pitbulls hechelten. Dass die Straßenlaternen ihren schmalen Lichtkegel auf sie warfen.

Schnell zuschlagen, das Wichtigste, schnell zuschlagen. Lars sprang hoch, hob das rechte Bein im Flug, winkelte es wie ein Klappmesser an, im Bruchteil einer Sekunde, wie beim Kickboxen tausendmal geübt. Und er trat zu. Er traf Ilić am Kopf, schnell, sofort den Schlag hinterher, in die Nieren.

»Hör auf, hör auf«, keuchte Ilić.

Drei Sekunden, und alles war vorüber. Toni erhielt seine Jacke und Baseballkappe zurück. Die Versammlung löste sich auf. Lars versuchte, ungerührt auszusehen, während ihm ein paar Jungs gratulierten. Er dachte, die werden ganz schön geschaut haben, als ich mit 50 Mann ankam, Polen, Kroaten, Kurden, eine Weltarmee. Bei dem Gedanken, wie die anderen wohl geschaut hatten, war er glücklich.

Wie jeden Sommer seiner Jugend fuhr er auch 1994 für sechs Wochen in ein anderes Leben. Warum konnte er die innere Ruhe, die ihn beim Kuraufenthalt auf Sylt überkam, nicht immer haben, fragte er sich. Aber vielleicht konnte er sich sein alltägliches Sylt bauen, ging ihm plötzlich auf, und die Idee packte ihn, die Begeisterung trug ihn.

Er ziehe weg, eröffnete er zu Hause den Eltern. Er ziehe nach Hamburg zu Andrea, seiner Sylter Sommerliebe. Er war 17.

Die Mutter begann zu weinen, als er ihr die Nachricht eröffnete. Sein Abschlusszeugnis in der zehnten Klasse enthielt eine Empfehlung für das Gymnasium. Sie hatte gehofft, er würde das Abitur machen; etwas würde doch noch gut enden. Er wollte in Hamburg das Vorpraktikum für die Ausbildung zum Kindergärtner machen. Die Mutter verstand. Er wollte einfach nur weg.

Andreas Mutter hatte ein Haus in einem Vorort geerbt. Er durfte dort wohnen. Die Miete wurde kreativ gestaltet: Einen Teil zahlte er, den anderen Teil beglich er, indem er die Gartenarbeit und kleinere Reparaturen übernahm. Jahre später, als er zum FC St. Pauli wechselte, würde er sich an den Vorort erinnern. Obwohl der Ort nicht günstig zu St. Paulis Geschäftsstelle lag, würde er wieder nach Lurup ziehen, instinktiv dahin, wo er sich einmal zu Hause gefühlt hatte.

Im Kindergarten war er, außer dem Leiter, der einzige Mann. Wenn ihn Erwachsene nach seinem Berufswunsch gefragt hatten, hatte er jahrelang zur Antwort gegeben: »Koch.« Opa Locke schien immer solch eine Freude beim Zubereiten des Sonntagsmahls zu verspüren. »Und wie willst du das machen, mit all deinen Lebensmittelallergien?«, fragte ihn der Vater eines Tages. Das war es dann mit der Idee vom Koch. Einen Berufswunsch, der den Koch ersetzte, etwas, was er auf die Fragen der Erwachsenen hätte hervorbringen können, hatte er nicht mehr. Das Arbeitsleben schien so unendlich weit weg, auch noch mit 16.

Kinder mochte er, eine seiner Schwestern lernte Kindergärtnerin. Konnte er ja mal probieren.

Er band Schnürsenkel, er backte Lebkuchenhäuser, er setzte die Kinder auf Toilette, er las eine Geschichte vor, und dann waren schon wieder Schnürsenkel zu binden. Es war nie ruhig, aber in einem Moment hatte er Zeit, nicht nur die Kinder, sondern sich selbst zu analysieren: Im Kindergarten verlor er nie die Contenance. Nichts im Kindergarten ließ ihn aufbrausen wie so vieles in der Welt der Großen. Ein Junge, Armin, warf mit dem Tischtennisschläger nach einem anderen Kind. Lars forderte Armin mit ruhigem, bestimmtem Blick auf, mit ihm kurz herauszukommen.

»Armin, du weißt, dass man das nicht macht.«

Der Junge begann zu weinen. »Lass mich in Ruhe!«

»Du weißt es«, sagte Lars mit leiser, entschiedener Stimme. »Und warum macht man das nicht?«

»Weil man anderen wehtun kann.«

»Richtig. Dann gehst du jetzt wieder rein und lässt das Rumwerfen sein.«

Der Junge sah ihn erstaunt aus verschwommenen Augen an. Bekam er nicht mehr geschimpft? Lars dachte nicht darüber nach, warum er mit Kindern in Stresssituationen so viel gelassener umgehen konnte als mit Gleichaltrigen oder Erwachsenen. So war es einfach.

Sommerlieben sind oft nicht für Herbst und Winter gemacht. Im Alltag erscheint der Partner plötzlich anders, der unter der Sonne so seelenverwandt, entspannt und fröhlich war. Andrea trennte sich nach wenigen Wochen in Lurup von Lars. Die Mutter erhöhte die Miete.

Aber Lars' Haut blieb trotzdem frei von den juckenden, rötlichen Flecken. Seit Sommer war die Neurodermitis verschwunden, er zweifelte nicht, dass ein Zusammenhang bestand: Seit er aus Berlin weg war, war er geheilt.

Er wollte niemand sein, der verflossenen Liebschaften nachhing, sagte er sich nach Andreas Abschied. Er würde nach vorne schauen. Er blieb in Lurup und stürzte sich in den Fußball. Er hatte in Berlin in der höchsten Jugendklasse gespielt; was, wenn er in Hamburg bei einem der Profiklubs unterkam, träumte er. Er dachte, er rufe da einfach mal beim Hamburger SV an. Auf der Geschäftsstelle gab man ihm die Telefonnummer des A-Jugendtrainers, Rudi Kargus, als Torwart war er einst Europapokalsieger und deutscher Meister gewesen. Kargus sagte, dann solle er halt einmal im Training vorbeikommen. Eine andere Art herauszufinden, ob ein Junge aus Berlin was taugte, gab es nicht, Ende 1994.

Die Jungs vom HSV waren abweisend. Was hatte er erwartet, dass sie ihn fröhlich willkommen hießen? Irgendwie schon. Er hatte noch nie in Mannschaften gespielt, wo die Mitspieler sich als Konkurrenten betrachteten.

Er habe leider keinen Platz für ihn, sagte ihm Kargus nach dem Probetraining.

Mrosko rief beim FC St. Pauli an. Tue ihm leid, sagte der Jugendkoordinator, ein gewisser Joachim Philipkowski, der acht Jahre später als St. Paulis Profitrainer dem Scout Mrosko vertrauen würde: »Unsere A-Jugend ist schon komplett.«

»Können Sie mir denn sonst in Hamburg einen Klub mit einer ambitionierten A-Jugend nennen?«

»Wo wohnst du denn?«

»In Lurup.«

»Dann hast du doch den idealen Verein direkt vor der Haustür: SV Lurup. Warte, ich gebe dir die Telefonnummer vom A-Jugendtrainer.«

Ein Geschäftsmann, der mit Gerüstbau sein Geld verdiente, lebte in Lurup seinen wahren Geschäftstraum aus: Einmal mit meinem Stadtteilklub in den Profifußball aufsteigen. 14 Jahre später würde Hysterie ausbrechen, als der SAP-Mitgründer Dietmar Hopp mit seiner TSG Hoffenheim tatsächlich erstmals einen Dorfklub in die Bundesliga hievte: Das sei ein Frevel, ein Retortenprojekt. Solch ein Verein, in dem nur Geldsäcke lägen und nicht die Herzen Zehntausender Fans schlügen, sei der Anfang vom Ende des wahren Fußballs. Dabei war es doch nur die erfüllte Dagobert-Duck-Fantasie aller Amateurspieler: Einmal so viel Geld haben, dass alles egal war, und Millionen in den VfL Schöneberg, VfB Neukölln, SV Lurup investieren.

Der SV Lurup spielte 1994/95 mit dem Geld des Gerüstbauers in der Oberliga Nord, dritthöchste Spielklasse, der Trainer hatte kürzlich noch den HSV in der Bundesliga trainiert, Willi Reimann. Die A-Jugendmannschaft spielte in der höchsten Jugendklasse.

Mrosko wurde ihr rechter Verteidiger. Sein Praktikum im Kindergarten lief nach zwölf Wochen wie geplant aus, er hatte in Hamburg nichts mehr zu tun, die Mutter seiner Sommerliebe erhöhte nochmals die Miete. Aber er blieb.

Er hatte die Sonntagsspiele der Luruper Männermannschaft im Stadion an der Flurstraße gesehen. Die zwei überdachten Tribünen füllten sich ansehnlich. Die Drittligaspieler lebten vom Fußballspielen, hörte er, das hatte er nicht gewusst, darüber hatte er nie nachgedacht, dass sich mit dem Fußball unterhalb der Bundesligen auch ein Lebensunterhalt verdienen ließ – das wurde sein neues Ziel.

»Er ist schnell, zweikampfstark, unheimlich bissig«, beobachtete der A-Jugendtrainer Ronald Lotz seinen neuen Außenverteidiger und schickte ihn zur Belohnung gelegentlich zum Training mit Lurups Männermannschaft. Das war nichts Ungewöhnliches, sie hatten im Verein die Idee, den Übergang von der Jugend- in die Männerklasse für ihre Talente möglichst fließend zu gestalten. Aber Mroskos Träume eilten der Realität bereits voraus: Wenn er bei der Männermannschaft mittrainieren durfte, dann konnte er es wirklich schaffen, auch einmal in der dritten Liga zu spielen, vom Fußball zu leben. Dann wollte er es schaffen, unbedingt.

Ronald Lotz, der selbst noch nicht einmal 30 war, die kurzen Haare noch im Stil der Jugend aufrecht gebürstet, besaß einen sachkundigen Blick, welcher Jugendspieler es zum Profi bringen konnte. Er selbst hatte bei Eintracht Braunschweig und St. Pauli ein paar Jahre in der zweiten Liga vom Fußball leben dürfen.

»Gehobenes Amateurniveau, irgendwo zwischen dritter und fünfter Liga«, sah er in Mrosko. Doch die große pädagogische Frage war stets: Sollte ein Trainer es dem Jungen sagen, dass es wohl nicht für eine richtige Profikarriere reichen würde, um ihm Enttäuschungen zu ersparen? Oder musste ein Trainer dem Jungen seine Hoffnungen lassen, denn darum ging es doch im Fußball vor allem: zu träumen.

»Der kann sich reinsteigern in einen Traum«, dachte Lotz geradezu anerkennend, als er Mrosko auf der Außenseite des Spielfelds enthusiastisch rennen, kämpfen sah. »Er sieht nicht, dass er weit weg ist vom Profifußball, er sieht nicht die Probleme, die Risiken, sondern nur das Ziel, das er für möglich hält.« Menschen, gerade Fußballer, die ihre Grenzen nicht akzeptieren wollten, mochte Lotz. Er entschied, Mrosko beim Träumen zu helfen.

Er lud den Jungen nach Hause zum Abendessen ein, seine Frau und er hatten gerne Gäste. Er verschaffte Mrosko ein wenig Arbeit. Seit dem Ende des Kindergarten-Praktikums hatte Mrosko kein festes Einkommen, er schien sich darum auch nicht weiter zu bemühen; in seinen Gedanken war er doch dabei, es als Fußballer zu schaffen.

Lotz hatte von den Ersparnissen aus seinen Fußballerjahren ein paar Immobilien gekauft, eine Wohnung war zu sanieren. Er nahm Mrosko zu den Handwerksarbeiten mit, der Junge hatte geschickte

Hände und keine Angst, der stieg einfach auf ein Dach, um Ziegel auszutauschen.

Bei der Arbeit fragte Mrosko ihn nach Trainingsübungen, nach taktischem Verhalten. Normal war das nicht. Viele andere Jugendliche spulten mit 18 ein Training herunter, ohne wahrzunehmen, was sie taten. Lotz dachte an seine eigene Jugend in den späten Siebzigern in Hamburg: Der Vater hatte einen Lastwagen besessen, das war sein Geschäft gewesen, der Lastwagen. Er ließ sich zu Umzügen buchen, er transportierte für den Kleinhandel Haushaltswaren, und wenn er für die Drogeriemärkte unterwegs war, musste der Sohn mit, weil in manchen Drogerien das Fenster zum Lagerraum so klein war, dass nur er hindurchpasste. In den Urlaub fuhren sie allenfalls Knall auf Fall, wenn keine Aufträge da waren, natürlich auch mit dem Lastwagen, nach Dänemark, der Sohn mit dem Zelt auf der Ladefläche. Er wollte da raus, wohlhabender werden, der Ehrgeiz hatte Ronald Lotz als Jugendlicher fast zerfressen, und wenn er so auf Mrosko blickte, natürlich, da erkannte er etwas wieder. Wider das eigene Fachwissen wünschte er dem Jungen, dass er es im Fußball schaffen würde.

Sie trainierten auch im Winter, dann eben auf dem gefrorenen Hartplatz. Mrosko nahm jeden Zweikampf wie die ultimative Entscheidung an. Er grätschte auf dem harten Boden. Sein Gegenspieler im Trainingsmatch geriet durch die Wucht von Mroskos Körpereinsatz ins Straucheln. Mrosko hatte den Ball erfolgreich weggespitzelt, er wollte nach der Grätsche sofort aufstehen, dem Ball hinterher, aber plötzlich drückte ihn ein irrer Schmerz vehement nicht nur auf, sondern scheinbar in den Boden hinein.

Der strauchelnde Gegenspieler war mit seinem Stollenschuh unbeabsichtigt auf Mroskos rechtem Sprunggelenk gelandet. Das komplette Körpergewicht des Gegners drückte auf Mroskos Fuß.

Der Arzt im Krankenhaus hielt die Röntgenbilder ins künstliche Licht. »Das Sprunggelenk ist zertrümmert«, sagte er. »Fußball spielen wirst du mit dem Fuß ganz sicher nie mehr.«

10

Straight out of Neukölln

Mrosko glaubte nicht daran, dass Gott seine oder irgendwelche Probleme lösen konnte. Er vertraute nur darauf, dass ein Pfarrer geduldiger zuhören würde als andere Menschen in Neukölln. So klingelte er am Pfarrbüro der Sankt-Dominicus-Kirche an der Lipschitzallee.

Die Hochhäuser der Gropiusstadt im Hintergrund waren dem Himmel näher als der aus zwei Betonfertigteilen errichtete rechteckige Kirchturm. Hier hatte er einst mit seinem Zwillingsbruder als Messdiener Gott gedient. Seine Mutter hatte das für eine gute Idee gehalten.

Er würde gerne mit ihm sprechen, sagte Mrosko dem Pfarrer, und angesichts des Geistlichen kam ihm automatisch ein anderer Ausdruck in den Sinn: Ich würde gerne beichten. Der Pfarrer bat ihn in die Kirche. Es schien der angemessene Ort für Geständnisse und Geheimnisse. Sie setzten sich nebeneinander auf eine Kirchenbank. Mrosko wusste nicht, wo er anfangen sollte, er hatte sich so sehr daran gewöhnt, mit niemandem über sich und seine Situation zu sprechen, dass es ihm schwerfiel, sich zu öffnen, obwohl er genau das wollte. Am besten erzählte er alles einfach chronologisch, was ihm seit drei Jahren, seit dem vermaledeiten Fußgelenksbruch in Lurup 1995, widerfahren war.

Er hatte es für selbstverständlich genommen, dass er entgegen der Diagnose des Arztes nach dem Trümmerbruch erneut Fußball spielen würde. »Fußball spielen wirst du mit dem Fuß ganz sicher nie mehr« prophezeiten Ärzte doch nur, damit das Comeback von Fußballprofis besonders heldenhaft wirkte.

Er wartete, bis ihm der Gips abgenommen wurde, und erschien wieder auf dem Trainingsplatz des SV Lurup. Dass ein talentierter A-Jugendspieler zum gezielten Rehabilitationstraining ging, gab es eher selten, 1995. Die Stollenschuhe zu tragen schmerzte ihn, aber da musste er einfach darüber hinwegkommen, einfach den stechenden Schmerz im Fuß ignorieren. Er sprintete los im Training und war verblüfft. Er kam nicht vom Fleck. Sein rechter Fuß konnte sich nicht mehr kraftvoll vom Boden abdrücken. Er versuchte, die Irritation zu verscheuchen. Das war nur das erste Training des großen Comebacks.

Nach ungefähr dem dritten Training war das Fußgelenk dick geschwollen. Abends konnte er nur noch humpeln. »Sie müssen sich Ihren Fuß wie einen Wecker vorstellen, in dem drinnen alles kaputt ist, alle Zahnrädchen und Metallstücke wild durcheinanderliegen«, hatte der Arzt gesagt. Mrosko nahm Schmerztabletten und ging zum nächsten Training. Abends humpelte er schlimmer. Er nahm mehr Schmerztabletten. Beim Training verlor er die Sprintduelle.

Er zählte nicht die Tage, die Wochen, die er sich bemühte. Eines Abends kam er zum Training und sagte zu Ronald Lotz: »Es hat keinen Sinn mehr. Ich gehe zurück nach Berlin.«

Lotz hatte nicht das Gefühl, dass er ihn aufhalten sollte. »Fußball ging nicht mehr. Er ging heim.«

Aber wo war er zu Hause?

Das Haus der Eltern im Pfarrer-Heß-Weg war während seiner Zeit in Hamburg verkauft worden. Der Vater allein hatte die Kosten nicht mehr stemmen können. Nicht nur die Eltern, die Familie hatte sich getrennt. Björn und Inga wohnten bei der Mutter, Annika beim Vater. Kerstin, die Älteste, war bereits in eine eigene Wohnung gezogen. Lars kam zurück und fühlte, er gehörte nirgendwo mehr dazu.

»Er ist verloren«, beobachtete die Mutter. »Da ist viel im Kopf, aber es kreist umher. Und man kann ihn nicht darauf ansprechen. Denn er ist immer der harte Typ gewesen.«

Kerstin, die ihn in der Kindheit oft gegen die Mutter verteidigt hatte, die in den Abwesenheiten der Mutter eine wahrhaftig große

Schwester für ihn gewesen war, vermittelte ihm in der Wohnung einer Freundin eine vorübergehende Bleibe. Er wurde 19 und fragte sich, was er mit dem Leben anfangen sollte. Er landete immer wieder bei derselben Antwort: Er hatte doch Fußballer werden wollen.

Manchmal strömte die Energie jäh zurück in seinen Körper, der alte Kampfgeist erwachte, er würde sich doch nicht von einer Arztdiagnose, von Schmerzen im Fuß aufhalten lassen – er würde noch Fußballer werden!

Ein Bekannter von den Kuraufenthalten in Sylt war der Sohn eines Vorstandsmitglieds von Rot-Weiß Oberhausen. Mrosko besuchte ihn für einige Tage, um bei Rot-Weiß zu trainieren. Die erste Männermannschaft spielte in der Regionalliga, dritte Spielklasse. Mrosko durfte mit der Reservemannschaft trainieren. Sie spielte in der Bezirksliga, reinster Amateursport. Er wusste, das hatte mit ambitioniertem Fußball nichts mehr zu tun, aber er träumte, dass doch ein junger Probespieler, der in der zweiten Elf auffiel, in die Regionalliga-Mannschaft aufrücken durfte. Es ging schon besser mit dem Fuß, das hieß, er kam an Bezirksligaspielern vorbei. Die Schmerzen meldeten sich unverändert penetrant. Nach ein paar Tagen fuhr er wieder nach Berlin. Niemand hatte ihm irgendeinen Hinweis gegeben, dass er für die erste Mannschaft infrage käme.

Er fuhr noch zweimal nach Oberhausen. Das Spiel wiederholte sich. Er hatte nicht mehr die Kraft zu träumen. Er begann bei der Dachdeckerei Gresitza an der Hranitzkystraße eine Lehre.

Im Kindergarten in Hamburg hatte es ihm beim Vorpraktikum gefallen, aber er dachte, vielleicht sollte er doch lieber etwas mit den Händen machen, vielleicht auch nicht, er war nicht in der Stimmung, seine Zukunft klar zu planen. Auf jeden Fall, glaubte er, könne er den Job als Dachdecker ganz ordentlich erledigen.

Er hatte nicht geahnt, was es für eine Freude sein würde, auf den Dächern über der Stadt zu stehen. Eine Ruhe, geradezu eine Gelassenheit, ergriff ihn da oben, wenn er über das Häusermeer blickte und denken konnte, keiner sieht mich, und ich sehe alles; ich stehe über allem. Er arbeitete ohne Sicherheitsseil und ohne Furcht auf achtstöckigen Häusern, der Fuß schmerzte, aber das würde er doch wohl noch aushalten. Nach ein paar Tagen bemerkte er, dass der Blick von unten auf das Dach hinauf nicht weniger befriedigend war, nach der getanen Arbeit: die Ansicht, das habe ich mit meinen Händen vollbracht.

Von seinem Lehrlingsgehalt mietete er sich eine eigene Wohnung in den Hochhäusern der Gropiusstadt, ein Zimmer mit Kochnische. Auf den Balkonen der anderen Wohnungen wehte die Hertha-Flagge und standen Fahrräder zwischen flatternder Wäsche. Mroskos Balkon war leer.

Zum Schlafen legte er eine Matratze auf den Boden, und er kaufte sich einen Kleiderschrank aus Stoff. Er war stolz auf seinen Kunstledersessel. Sein Zwillingsbruder erschrak, als er Lars in der Wohnung besuchte. Das war nicht die Einrichtung von jemandem, der seinen Platz gefunden hatte.

Die Jungs, die Lars seit seiner Rückkehr aus Hamburg in Neukölln kennengelernt hatte, fanden es cool, dass er mit 19 schon eine eigene Wohnung hatte, mit Stereokompaktanlage. »Was ist das denn!«, rief Shergo, als er mit Ente zum ersten Mal bei Lars aufkreuzte: ein Kleiderschrank aus Stoff! Das hatte er noch nie gesehen, er wollte nicht glauben, dass es so etwas gab. Ente setzte sich in den einen Kunstledersessel, und Lars wurde fuchsig. Auf den Sessel setzte sich niemand außer ihm, der Sessel sollte picobello bleiben.

»Steh auf!«, befahl er Ente.

»Nee.«

»Du stehst jetzt auf!«

»Hast du einen an der Waffel?«

»Du wirst sehen, wie schnell du aufstehst.«

Lars zog sich die Jeans runter und dann die Unterhose. Schreiend sprang Ente vom Sessel auf. Lars hatte versucht, sich mit nacktem Hintern auf seinen Schoß zu setzen.

Bei den Jungs war er zu Hause.

Die Jungs hatten Hunger. Er könnte Nudeln machen, sagte Lars und zauberte eine 5-Kilo-Industriepackung Spirelli aus dem Metro-Großhandel hervor. Allerdings hatte er nichts, mit dem sie die Nudeln verfeinern konnten. Nicht einmal Olivenöl.

»Das geht nicht«, beschwerte sich Ente nach den ersten Bissen in die trockenen Nudeln, »so kann ich das nicht essen, ich brauch eine Soße.«

Die Jungs schauten in den Kühlschrank. Er beherbergte nur ein

Glas Marmelade. Auf dem Küchenregal stand ein Zuckerstreuer. Ente aß die Nudeln mit Marmelade, Bodden mit Zucker. Shergo probierte beides und bevorzugte Spirelli pur.

Aber in die Disco ging es mit dem Taxi. Sie sprangen am Ziel einfach raus, so brauchten sie nicht zu bezahlen.

Lars warf die Dachdeckerlehre hin. So befriedigend die Arbeit war, so nervig war es, jeden Morgen um sechs aufzustehen. Er ging lieber mit den Jungs gegen zehn im *Rudower Tönnchen* frühstücken. Da gab es für 2,50 Mark ein Hackepeter-Frühstück mit Kaffee, das machte richtig satt. Außer ihnen waren in der Kneipe mit der niedrigen Decke und dem Bratgeruch Männer anwesend, deren Frühstück aus drei Pils und einem Jägermeister bestand.

Die Jungs lernten die *Fußball-Woche* auswendig. Die Zeitung widmete sich auf rauem Papier und im Vierfarbdruck zweimal wöchentlich allen Berliner Fußballspielen, von der Hertha in der Bundesliga bis zu Fortuna Pankow in der Kreisliga. Shergos Name stand auch oft in der *Fußball-Woche*. Er wurde 1998 mit der A-Jugend der Reinickendorfer Füchse Norddeutscher Meister, vor Hertha, dem HSV, Werder Bremen. Und wer war Torschützenkönig? Kein Hamburger, Bremer, Herthaner, sondern Shergoal natürlich.

Mit dem Zeigefinger auf der Zeile las einer den anderen Jungs die Berichte und die Torschützenlisten der Jugendbezirksliga und Männer-Verbandsliga vor, alle Ligen waren quasi gleichwertig für sie, alles war Fußball. Mensch, in der Landesliga Berlin gab es einen Thomas Reinicke vom VfB Hermsdorf, der hatte in dieser Saison schon sensationelle 40 Tore erzielt. Den mussten sie sich anschauen.

Am nächsten Sonntag fuhren sie zur Sportanlage Seebadstraße, um den Reini von Hermsdorf zu sehen. So hieß er längst bei ihnen.

»Was? Das ist der Reinicke?«, fragte Ente entgeistert, als sie den Held des Amateurfußballs beim Warmmachen zum ersten Mal leibhaftig in Augenschein nahmen.

»Das kann nicht sein«, sagte Shergo.

»Das muss er sein«, sagte Lars.

Reini war gewiss schon Mitte 30, und was war das unter seinem Trikot, ein Bäuchlein? Er bewegte sich mit der souveränen Trägheit eines Mannes über das Spielfeld, der schon zu oft erlebt hat, dass im Fußball einzelne Augenblicke konstante Bemühungen ausradieren.

Kurz vor Spielende glückte Reini mit einem trockenen Abstauber das Siegtor. Vier Jungs auf der Tribüne, von denen niemand in Hermsdorf wusste, wer sie waren, die den Rentnern auf der Tribüne schon während des gesamten Spiels merkwürdig vorgekommen waren, jubelten, wie vom Wahnsinn getroffen, und sangen: »Reini für Deutschland!«

Reini musste verewigt werden. In Kaiserslautern war das Stadion zu Ehren des Weltmeisterkapitäns von 1954 in Fritz-Walter-Stadion umbenannt worden. Lars, Shergo, Ente und Bodden tauften den Bolzplatz am Kölner Damm »Reini«.

Es war ihrer Meinung nach der beste Bolzplatz in der Gropiusstadt, ein Kunstrasenplatz, fast immer frei, weil hinter ein paar Hausecken versteckt.

»Gehen wir auf den Reini«, sagten sie seit jenem Sonntag in Hermsdorf. Sie spielten bei Minusgraden, bei Dunkelheit, bis der Ehrgeiz mit ihnen durchging.

»Hey, das waren zwei Kontakte! Wir spielen nur mit einem Ballkontakt!«

»Halt's Maul, du hast gar nichts mehr zu sagen, du hast Nudeln mit Marmelade gegessen.«

Mrosko hatte das Träumen vom bezahlten Fußballspielen aufgeben müssen, aber das Spiel gab er nie auf, ohne Rücksicht auf seinen Fuß. Er blieb zu Hause, wenn die Jungs samstagabends ins *Fun* gingen, weil er sich am nächsten Tag schon um acht Uhr mit der Elf von Juve Rudow traf, zu einem Freizeitturnier. Shergo und Ente spielten auch mit, was sie aber selbstverständlich nicht davon abhielt, sich in der Nacht zuvor in der Disco umzuschauen. Lars gab ihnen den Schlüssel mit, damit sie zum kurzen Schlaf in seine Wohnung zurückkehren konnten. Am nächsten Morgen weckte er sie pünktlich für das Freizeitturnier, indem er mit einer Schöpfkelle auf einen Kochtopf schlug und sang: »Auf geht's, Männer, schießt ein Tor!« Auf dem Allzwecktisch in seiner Einzimmerwohnung hatte er ein opulentes Frühstück mit belegten Brötchen und Rührei für die Jungs vorbereitet. »Total krass«, dachte sich Shergo, während er mit schwerem Kopf sein Brötchen kaute, »wie herzlich er ist.«

Von Zeit zu Zeit verspürte Mrosko das Verlangen, vernünftig zu sein. Er begann wieder eine Lehre, diesmal als Elektriker. Er verachtete die Berufsschule, Formeln berechnen, wenn er das gewusst hätte, aber die Arbeit an sich war schon in Ordnung. Er war in seinem Blaumann auf dem Weg zur Arbeit, als Shergo und Ente auf seinem Handy anriefen, musste man haben, ein Handy, 1997, 1998. Ob er mit auf den Reini komme, wollten die Jungs wissen.

»Männer, wir haben hier ein Problem«, sagte Lars, und während er noch die nächsten Worte im Kopf formulierte, war er schon stolz auf dieses Problem: »Montags machen wir frei, dienstags gehen wir auf die Ein-Mark-Party, mittwochs Schlager-Party im *Fun*, donnerstags wieder Ein-Mark-Party, und Freitag, Samstag, Sonntag sind wir natürlich unterwegs. Wollen wir so weiterleben oder unsere Ausbildung machen?« Es konnte nur eine Antwort geben.

Er fuhr zum Reini, rief den Chef an, er sei krank, und spielte Fußball, morgens um zehn, den Blaumann behielt er zum besonderen Spaß an.

Wenig später warf er die Ausbildung hin. Er bezog Arbeitslosenhilfe, aber die paar Hundert Mark reichten nicht zum Ausgehen und Mietezahlen. Er ging lieber aus, als die Miete zu zahlen.

Gelegentlich konnte er sein Haushaltsgeld mit Schwarzarbeit beim Dachdecken ein wenig aufbessern. Vor den Jungs zelebrierte er seine Geldschwierigkeiten. »Wollen wir mal sehen, ob noch was rauskommt«, sagte er vor dem Geldautomaten, und die Jungs setzten wie ein Stadion zur Jubelwelle La Ola an, die Arme erwartungsvoll vorgestreckt und ein langes »Ohooo« angestimmt. Wenn das Rattern des Geldautomaten eine Auszahlung ankündigte, streckten sie die Arme zu La Ola in die Luft.

»Ich mach das schon«, sagte Lars zu Shergo, als sie sich einen Döner kaufen wollten.

»Hier, Abbi, machst du mal zwei Döner«, sagte er an der Bude.

»Wann zahlst du endlich deine Schulden?«, fragte der Imbisshändler zurück, und Shergo dachte, ist ja irre, Lars hat sogar an der Dönerbude anschreiben lassen. Irgendwie war das cool. Wie er durchkam.

Er sagte ja niemandem, dass er nicht mehr durchkam.

Der Fernseher war weg, fiel Shergo irgendwann in Lars' Einzimmerwohnung auf, und das Telefon auch. Es war unmöglich, es nicht zu bemerken, bei den wenigen Gegenständen im Raum. Die Jungs fragten nicht nach. Sie konnten selbst darauf kommen, dass Lars' Geld nicht für einen neuen Fernseher reichte, nachdem der alte kaputtgegangen war, und dass die Telefonleitung abgestellt worden war. Aber Hauptsache, die kleine Stereoanlage war noch da. Mach doch mal an, »einfach geil – endlich frei, denn die Woche ist vorbei«.

Lars ließ die Haare lang wachsen. Jeder sollte sehen, dass er sich nicht kümmerte, dass ihm alles egal war. Aber Geld brauchte er trotzdem. Im Hochhaus neben ihm in der Gropiusstadt wohnten zwei polnische Brüder, Adam und Stefan. Die Nachbarn sagten über sie: Man mag sie auf den ersten Blick. Fröhlich, herzlich, mit funkelnden blauen Augen, hatte besonders Adam immer einen lockeren Spruch auf der Zunge. Ihr Vater war Preisboxer gewesen. Dann hatte er eine Hand bei einem Arbeitsunfall in der Fabrik verloren. Er drängte die Söhne, statt seiner zu boxen. Stefan schaffte es im Halbmittelgewicht bis in die Jugendnationalelf, Adam entzog sich. Die Mutter beschützte ihn vor dem Drängen des Vaters.

Adam und Stefan zeigten Lars, wie er Geld verdienen konnte. Sie gingen mit einer großen Sporttasche in den Supermarkt und kauften einen Schokoladenriegel. Die Sporttasche hatten sie auf dem Weg zur Kasse mit Spirituosen gefüllt. Der Wodka Gorbatschow kostete im Supermarkt 16 Mark, die Flasche Jack Daniel's 24 Mark, Champagner von Dom Pérignon 129 Mark. Adam und Stefan verkauften jede gestohlene Flasche unabhängig vom realen Wert für zehn Mark weiter, zunächst an Nachbarn in der Gropiusstadt, dann an Dilan, den irakischen Kurden, der an der U-Bahn eine Imbissbude führte. Dilan kannte einen Freund, der auch eine Imbissbude führte, der Freund kannte den Geschäftsführer von der *Top*-Disco; es sprach sich herum, dass es bei ein paar Jungs aus der Gropiusstadt billigen Alkohol gab. Adam und Stefan belieferten alle, zehn Mark die Flasche, die Packung Kaffee für fünf Mark.

Lars nahm einen alten Tennisschläger von seinem Vater, um die Sporttasche zu tarnen, und ging mit. Bald kauften sie nicht einmal mehr einen Schokoladenriegel, sondern gingen mit ihrer gefüllten Sporttasche einfach an der Kassiererin vorbei, sie waren stets zu zweit oder zu dritt. Manchmal glaubte Lars, Angst in den Augen der Kassiererin zu sehen.

Er selbst verlor seine Angst. Es ging so einfach. Es wurde so alltäglich.

Sie konnten die Flaschen bei Helga einlagern, einer älteren Dame, die an der Ecke Agnes-Straub-Weg und Fritz-Erler-Allee einen Kiosk betrieb. Helga kaufte ihnen die Spirituosen ab und veräußerte sie offenbar mit Gewinn weiter. Andere Restaurants, Imbissbuden und Diskotheken wandten sich direkt an sie, Adams Handynummer ging per Mundpropaganda herum, und irgendwann war richtig Druck da: Sie mussten jeden Tag liefern, manchmal bis zu 100 Flaschen.

Sie entwickelten ihre Diebesrouten. Von der Gropiusstadt nach Mariendorf, dort in den Edeka, zu Reichelt und in den Rewe, der führte Raki in den Regalen, und weiter nach Lichterfelde, zwei, drei Flaschen pro Supermarkt, am Ende der Tour sollte jeder von ihnen auf 20, 30 Flaschen kommen. Sie fuhren alles mit Bus und Bahn. Sie hatten noch keinen Führerschein. Manchmal setzten sie bei einem Supermarkt ein paar Tage aus. Sie hatten den Jim-Beam- oder Jack-Daniel's-Vorrat leer geräumt und mussten auf die neue Lieferung warten.

Adam ging ungern in die Reichelt-Supermärkte, dort war das Flaschenfach von verschiedenen Seiten gut einsehbar. Im Extra dagegen standen die Spirituosen ganz hinten, in einem engen Gang neben der Fleischtheke, da waren sie ungestört. Einmal stellte sich ihnen im Kaiser's in Mariendorf am Ausgang der Metzger entgegen. »Kann ich mal eure Taschen sehen?«, fragte er. Lars warf ihm seine Tasche zu, der überraschte Metzger versuchte vergeblich, sie aufzufangen, Flaschen brachen, als sie zu Boden fielen, und die Jungs nutzten den Moment, um aus dem Supermarkt zu sprinten.

Stefan hätte den Metzger auch mit einem Schlag ausknocken können. Aber nur im äußersten Fall wollten sie Gewalt anwenden, hatten sie verabredet. Sie wussten, solange sie nur ein paar Flaschen stahlen, würde ihnen nichts passieren. Auch wenn die paar Flaschen sich zu Hunderten pro Woche summierten. Sie waren unter 21. Ihre Jugend würde strafmildernd sein. Für den Einbruch im Kluwe Baumarkt mit 15 war Lars nur mit 40 Stunden Sozialarbeit im Jugendklub an der Wutzkyallee bestraft worden.

Das Geld aus der Hehlerei stopfte Lars zu Hause in eine Schublade. Er machte über 1000 Mark pro Woche. Er hätte die Miete und die Schulden zahlen können, die er etwa bei der Telekom und den Stadtwerken angesammelt hatte. Er kaufte sich lieber Kleidung. Lederjacken für 800 Mark, gleich zweimal dasselbe Modell, dazu Carlo-Colucci-Pullover für 199 Mark das Stück. Er hatte kein Bett, aber bald 30, 40 Paar Schuhe in seiner Einzimmerwohnung stehen.

Wichtig war kein Bett oder ein Sofa, wichtig war, dass er immer Geld in der Hosentasche hatte. Abends in der Diskothek kaufte er für 50 Mark die Flasche Wodka, die er quasi nachmittags geklaut hatte. Das war kein Widerspruch. Nachts auf der Schlagerparty das Geld raushauen zu können gehörte zum Lebensgefühl: Sie waren die Könige von Neukölln.

Im *Fun* wollten die Türsteher eines Abends jedoch Lars und den Jungs den Einlass verweigern. Sie hatten zuvor ein wenig Ärger gemacht. Um es mal so auszudrücken.

Lars argumentierte mit den Türstehern, das konnte er, sachlich und mit Charme überzeugen. Könnte schon sein, dass sie an der Schlägerei letztens auch beteiligt gewesen waren, sagte Lars den Türstehern, da gebe er ihnen recht, aber er und die Jungs fingen niemals an, sie seien provoziert worden, sie kannten sie doch. Und überhaupt verbürge er sich, dass sie sich nie mehr etwas zuschulden kommen ließen. Hier, sagte Lars, er lasse ihnen sogar seinen Personalausweis als Sicherheit da.

»Mach dich mal locker«, sagte da einer der Türsteher, den Ausweis bräuchten sie selbstverständlich nicht, und sie winkten die Jungs durch. Fünf Minuten später drängelte sich in der Diskothek ein Mann an der Bar vor sie.

»Ey, was soll'n die Scheiße?«, erzürnte sich Ente. »Da hinten ist die Schlange.«

»Wat denn?« Die zwei Worte des Vordränglers genügten schon. Ente schlug ihm die Faust ins Gesicht, Lars sprang ihm sofort zu Hilfe, der Vordrängler hatte auch Freunde. Im Nu war eine Massenschlägerei im Gange. Fünf Minuten nachdem Lars ihnen mit hartnäckigem Zureden den Weg in die Diskothek gebahnt hatte, flogen sie wieder raus.

»Schön war's, Männer«, sagte Shergo, der auf diese Schlägereien keine Lust hatte. Aber lustig war es irgendwie trotzdem. Sie hatten immer was zu erzählen.

Aber mittags allein in seiner fast möbellosen Wohnung sehe die Welt plötzlich bedrückend aus, erzählte Lars dem Pfarrer in der stillen Sankt-Dominicus-Kirche. Die Fragen, was er in der Zukunft machen solle, wie er sich von den turmhohen Schulden befreien wolle, lähmten ihn. Der Schmerz über seine zerstörte Familie, die Scham über sein Leben als Spirituosen-Dieb und Sozialhilfeempfänger drücke ihn nieder. »Das alles liegt wie ein hoher Berg vor mir, und sobald ich den Berg nur anschaue, schwinden meine Kräfte. Ich denke: Da kommst du nie drüber.«

Der Pfarrer sagte ihm, er solle an den Fußball denken. Wie er nach dem Fußbruch um seine Rückkehr auf den Fußballplatz gekämpft habe. So müsse er sich Stück für Stück ein stabileres Leben erkämpfen. Er müsse einfach anfangen: eine neue Ausbildung beginnen, ein normales Gespräch mit der Mutter hinbekommen. Er schaffe das. Er sei ein Kämpfer.

Lars trat auf ungekannte Weise erleichtert aus der Kirche. Er war entschlossen, neu anzufangen. Aber am Nachmittag ging er erst einmal, quasi aus Gewohnheit, mit Stefan und Adam Spirituosen klauen.

11

Was ist das denn: Scout?

Am Schwarzen Brett im Supermarkt in Lichterfelde, zwischen gebrauchten Mountainbikes und gesuchten Garagenplätzen, glaubte der Vater, von seinem Sohn Lars zu lesen. Gesucht wurden neben den Garagenplätzen drei Jugendliche mit Sporttaschen, die in Südwest-Berlin im großen Stil alkoholische Getränke raubten.

Der Vater las sich die Personenbeschreibungen der Diebe durch und registrierte, durchaus erleichtert, dass anhand der vagen Angaben (»zwischen 1,70 und 1,80 Meter groß, dunkelblond«) niemand auf Lars schließen konnte. Der Vater wusste von den kriminellen Streifzügen seines Sohnes. Zwischen ihnen hatte stets große Offenheit geherrscht, und im Zweifelsfall plauderte eines der Kinder beim Vater aus, was die Geschwister trieben, das war einer der Vorteile, so viele Kinder zu haben; einer bekam immer etwas mit.

Pflichtbewusst hatte der Vater mit Lars darüber geredet, dass man nicht klaue. Aber der Vater selbst schätzte den Einfluss von Vätern schon lange nicht mehr hoch ein. »Ob ich mit ihm rede oder in China ein Sack Reis umfällt, hat dieselbe Bedeutung.«

Der Vater hätte es nie gesagt, denn die Kinder waren das Wichtigste im Leben, aber im Winter 1998 hatte er andere Sorgen als Lars' Streifzüge. Er lebte mit Annika bei Kerzenlicht in der Erdgeschosswohnung in Lichterfelde. Die Stadtwerke hatten ihm den Strom abgestellt. Der Unterhalt für die Kinder, die Lebensversicherung, die in

Ehezeiten seine Frau für ihn abgeschlossen hatte, die Schulden vom überzogenen Konto mussten neben den alltäglichen Ausgaben bedient werden. Sein Gehalt vom Amtsgericht konnte gar nicht reichen.

Der Vater begann, zusätzlich von 20 bis zwei Uhr als Nachtwächter auf einem Parkplatz zu arbeiten. Um 4:15 Uhr nahm er den Stadtbus zum Amtsgericht. Den Schlaf versuchte er zu verteilen, auf die Busfahrt und die paar Nachmittagsstunden nach der Gerichtsarbeit. Sein Konto wurde gepfändet. Der Gerichtsvollzieher erschien in der Wohnung. »Das ist natürlich doppelt peinlich, wenn man selbst in der Zwangsvollstreckung arbeitet«, sagte der Vater.

An Weihnachten klaute Lars keine Spirituosen, sondern für den Vater. Er füllte die Sporttasche im Reichelt mit Lebensmitteln, inklusive eines enormen Karpfens, und ging lächelnd an der Kassiererin vorbei. Auf dem Wochenmarkt an der Parchimer Allee griff er einen Weihnachtsbaum und sprintete los.

Die Augen des Vaters wurden feucht, als Lars die Weihnachtsüberraschungen vor ihm ausbreitete. »Natürlich bin ich theoretisch dagegen, dass du klaust«, sagte er. »Aber das hier ist wirklich wie Weihnachten für mich.« Nur den Weihnachtsbaum hätte Lars ein bisschen besser aussuchen können, neckte der Vater: »Der hat ja zwei Spitzen.«

Auf dem Rückweg ging Lars noch einmal in den Reichelt, in dem er die Lebensmittel geklaut hatte. Er füllte die Tasche mit Spirituosen. Er wollte sich nicht nachsagen lassen, dass er die Arbeit vernachlässigte.

Der Vater versuchte sanft, in den Kindern Verständnis für die Mutter zu wecken. Besonders Annika und Lars hatten sich still von ihr distanziert. Der Vater hätte aus seiner Sicht genügend Gründe gehabt, verbittert über die Mutter zu sein, aber Groll ist nichts für Klaus Mrosko. »Es ist eure Mutter«, sagte er den Kindern wieder und wieder.

Pflichtbewusst besuchte Lars die Mutter. Sie schafften es beide, höflich miteinander zu reden. Aber hinter den ruhigen Worten spürte er auch mit 20 in der Nähe der Mutter noch immer die beklemmende Angst der Kindheit.

Er war froh, wieder aus der Wohnung der Mutter heraus zu sein.

In einem Supermarkt, in dem er zur Abwechslung nicht zum Klauen, sondern zum Einkaufen war, traf er seinen ehemaligen Fußballtrainer Hermann Bley. Zu DDR-Zeiten hatte Bley beim BFC Dynamo Jugendspieler wie Falko Götz ausgebildet. Nun trainierte er die B-Jugend des gewöhnlichen Amateurklubs TSV Rudow. Seit der Wiedervereinigung wurde im gesamtdeutschen Fußball viel davon geredet, die Trainingslehre der DDR zu nutzen. Aber die Trainer der DDR wollte im Profibetrieb bis auf Ausnahmen niemand mehr einstellen.

»Was machst du denn heute?«, fragte Bley, und vielleicht weil es sein alter Trainer war, weil Fußballtrainer immer eine besondere Respektsperson für ihn waren, erzählte Mrosko Bley so viel von der Wahrheit wie sonst nur dem Pfarrer.

»Weißt du was«, sagte Bley, als er zugehört hatte. »Du wirst mein Assistenztrainer.«

Er spielte nicht mehr, er stand nur noch auf dem Fußballplatz, aber das Spiel hatte nichts von seiner therapeutischen Wirkung auf ihn verloren. Im Fußball war er Teil einer Mannschaft, hatte sein Tun eine Bedeutung für andere, konnte er im besten Fall jedes Wochenende aufs Neue am Ergebnis wieder seinen Erfolg ablesen. Bley ermunterte ihn, den Trainerschein zu machen, und übergab ihm in der Saison 1997/98 die B-Jugend. Mrosko war Trainer mit 20. Es war nur B-Jugend, Verbandsliga, unterhalb der Regionalliga, aber die Ergebnisse standen in der *Fußball-Woche* so, wie dort Herthas Bundesligaergebnisse standen.

Sein Ehrgeiz hatte wieder ein Ziel. Er würde Fußballtrainer werden. Er war Gott sei Dank im Profifußball zu unerfahren, um sich von dem ungeschriebenen Gesetz verunsichern zu lassen, dass kein B-Jugendtrainer des TSV Rudow in den bezahlten Fußball aufstieg. Er führte Rudow zwischenzeitlich auf Platz drei der B-Jugendverbandsliga, das musste sich herumsprechen, das stand in der *Fußball-Woche.* Er selbst sprach die Jugendtrainer und den Jugendleiter von Tennis Borussia an. Falls sie mal eine Stelle für ihn hätten, sollten sie sich bitte melden, egal welche. Ein 20-Jähriger, der als Jugendtrainer Erfolg hatte, musste doch interessant sein, der musste doch als Talent gelten.

Sein Leben änderte er nicht. Es lebte sich nur leichter als Spirituosen-Hehler in einer fast leeren Hochhauswohnung, seit er nebenbei – oder in seinen Augen: hauptsächlich – ein enthusiastischer Jugendtrainer war.

Die Jungs kamen zu ihm zum Computerspielen, *Bundesliga Manager*, die beste Fußballsimulation, auf dem Amiga 500 von Commodore. Der Computer gehörte Shergo, den mussten sie hinübertragen. Im Kühlschrank bei Shergo zu Hause stand ein Topf mit Soße Bolognese. Shergos Freundin hatte für den nächsten Tag vorgekocht. Den Topf nahmen die Jungs kurzerhand auch noch mit, endlich mal eine Soße für die Nudeln bei Lars.

Es war schon Nacht, als sie lachend mit dem Computer und dem Soßetopf durch die Gropiusstadt zu Lars' Wohnung liefen. Eine Polizeistreife hielt sie auf. Wo hatten sie den Computer geklaut?

Entrüstet verteidigten sich die Jungs, das sei Shergos Rechner, die Polizei könne bei Shergos Freundin nachfragen. Aber von der Unschuld der Jungs überzeugte die Polizisten dann nur der Topf Soße. Den hätten Diebe sicher nicht mitgenommen.

Manchmal spielten sie 36 Stunden ohne Unterbrechung *Bundesliga Manager* am Computer. Manchmal gingen sie um Mitternacht noch ins *Fun*.

Den kenne ich doch, grübelte Lars in der Disco und betrachtete einen Mann, der an der Tanzfläche stand. Natürlich! Plötzlich konnte er das Gesicht Ort und Zeit zuordnen. Er trat zu dem jungen Mann, der gut fünf Jahre älter als er war, wohl Mitte 20, und fragte ihn ohne Begrüßung: »Weißt du, wer ich bin?«

Der Mann sah ihn so misstrauisch wie abschätzig an. Lars gab ihm eine Ohrfeige. Der Mann wollte ihn wegschubsen, aber Lars stieß ihn zurück. »Du weißt immer noch nicht, wer ich bin? Aber ich weiß, wer du bist: Roman von den Skinheads. Ich bin Lars Mrosko. Du hast damals auf der Party meiner Schwester mit deiner Truppe unser Haus verwüstet.« Er schlug Roman die Faust auf die Nase, in die Rippen und noch mal ins Gesicht. Dann ging er zufrieden nach Hause.

Er rief seinen Zwillingsbruder an, um ihm zu sagen, dass er gut sechs Jahre später den Überfall der Skins gesühnt habe. »Ich habe die Ehre der Familie wiederhergestellt«, sagte er Björn.

»Mein Gott!«, dachte sich Björn. »Der Vorfall lag doch eine Ewigkeit zurück, und überhaupt war es nie ein Überfall gewesen, sondern nur eine aus dem Ruder gelaufene Feier. Und er redet davon, die Ehre der Familie zu retten, indem er sich prügelt! Sind wir jetzt ein Mafia-Clan?«

Lars rief auch den Vater an, um ihm zu erzählen, dass sie nun mit den Skins quitt seien. Der Vater fand es gut, was Lars da gemacht hatte. »Ich habe versucht, meine Kinder zu zivilisiertem Umgang zu erziehen. Aber es gibt Situationen, die lassen sich nur so regeln.«

Im Frühsommer 1998 meldete sich ein Olaf Schweunecke bei Mrosko. Er hatte die feste Stimme eines Kriminalbeamten. Es war der Jugendleiter von Tennis Borussia. Sie suchten einen Assistenztrainer für die B-Jugendmannschaft. Wenn Mrosko Interesse hätte, sollten sie sich einmal zusammensetzen.

Tennis Borussias Männermannschaft war gerade in die zweite Bundesliga aufgestiegen. Mrosko war in einem Profiklub angekommen. Dass der Assistenztrainer bei der B-Jugend mit 150 Mark im Monat entlohnt wurde, war nachrangig. Er war nur der Assistenztrainer. Doch auf natürliche Art war er für alle Belange der B-Jugend der Ansprechpartner. Der Trainer Joe Radakovic redete nicht so gerne.

Als einer der 16-jährigen Spieler auf dem Weg zum Training beim Schwarzfahren erwischt wurde, legte nicht Radakovic, sondern Mrosko fest: »Du zahlst nicht nur die 40 Mark an den BVG, sondern auch noch mal 40 Mark in die Mannschaftskasse.«

»Was?«

»Weil du im Trainingsanzug des Vereins erwischt wurdest.«

Er sah keinen Widerspruch zwischen seiner Erwartung an die Mannschaft, sich extrem korrekt zu verhalten, und seinem eigenen Leben außerhalb von Tennis Borussia, wo er selbstverständlich klaute und anderen Unsinn trieb. Im Trainingsanzug schlüpfte er automatisch in die Rolle des vorbildlichen Trainers, mit 21 eine angenehme Autorität für die Jungs und stets loyal zu Radakovic, obwohl er dessen Trainingslehre nicht teilte. Sie bestand hauptsächlich aus der Idee, dass man für Erfolg leiden muss.

Mrosko, der Assistenztrainer, nicht Radakovic, sprach bei einem Pfingstturnier einen kleinen B-Jugendspieler von Hertha BSC an, der gar keinen richtigen Namen zu haben schien, den alle nur Diego riefen. Wenn der zu ihnen kommen würde. Tennis Borussias Jugendleiter schickte Mrosko, nicht Radakovic, zur Partie der Berliner B-Jugendauswahl gegen Mecklenburg-Vorpommern, um einen jungen Stürmer anzusehen, Alex Jakowitz hieß der. Mrosko spürte eine ungekannte Bedeutung. Ein Spiel extra wegen eines potenziellen Neuzugangs beobachten, das hatte er noch nie gemacht.

Tennis Borussias Sponsor beschloss, dass der Verein groß und glänzend werden solle, und so durften die drei ältesten Jugendmannschaften im Sommer 1999 zur Saisonvorbereitung gemeinsam nach Minden ins Trainingslager fahren, in die Jugendherberge. Am Frühstückstisch debattierten der C-Jugendtrainer Markus Schatte und der neu verpflichtete A-Jugendtrainer Mirko Slomka leidenschaftlich über Deutschlands brandheiße taktische Entdeckung, die Viererkette. Schatte meinte, verliere die Mannschaft beim Angriff den Ball, müsste sich die zur Viererkette aufgereihte Abwehr sofort zurückfallen lassen. »Nein!«, widersprach Slomka, dann müsse die Viererkette sofort vorrücken, dem Gegner den Spielraum im Mittelfeld verstellen. Mit Begeisterung gaben sich der C- und der A-Jugendtrainer ihrer fachlichen Debatte hin. Die B-Jugend war unterdessen im Wald.

Um sechs Uhr früh ließ Radakovic die Jungs zum einstündigen Dauerlauf antreten. Mrosko musste für das Trainerteam mitlaufen und dabei so tun, als fände er es gut. Radakovic drückte die Stoppuhr.

Nach dem Frühstück, um zehn Uhr, ließ Radakovic die B-Jugend Intervallläufe im Wald absolvieren, sechsmal 1000 Meter, nicht so lasch! Mrosko musste mitlaufen. Das zertrümmerte Fußgelenk schmerzte höllisch. Er versuchte, die Jungs mit Witzen aufzuheitern. Radakovic drückte die Stoppuhr.

Für 15 Uhr war Training auf dem Fußballplatz angesetzt. Die B-Jugend sah, wie Schatte und Slomka für ihre Teams Stangen und Hütchen aufbauten, in Kleinfeldspielen wurde die Ballbehauptung trainiert und in Parcours die Richtungswechsel mit Ball geübt. Wo kamen all diese tollen neuen Übungen her?

Die B-Jugend sah auch endlich einen Ball. Den Medizinball. Mrosko musste mitsprinten, Medizinball auf dem Rücken, und dann auf den Boden, aufspringen, den Medizinball dem Nächsten zuwer-

Ein junger Trainer mit ganz neuen taktischen Ideen wie der Viererkette: Mirko Slomka (links) mit einem ähnlich jungen Kollegen, Peter Neururer.

fen. Er glaubte, die Lunge platze. Er feuerte die Jungs enthusiastisch an. Radakovic drückte die Stoppuhr.

Um 20 Uhr saßen die A- und die C-Jugend im Aufenthaltsraum der Jugendherberge und spielten Karten. Die B-Jugend fuhr ins städtische Schwimmbad. Das Wasser bis zur Brust, mussten sie verschiedene Aufgaben erfüllen, vier Bahnen Laufen im Wasser mit den Händen hinter dem Kopf, dann acht Bahnen die Hälfte tauchen, die Hälfte kraulen, bis jeder 60 Bahnen à 25 Meter zurückgelegt hatte. Mrosko musste mitmachen. Er glaubte, die Beine flössen ihm einfach unter dem Körper weg. »Auf geht's, Jungs!«, rief er. Radakovic drückte die Stoppuhr.

Das Programm wiederholte sich jeden Tag, eine ganze Trainingslagerwoche lang. Abends zauberte Radakovic manchmal für die Jungs. Er konnte echte Zaubertricks, Eier aus dem Hut zaubern, Schals verschwinden lassen. Er war immer gut gelaunt, wenn ihm ein Zaubertrick gelang. Zum Abendessen trank Radakovic gemeinsam mit dem Teambetreuer Wein, so wurde die Zaubervorführung noch lustiger; zumindest für ihn. Um 20 Uhr wurde Radakovic dann schlagartig wieder ernst und entschlossen: Abfahrt in die Schwimmhalle.

»Joe, das könnt ihr nicht machen«, sprach ihn Mrosko an. »Ihr habt getrunken. Ihr könnt nicht angetrunken 16-Jährige mit den Kleinbussen zum Schwimmbad fahren. Lass uns zu Fuß gehen.«

»Bist du dumm? Wir gehen doch nicht zu Fuß.«

Radakovic und der Teambetreuer setzten sich an die Steuer. Mrosko weigerte sich mitzufahren und lief zu Fuß hinterher.

Am nächsten Tag sprach ihn Mirko Slomka an. »Was war denn da los?« Slomka war nicht nur A-Jugendtrainer, sondern im Sommer 1999 von Tennis Borussias Sponsor auch als hauptamtlicher Nachwuchskoordinator eingesetzt worden, sie würden hier eine professionelle Ausbildung aufziehen, wie es das in Berlin nicht mal bei Hertha gab.

Mrosko schilderte Slomka die Situation. Er habe schon mitgekriegt, dass Radakovic nicht unbedingt nach den geläufigen Methoden arbeite, sagte Slomka und schenkte Mrosko ein verständnisvolles Lächeln. »Ich bin jetzt erst vier Wochen hier«, sagte Slomka. »Gib mir ein wenig Zeit, um die Dinge zu regeln.«

Im Winter 1999 auf 2000 wurde Joe Radakovic nach vielen Jahren als Jugendtrainer bei Tennis Borussia für Außenstehende überraschend abgesetzt. Mirko Slomka hatte schon Monate zuvor in der Auseinandersetzung mit Radakovic nebenbei noch etwas anderes erkannt: Dieser junge Assistenztrainer der B-Jugend war willig, wissbegierig und meinungsstark. Er rief Mrosko im Herbst 1999 in sein Büro.

»Sag mal«, sagte Slomka, »hättest du Lust, unser Nachwuchsscout zu werden?«

»Was ist das denn: Scout?«, fragte Mrosko.

Seine erste offizielle Dienstreise als Scout trat er im Mannschaftsbus der Berliner Juniorenauswahl an. Er kannte den Auswahltrainer und fragte ihn, ob er ihn mit der Mannschaft mitnehme zum Bundesländerpokal der 19-Jährigen in Wedau. Mrosko hatte weder ein Auto noch einen Führerschein.

Es war im Verein kein Geheimnis, dass Mrosko ein vorsichtig gesagt unstetes Leben führte. Slomka und der andere kompetente Jugendtrainer bei TeBe, Markus Schatte, beide gelernte Lehrer, hatten ihm öfter zugeredet, doch noch einmal eine Lehre zu absolvieren. Slomka hatte ihn schließlich auch aus fürsorglichen Gründen als Scout fest angestellt, für 1400 Mark im Monat. Er wusste, dass Mrosko von Sozialhilfe lebte, und gleichzeitig hatte er das eine oder andere Gerücht gehört, wie Mrosko wirklich zu Geld kam. Zum Abschluss des Einstellungsgesprächs hatte Slomka gesagt: »Eine Sache noch. Was immer du für Dinger machst, wenn du als Scout bei mir anfängst, musst du mir versprechen, damit aufzuhören.«

Mrosko gab ihm die Hand darauf, und damit war für ihn von einem Tag auf den anderen Schluss mit der Spirituosenhehlerei. Handschlag war Handschlag.

Das Problem war nur, dass er auf die ehrliche Art, mit den 1022 Mark netto im Monat von Tennis Borussia, schwerlich über die Runden kam. Er habe kein Geld, um die Zugtickets nach Karlsruhe zu einem Sichtungslehrgang der Jugendnationalelf auszulegen, musste er Slomka schon nach wenigen Wochen als Scout gestehen. Slomka reichte ihm seine EC-Karte, nannte ihm die Geheimzahl und sagte, Mrosko solle sich auf der Fahrt mit der Karte bitte auf jeden Fall auch etwas zu essen kaufen.

Stefan und Adam nahmen es gleichmütig hin, dass ihr Geschäftspartner ausstieg. Sie konnten schon verstehen, dass einer irgendwann einfach nichts Unrechtes mehr tun wollte; irgendwann würden sie sicher auch damit aufhören, waren sie überzeugt. Denn sie waren doch eigentlich keine schlechten Kerle, fanden sie.

»Mein Traumauto wäre ein Opel Calibra«, hatte Adam mit 17 zu seinem Vater gesagt, und sein Vater hatte ihn ausgelacht, wie wollte er denn je zu einem Calibra kommen. Drei Wochen lang klaute Adam wie irre Wodka und Whisky, Sekt und Champagner, an einem einzigen Tag kam er auf 1700 Mark, also 170 geklaute Flaschen, Rekord. Nach drei Wochen stapelte er in seinem Kinderzimmer 10 000 Mark und kaufte sich über einen Mittelsmann aus der Gropiusstadt einen gebrauchten Calibra. Er konnte ihn noch gar nicht fahren, er war erst 17.

1999, als Lars ausstieg, war Adam mit 21 Jahren auf einen 5er BMW umgestiegen. Er raste in Polen über eine alte Landstraße und frontal gegen einen Baum, eine Kurve war plötzlich zu scharf geworden. Er lag zwei Monate im Koma. Das Gehen musste er neu lernen, er brauchte ein Jahr, um sich gänzlich zu erholen. Nach dieser Zeit, in der er zwangsweise ein ruhiges Leben führen musste, war es einfach kein Thema mehr, wieder Spirituosen zu klauen. Er könnte pathetisch sagen, der Unfall, die Nähe zum Tod habe ihn zum Nachdenken gebracht, und in gewisser Weise stimme das vielleicht auch, sagt Adam, aber dass er und Stefan kurz nach Lars auch aufhörten, habe sich einfach so ergeben, durch die lange Krankheitspause, dadurch, dass just in der Zeit ein paar andere Neuköllner Jungs wegen Spirituosenhehlerei aufflogen; dadurch, dass sie älter geworden waren.

15 Jahre später besitzt Stefan einen Imbiss, Adam arbeitet als Restaurantleiter. Er wohnt immer noch in der Gropiusstadt, den Balkon seiner 2-Zimmer-Hochhauswohnung hat er fein säuberlich mit Teppich ausgelegt. »Wenn du von hier bist, willst du nirgendwo anders hin.« Er fährt ein schwarzes BMW Cabriolet, das wird in der Gropiusstadt gerne zerkratzt; »aber ist nicht so wichtig«, sagt Adam. In seiner Freizeit arbeitet er als Komparse in deutschen Vorabendserien, er sieht auch mit Mitte 30 auf freundliche Art fesch aus, das füllige blonde Haar mit Gel zurückgekämmt, die Krawatte leger gebunden. Für einen *Tatort* war er schon einmal als Leiche im Gespräch, »da war ich unter den letzten drei«, aber die Leichenrolle bekam dann doch ein anderer.

Adam geht jetzt oft zum Bibelkreis der Zeugen Jehovas. Einer der Zeugen hat versucht, ihm den Wert von Geld zu vermitteln. Adam sollte das Geld anfassen, es wirklich fühlen und dann durchspielen, wie viel Arbeit notwendig war, um 500 oder 1000 Euro zu verdienen. »War eine gute Idee«, sagt Adam, aber einen wirklichen Bezug zu Geld habe er immer noch nicht. »Wir haben es damals einfach in

Schubladen gestopft, und dann haben wir es rausgeworfen, 5000, 10 000 Mark im Monat mit dem Spirituosenklau verdient, 5000, 10 000 Mark einfach rausgehauen.«

»Stimmt«, sagt Lars, nachdem er einen Moment lang nachgedacht hat: Einen vernünftigen Umgang mit Geld habe auch er danach nur schwer gefunden.

Er zeigte den Jungs seinen Vertrag als Scout bei Tennis Borussia, die hätten das doch sonst gar nicht geglaubt, fest angestellt bei einem Profiklub, um Fußballspiele anzuschauen, Mann, Alter. Während Bodden und Ente über den Vertrag staunten, fiel Shergo etwas auf. Lars hielt die Stelle mit dem Gehalt zu, als er ihnen den Vertrag zeigte.

Das war schon in Ordnung so, jeder, wie er es wollte, aber Shergo fand es bezeichnend für seinen Freund: Etwas, das Gehalt oder sein Innerstes, hielt Lars stets zurück. Über seine Probleme redete er nicht wirklich mit ihnen, nur einmal, als er sich wohl mit einem Pfarrer unterhalten hatte, gestand er ihnen, dass ihm die Schulden richtig den Hals abschnürten. Und auch jetzt, seit er als Scout arbeitete, zog er sich vorsichtig von ihnen zurück, ohne etwas zu sagen. Er war nicht mehr jeden Tag dabei auf dem Reini oder in der Disco. War im Prinzip ja auch alles nachzuvollziehen, fand Shergo, das Scouting war eine Riesenchance für ihn – Lars bräuchte doch nur einmal zu sagen: »Männer, ich kann nicht mehr voll mitziehen. Ich habe hier bei TeBe 'ne einmalige Möglichkeit, da muss ich solide leben.« Stattdessen antwortete er stets ausweichend, nee, ich kann heute nicht, morgen vielleicht. Vielleicht hing es auch mit dieser neuen Frau zusammen, Antje.

Shergo hielt es da anders, er erzählte den Jungs 1999 frei heraus, dass er nach seinem Wechsel von den Reinickendorfer Füchsen zur Reservemannschaft von Tennis Borussia in der Regionalliga 2000 Mark brutto plus 1200 Mark Prämie für jeden Sieg bekam. War richtig gut, dachte er, bis er die Mitspieler mit BMWs oder Audis zum Training vorfahren sah, in der Reservemannschaft. Er kam mit der S-Bahn.

Spielen ließ ihn der Trainer auch nicht, was sollte das denn, er war Shergoal, Torschützenkönig der A-Jugendregionalliga Nord. Aber das hier war Männerfußball, sagte der Trainer. So ein Quatsch.

Shergo spielte dann in der dritten Mannschaft von Tennis Borussia, das waren Freizeitfußballer, Bezirksliga oder so, aber war ihm doch egal, er war wütend, er wollte Fußball spielen. Die Jungs kamen einfach mit. Ente und Bodden stiegen bei TeBe III ein, da musste Lars natürlich auch dabei sein, egal, ob der kaputte Fuß das eigentlich nicht erlaubte, egal, ob es seinem Ruf als Nachwuchsscout schaden könnte, dass er auf so niedrigem Niveau kickte.

Das Training der dritten Herrenmannschaft von Tennis Borussia war für freitags von 20 bis 21:30 Uhr angesetzt. Es war der Termin, der übrig blieb, den sonst keine Mannschaft wollte. Freitags um neun am Abend hatten sie noch nie trainiert, war das abgefahren, nach dem Training ein bisschen Parfüm drauf, und schon konnten sie direkt ins Nachtleben starten. War ein Riesenspaß, bis Ente und Bodden anfingen, die Trikots zu stehlen. Waren ja echte TeBe-Trikots, dieselben, die das Zweitligateam trug. »Da fehlen Trikots«, sagte der Trainer nach einem Spiel. Ente und Bodden saßen mit ihren Hintern darauf, bis der Trainer wegschaute und sie die Jerseys in den Sporttaschen verschwinden lassen konnten.

Samstagsmorgens nach einer solchen Freitagnacht wusch sich Mrosko das Gesicht mit kaltem Wasser und nahm eine andere Identität an. Er fuhr nach Kaiserslautern, um das angeblich beste deutsche Stürmertalent zu beobachten, Benjamin Auer. Sie sollten ruhig um die allerbesten Nachwuchsspieler mitbieten, ermunterte Tennis Borussias Sponsor 1999 die Macher im Jugendbereich. Für sie gebe es keine Grenzen.

Mrosko fuhr einen Rover 400. Den Dienstwagen hatte ihm Slomka besorgt, mit CD-Player, so einen hatten nicht viele. Sogar den Führerschein hatte ihm Tennis Borussia bezahlt.

»Der Fußball hat Lars gerettet«, dachte der Vater voller Dankbarkeit, wenn der Sohn ihm voller Enthusiasmus und Entschlossenheit von seiner Arbeit erzählte.

Mrosko steuerte den Rover am Samstagmorgen durch das verschlafene Neukölln Richtung Autobahn. Wie sich der Bezirk verändert hatte, fiel ihm auf. Auf der Karl-Marx-Straße, Neuköllns zentralem Boulevard, wo für ihn mit 15, 16 die weite Welt mit tollen Geschäften gelegen hatte, gab es nun leere Schaufenster, türkische

Cafés und Discount-Modeläden. In manche Gegenden Neuköllns, von der U-Bahn-Station Grenzallee bis Hermannplatz, würde er nicht mehr zum Spaß gehen, die Banden dort, reine Araber-Gangs, kannte er nicht mehr, die hatten keinen Kontakt mehr zu der Stadt, in der sie lebten.

Mrosko fuhr aus dem Bezirk hinaus, Richtung Kaiserslautern. Er würde Neukölln nie hinter sich lassen. Dies war sein Zuhause. Aber er war zuversichtlich, dass er endlich auf dem Weg war, in einem Beruf, der ebenfalls eine Heimat werden konnte. Das klang doch gut, fand er: Lars Mrosko, Fußballscout.

12

Immer unterwegs (mit der kleinen Hilfe einer Koffeintablette)

Er nahm für einen Abend Schauspielunterricht. Er sollte aufrecht im Stuhl sitzen, aber nicht steif, die Hände leger auf den Oberschenkeln liegen lassen, die Körperhaltung war unheimlich wichtig. So würde er Selbstsicherheit, aber gleichsam auch Gelassenheit ausstrahlen. Mrosko versuchte es.

»Sieht schon ganz gut aus«, sagte ihm Peter Hyballa, der A-Jugendtrainer des VfL Wolfsburg. Er war spontan in die Rolle des Theaterlehrers geschlüpft.

Sie probten im Mai 2005 am Küchentisch in Hyballas Junggesellenwohnung in Fallersleben für Mroskos Vorladung am nächsten Morgen bei der Geschäftsführung der VfL Wolfsburg Fußball GmbH. Mrosko musste dem Geschäftsführer schon durch seine Körpersprache zu verstehen geben, dass er eigentlich ein vernünftiger Kerl war, der nur kurzzeitig die Nerven verloren hatte, als er die beiden Leiter der Nachwuchsabteilung Dick und Doof genannt hatte.

»So, wir spielen es noch einmal durch«, sagte Hyballa am Küchentisch, als er mit Mroskos Körperhaltung zufrieden war. Mrosko übte, den gelassenen Mrosko zu spielen. Auf der anderen Seite des Küchentischs übernahm Hyballa die komplette Gegenseite, er spielte zwei Personen auf einmal, Klaus Fuchs, den Geschäftsführer der Profiabteilung, sowie Bernd Sudholt, den Geschäftsführer des Nachwuchsleistungszentrums.

»Herr Fuchs, ich möchte mich zunächst einmal bei Ihnen bedanken, dass Sie sich die Zeit nehmen für solche Albernheiten. Und Bernd, bei dir bedanke ich mich natürlich auch für die Gelegenheit, die Dinge wie Männer aus der Welt schaffen zu können«, eröffnete Mrosko die Gesprächsprobe. Genau so ging es, hatte ihm Hyballa erklärt: Sofort zu Beginn der Vorladung die Initiative ergreifen, in die Offensive gehen.

»Wer sagt denn, dass sich hier irgendetwas aus der Welt schaffen lässt!«, brüllte Hyballa als Sudholt.

»Bernd, bitte, du musst nicht brüllen, Herr Fuchs und ich sitzen genau neben dir.«

»Jetzt spiel hier nicht auch noch den Mann von Welt, so bist du doch gar nicht!«, brüllte Hyballa-Sudholt.

»Bernd, ich wüsste nicht, warum ich heute anders sein sollte, außer dass ich ein Hemd trage. Was gegenüber Herrn Fuchs als Ausdruck des Respekts nur angebracht ist, wenn wir ihm schon die Zeit stehlen mit unserem Kindergartentheater.«

»Nun, lassen Sie uns zur Sache kommen«, sagte Hyballa-Fuchs, milde lächelnd. »Herr Mrosko! Laut der mir vorliegenden schriftlichen Beschwerde sind Sie in gehörigem Maße gegenüber den Leitern des Nachwuchsleistungszentrums ausfällig geworden.«

»Das will ich gar nicht bestreiten, Herr Fuchs. Aber Sie müssen die Situation verstehen: Ich wurde zu Herrn Janssen und Herr Sudholt gerufen und dort jäh mit den gravierenden Anschuldigungen konfrontiert, ich würde illegale Geschäfte mit Spielerberatern betreiben. Das ist Rufmord. Wenn so etwas über mich behauptet wird, werde ich mich immer auf das Allerschärfste wehren.«

»Aber niemand hat doch …«, setzte Hyballa-Sudholt an.

»Bernd, bitte lass mich ausreden«, unterbrach ihn Mrosko. Ob er das bei Bernd Sudholt am nächsten Tag in Wirklichkeit auch so selbstbewusst hinkriegen würde? »Fakt ist, dass man mir nichts vorwerfen kann: Mache ich meine Arbeit nicht? Bin ich jemals krank? Nein, ich arbeite bis zur Selbstaufgabe für den VfL, und wenn dann solche ehrenrührigen Vorwürfe aus dem Nichts auftauchen, dann, Herr Fuchs, müssen Sie es mir doch wohl nachsehen können, dass ich für einen Moment die Nerven verlor.«

»Für einen Moment, hah! Du bist der ganzen Abteilung schon

lange ein Dorn im Auge mit deiner großmäuligen Art«, donnerte Hyballa-Sudholt. Es war Peter Hyballas Idee gewesen, Mrosko in einem Rollenspiel auf die Vorladung vorzubereiten, und nun hatte er einen Spaß am Theaterspielen, dass er dachte: Könnte er durchaus öfters machen.

»Meine Herren«, fiel Hyballa-Fuchs Hyballa-Sudholt ins Wort, »lassen Sie uns sachlich bleiben. Herr Mrosko, ist es richtig, dass Sie Herrn Janssen und Herrn Sudholt Dick und Doof nannten? Und danach auch noch die zwei größten Osterhasen der Bundesliga?«

»Das ist korrekt, ja.«

»Stopp«, sagte Hyballa. »Sag besser: ›Das ist leider korrekt.‹ Das wirkt demütiger.«

»Das ist leider korrekt, ja.«

»Und wollen Sie sich nicht dafür entschuldigen?«, fragte Hyballa-Fuchs.

»Ich bedauere, dass sich Herr Sudholt auf den Schlips getreten fühlt.«

»Gegenüber Herrn Janssen wollen Sie nicht Ihr Bedauern ausdrücken?«

»Herr Janssen soll sich erst einmal dafür entschuldigen, dass er mir illegale Geschäfte mit Spielerberatern vorwarf!«

»Nein, nein«, unterbrach ihn Hyballa, der Theaterlehrer. »Es geht nicht darum, recht zu behalten, Lars. Es geht darum, dass sie dich nicht rauswerfen. Du hast schon eine Abmahnung, und das hier ist der VW-Konzern. Du kannst dir keine weitere Aufsässigkeit erlauben.«

»Aber ich entschuldige mich nicht bei Janssen!«

»Doch, das musst du.«

Mrosko schien lautlos etwas in sich hineinzugrummeln. Ein Restrisiko blieb, dass sein Stolz mit ihm bei der Vorladung durchging. Aber ansonsten hielt Peter Hyballa seinen Freund für die Sitzung für genauso gut vorbereitet wie gewöhnlich seine A-Jugendmannschaft auf die Spiele am Sonntag.

Am nächsten Morgen erschien Mrosko, den alle beim VfL Wolfsburg im Kapuzenpulli kannten, in Hemd und Anzughose auf der Geschäftsstelle Nord in der Glas verkleideten, glänzenden Volkswagen

Arena. In konstruktiver Gesprächsatmosphäre klärte Geschäftsführer Fuchs den Sachverhalt, wie es zu den Beleidigungen des Nachwuchs-Chefscouts gegenüber seinen Vorgesetzten gekommen war. Bernd Sudholt verließ das Büro zufrieden, er mochte Mrosko im Prinzip doch, der Junge war bisweilen etwas ungestüm, aber wer wäre nicht gerne so gewesen, in der Jugend.

Klaus Fuchs und Mrosko blieben alleine im Büro zurück, um die Konsequenzen des Vorfalls zu besprechen.

»Ich muss Sie leider abmahnen, Herr Mrosko«, sagte Fuchs.

»Das lässt sich vermutlich nicht vermeiden. Aber was ist mit denen? Die können doch nicht einfach behaupten, ich würde Geschäfte mit Spielerberatern machen.«

»Herr Mrosko, ich kann nachvollziehen, dass Sie sich ungerecht behandelt fühlten. Aber aus Sicht der Nachwuchsleiter war es erforderlich, den Gerüchten nachzugehen.«

»Die sind keinen Gerüchten nachgegangen, die haben versucht, meinen Namen in den Schmutz zu ziehen!«

»Herr Mrosko, es bringt nichts, da jetzt nachzukarten.«

»Dann sage ich Ihnen was: Wenn Sie die nicht rügen oder sonst was machen, sind Sie für mich genauso ein Osterhase wie die!«

»Herr Mrosko, ich glaube, Sie sind sich Ihrer Situation nicht richtig bewusst: Sie erhalten nun bereits in kurzer Zeit die zweite Abmahnung beim VfL. Da Sie offenbar ein Freund der offenen Worte sind, sage ich es Ihnen ganz deutlich: Wenn Sie nicht gerade erst Ihren Vertrag um drei Jahre bis 2008 verlängert hätten, wären Sie heute vielleicht freigestellt worden. Und jetzt gehen Sie bitte, bevor Sie alles noch schlimmer machen.«

Zur Strafe wurde Mrosko vom Nachwuchsleistungszentrum ins Büro des Profi-Chefscouts Uli Mohr versetzt. Zur Strafe wurde er also praktisch befördert. Denn auch wenn das Büro an sich alles andere als idyllisch war, direkt unter einer Stadiontreppe der Volkswagen Arena gelegen, wo sie zu jeder Tageszeit das elektrische Licht einschalten mussten, so saß er nun in der Profiabteilung.

Uli Mohr hatte Anfang der Neunzigerjahre an der Deutschen Sporthochschule in Köln Sport studiert und war über Praktika bei Fortuna Düsseldorf und Ajax Amsterdam ins Scouting gelangt. Er war 35. Er glaubte wirklich daran, dass sich, auch im Fußball, durch harmonische Zusammenarbeit mehr erreichen ließ. Uneitel setzte er Mrosko regelmäßig für Scouting-Aufträge der Bundesligamannschaft ein, auch wenn dieser auf dem Papier weiterhin Nachwuchsscout war.

Im Juni 2005 arrangierte Mrosko für Uli Mohr und sich selbst ein gemeinsames Ferienhaus in den Niederlanden. Sie fuhren zusammen zur dreiwöchigen Juniorenweltmeisterschaft. Mit der Unterbringung in dem Ferienhaus ließ sich Geld sparen. »Dann brauchen wir aber auch noch Bettwäsche«, sagte Mrosko. An solchen Unternehmungen hatte er Spaß. »Da müssen wir in VfL-Bettwäsche schlafen!«

Die besorge er, sagte Uli Mohr. Ernsthaft.

Kurz darauf genehmigte Geschäftsführer Klaus Fuchs der Scoutingabteilung den Spesenposten Bettwäsche im Fanshop.

Bei der Juniorenweltmeisterschaft in den Niederlanden schien der Spielplan wie für Scouts gemacht. Es fanden immer zwei Partien hintereinander im selben Stadion statt; als ob der eigentliche Sinn der Nachwuchs-WM tatsächlich darin bestünde, möglichst viele Talente den großen Vereinen zu präsentieren.

Mrosko hatte sein Scouting-Notizbuch auf dem Schoß. Auf jeder Seite war ein Spielfeld vorgedruckt; auch an diesem Detail ließ sich erkennen, was für ein Markt das Scouting geworden war: Es lohnte sich für Schreibwarenfirmen, spezielle Scouting-Notizbücher herzustellen.

Mrosko reihte die Juniorennationalspieler anhand ihrer Rückennummern auf dem Notizblock-Spielfeld auf, Argentinien gegen Ägypten sichtete er am 14. Juni 2005 in Enschede, unmittelbar danach stand im Stadion De Grolsch Veste Deutschland gegen die USA an. Neben den Rückennummern in seinem Notizbuch machte Mrosko einen kurzen Strich oben oder einen kurzen Strich unten, er schrieb LF, RF oder BF, TG, DV, A oder S dahinter.

Er hatte sich die Zeichensprache selbst ausgedacht. Einen Strich oben für große Spieler, Strich unten für kleine Spieler, LF für Linksfuß, RF für Rechtsfuß, BF für beidfüßige Fußballer. Mit TG kennzeichnete er technisch gute Spieler, DV verkündete Durchsetzungsvermögen, A stand für Aggressivität oder S für Schnelligkeit. Er schrieb die Erinnerungsstützen aus Gewohnheit immer noch in sein Notizbuch, obwohl er die Informationen über die Spieler, die ihn interessierten, allesamt automatisch im Kopf abspeicherte.

Im Ferienhaus musste er dann am Laptop für alle 22 bis 28 Spieler der Partie eine detaillierte Analyse in die vereinseigene Datenbank eintragen, auch für Ägyptens linken Außenverteidiger, obwohl es nach nur diesem einen Spiel eindeutig war, dass er nie die für die Bundesliga notwendige Schnelligkeit und technischen Fähigkeiten erreichen würde.

Mrosko fand dieses Registrieren von jedem einzelnen Spieler, ehrlich gesagt, ziemlich bescheuert: Nur weil in der *Sport Bild* gestanden hatte, »VfB Stuttgart hat 10 000 potenzielle Neuzugänge in der Datenbank!«, brauchten sie jetzt auch eine gigantische Sammlung. Kein einziger interessanter Spieler dürfe unter ihrem Radar durchrutschen, sagte Wolfsburgs Sportdirektor Thomas Strunz. Klang gut. Aber so sammelten sie mit enormem bürokratischem Aufwand für die Scouts Tausende Karteileichen in der Datenbank an.

Offenbar sah das allerdings nur er so. Mrosko hatte mit Uwe Vester, seinem Freund von Schalke 04, darüber diskutiert. Selbst Uwe war der Meinung, wenn er schon zu einem Spiel ging, machte er sich über alle 22 Spieler Notizen, wer wusste schon, wie sich die entwickelten. Und wenn es nur dazu diente, einem Berater fundiert absagen zu können, wenn der ihnen einen Spieler anbot, und sie in der Datenbank mit einem Klick nachschauen konnten, haben wir schon sechsmal gesichtet, das ist keiner, der driftete im Defensivspiel stets von seiner Position ab.

Also bewertete Mrosko in Enschede bei der Juniorenweltmeisterschaft auch die Spieler, die seiner Meinung nach zu schlecht für Wolfsburg waren – genauso wie die, die zu gut für Wolfsburg waren. Ein Kreis um die Rückennummer in seinem Notizbuch war das höchste der Gefühle. Sofort kaufen, hieß das.

Die Nummer 18 von Argentinien kreiste er am 14. Juni 2005 in Enschede ein. Der 17-jährige Junge hieß Lionel Messi.

Messi hatte beim FC Barcelona schon eine Saison mit regelmäßigen Einsätzen in der Profielf hinter sich. Man brauchte nicht Scout zu sein, um zu erkennen, dass dieser Junge ein phänomenales Talent besaß. Wenn er scheinbar schwerelos durch Gegners Abwehr dribbelte, entstand ein neuer Laut in der Atmosphäre: Tausende Zuschauer glucksten vor Unglaube und Glück, Messi sehen zu dürfen. Für einen Klub wie den VfL Wolfsburg würde sich Messi eher weniger interessieren.

Trotzdem setzte Mrosko seinen sinnlosen Kreis um die argentinische 18 auf dem Notizblock mit persönlicher Befriedigung: Messi war 1,69 Meter klein. Seit Jahren hörte er im deutschen Fußball, seine Berliner Entdeckung Diego sei zu klein. Wollte ihm jetzt noch jemand sagen, Messi sei zu klein, kleine Fußballer hätten keine Chance im Profifußball?

Von Emden und der Niedersachsen-Liga war Diego der Sprung in die zweite türkische Liga gelungen. Wie schön war es, in Izmir einfach auf das Meer zu schauen, wenn die Sonne auf dem Wasser glitzerte, erzählte Diego Mrosko. Dann wurde nach einem Dreivierteljahr in Izmir der Trainer entlassen, und der neue fand Diego zu klein. Nun spielte er mit 23 wieder zu Hause in Berlin in der Amateur-Oberliga Nordost, vierte Liga. Es mochte sein, dass Diego nicht unbedingt so talentiert wie Messi war. Aber wenn er zehn Jahre später geboren worden wäre, wenn er 2005 erst 13 gewesen wäre, dann hätten ihn die neuen Jugendtrainer wie Hyballa ganz anders geschätzt, ganz anders rausgebracht, glaubte Mrosko; wo sie auf einmal alle einen Messi wollten.

Neben dem schieren Glück, Messi gesehen zu haben, brachten Mohr und Mrosko eine handfeste Empfehlung von der Juniorenweltmeisterschaft in den Niederlanden mit: Der rechte Außenverteidiger der brasilianischen Junioren wäre eine vorzügliche Verstärkung für den VfL Wolfsburg, wendig, drangvoll, 1,72 Meter klein, Rafinha.

»Die wollen 5,5 Millionen Euro für den haben!«, berichtete Sportdirektor Strunz seinen Scouts wenige Tage später aufgebracht von seinem Austausch mit Rafinhas brasilianischem Klub, Coritiba FC. Das zahle er niemals für einen 20-jährigen Außenverteidiger.

Sportdirektoren sagten meistens, *ich* zahle, oder *ich* zahle nicht, wenn sie über Transfers redeten, als ob sie ins eigene Portemonnaie griffen.

Scouts sagten noch viel lieber, den habe ich entdeckt. Uli Mohr versuchte Mrosko zu vermitteln, dass es nicht um Entdeckerruhm ginge, sondern bloß darum, dem Sportdirektor möglichst präzise

Vorschläge zu machen. Alles Weitere liege nicht in ihrer Hand. Da musste er einfach mal die Faust in der Tasche ballen, wenn sein Vorschlag nicht durchging.

Jaja, nickte Mrosko. Er fand, Uli war ein Supertyp. Aber da stand auch »Chefscout« auf Uli Mohrs Visitenkarte, also musste er doch mal wie ein Chef auftreten, auch gegenüber dem Sportdirektor.

Der FC Schalke 04 verpflichtete im Juli 2005 den brasilianischen Außenverteidiger Rafinha, der sich später bei Bayern München internationales Prestige verschaffen würde. In den Zeitungen stand, Schalkes Scout habe den Spieler bei der Junioren-WM 2005 entdeckt.

Viel zu viel zu arbeiten wurde Mroskos Auszeichnung. Er reiste nach Nordirland, nach Wedau, nach Paris, Dortmund, Bratislava, durch Kroatien und Tschechien, mal schnell nach Lissabon und Gelsenkirchen. Alles in weniger als zwei Monaten. Er gehörte jetzt zu den Profiscouts dazu.

Das Fernsehen diktierte den Terminplan des Fußballs. Von Montag bis Sonntag musste jeden Abend ein Spiel stattfinden, damit das Fernsehen etwas zu zeigen hatte. Jedes Spiel wurde als Ereignis inszeniert, bleiben Sie dran, hieß es Sonntagabend nach dem Schlager der Bundesliga: Montagabend kam der Schlager der zweiten Bundesliga. Die Scouts merkten allenfalls beiläufig, wie sie Opfer des neuen Die-ganze-Woche-Fußballs und der modernen, grenzenlosen Verkehrsverbindungen wurden.

»Du musst auch mal ein Spiel auslassen«, sagte Mrosko zu Uli Mohr, genauso wie es ein paar Wochen später Uli Mohr zu Mrosko sagte. Es wurde die Floskel unter Scouts. Man klang doch vernünftig und einfühlsam, wenn man den Kollegen darauf hinwies, mal langsamer zu machen. Jeder wusste, dass es nicht möglich war auszusetzen. Im Fußball, der sich modern nannte und der in Deutschland im Zuge der Weltmeisterschaft 2006 seine überhitzte Phase erreichte, galt ein Scout als faul, wenn er nicht mindestens fünf Tage die Woche unterwegs war. Diese Haltung gaben nicht nur die Sportdirektoren vor, diesen Anspruch hatten die Scouts stillschweigend an sich selbst, mochten sie untereinander auch noch so klagen, wie müde und kaputt sie waren. Unterwegs zu sein machte süchtig.

Am 18. Juli 2005 fuhr Mrosko zur Jugendeuropameisterschaft für

Teams unter 19 Jahren nach Nordirland. Wenn das Endspiel der EM am 29. Juli stieg, würde er schon längst wieder in Wedau auf einem Bundesländerturnier für 17-Jährige sein. Nach der Vorrunde waren bei der Jugendeuropameisterschaft immer wieder Ruhetage eingestreut, da würde er doch nicht bis zum Finale in Nordirland herumhängen. Ein Tag, ohne ein Spiel zu sehen, war Zeitverschwendung. Es musste reichen, die potenziellen Neuzugänge in der Vorrunde zu beobachten.

Wolfsburgs Sportdirektor Thomas Strunz wollte, dass Mrosko in Nordirland ein besonderes Auge auf den serbischen Mittelfeldspieler Gojko Kačar richtete. Das Scouting musste weiterentwickelt werden, sie brauchten objektive Vergleichswerte, Ballbesitzzeit, Passquote, fand Strunz, leider bekamen sie von einer Jugendeuropameisterschaft nicht die detaillierten statistischen Auswertungen wie etwa in der Champions League. Deshalb sollte Mrosko Kačars Ballkontakte zählen. »Ey, Thomas, jetzt führt er eine kurze Ecke aus, sind das dann zwei Ballkontakte?«, dachte sich Mrosko auf der Tribüne in einer Kleinstadt, deren Namen er schon vergessen hatte, als er noch dort war, Lurgan oder so.

Mrosko hatte mit zwei, drei deutschen Kollegen einen Fahrer organisiert, um sie im Linksverkehr durch die nordirische Provinz zu bringen. Beim Vorrundenspiel Deutschland gegen Nordirland in Ballymena gaben sie den Fahrer als Scout aus und nahmen ihn mit ins Stadion. Als ein Junge namens Thomas Stuart in der letzten Spielminute den belanglosen Anschlusstreffer zum 1:2 für Nordirland erzielte, sprang in der Tribünenreihe mit all den deutschen Scouts ein Mann auf und jubelte laut. Ihr Fahrer.

Das Bild blieb Mrosko mehr im Gedächtnis als all die Ballkontakte von Kačar. Wie schön das aussah, der eine aufspringende Mann unter vielen Sitzenden; wie ergreifend die pure Freude des Mannes über ein unwichtiges Tor war. Wegen solcher Momente, erinnerte sich Mrosko, zog es ihn zum Fußball.

In Wedau, sechs Tage später, machte sich Mrosko während einer Spielpause beim Bundesländerturnier Notizen, was er noch erledigen musste, wenn er endlich mal wieder in Wolfsburg war: die Talenttage organisieren, die Vertragslaufzeiten der eigenen A-Jugend-Spieler überprüfen, Bewertungen der eigenen Jugendspieler erstellen.

Das Handy klingelte. Thomas Strunz war dran und sagte ihm, die Heimkehr müsse noch ein wenig warten. »Du musst nach Paris.«

»Wann?«

»Jetzt.«

Es war Freitagmorgen, der 29. Juli 2005. Die französische Liga startete am Abend mit dem Match Paris St. Germain gegen den FC Metz in die neue Saison. Mrosko sollte St. Germains rechten Außenverteidiger Bernard Mendy begutachten; jetzt, wo Rafinha nicht kam. »Und wenn du schon in Frankreich bist: Schau dir am Samstag auch noch den Linksaußen von Lens an, Olivier Thomert.«

Thomert spielte mit Lens in Nantes. Keine Ahnung, wo das lag. Irgendwo in Frankreich halt. Mrosko fuhr los. Noch 518 Kilometer, gut fünf Stunden bis Paris, zeigte ihm der Navigator an. Mrosko versuchte auf langen Strecken in Hunderter-Schritten zu denken, nur noch 400 Kilometer war das erste Ziel, da feierte er innerlich, nur noch 400, und dann nur noch 300. Er hatte sich eine Michael-Jackson-CD gekauft, er war nicht Jacksons größter Fan, aber seine Lieder hatten einen Beat, da konnte er die Lautstärke hochdrehen und hoffen, dass ihn die Musik trug. Am nächsten Tag waren es 384 Kilometer nach Nantes. Die Stadt lag fast am Atlantik, in der Bretagne. Das hieß, er musste nach dem Spiel zwischen dem FC Nantes und RC Lens 1220 Kilometer zurück nach Wolfsburg, 1450 Kilometer und 13 Stunden nach Berlin.

Auf seinen ersten Autofahrten als Scout, mit dem roten Madza für Bayern München unterwegs, hatte er sich oft Städte angeschaut. Von der Sportschule Bad Blankenburg hatte er einen Abstecher nach Weimar gemacht. Er hatte kein gesteigertes Interesse an Weimars Geschichte, Goethe und Schiller, er spazierte einfach durch die Stadt und ließ die Stimmung, die Architektur auf sich wirken. Er lief auch durch Nantes, Anpfiff war erst um 20 Uhr, er sah den Touristen vor der Kathedrale zu und betrachtete die jungen Frauen im Café, französische Frauen, da konnte er Shergo und den Jungs was erzählen. Es war stets eine Versuchung, sich als Scout müde von der ganzen Reiserei aufs Hotelzimmer zu verziehen. Aber er spürte immer noch eine undefinierbare Freude, an einem Samstagvorabend plötzlich auf dem Place Saint-Pierre in einer französischen Stadt zu sitzen; einfach dort zu sein, wo er eigentlich nie hinzukommen gedacht hätte.

Er buchte kein Hotelzimmer in Nantes. Er brach nach dem Spiel, gegen 22 Uhr, sofort auf. Er glaubte, in elf Stunden könnte er es nach Wolfsburg schaffen. Dann könnte er um elf Uhr am Sonntag auf dem Trainingsgelände zu Strunz ins Büro marschieren und ihm von Mendy berichten, es musste doch schnell gehen mit der Verpflichtung eines rechten Außenverteidigers. In einer Woche begann die Bundesligasaison. Wie der Sportdirektor am Sonntagmorgen staunen würde, dass er schon aus Nantes zurück war, malte sich Mrosko aus und freute sich schon bei der Abfahrt über den Husarenritt, den er erst noch hinter sich bringen musste.

Auf dem Stadionparkplatz öffnete er noch eine Schachtel, die er sich am Nachmittag vorausschauend in einer Apotheke in Nantes gekauft hatte. Er warf einen Blick auf den Beipackzettel, der war nur auf Französisch verfasst, das verstand er eh nicht. Er nahm dann mal drei Koffeintabletten mit einem gehörigen Schluck Wasser, das sollte reichen, um ihn wachzuhalten.

Nach einem einzigen Spiel über einen Profifußballer zu urteilen war unseriös. Mrosko besaß nicht mehr als erste Eindrücke, Anhaltspunkte; ein Gefühl. Aber sein Gefühl bei Mendy war gut, rekapitulierte Mrosko auf der Autofahrt durch die französische Nacht: Mendy besaß die wichtigste Gabe eines Außenverteidigers, das Gespür für den richtigen Moment, wann gehe ich in die Offensive, wann bleibe ich in der Abwehr, wann gehe ich in den Zweikampf, wann begleite ich den Gegner nur, um ihn nach Außen abzudrängen. Mrosko liebte die lange Stille einer Autofahrt nach einer Sichtung, wenn er noch einmal über den Spieler nachdenken konnte. Die Musik war an, aber irgendwann nahm er sie nicht mehr wahr, weil er vollends in die Spielanalyse eingetaucht war. Einzelne Szenen hatte er detailgenau auf seinem Videorekorder namens Fußballgedächtnis abgespeichert: Wie Mendy nach einem Ballverlust seines Teams auf der linken Seite augenblicklich wendete und den rechten Rückraum zusperrte; er zerstörte den perfekten Spielzug des Gegners, die Spielverlagerung, schon, obwohl der Ball noch weit weg, auf der anderen Spielfeldseite war. Auf der Autofahrt verdichteten sich diese wabernden Beobachtungen zu einem Eindruck. Doch, Mendy konnte er empfehlen. Bei Thomert war er eher skeptisch, RC Lens hatte 0:2 verloren, und der Linksaußen hatte so ausdruckslos gespielt wie seine gesamte Elf. Falls der Sportdirektor dann wirklich versuchen wollte, Mendy zu verpflichten, mussten Uli Mohr und er sich den Außenverteidiger in Windeseile auf etlichen Videoaufzeichnungen anschauen, vielleicht hatte Uli Mohr den Spieler auch schon mal gesehen, das hatte Mrosko gar nicht abklären können, so schnell, wie der Auftrag hereingekommen war. Mann, was war denn los, er schwitzte wie verrückt, Mrosko glaubte, sein eigenes Herz schlagen zu hören.

Er fuhr an der nächsten Tankstelle raus, kaufte eine Literflasche Wasser und trank sie aus. Das Schwitzen und Herzklopfen hörte nicht auf. Die Koffeintabletten, wurde Mrosko klar. Er hatte sie überdosiert.

Er musste alle hundert Kilometer an einer Tankstelle anhalten. Er trank wieder halbliterweise Wasser, seine Kehle war wie ausgedörrt. Bei der nächsten Tankstelle musste er erneut anhalten, diesmal, weil er vom vielen Wassertrinken zur Toilette musste. Er brauchte 15 Stunden bis Wolfsburg. Er erwischte Thomas Strunz noch, der Sportdirektor war nach dem Morgentraining gerade im Gespräch mit dem neuen Trainer, Holger Fach. Mrosko brannte darauf, ihnen von Bernard Mendy zu berichten. Aber Holger Fach erzählte gerade, was für scharfe Frauen er in der Nacht zuvor getroffen hatte.

Da fühlte sich Mrosko schlagartig müde.

Als Strunz schließlich neugierig wissen wollte, welchen Eindruck er von Bernard Mendy gewonnen habe, antwortete Mrosko, sehr gut sei der, aber er sei fertig, er sei 15 Stunden durch die Nacht gebrettert. »Und ihr redet hier über Weiber!«, rief er – innerlich.

Ja, Mensch, dann solle er doch erst mal nach Hause gehen und sich ausschlafen, über Mendy könnten sie auch Montagfrüh reden, sagte Thomas Strunz voller Mitgefühl; nicht ahnend, dass Mrosko genau das Gegenteil von ihm wollte: das Gefühl, hier sofort gebraucht zu werden.

Zu Hause ging er mit dem Vorsatz ins Bett, sich mal richtig auszuschlafen. Aber er war spätestens um sieben am nächsten Morgen wieder auf den Beinen. Meistens wurde er von dem Drang geweckt, dass der Tag endlich beginnen möge, dass er loslegen könne. Er erzählte Sandra von seiner verunglückten Koffeinkur auf französischen Autobahnen und verstand nicht, warum sie es nicht witzig fand. Sie waren ein richtiges Paar geworden.

Es störte Sandra nicht, dass er so elendig viel unterwegs war. Sie war niemand, der jede Minute mit seinem Partner verbringen musste, sie fand, Freiräume gehörten zu einer Liebe. Aber alles musste sie deswegen auch nicht gut finden; die Schmerzen und Müdigkeit des Körpers mit Tabletten zu lindern war einfach nur töricht.

Er mache sich nicht kaputt, es sei in seinem Beruf aber nun mal nötig, gelegentlich über die Grenzen zu gehen, verteidigte sich Mrosko und fand die einfachste Lösung, den Konflikt wegen der Tabletten mit Sandra zu beenden. Er versteckte seine Koffeintabletten vor ihr. Dann nahm er Sandra mit auf eine der nächsten Scoutingfahrten.

»Du bist mein Hilfsscout«, sagte er und schenkte ihr ein Scouting-Buch. War natürlich nur ein Gag und doch einer jener kleinen Witze, in denen ein bisschen Wahrheit steckte. Es interessierte Mrosko, was Sandra in den Fußballern sah. Statt des fachlichen würde sie einen, wie sollte er sagen, menschlichen Blick auf die jungen Spieler haben.

Die Sportschule Bad Blankenburg hatte er als Ziel für ihren gemeinsamen Dienstausflug ausgesucht. In der Nähe des Orts hatte er einen Stausee mit glasklarem Wasser entdeckt. Da konnten sie sich abseits der Fußballpartien einbilden, im Urlaub zu sein. Seite an Seite mit Sandra sah er die Vorrundenspiele des Bundesländerpokals für 16-Jährige an. »Sag mal, der Torwart«, sagte Sandra, »piepst der immer so rum?«

»Was?« Mrosko blickte auf. War ihm gar nicht aufgefallen, dass die Anweisungen des Torwarts ohne Autorität in der Stimme untergingen.

Mrosko sagte ihr, ihm gefalle der Linksaußen im weißen Trikot, so einen feinen linken Fuß hätten wenige. Ist ja lustig, dachte Sandra, was er sah. Ihr war dieser Linksaußen eher negativ aufgefallen, wegen der Frisur, wegen der Körpersprache. Der spielte Fußball, weil es für ihn um die tollsten Frauen, die schnellsten Autos, die dickste Kohle ging.

Mrosko gewöhnte es sich an, dann und wann jemanden zum Scouting mitzunehmen. Sein Sprüherkumpel Wrek, der jetzt wieder unter dem bürgerlichen Namen Mario Jurčević lief, fuhr die ganze Woche durch Deutschland, um als Telekommunikationselektroniker das Telefonsystem auszubauen, und zur Entspannung fuhr er in der Freizeit mit Mrosko nach Prag, um den Stürmer Raffael im UEFA-Pokal-Spiel des FC Zürich bei Slavia zu beobachten. Die Fahrt verging schneller, wenn Mrosko jemanden dabei hatte, wenn er auch mal auf dem Beifahrersitz Platz nehmen konnte.

Fernfahrer hatten einen Fahrtenschreiber, der sie nach viereinhalb Stunden auf der Autobahn zu einer 45-minütigen Pause zwang. Länger als neun Stunden am Tag zu fahren war ihnen verboten. Mrosko hatte seine Koffeintabletten.

Uli Mohr, der Wolfsburger Chefscout, hatte gelacht, als ihm Mrosko launig von seiner Koffeinüberdosis in Frankreich erzählte. Den Rest hatte sich Mohr nur gedacht: Mrosko hätte doch gar nicht mit dem Auto nach Nantes fahren müssen. Selbstverständlich hätte der VfL ihm für die Strecke einen Flug genehmigt. Aber auch das konnte für Scouts eine Sucht sein: die härteste Tour zu fahren.

Am Ergebnis der Tour nach Frankreich hätte auch ein bequemerer Reiseweg nichts geändert: Sein Gutachten über Bernard Mendy war plötzlich uninteressant. Sie hatten noch einen anderen Rechtsverteidiger im Auge gehabt, den frischen portugiesischen Nationalspieler Alex Martins, der war wechselwillig und bezahlbar, also wurde seine Verpflichtung forciert.

Mrosko wurde besser. Er fragte nicht nach, was war mit Mendy, er dachte nicht an all den verschwendeten Aufwand – er stieg einfach wieder ins Auto ein und fuhr weiter. Auf zum Bundesligaspiel Borussia Dortmund gegen Hertha BSC, um Wolfsburgs nächsten Gegner zu beobachten, Herthas Eckball in der 73. Minute mussten sie dem Trainer auf Video bereitstellen, wie die Hertha-Spieler da liefen und den Weg freisperrten war prototypisch, Ecke Bastürk, Kopfball Simunic. Mann, war sein Rücken verspannt. Er nahm noch eine Ibuprofen. Er hatte doch schon lange keine mehr geschluckt.

Er flog nach Lissabon, um beim UEFA-Cup-Spiel zwischen Sporting und RC Lens doch noch einmal Olivier Thomert zu beobachten, er flog nach Zagreb zu einem Turnier für Jugendnationalmannschaften, er fuhr nach Pilsen, Prag, Bratislava. Seit er nicht mehr im Jugendleistungszentrum saß, kontrollierte seine Arbeit niemand mehr strikt. Janssen und Sudholt von der Nachwuchsabteilung wussten nicht, ob er gerade für die Profis unterwegs war. Und der

Sportdirektor der Profis, Thomas Strunz, gab der Scouting-Abteilung zwar viele Aufträge, vertraute aber darauf, dass sie sich weitgehend selbst organisierte. Diese Freiheit führte dazu, dass Mrosko so viel wie noch nie arbeitete. Er betrieb die Sichtung der Jugendspieler weiterhin als Vollzeitjob und hatte gleichzeitig den Anspruch, ein vollwertiger Mitarbeiter von Profi-Chefscout Uli Mohr zu sein.

Manchmal gönnte er sich ein Wochenende zu Hause bei Sandra in Berlin. Er ging dann ins Olympiastadion, um bei Hertha BSC gegen Eintracht Frankfurt eine Gegnerbeobachtung für Profitrainer Holger Fach zu erstellen, sah sich das A-Jugendspiel Hertha gegen Tennis Borussia an und die C-Jugendpartie von Hertha Zehlendorf, weil er gehört hatte, da gebe es einen talentierten 14-Jährigen. Auf dem Weg musste er nur noch schnell zur Apotheke, Koffeintabletten kaufen.

13

Ich bin ein Berliner

Das Gefühl, in Berlin zu sein, ließ sich auch in Wolfsburg finden. In einer Dönerbude. Es roch nach zu knusprig gegrilltem Hühnerfleisch, die Hitzewellen des schlecht isolierten Drehgrills hatten die Haut in den Gesichtern der Kebabverkäufer aufgeweicht, und an den blanken Aluminiumtischen aßen die Leute mit dieser stummen Zufriedenheit, als hätten sie der Stadt die kurze Pause abringen müssen.

»Komm, lass uns mal einen Döner essen gehen, unter Berlinern«, sagte Mrosko im Frühling 2006 nach dem Training der Wolfsburger A-Jugend zu deren Stürmer Kaan Ergün. Gleich auf der anderen Straßenseite vom alten VfL-Stadion stand eine Bude, die ihnen als Ersatzheimat diente. Kaan war ein echter Berliner Fußballer, mit einer Frechheit im Spiel. Als Mrosko ihn 2004 empfohlen hatte, sagten alle beim VfL, den müssen wir holen, auch die Chefs des Nachwuchsleistungszentrums, Janssen und Sudholt. Zwei Jahre später war Kaan mit 18 eine der größten Hoffnungen der Wolfsburger Fußballakademie, aber die Chefs fanden, er habe vor allem echte Berliner Probleme.

»Kaan, jetzt erzähl mal deine Sicht der Dinge: Was ist wieder vorgefallen?«, fragte Mrosko ruhig, unter Berlinern, scheinbar auf den Döner konzentriert, damit ihm nicht die Knoblauchsoße auf den Pullover tropfte.

»Nichts ist vorgefallen.«

»Kaan, deine Lippe ist dick und genäht. Etwas ist vorgefallen.«

»Ja, aber nichts Schlimmes.«

»Ich will einfach nur deine Version hören.«

Kaan war einfach nur mit seiner Freundin im Kino gewesen, zu Hause in Berlin, im *Zoo Palast,* und sie hatten sich einfach nur auf die falschen Plätze gesetzt, Kaan schwor es Lars. Da kam ein Typ so an: »Weg hier!« Er habe einfach nur zurückgefragt: »Geht's auch freundlicher?«, echt, das schwor Kaan Lars, und der Typ habe sofort zugeschlagen. Da habe er sich einfach nur verteidigt. Es wurde halt etwas heftiger.

»Und warum gab es dann auch noch Theater mit dem Physiotherapeuten beim VfL?«

»Ey, ich hatte eins auf die Lippe gekriegt, und dann labert der Physio mich noch voll, dass er hier sei, um Sportverletzungen zu behandeln und keine asozialen Schläger. Ich habe ihm nur gesagt, Mann, ich habe mir eine eingefangen, da muss ich mir nicht auch noch dein Gequake anhören, du Affe.«

»Kaan, du willst Profifußballer werden.«

»Ja, klar. Das werde ich auch, ich –«

»Kaan, du glaubst, du hast Talent. Aber Talent fängt im Kopf an.«

Kaan sah ihn mit seinen großen dunklen Augen treuherzig an, als verändere ihn jedes einzelne Wort von Mrosko. Wie fast alle Jugendfußballer sah er trotz seiner 1,80 Meter außerhalb des Rasenplatzes plötzlich schmächtiger, kindlicher aus, verwundbarer. Die coole Baseballmütze rückte er sich im Sitzen ständig zurecht.

Kaan Ergün war ein rares Talent, mit einem himmlischen Gefühl für den Ball, aber auch Wucht in den Zweikämpfen, mit Torinstinkt, aber auch der Gewissenhaftigkeit beim Verteidigen. An der Vernunft musste er, wie die Fußballer sagten, noch arbeiten. Aber auch die ließ sich lehren wie Ballstoppen. Den würde er hinkriegen, sagte sich Mrosko. Er würde jeden 18-Jährigen hinkriegen, man musste sich nur bemühen.

Ein paar Wochen später musste er wieder mit Kaan unter Berlinern einen Döner essen. Vor seinem Spiel gegen den Hamburger SV war Kaan bis tief in die Nacht im *Novum* gewesen. Was war denn daran so schlimm, protestierte Kaan, er hatte doch danach das Siegestor geschossen.

Er habe nicht mehr die Nerven, sich um solche Kindereien zu

kümmern, schoss es Mrosko durch den Kopf, er sichtete jetzt von Schweden bis zur Slowakei *ernsthafte* Spieler für die Bundesligaelf. Aber schon im nächsten Moment gewann seine Fürsorge wieder die Oberhand, und auch die Verbundenheit mit Kaan, unter Berlinern.

»Du wirst nie aus Berlin weggehen«, sagte ihm Peter Hyballa, und im ersten Moment war Mrosko beleidigt, wieso das denn, er hatte doch sogar schon zweimal in der Ferne gelebt, in Hamburg. Mrosko hatte Hyballas Bemerkung missverstanden, als traue ihm der Freund es nicht zu, sich außerhalb der ausgetrampelten Pfade zu bewegen. Peter Hyballa hatte es allerdings als Liebesbeweis gemeint: »Er ist halt verschossen in Berlin.«

Wenn Mrosko nachts um drei aus Teplice oder Púchov auf der A115 beim alten Checkpoint Bravo mit dem Gefühl, endlich heimzukommen, nach Berlin hineinfuhr, und die Metropole, die angeblich niemals schlief, ihn still erwartete, dann spürte er, dass man eine Stadt lieben konnte wie einen Menschen.

Rund 15 Jahre nach der Wiedervereinigung war Berlin das geworden, was es in den Köpfen von Mrosko und den Jungs immer schon gewesen war: eine Stadt, in der die ganze Welt lebte, eine Großstadt, die das wirklich Größte schaffte: Menschen mit ihrer Energie anzustecken.

Mrosko sah den neuen Hauptbahnhof, der rechtzeitig zur Fußball-Weltmeisterschaft 2006 eröffnete und mit seinen gigantischen, verchromten und verglasten Hallen den Reisenden den Eindruck gab, sie brachen zu etwas Großem auf, auch wenn sie in Wirklichkeit nur die S-Bahn zum Potsdamer Platz nahmen. Er lief gelegentlich durch den Überschuss von Gerüchen, Tönen, Farben am Kottbusser Tor, er kannte die gläsernen Schluchten in der neuen Mitte, die mit dem Himmel konkurrierten. Er spürte die tägliche Ekstase, die vom Gewusel der Menschenmengen in der Innenstadt ausging. Aber tatsächlich bestand Mroskos Berlin, wie für fast alle Berliner, nahezu ausschließlich aus seinem Kiez.

Auf den Straßen in den Neuköllner Vierteln Britz, Buckow, Rudow ging es gemächlich zu, unter den Hochhäusern der Gropiusstadt saßen vormittags keine Punks, Touristen, Bodybuilder und aufgedonnerte Ungarinnen in der Eisdiele, sondern nur ein paar schwer atmende Rentner mit Stock und drei von Akne geplagte Schulschwänzer. Aber auch sie glaubten dazuzugehören, Teil zu sein der neuen überbordenden Berliner Lebendigkeit.

Mrosko wohnte auch mit Sandra in Neukölln. Auch sie hatte nie woanders gelebt. Mit dem Lebensmittelhändler konnte sie ein paar Sätze auf Türkisch wechseln. Türkisch hatte sie halt aufgeschnappt, bei Nachbarn und Freundinnen.

Die Jungs waren 2006 ausgeflogen. Ente und Hotze versuchten sich als Maler in der Schweiz. In Berlin hatten sie doch keine Chance mehr gegen die ganzen Polen mit ihren Billigpreisen, hatten sie geschimpft. Also wollten sie die Polen der Schweiz werden. Shergo war im Sommer 2005 von der Reserveelf des VfL Wolfsburg zum VfL Osnabrück in die dritte Liga gewechselt. Mrosko hatte gegrummelt. In Wolfsburg hatten sie Shergoal angeboten, ihn als Leitfigur für die Talente in der Reserveelf zu installieren, er hätte einen Anschlussvertrag bei VW nach der Fußballkarriere herausschlagen können, er musste doch auch mal an die Zukunft denken mit 26. Stattdessen tingelte er als Tagelöhner weiter zum nächsten drittklassigen Verein.

Osnabrück war ein Name, Mann, da feierten einen Torjäger 5000 Zuschauer, da gab es 5000 Euro im Monat, und hau noch die Punkteprämie drauf, sagte Shergo. Das musste er machen. Er hatte keinen Bock mehr auf viertklassigen Oberligafußball vor leeren Tribünen, »ich bin ein Herzfußballer. Ich reiß mir auch für ein paar Euro fünfzig den Arsch auf, aber ich will spüren, dass ich was zurückkriege«, Applaus, Anerkennung, Zuneigung.

Über Ente und Bodden lachten sich Shergo und Lars immer wieder tot, weil die beiden sich permanent in die Haare kriegten. Dabei merkten Shergo und Lars nicht, wie sie sich gelegentlich kabbelten.

Sie waren spätestens versöhnt, als Shergo bei einem Besuch in Wolfsburg im Frühling 2006 die Geschichten aus Osnabrück erzählte.

Shergoal sollte natürlich einen Dienstwagen kriegen. Mercedes C-Klasse, stand im Vertrag, aber als Shergo den Wagen im Autohaus abholen wollte, war das Modell nicht da. »Ich gebe Ihnen dann erst mal leihweise den hier«, sagte der Verkäufer. Einen SLK 230! Shergoal bretterte gleich los, nach dem Training wollte er einen Mitspie-

Sie schenkten ihm zum Geburtstag einen trächtigen Hamster: Shergo mit seiner Frau Kristin in der Mitte, Hotze im dunklen Hemd, Ente ganz rechts.

ler mitnehmen, der faule Hund kam nicht, Mann, in einem SLK 230 konnte Shergoal nicht warten, da juckten die Füße, er hupte, die Hupe war auch edel, er hupte und hupte, irgendwie hatte er nicht daran gedacht, dass andere Leute außer dem Mitspieler das Hupen auch hören würden. Die gesamte Geschäftsstelle schaute aus dem Fenster, samt Sportdirektor Lothar Gans. Da war sein Ruf schon zementiert, sagte Shergo, übel, richtig übel. Ja, und dann lief ihm auch noch Hollywood weg. Der Hund seiner Freundin.

Shergoal wollte gerade ins Training gehen, machte die Haustür auf, und zack, war Hollywood um die Ecke. So ein kleiner Kerl, ein

Chihuahua. Shergoal war alleine zu Hause, Kristin arbeitete noch bei VW in Wolfsburg, wo er sie kennengelernt hatte, er konnte doch jetzt nicht ins Training gehen, und der Hund lief durch Osnabrück.

Er rief den Trainer Pele Wollitz an. »Trainer, ich kann nicht ins Training kommen.«

»Warum?«

»Ich bin dafür, immer die Wahrheit zu sagen: Der Hund ist weg.«

Der Trainer sagte nur »Okay«. Aber wie Wollitz das Wort aussprach, ließ Shergo vermuten, was der Trainer über ihn dachte, »wahrscheinlich: kompletter Pflegefall«.

Im Winter vergab Shergoal bei einem Hallenturnier eine Torchance; auch einem, der das Tor im Spitznamen trug, passierte das doch mal. Aber der Trainer wechselte ihn sofort aus und brüllte ihn an: »Wenn du keinen Bock hast, bleib zu Hause.« Shergoal schaute ihn indigniert an. »Was schaust du«, brüllte Wollitz, »hör auf, so zu schauen, sonst puste ich dich weg!«

Die Mitspieler versuchten, Shergoal festzuhalten, er sollte keinen Quatsch machen, aber er schüttelte sie ab und ging, mitten im Spiel, ohne ein weiteres Wort in die Umkleidekabine. Nach dem Schlusspfiff der Partie stürmte der Trainer herein. »Was willst du?«, schrie er, und Shergoal sprang sofort auf, Kopf an Kopf stand er mit Wollitz, das war das Kriegsverbrechen des Profifußballs, die Autorität des Trainers offen anzufechten. Das tat man nur hinter dem Rücken.

So kam es, schloss Shergoal die Erzählung, dass er in Osnabrück nur vier Einsätze vorwies und im Sommer 2006 erneut weiterziehen müsse. Das war sein Freund, fühlte Mrosko voller Stolz.

Er führte ohne die Jungs in Berlin mit 29 ein, wie sollte er es nennen, erwachseneres Leben. Er fuhr mit Sandra in den Urlaub an die Ostsee. Zu Hause streichelte er Fossi, ihren Kater. Manchmal war Sandra genervt, weil seine alten Laster ins neue Leben hereinreichten. Er hatte 80 Paar Schuhe. Sie fand im Schuhschrank einmal Koffeintabletten versteckt. »Du wirst dich noch mal zugrunde richten mit deinen hohen Ansprüchen an dich selbst, immer das Beste zu erreichen im Job«, sagte sie ihm und fürchtete, er würde ihre sorgenvolle Kritik auch noch als Lob interpretieren.

Das Leben war in Ordnung so, fand Mrosko. Doch wie zur Erholung brauchte er von Zeit zu Zeit sein Berlin. Er setzte sich mit Diego in der Stettiner Straße im Wedding in das Hinterzimmer einer türkischen Kneipe, sie zogen die Vorhänge zu, und er rauchte eine Wasserpfeife. Im Café an der Badstraße saßen die Hells Angels. Er nickte ihnen zu. Okay, war nichts, worauf er stolz sein sollte, dass er sie vage kannte, von früher, aber er war schon auch zufrieden: dass sie immer noch zurücknickten.

»Nicht schon wieder ein Berliner!«, dachte selbst sein Freund Peter Hyballa, als Mrosko mittwochs bei der Trainersitzung der Nachwuchsabteilung den nächsten Jungen aus der Hauptstadt vorschlug, einen schlaksigen 17-Jährigen von Tennis Borussia mit feinen Ballfertigkeiten, Kevin Maek, der seinen in der Pubertät auf fast 1,90 Meter aufgeschossenen Körper allerdings noch nicht wieder richtig koordinieren konnte.

»Machen wir jetzt eine Berliner Filiale auf?«, fragte Hyballa zum Spaß.

»Ist das wieder so einer wie Kaan Ergün?«, fragte Bernhard Janssen, um den Spaß auf die Spitze zu treiben.

Mrosko explodierte. »Was willst du denn jetzt? Wenn du was zu sagen hast, dann sag es jetzt: Kann Kaan nichts? Nein, er ist fußballerisch ein Riese. Und seine Probleme kanntest du auch, trotzdem hast du seiner Verpflichtung zugestimmt.«

»Nein, ich habe mich auf deine Informationen verlassen«, hörte er Janssen sagen.

Seine Mutter oder Freunde wie Uwe Vester sagten Mrosko, er solle nicht alles so ungefiltert emotional nehmen, aber wie anders als emotional sollte er denn Janssens Piesacken nehmen? Er konnte nicht verhindern, dass es ihn jedes Mal wieder traf.

Mrosko hinterfragte nicht, ob er wirklich besonders viele Jugendspieler aus Berlin nach Wolfsburg brachte. Er empfahl doch auch Talente aus Braunschweig, Gifhorn, Dresden; Berlin war einfach ein wichtiger Markt für den VfL Wolfsburg, allein wegen der Vielzahl von Talenten in einer Millionenstadt, und auch weil die Straßen einer Großstadt bisweilen einen besonderen Spielertyp hervorbrachten, listig, brutal durchsetzungsfähig. Kaan Ergün wurde ihm zwar mitunter zu anstrengend, aber wenn sie den in die Spur bekamen, hätten sie auf Jahre Wolfsburgs Bundesligatorjäger gefunden. Also ging Mrosko noch einen Döner unter Berlinern mit ihm essen.

Mit 14 Jahren war Kaan Ergün zum ersten Mal richtig in Mroskos Blickfeld geraten. In der Berliner C-Jugendauswahl hatte es eine Schlägerei zwischen den beiden Stürmern gegeben. Der Junge von Tennis Borussia, Kaan Ergün hieß er, war während eines Fußball-Tennisspiels zum Entspannen auf das Sternchen des 1988er Jahrgangs in Berlin, Änis Ben-Hatira von Hertha BSC, losgegangen. Weil Ben-Hatira nicht verlieren konnte und dumme Sprüche machte, sagte Kaan. Den wichtigsten Aspekt der Schlägerei deutete er in der Begründung an: dass Ben-Hatira natürlich am Verlieren war, im Fußball-Tennis gegen ihn.

Kaan Ergün wurde zum Kapitän von Tennis Borussias C-Jugend ernannt. Der Trainer, der sozialpädagogisch dachte, hoffte, die Ehre und die Verantwortung würden auf Kaan einen besänftigenden Einfluss haben. »Ich will gerne Vorbild sein«, sagte Kaan. »Aber ich kann es nicht.« Er wurde bei der kleinsten Gelegenheit im Spiel unendlich zornig. »Spiel früher ab, du Missgeburt!«, schrie er einen Mitspieler an. Er hatte sich wirklich vorgenommen, ein guter Kapitän zu sein.

Er wuchs in Wilmersdorf auf. Der Vater führte vier Geschäfte, in denen er amerikanische Jugendmode verkaufte. »Was willst du mit Fußball«, donnerte der Vater, »du musst einen guten Schulabschluss machen«, und ließ, wenn die drei Söhne nachmittags wieder nur auf der Straße gewesen waren, abends zur Verdeutlichung die Hand sprechen.

»Immer die alten Südländerkämpfe«, sagte Kaan: Die Kinder sollten lesen, lernen, es mal besser haben und machten das Gegenteil, weil die Eltern ihnen die Sehnsucht nach Bildung mit Macht aufdrückten. Die beiden Brüder waren ihm immer weit voraus, acht und zehn Jahre älter, der eine musste lange ins Gefängnis, tat nichts zur Sache, sagte Kaan, aber jedenfalls: »Mir wurde das Falsche beigebracht: Tue dem Unrecht, der dir Unrecht tut.«

Er war zwölf, als sich die Eltern trennten. Er zog mit der Mutter nach Steglitz. Die Mutter ließ ihn spüren, dass sie für ihren kleinen Sohn alles tun würde, aber das bedeutete auch, dass sie nun einen Job tagsüber machte und einen zweiten frühmorgens, in Bäckereien, in

Hotels, um sie beide zu ernähren. Kaan verschlief täglich die ersten Schulstunden, war doch nur Schule. Aber auch die Straße reizte ihn nicht, abhängen, keine Struktur im Alltag haben, nur Scheiße bauen, er hatte das alles schon bei den Größeren, den Brüdern in Wilmersdorf gesehen, mit zehn, elf. Er spielte Fußball.

Mrosko nahm im Januar 2004 Bernhard Janssen mit in die Sömmeringhalle in Charlottenburg, um dem Nachwuchskoordinator des VfL diesen Jungen zu zeigen. Tennis Borussias 16-Jährige lagen ein, zwei Minuten vor Schluss des Hallenspiels gegen den Spandauer BC 1:3 im Rückstand. Kaan Ergün schoss in anderthalb, in den letzten anderthalb Spielminuten, drei Tore zum 4:3-Sieg. Als er die Tribüne hochging, rief ihm Janssen zu: »Gut gespielt!«

»Danke«, antwortete Kaan und wunderte sich nicht, dass ihn ein Fremder lobte. So war das doch wohl bei großen Fußballern.

Fünf Monate später kam Mrosko mit einem Kleinbus des VfL Wolfsburg in Steglitz vorbei. Er war das Umzugsunternehmen für Kaans Wechsel nach Wolfsburg. Mit 16 erhielt Kaan einen Vierjahresvertrag, für die drei verbleibenden Jugendjahre sowie eine Anschlusssaison in der Männer-Reservemannschaft. Die meisten Jugendspieler in Wolfsburg mussten sich Jahr für Jahr neu qualifizieren.

Bernhard Janssen lud Kaan und zwei andere neue Spieler zur Begrüßung ins *Lupus* zum Mittagessen ein. Als Janssen die Rechnung zahlte, schwitze Kaan. Musste er nicht auch Trinkgeld geben, er wusste es nicht genau, er war noch nie ohne seine Eltern in einem richtigen Restaurant essen gewesen. Er legte für die Bedienung sieben Euro Trinkgeld auf den Tisch.

»Na, Respekt, Kaan, wenn du sieben Euro Trinkgeld gibst, wissen wir ja, wie du deinen Haushalt führst«, sagte Janssen und lachte mit den anderen Jungs.

Kaan versuchte ein Lächeln. Er fühlte sich bloßgestellt, erniedrigt.

»Ich hätte auch nach Chelsea gehen können«, erzählte er gleich mal in der Umkleidekabine, damit an seinem Status erst gar keine Zweifel aufkamen. Und eine wunderbare Freundschaft zwischen ihm und dem Rest der Mannschaft begann. Besonders an einem Verteidiger, Daniel Reiche, rieb sich Kaan. Reiche kam aus einem Dorf namens Grasleben, das mitten in einem Naturpark lag, der Opa fuhr ihn oft die 20 Minuten zum Training nach Wolfsburg. Reiche glaubte nicht wirklich daran, Profi zu werden, er war einfach stolz, mit 16 in der Jugendelf eines Bundesligisten spielen zu dürfen, und später, nach dem Abitur, könnte er dann mal einem bürgerlichen Beruf wie der Vater nachgehen, der beim Otto-Versand in der Personalabteilung arbeitete.

Geradezu vornehm erschien Reiche dem Trainer Peter Hyballa in seinen Bewegungen auf dem Fußballplatz, er gewann die Zweikämpfe mit den Stürmern oft, ohne in Körperkontakt zu geraten. Er lief den Ball bereits einen Meter vor dem Gegner ab.

Diese Leichtigkeit ertrug Kaan nicht: »Der ist nach dem Motto aufgewachsen: ›Ja, mein Sohn, hier hast du alles‹, der hält sich sicher für was Besseres als mich.«

»Du Holzkuh!«, schrie Kaan bei Reiches erstbestem Fehler im Trainingsspiel, die unendliche Wut in ihm war schon erwacht, die Wut war gut, sie ließ ihn schneller und mehr laufen, er hatte das Gefühl, mit dieser Wut konnte er sogar töten auf dem Fußballplatz. Peter Hyballa beobachtete, wie sich Kaan und Reiche, und schon bald die halbe Mannschaft gegen Kaan, im Trainingsspiel gegenseitig hochschaukelten, das war gut, in emotionalen Ausnahmesituationen wuchsen Fußballer über sich hinaus. Aber irgendwann spürte Hyballa ein Grummeln im Magen. Wenn er nicht in diesem Moment einschritt, würde Kaan einen Mitspieler wüst foulen, und dann konnte es handgreiflich werden.

»Ich fick deine Mutter!«, säuselte Kaans Bewacher ihm im Spiel gegen Rot-Weiß Erfurt ins Ohr, der will dich nur provozieren, dachte Kaan noch, aber was sollte er machen, natürlich provozierte es ihn! Beim nächsten Zweikampf lehnte er sich mit dem Rücken in den Erfurter und quetschte ihm, während er sich mit dem Ball wegdrehte, die Hoden. »Mit was willste denn jetzt noch ficken?«, fragte Kaan den Erfurter, als er sich herunterbeugte, um zu sehen, was mit dem los war, er wusste auch nicht, warum der Erfurter so schreiend am Boden lag.

Im Training beschimpfte Peter Hyballa Kaan lautstark, »beweg dich, du Haubentaucher!« Er wollte versuchen, ihn an die Provokationen zu gewöhnen. Nach dem Training führte er das zigste ruhige Einzelgespräch mit Kaan.

Hyballa und Mrosko waren cool, fand Kaan, die waren sein Ziehvater und sein großer Bruder in Wolfsburg. Er wollte auch auf sie hören, theoretisch.

Vor dem nächsten Spiel gegen Flensburg kam er eine Viertelstunde zu spät zum Treffpunkt. Er war am Abend zuvor für eine Nacht in die Disco nach Berlin abgehauen und hatte auch wie geplant den ICE um 7:30 Uhr zurückgenommen, aber der dumme Zug hatte über eine Stunde Verspätung. Peter Hyballa kanzelte ihn vor der gesamten Mannschaft ab, wie er es noch nie getan hatte, und ließ ihn dann stürmen, als wäre nichts gewesen. Kaan markierte vier Tore. »Man kann dich hassen«, sagte Hyballa. »Aber wir lieben dich.«

Vielleicht würde es helfen, wenn sie Kaan zum Kleinen machten. Er wurde im Sommer 2005, mit 17, in die Wolfsburger Reserveelf geschickt, unter Männer. Wie alle Spieler siezte der Trainer Uwe Erkenbrecher auch Kaan. Er war noch nie gesiezt worden, er fühlte sich komisch dabei, wie in eine fremde Welt versetzt. Warum siezt er mich, fragte Kaan die Mitspieler, und die lachten nur.

Nach wenigen Wochen waren all die Erziehungspläne für Kaan in der Bundesligareserve hinfällig. Er hatte sich beim Fußball das Wadenbein gebrochen.

Mrosko ging für ihn einkaufen, während Kaan Gips trug. Er musste ein Auge darauf haben, dass der Junge nicht durchhing, deprimiert von der schweren Verletzung, allein in Wolfsburg.

Kaan wohnte in einer der vom VfL organisierten Jungfußballer-WGs in der Schreberstraße 28, sein Mitbewohner im zweiten Jahr, Valdet Rama, war schon die meiste Zeit mit den Profis unterwegs, oder er schlief. Allein mit seiner Verletzung dachte Kaan darüber nach, ob er jemals wieder so rasant Fußball spielen würde wie gewohnt, und als er drei Monate nach dem Wadenbeinbruch im Herbst 2005 schließlich wieder in die A-Jugend zu Hyballa zurückkehrte, war es zu seiner eigenen Überraschung keine Befreiung. Die Angst wurde nur mächtiger: Würde der Knochen wieder brechen, wenn ihm jemand dagegentrat, er trug doch noch eine Eisenplatte zur Stabilisierung im Bein, was, wenn die einen Tritt abbekam? Aber Kaan ließ es nicht zu, dass Mrosko oder irgendwer merkte, wie er litt. Ängste und Schwächen zuzugeben wäre das Schwächste überhaupt.

Kaan warf die Krücken gegen die Wand, als der Physiotherapeut ihn schon wieder rügte, weil er die Stabilitätsübungen nicht machte. Mann, Alter, das Bein würde schon irgendwie heilen, außerdem war es sein Bein, okay!

Die Mitspieler behaupteten, Kaan habe einem von ihnen in der Umkleidekabine eine Uhr geklaut. Aber als ein Mitspieler, Falk Zboron, sonntags um acht nicht wie verabredet bei Inge vor der Vereinsgaststätte zur Abfahrt zum Auswärtsspiel erschien, war es Kaan und kein anderer, der sagte, er müsse noch mal kurz auf Toilette, und der dann hinten raus aus der Vereinskneipe losrannte, um Falk zu Hause rauszuklingeln, damit er keinen Ärger bekam. So, fand Kaan, hätten die anderen auch ihm helfen sollen. Die anderen fanden nicht, dass man Kaan Ergün helfen konnte.

Im Frühjahr 2006, kurz nachdem Mrosko einen Döner unter Berlinern mit ihm gegessen hatte, informierte die Höhere Handelsschule, Schreberstraße 1, den VfL Wolfsburg, dass ihr Jugendspieler Kaan Ergün für drei Wochen vom Unterricht suspendiert sei. Man sehe sich zu dieser extremen Maßnahme gezwungen, nachdem der Schüler wiederholt gegenüber dem Lehrpersonal ausfällig geworden sei. Die Schuldirektion würde sich freuen, gemeinsam mit den Verantwortlichen des VfL Wolfsburg darüber nachzudenken, wie es mit dem Schüler Kaan Ergün weitergehen solle.

Peter Hyballa und Mrosko machten sich auf den Weg. Sie waren die Letzten, die weiterhin glaubten, dass sie den hinkriegten, dass Kaan Ergün so ein guter Fußballspieler war, dass man ihn hinkriegen musste.

»Kaan, muss ich irgendetwas wissen, bevor ich da jetzt ins Lehrerzimmer gehe?«, fragte Mrosko.

»Nein, ich habe doch nichts gemacht.«

»Wenn du nichts gemacht hättest, müssten wir da nicht hin.«

»Ich habe halt was zur Lehrerin gesagt, deswegen bin ich doch suspendiert worden. Ganz ehrlich, Lars, ich verstehe nicht, was das Problem ist: Ich will doch gar nicht mehr zur Schule.«

»Du hast also nur einmal die Lehrerin beschimpft«, sagte Mrosko, als habe er Kaans letzte zwei Sätze nicht gehört. »In Ordnung. Wir werden schauen, was wir für dich machen können.«

Im Lehrerzimmer berichtete der Schuldirektor, umringt vom Kollegium, eine Lehrerin habe Kaan Ergün während des Unterrichts ermahnt, als er mit seinem Tischnachbarn Dimitri schwatzte. Daraufhin habe er gerufen, »halt die Fresse«, und sei aus der Klasse gelaufen.

Nun, da könne er sich nur aufrichtig entschuldigen, sagte Mrosko, das sei natürlich nicht tolerierbar, und er wisse auch, dass Kaan Ergün kein einfacher Schüler sei, aber er gebe bitte zu bedenken, dass dies ein isolierter Vorfall gewesen sei.

Ein isolierter Vorfall, unterbrach ihn die Lehrerin und zählte so viele Vorfälle auf, dass Mrosko fürchtete, sie würde gar nicht mehr aufhören.

Mrosko wartete, ob er sich beruhigen würde. Aber am Abend brodelte es unverändert in ihm. Er ging von seinem Büro in der Profi-Abteilung hinüber zum alten Stadion und rief Kaan vor dem Training aus der Umkleidekabine der A-Jugend.

Mrosko ging voraus. Er war sich sicher, dass ihm Kaan folgte, in die Gästekabine für Reservemannschaften. Mrosko schloss die Tür, sie waren alleine in der kahlen Umkleidekabine mit ihren schmalen Sitzbänken. Mit einer unvorhersehbaren Bewegung packte Mrosko Kaan an der Kehle und drückte ihn gegen die Wand.

»Mir reicht es, Kaan. Ich habe genug von deinem Scheiß.« Kaan sah ihn an und dachte, wenn er mir eine Ohrfeige gibt, werde ich mich nicht wehren. Ich habe ja Mist gebaut, er will mir helfen.

»Ich weiß nicht, wie oft Peter und ich in den letzten anderthalb Jahren bei Janssen und Sudholt den Kopf für dich hingehalten haben. Und ich bin auch heute mit der festen Absicht in die Schule gegangen, dich zu verteidigen. Aber dazu musst du mir die Wahrheit sagen! Ich stand wie ein Vollidiot vor den Lehrern, weil du mich angelogen hast, weil du mir nicht gesagt hast, wie viele Vorfälle du dir geleistet hast!«

»Ich hatte doch selbst keine Ahnung, was die mir alles vorwerfen.«

»Du hast das Schlimmste getan, Kaan: Du hast mein Vertrauen missbraucht.« Abrupt marschierte Mrosko aus der Tür, ohne noch einmal einen Blick zurück auf Kaan zu werfen.

Peter Hyballas Trainerbüro wurde für die Zeit der Suspendierung Kaans Klassenzimmer. Hyballa gab ihm das *Tagebuch der Anne Frank* zu lesen. Kaan sollte eine Zusammenfassung schreiben. Machte er ordentlich. Dann sollte er *Farm der Tiere* auf Englisch lesen. Hatte er keinen Bock mehr. »Ich bin kein Buchleser! Nie gewesen.« Er suchte sich eine englische Inhaltsangabe aus dem Internet heraus, druckte sie aus und gab sie bei den Trainern ab.

»Sehr schöne Inhaltsangabe«, lobte der Assistenztrainer der Reserveelf, Christian Benbennek. »Blöd nur, dass da kleingedruckt im Impressum »Goethe-Gymnasium Regensburg« steht.«

Mrosko lachte sich schlapp. Kaan Ergün, Fußballgott! Doch nach dem herzhaften Lachen stellte sich schnell wieder der Unmut gegenüber Kaan ein, den Mrosko seit der Schulkonferenz mit sich herumtrug. Er gab ihn auf. In einer Sitzung der Leiter und Trainer des Nachwuchszentrums wurde beschlossen, den Vertrag von Kaan Ergün zum 30. Juni 2006 aufzulösen. Niemand widersprach.

Mrosko leistete ihm noch einen letzten Freundschaftsdienst. Er rief bei seinen Bekannten bei Eintracht Frankfurt an und erzählte, einer ihrer begabtesten Nachwuchsspieler, Kaan Ergün, ziehe in die Nähe von Frankfurt, um wieder bei seiner Mutter zu sein. Die Mutter lebte inzwischen tatsächlich in Gießen. Es sei kein einfacher, aber im Prinzip ein guter Junge und ein wunderbarer Fußballer – er könnte ihn der Eintracht nur empfehlen. Nichts erzählte er von den wahren Gründen des Wegzugs aus Wolfsburg. Kaan sollte seine Chance haben, sich zu bessern.

Nach gut zwei Monaten der Saison 2006/07 erreichte Mrosko die Kunde, Eintracht Frankfurt habe Kaan Ergün rausgeworfen. Es hatte eine Schlägerei in der Umkleidekabine gegeben.

Mrosko verlor seinen Glauben. Er war überzeugt gewesen, er würde Kaan auf die rechte Bahn bringen. Er hatte gedacht, er könnte jeden exzellenten Jugendfußballer mit schwierigem Charakter zähmen, er war doch ihr Verbündeter, ihr Großstadtbruder im Geiste. Waren die besonderen Fußballer nicht sogar von Natur aus verrückte Typen? »Du kriegst nicht jeden hin«, sagte er sich nun, eher erschöpft als niedergeschlagen. Die Erfahrung mit Kaan hatte eine fundamentale Wirkung auf ihn. Er wollte diese Typen auch nicht mehr.

Ihm sei ein Jugendnationalspieler von Hertha BSC angeboten worden, Burak Karan, berichtete Bernhard Janssen, ein ganz feiner Ballspieler mit Angst vor nichts. Sollten sie sich um ihn bemühen? »Auf keinen Fall«, sagte Mrosko, »da holen wir uns den Fuchs in den Hühnerstall: Er ist bei Leverkusen rausgeflogen, weil er nicht in die Schule ging, er ist bei Hertha rausgeflogen, weil er in der Mannschaft Ärger machte. Den retten wir auch nicht mehr.« Acht Jahre später, im Oktober 2013, zeigten deutsche Medien das Foto eines ehemaligen Jugendnationalspielers namens Burak Karan mit Maschinengewehr. Er sei auf Seite der radikalen Islamisten im syrischen Bürgerkrieg getötet worden.

Kaan Ergün tingelte durch die Amateur-Oberliga, fünfte Liga, die Endstation für überragende Talente, denen irgendetwas fehlte. In der Oberliga verdienen die Spieler zu wenig, um davon zu leben, aber genug, um sich einzubilden, sie könnten es irgendwie, auf wundersame Weise, doch noch in den Profifußball schaffen. Bis sie merken, ihr Traum war eine Illusion, sind viele Mitte 20. »Ein bisschen gejobbt, ein bisschen Zeit vergeudet«, fasst Kaan seine jungen Jahre zusammen, »wenn ich heute darüber nachdenke, muss ich sagen: Mann, war ich ein Kind. Mann, war ich dumm.«

Heute steht er jeden Morgen um 4:30 Uhr auf, um pünktlich am Arbeitsplatz in Spandau, im äußersten Westen Berlins, zu erscheinen. Er macht zum ersten Mal eine Ausbildung, mit 26. Hotelfachmann will er werden. Wo er leben will, darüber hat er nicht nachgedacht. Es schien selbstverständlich, dass er nach Berlin zurückkehrt, in seine Stadt.

In seinen Illusionsjahren in der Amateur-Oberliga rief Kaan ständig bei Mrosko und Hyballa an, jetzt sei er bereit, er habe seine Lektion gelernt, könnten sie ihn nicht im Profispiel unterbringen. Bis Hyballa eines Tages sagte: »Kaan, es reicht. Ab sofort darfst du mich genau einmal pro Jahr anrufen«, einer dieser launigen Sprüche, die einen ernsten Kern haben. Kaan hält sich daran: Einmal im Jahr meldet er sich.

Im Innersten ist er einfach ein netter Junge, ein Berliner Junge, dachte sich Mrosko, als sich Kaan immer wieder meldete. Mrosko vermittelte ihn an eine Amateurmannschaft, Union Südost Berlin, dort konnte Kaan mittrainieren; Fußball war ein wichtiger Halt für den Jungen. Kaan bedankte sich, er wisse Mroskos Hilfe wirklich zu schätzen, und nach drei Trainingsabenden rief einer der Amateurkicker Mrosko an, dieser Kaan solle es auf keinen Fall wagen, noch einmal zu erscheinen. »Du spielst nur Scheiß-Pässe, du Hund!«, hatte Kaan Ergün quasi zur Begrüßung im Trainingsmatch einen Mitspieler namens Erhan angeschrien, Mitglied bei den Hells Angels.

14

Keine Angst

In den Zeitungen kam jeden Tag ein neuer Trainer zum VfL Wolfsburg. Guido Buchwald, Jürgen Kohler, Trond Sollied wurden von den Sportjournalisten im Mai 2007 nacheinander als möglicher, wahrscheinlicher, quasi sicherer neuer Trainer der Bundesligamannschaft genannt. Und am nächsten Tag wussten dann andere Sportjournalisten, dass der neue Mann in Wolfsburg Bert van Marwijk, Krassimir Balakov oder Morten Olsen heiße. Nur einer wurde beim VfL nicht gesehen: der neue Trainer.

»Wie sollen wir denn Spieler empfehlen, wenn gar kein Trainer da ist, der uns sagt, welche Spielertypen er will?«, fragte Mrosko Uli Mohr.

Er solle sich nicht darum kümmern, entgegnete der Chefscout, sondern einfach seine Arbeit weitermachen. Irgendwann würde dann schon wieder einer auftauchen, der ihnen erzählte, was er von ihnen wollte.

Fünf Jahre zuvor, im Februar 2002, hatte Peter Hartz vom Volkswagen-Vorstand den ersten Spatenstich zur neuen Arena gesetzt und mit dem Spaten in der Hand erklärt: »In fünf Jahren wollen wir hier Champions League spielen.« Genau fünf Jahre später war der VfL Wolfsburg in der Bundesliga gerade noch besser als Mainz 05 und Alemannia Aachen und somit in der zweiten Saison in Folge als Tabellenfünfzehnter japsend dem Abstieg entkommen. Im Angesicht des mageren Erfolgs war Trainer Klaus Augenthaler zum Saisonende im Mai 2007 verabschiedet worden. Einen Sportdirektor führte der Klub bereits seit der Entlassung von Thomas Strunz im Dezember 2005 nicht mehr. Die neue Saison begann in neun Wochen.

Peter Hartz, der die Champions League in Wolfsburg angekündigt hatte, brauchte sich deswegen nicht mehr zu grämen. Er hatte größere Sorgen. Das Landgericht Braunschweig verurteilte ihn zu zwei Jahren Haft auf Bewährung und einer halben Million Euro Geldstrafe. Hartz – der für die Bundesregierung ein strengeres Vergabesystem von Sozialhilfe entworfen hatte, was umgangssprachlich als Hartz IV verewigt wurde – hatte als VW-Vorstand 2,6 Millionen Euro veruntreut, unter anderem, um den Betriebsrat gefügig zu machen.

Bisweilen wurde in Zeitungsberichten eine Art Zusammenhang gezogen zwischen der Bestechungsaffäre bei VW und den Schwierigkeiten der Wolfsburger Fußballer, in der Bundesliga voranzukommen. Es stimme eben gar nichts mehr im Reich Volkswagen. Überhöhung – die alltäglichen Dinge in einen großen Zusammenhang zu stellen, aus jedem Vorkommnis eine grundsätzliche These abzuleiten – war die heiße journalistische Mode. Dabei reproduzierten viele Journalisten wieder und wieder die gleichen Phrasen. Ein Zeitungsartikel über den VfL Wolfsburg ohne die Worte »Retortenklub« und »Provinz« war 2007 schwierig zu finden. Mrosko war es egal, ob er für den VfL Wolfsburg oder den angeblich so hippen FC St. Pauli arbeitete. Ab der Vertragsunterschrift identifizierte er sich enthusiastisch mit seinem Arbeitgeber. »Ich bin ein Wolf!«, sagte er zu seinen Bekannten und reckte die Fäuste wie ein jubelnder Wolfsburg-Fan in die Luft, dabei saß er nur in einem Berliner Café, nicht im Stadion.

Wenn er im Café in einer herumliegenden Zeitung las, beim VfL Wolfsburg mangle es in der Führungsspitze an harter fußballerischer Kompetenz, fühlte er sich automatisch selbst angegriffen. Auch wenn da vielleicht etwas dran war. VW-Manager wurden aus dem Autokonzern in den Verein versetzt, quasi als Belohnung, als Zuckerl, denn Fußball war doch cool, vom Fußball verstand doch jeder was. So waren Entscheidungen wie jene zustande gekommen, Geschäftsführer Klaus Fuchs die Arbeit des Sportdirektors mit an die Hand zu geben. Fuchs war nach allgemeinem Dafürhalten ein vorzüglicher

Geschäftsführer, den Stadionbau leitete er souverän, und natürlich verstand er etwas von Fußball, natürlich lernte ein Mann mit solchen analytischen Fähigkeiten wie er auf dem Fußballfeld schnell dazu. Aber musste der Mann, der die Zusammensetzung der Fußballmannschaft verantwortete, nicht ein absoluter Spezialist sein? Fuchs ließ Trainer Klaus Augenthaler Profispieler wie den 31-jährigen niederländischen Stürmer Rick Hoogendorp verpflichten. Hoogendorp erschien Mrosko sichtbar zu langsam, zu unbeweglich für die Bundesliga.

Als sich Klaus Augenthaler in einer Freitagnacht vor einem Bundesligaheimspiel im Hotel *Alte Mühle* auf ein Bier zu den Scouts an den Tisch setzte, denn ein Bier ging bei Auge immer noch, versuchte ihn Mrosko davon abzubringen, Hoogendorp aufzustellen.

»Der Hoogendorp sollte vielleicht mal zu Spielbeginn seinen Rucksack absetzen. Dann wäre er schneller und beweglicher.«

Auge grinste, Auge war ein geselliger Typ, dem konnte man ruhig mit einem flotten Spruch kommen. Aber er reagierte gar nicht darauf.

»Nein, ernsthaft«, setzte Mrosko nochmals an, »der Hoogendorp kommt oft schon einen Tick zu spät in den Strafraum. Als ob er einen Rucksack mit sich herumschleppt.«

»Findest du? Er hat doch seine Torchancen.«

»Aber er vergibt sie, weil er zu spät kommt und den Ball deshalb selten in guter Schusshaltung erreicht.«

Am Samstag spielte trotzdem Hoogendorp.

Mrosko verstand schon, wahrscheinlich hatte Uli Mohr recht. Sie sollten einfach ihren Job machen, unabhängig davon, ob der neue Trainer Buchwald, Kohler, Sollied, van Marwijk, Balakov oder Olsen heißen würde und ein jeder von ihnen andere Spieler wünschte.

Am 24. Mai 2007 kam dann ein neuer Trainer zum VfL Wolfsburg. Sein Name hatte in keiner Zeitung gestanden.

Er kam direkt von einer Mango-Farm auf Puerto Rico. Felix Magath hatte Urlaub bei seinem Vater gemacht. Als Soldat der US-Armee hatte der Vater während der Besatzung Deutschlands nach dem Zweiten Weltkrieg Magaths Mutter in Aschaffenburg kennengelernt. Nach Ende seiner Dienstzeit in Deutschland war er wieder nach Puerto Rico zurückgekehrt, um Mangos und Avocados zu züchten.

Felix Magath. Beim Retortenklub! In der niedersächsischen Provinz!

Es ließ sich nur mit Staunen oder Ironie auf diese Nachricht reagieren. Nachdem er 2005 und 2006 mit Bayern München jeweils die Deutsche Meisterschaft und den DFB-Pokal gewann, hatte Magath davon geredet, für ihn komme nur noch ein Klub im Ausland infrage, mit dem er die Champions League erobern könne, FC Chelsea, Real Madrid, AC Mailand. Da war er beim VfL Wolfsburg ja richtig.

Alle Optionen bei den reichen und schönen Klubs im Ausland »lösten sich in Wohlgefallen auf«, erklärte Magath ehrlich, »sodass die Aufgabe in Wolfsburg doch eine der wenigen reizvollen war«. Martin Winterkorn, der VW-Vorstandsvorsitzende höchstpersönlich, hatte Magath umworben und ihn mit einer in der Bundesliga ungekannten Machtfülle ausgestattet, damit ihm der Tabellenfünfzehnte attraktiv erschien: Magath wurde Trainer und Sportdirektor und entsprechend bezahlt. Einen Dienstwagen mit Parkdistanzkontrolle und beheizbarem Multifunktionslederlenkrad gab es von Volkswagen selbstredend dazu. Winterkorn, der im Januar 2007 den Vorstand des Konzerns eingenommen hatte, wollte das mit dem Fußball in Wolfsburg jetzt mal richtig anpacken. Das Interessante am Fußball, fand Winterkorn offenbar, war doch, als Sieger dazustehen.

Kein Trainer faszinierte die Deutschen in den ersten zehn Jahren des 21. Jahrhunderts so wie Felix Magath. Seine Trainingsmethodik schien von gestern, und er war damit unheimlich erfolgreich. Er stand im Ruf, ein rücksichtsloser Chef zu sein, und trat in der Öffentlichkeit mit leiser Stimme und weichen Zügen auf, mit Schal und intellektueller Brille und einem schmalen, meist distanziert wirkenden Lächeln. Als er seine Arbeit in Wolfsburg am 13. Juni 2007, drei Wochen nach der Vertragseinigung, begann, war die Stille Post schon da gewesen. Nervös hatten die Wolfsburger Fußballspieler und Mitarbeiter ihre Bekannten in den vorherigen Klubs des Trainers angerufen, um zu hören: Wie ist er denn?

Jeder kannte eine Geschichte über Felix Magath. In seiner Zeit beim VfB Stuttgart hatte er den Torwart Timo Hildebrand am Abend vor einem UEFA-Cup-Spiel in den Konferenzsaal gebeten und ihm vor versammeltem Trainerstab, wie vor einem Kriegsgericht, auf Video wieder und wieder in Zeitlupe die jüngsten fünf Gegentore vorgeführt. Die Schüsse zischten in den Torwinkel, und Magath klagte Hildebrand an: »Wieso hast du den nicht gehalten, und den, wieso bewegst du dich so langsam?« Unter Magath wurde Timo Hildebrand deutscher Nationalspieler.

Bei Bayern München hatte Magath einen 18-Jährigen, Markus Steinhöfer, der gerade aus der Jugendelf aufstieg, in sein Büro gerufen und eine kleine Ewigkeit lang keinen Ton gesagt, sondern aus dem Fenster geschaut. Er wollte testen, wie der Junge reagierte, ob er nervös wurde. »Warum willst du Profi werden?«, fragte Magath dann aus dem Nichts. Steinhöfer machte bei Magath kein Spiel.

Bei Werder Bremen beleidigte Magath in einer Halbzeit die Spieler Viktor Skripnik und Raphael Wicky so vehement, dass die Mitspieler den Blick zu Boden richteten und, als sie wieder aufblickten, sahen, dass Skripnik und Wicky die Tränen in den Augen standen. Skripnik steigerte seine Leistung von dem Tag an. Wicky spielte fortan verkrampft. Wenn er Jahre später Magaths Stimme im Radio hörte, bekam Wicky noch immer eine Gänsehaut.

Auf der Jugendleitertagung des DFB im Juni 2007 in Berlin sagten die Kollegen der anderen Vereine zu Wolfsburgs Bernd Sudholt: »Ich gratuliere dir zum neuen Trainer. Wie lange bist du denn noch da?« Wieder in Wolfsburg, hörte Sudholt Geschäftsführer Klaus Fuchs klagen: Ach, er wisse gar nicht, ob er noch weiterarbeiten solle.

»Wieso das denn?«

Magath werfe ihn doch bestimmt als Ersten raus.

Mrosko hörte die Geschichten und dachte, auf den bin ich ja mal gespannt.

Felix Magath degradierte den Torwarttrainer und den Teambetreuer, er entließ den Reserveelftrainer und schickte den Pressesprecher weg. Klaus Fuchs wurde in den Mutterkonzern weggelobt. Jugendgeschäftsführer Bernd Sudholt erhielt das neue Organigramm des VfL und erkannte: »Da stehe ich ja gar nicht mehr drauf!« Die Verantwortung für die entscheidenden Nachwuchsteams bis runter zur B-Jugend hatte sich Magath ebenfalls zugeschlagen.

Mrosko begegnete Felix Magath das erste Mal zufällig auf einem Gang der Geschäftsstelle, »Hallo, Herr Magath«, redete er drauflos, »dann kann ich mich ja gleich mal vorstellen: Lars Mrosko, ich bin der Mitarbeiter von Uli Mohr im Scouting. Wenn Sie was an meiner Arbeit stört, rufen Sie mich ins Büro. Wenn ich nichts von Ihnen höre, gehe ich davon aus, dass Sie mit mir zufrieden sind.« Magaths berühmtes distanziertes Lächeln geriet ein klein wenig außer Kontrolle. Es wurde zum freien Lachen angesichts dieser fröhlichen, fast stürmischen Begrüßung.

»Ein Hauptstädter«, dachte sich Magath, als Mrosko weitergezogen war, »selbstbewusst, forsch. Aber nicht unangenehm.«

Einmal im halben Jahr kamen die vier Honorarscouts des VfL zu einer Scoutingsitzung mit Uli Mohr und Mrosko in Wolfsburg zusammen. Felix Magath wollte bei dem Treffen dabei sein. Er gesellte sich im weißen Rollkragenpullover zum Abendessen dazu, Uli Mohr hatte einen Tisch im *Holiday Inn* reserviert, der besten Adresse des alten Wolfsburg. Magath wohnte im *Ritz-Carlton* jenseits des Mittellandkanals, auf der neuen, leuchtenden Seite der Stadt.

»Ich nehme bitte eine Apfelschorle«, sagten die Honorarscouts, Frank Benatelli war darunter, der ehemalige Bochumer Bundesligastürmer.

»Ich krieg ein Pils«, sagte Mrosko.

Magath lachte schon wieder.

Die meisten Vereine waren beim Scouting von der Angst getrieben, ein Talent zu verpassen, und hetzten die Scouts deshalb durch die ganze Welt, heute in Braunschweig, morgen in Argentinien. Das mache aus seiner Sicht keinen Sinn, sagte Magath. Man verzettle sich nur. Alle guten Spieler könnten sie sowieso nicht verpflichten. Es reiche, wenn sie zehn, zwanzig richtig gute identifizierten. Deshalb sollten sie sich auf bestimmte ausländische Ligen konzentrieren und diese systematisch durchforsten. Magath nannte ihnen die Einsatzgebiete: Portugal, Italien, Frankreich, Niederlande, Skandinavien, Schweiz, Tschechien, Slowakei. »Fällt dir was auf«, würde Uli Mohr Monate später voller Anerkennung zu Mrosko sagen, »er schickt uns auch wirklich konsequent nur in diese Länder.«

Gab es denn etwas im Scouting, was sie verändern würden, wollte Magath wissen. Die Honorarscouts suchten hektisch am Boden oder im Raum des *Holiday Inn* Punkte, auf die sie ihre Blicke richten konnten.

»Datenbank«, sagte Mrosko.

Die Honorarscouts blickten überrascht auf.

»Was ist mit der Datenbank?«, fragte Magath.

»Ich würde sie abschaffen. Die bringt nichts.«

»Warum bringt die Datenbank nichts?«, fragte Magath. Er liebte es, präzise Fragen zu stellen. Viele empfanden die Fragen als bedrohlich. Wahrscheinlich liebte er die Fragen deshalb umso mehr.

»Haben Sie in Ihrer Zeit bei Bayern München jemals in die Datenbank reingeschaut?«, fragte Mrosko zurück.

»Nein«, sagte Magath und lächelte, freudig überrascht, dass er einmal eine Gegenfrage erhielt.

»Sehen Sie. Wenn Sie einen linken Verteidiger suchen, wollen Sie, dass wir Ihnen drei oder von mir aus auch fünf Kandidaten präsentieren, und nicht, dass wir Ihnen sagen, oh, in der Datenbank steht aber über Joan Capdevila, er ist vor neun Jahren in Spaniens U19 im Freundschaftsspiel gegen Albanien zweimal überlaufen worden.« Mrosko holte gar nicht mehr Luft, endlich konnte er alles loswerden. »Die Datenbank ist ein wahnsinniger Zeitfresser. Und wenn ich bei einem Spiel bin, um einen linken Verteidiger zu beobachten, und soll dann alle 22 Spieler bewerten, kann die Einschätzung nie präzise sein. So gut kann niemand alle 22 Spieler im Blick haben. Ich schnappe auf, wie der Rechtsaußen einen Trick macht – und dann schreibe ich *trickreich* in die Datenbank, oder was? Das ergibt keinen Sinn.«

»Gut«, sagte Magath. »Dann ist die Datenbank hiermit abgeschafft.«

»Ach, ich würde jetzt doch auch ein Pils nehmen«, sagte einer der Honorarscouts. »Ja, für mich auch.«

»Herr Mrosko hat den Spieler Miralem Pjanić vorgeschlagen«, fuhr Felix Magath später fort und fragte in die Runde: »Was halten Sie von dem Spieler?«

»Nun, er hat sicher seine Qualitäten, aber man muss erst mal abwarten, wie er sich entwickelt«, sagten die Honorarscouts. »Unzweifelhaft ein Talent, aber man weiß nie, wie er in Deutschland zurechtkommen würde.«

Pjanić, ein bosnischer Junge aus Luxemburg, hatte gerade mit 17 sein Debüt für den FC Metz in der ersten französischen Liga gegeben.

»Ich würde ihn sofort holen«, sagte Mrosko. »Der Junge ist herausragend am Ball und hat ein Gespür für den richtigen Pass, wie es in dem Alter ganz selten ist. Wenn die zwei Millionen für den wollen, würde ich sie zahlen.«

»Und wenn er fünf Millionen kostet?«, fragte Magath.

»Dann müssen Sie mir drei leihen.«

Dieser Mrosko war angenehm anders, dachte sich Felix Magath abends, zurück im Hotel auf der besseren Seite Wolfsburgs: »Viele deuten heutzutage nur noch an, was sie denken, das hat sich offenbar gesellschaftlich geändert: immer nur vorsichtig andeuten. Bei viel zu vielen Mitarbeitern weiß ich nie: Wollen die ihre Meinung nicht sagen, oder haben die keine Meinung? Haben die Angst? Lars dagegen macht den Eindruck, er weiß, wovon er redet, und er weiß, was er will. Das gefällt mir.«

Im Trainingslager in Velden am Wörthersee mussten die Wolfsburger Profifußballer morgens um halb acht mit Medizinbällen unter den Armen sprinten. 30 Sekunden lang, dann rief Magath: »Stopp!«, 30 Sekunden Pause, dabei vor der nächsten Station Aufstellung nehmen, einer Bahn mit niedrigen Hürden, »Und los!«, schrie Magath, beidfüßig über die Hürden springen, schnell, explosiv, kaum Bodenkontakt. Die Spieler absolvierten einen Kraftzirkel, wie er bis in die Achtziger üblich gewesen war. Zwei Rentner waren so früh auch schon am Trainingsplatz. Sie führten ihre Hunde spazieren.

Das Schloss Velden, das malerisch direkt am Wörthersee lag und wo Roy Black in der Fernsehserie *Ein Schloss am Wörthersee* einen lässigen Hotelerben gespielt hatte, war so nah und schien so weit weg. Magath fand nichts dabei, so früh zu trainieren. Er stand um zehn vor sieben auf, frühstückte zwei Bananen, die er sich am Abend zuvor vom Büfett mitgenommen hatte, und war einsatzbereit. Er schlief sowieso nicht gut, seit er Trainer war.

Nach dem Morgenkrafttraining standen noch zwei weitere Trainingseinheiten auf dem Programm, jeden Tag, im Juli 2007 am Wörthersee, wo die Mannschaft ihren neuen Trainer kennenlernte. Was auf dem Trainingsprogramm stand, verriet Magath der Mannschaft erst in dem Moment, wenn sie die Übung absolvieren mussten. Die Spieler sollten nie wissen, woran sie waren, das hielt die Anspannung hoch. Die drei mitgereisten Wolfsburger Sportjournalisten erfuhren nicht einmal, um wie viel Uhr das zweite Training anstand. So mussten sie vor der Hoteltür herumlungern und sich bereithalten, bis der Mannschaftsbus abfuhr. Konnte nicht schaden, die Journalisten auch mal unter Spannung zu halten.

Daniel Reiche, der Verteidiger, der allein durch seine Freundlichkeit und Beliebtheit Kaan Ergün in der A-Jugendmannschaft provoziert hatte, durfte mit 19 im Trainingslager der Profis mitmachen. Es wurde für eine Auszeichnung gehalten.

Im zweiten Tagestraining wurde gelaufen, achtmal 1000 Meter. Am übernächsten Tag dann zehnmal 800 Meter, einmal auch fünfmal 2000 Meter. Damit etwas Abwechslung reinkam. Zur Auflockerung ließ Magath die Spieler morgens um halb acht auch mal Handball spielen; mit einem Medizinball, im Sand des Beachvolleyballplatzes. »Medizin-Handball« nannte er das.

Während der Laufpausen saß Magath auf der Getränkekiste. Wer etwas trinken wollte, musste zu ihm gehen und ihn bitten aufzustehen. Kein Spieler kam.

»Jungs, nur noch neun Tage!«, rief ein Sportjournalist den Spielern am dritten Tag zu. Er dachte, er mache einen guten Witz. Er erntete ein gezischtes Fluchen. »Die Spieler machen einen erstaunlich frischen Eindruck«, sagte Magath den Sportjournalisten. »Ich hoffe, das noch ändern zu können.«

Im Hotelzimmer konnte sich Daniel Reiche nicht mehr auf die Toilette setzen. Er hielt sich an der Tür fest und ließ sich langsam auf den Toilettensitz herunter, so verkrafteten es die Beine besser.

Nach der Hälfte des Trainingslagers absolvierte der VfL Wolfsburg in einem Ort namens Feffernitz ein Übungsspiel gegen 1860 München, keiner der Spieler hatte noch die Energie herauszufinden, wo zur Hölle der Ort lag. 22 Wolfsburger Spieler sollten zum Einsatz kommen. Es waren aber 28 mit im Trainingslager. Die übrigen sechs, zu denen Daniel Reiche gehörte, fuhren mit dem Konditionstrainer Werner Leuthard zur Skisprungschanze Villach. Sie mussten fünfmal die Treppen neben der Schanze hochlaufen. »Männer, genießt die Aussicht«, sagte Leuthard, als sie das erste Mal oben ankamen. »Gleich geht es wieder runter.«

»Schneller, schneller, du Amateur!«, rief Magath gelegentlich den jungen Spielern aus der Reserveelf wie Daniel Reiche oder Nick

Proschwitz während des Zirkeltrainings zu. »Ich kenne ja noch gar nicht alle Namen«, behauptete er gegenüber den Sportjournalisten und lächelte.

Am Ende des Trainingslagers sprach Felix Magath erstmals zu Daniel Reiche. »Du hast durchgehalten, du kannst dir keinen Vorwurf machen, aber ab morgen trainierst du wieder in der Reserveelf.«

»Alles klar«, sagte Reiche, und das Gespräch war beendet.

Felix Magaths Medizinbälle sahen von fern harmlos aus. Sie waren mit glänzend rotem Hartgummi überzogen, nicht mehr wie anno dazumal mit braunem Kunstleder, so erinnerten sie aus der Distanz eher an die mit Luft gefüllten Gymnastikbälle für den Seniorensport. Auch Medizinbälle werden modern.

»Wissen Sie, dass der VfL nur drei Medizinbälle besitzt?«, hatte eine Sportjournalistin Magath bei seiner Vorstellung in Wolfsburg gefragt.

»Medizinbälle sind kein Problem«, antwortete Magath. »Ich bin in der Lage, mir selber welche zu schnitzen.«

Der Medizinball wurde Felix Magaths Erkennungsmerkmal. Für die einen im Publikum stand der Medizinball für Turnvater Jahns Trainingsmethoden, für andere war er der Beweis, dass Magath als Letzter in einer verweichlichten Welt noch richtig hart trainieren ließ. Endlich nahm mal jemand die Scheiß-Millionäre ordentlich ran für ihre Megagehälter! Gerade in Deutschland, wo Fußball von vielen als Kampf, nicht als Spiel geliebt wird, fand der Ansatz, sich im Training zu schinden, im Volk beifälliges Gemurmel.

Alle zusammen, Gegner wie Anhänger Magaths, standen aufgeregt vor diesem vermeintlichen Widerspruch: Wie konnten scheinbar antiquierten Methoden derart erfolgsgekrönt sein?

Während Magaths zweieinhalb Jahre beim FC Bayern wanderte ein Bericht aus der *Süddeutschen Zeitung* von Hand zu Hand durch die Geschäftsstelle, bis hin zum Vorstandsvorsitzenden Karl-Heinz Rummenigge. In dem Zeitungsartikel wurde das Training beschrieben, mit dem der FC Barcelona gerade die Fußballwelt eroberte. Barça absolvierte keine einzige Laufeinheit, selbst das Aufwärmen erfolgte in kleinen Spielformen. Ihr Fitnesstrainer Francisco Seirullo war von der Annahme ausgegangen, dass Fußballer bessere Spieler würden, wenn sie auch Kraft, Ausdauer und Schnelligkeit in spielspezifischen Situationen trainieren würden, also stets mit dem Ball am Fuß. So hatte er die Trainingslehre revolutioniert: Er entwickelte Dutzende verschiedener Parcours, in denen die Fußballer zum Beispiel passten, lossprinteten, über Mini-Hürden liefen, den Ball nach einem Pass des Kollegen wieder annahmen, sich mit dem Ball um eine Slalomstange drehten, und weiter ging es. Das Schwierige am Fußball, sagte Seirullo, war, dass die Spieler Kraft, Ausdauer und Schnelligkeit nicht gleichmäßig und ungestört wie ein Leichtathlet anwenden konnten, sondern sich ständig im Ungleichgewicht, vom Gegner bedrängt, behaupten mussten. Also musste man diese koordinative Herausforderung gleich mittrainieren, etwa den Ball im vollen Lauf, unmittelbar nach drei kleinen Hürdenhopsern, annehmen. Beim FC Bayern lasen sie in dem Zeitungsartikel, dass Barça hauptsächlich Kleinfeldspiele zur Ausdauerschulung nutzte, sie erkannten, wie das Barça von Ronaldinho, Deco, Eto'o mit einem leichtfüßigen, zauberhaften Passspiel die Champions League dominierte, sie hörten, wie überall in Deutschland das Training spielerischer wurde, und sie sahen beim Blick aus dem Bürofenster, wie Felix Magath die Spieler mit Medizinbällen unter dem Arm sprinten ließ. Leidenschaftlich, aber letztlich ergebnislos diskutierten Karl-Heinz Rummenigge und die Mitarbeiter beim FC Bayern, ob das noch richtig sein konnte.

Felix Magath sagte: »Ich schaue schon lange nicht mehr links und rechts, was die anderen machen.«

Er hatte seine Trainingslehre spätestens 1983 gefunden, als der Hamburger SV durch ein Tor seines Spielmachers Felix Magath im Endspiel von Athen gegen Juventus Turin den Europapokal der Landesmeister gewann. Trainer Ernst Happel wandte anspruchsvolle taktische Details wie das Pressing oder eine gemischte Raum-Mann-Deckung an – und er beschäftigte die Spieler, genau wie Magaths erster legendärer Trainer in Hamburg, Branko Zebec, im Alltag mit erschöpfendem Athletiktraining. Oft saß Zebec während des Trainings auf einem Fußball im Mittelkreis, ließ die Spieler um sich herumlaufen und brach für jede Runde ein Stöckchen ab. Er hatte unzählige Stöckchen in der Hand. »Ich glaube, dass man den Wissenschaftlern und Gelehrten, die vor 30 Jahren gearbeitet haben, nicht gerecht wird, wenn man heute behauptet: Die waren so blind«, sagte Magath.

»Ich glaube eben, dass der Körper das Wesentliche beim Fußballspiel ist.« Mit kalter Distanz hatten Zebec und Happel die Mannschaft geführt und gefügig gemacht, »wenn's reden wollen, müssen's Staubsaugervertreter werden, ich brauch nur Fußballer«, hatte Happel gesagt, und 30 Jahre später würde Magath den Satz – das Glaubensbekenntnis – fast wortgleich den Sportjournalisten als seinen verkaufen. Er hatte unter Zebec und Happel alles gewonnen, was ein Fußballer begehrte, die Bundesliga, den DFB-Pokal, den Europacup. Er sah keinen Anlass, an der Methodik zu zweifeln.

Aber die Welt drehte sich weiter, argumentierten die Leute, die Barça sahen. Jede Zeit hatte andere Umgangsformen, die jungen Menschen im 21. Jahrhundert waren es gewohnt, dass ihre Vorgesetzten ihnen alles erklärten, selbst der Zahnarzt musste seinen Patienten heutzutage ganz genau erklären, wie er warum bohrte.

Dabei wurde übersehen, dass das vermeintlich altmodische Athletiktraining auch bei Felix Magath nur einen begrenzten Teil des Trainingsprogramms einnahm, neben den gängigen Technikparcours und Spielübungen. Und dass der Trainingsinhalt nur eine unter vielen Komponenten für den Erfolg einer Fußballmannschaft ist. Ein mindestens genauso entscheidender Faktor ist die Klarheit, die Geradlinigkeit und Überzeugung, mit der ein Trainer seine Linie verfolgt.

»Ich kann eine Mannschaft nicht trainieren, als wäre ich ein anderer. Das sind nun mal meine Ideen von Training und Spiel. Ich sage nicht, dass es die besten sind, aber es sind meine, es ist das, was ich zu bieten habe. Und ich muss die Spieler davon überzeugen, dass wir mit diesen Ideen vorwärtskommen.«

Das hätte Felix Magath sagen können. Es sagte aber Pep Guardiola, der Meistertrainer des epochalen Barça, der von der Trainingslehre und der Art, Fußballer zu führen, den entgegengesetzten Weg von Magath wählte. Der jedoch in seiner Klarheit und Überzeugung Magath absolut gleichkam.

Etwas anderes ist es, dass es für die meisten unter Guardiola vermutlich ein klein wenig angenehmer zu arbeiten war. »Freundschaftliches Miteinander führt im Spitzensport nicht zu mehr Leistung«, sagte Magath; noch so eine absolute Überzeugung.

Tief getroffen, wie er von Magath abserviert worden war, nachdem er ein Jahrzehnt lang das Nachwuchsleistungszentrum aufgebaut hatte, suchte der entmachtete Jugendgeschäftsführer Bernd Sudholt im September 2007 auf dem DFB-Bundestag in Mainz in der Leidensgemeinschaft der Magath-Traumatisierten Trost.

Jeder kannte eine Geschichte über Felix Magath.

Jeden Morgen, wenn er auf der VfB-Geschäftsstelle eintraf und Magaths Mercedes parkte schon vor der Tür, sei er umgedreht und wieder nach Hause gefahren, erzählte auf dem Bundestag der Präsident des VfB Stuttgart, Erwin Staudt. Er habe zu Hause erst einmal einen Magentee getrunken. Dann sei er erneut ins Büro gefahren, um sich der kalten Geschäftspolitik seines Trainers zu stellen. Staudt sollten Machtkämpfe nicht unbekannt gewesen sein. Er war Vorsitzender von IBM Deutschland gewesen.

Konnte dieser Magath derselbe Mann sein, der mit ihnen stets so unkompliziert, um Ironie bemüht, redete, fragten sich die Sportjournalisten, die 2007 längst zu leidenschaftlichen Magath-Forschern geworden waren: Hatte er einen zynischen Zug, oder spielte er die Rolle des unbarmherzigen Chefs nur?

Auf der Suche nach einer Antwort wurde seine Kindheit bemüht. Felix Magath war als Wolfgang Magath ohne den Vater in Aschaffenburg aufgewachsen. Felix, den Namen seines Vaters, trug er als Zweitname im Pass. Er machte ihn zu seinem Rufnamen, als er mit 15 in Briefen endlich Kontakt zum Vater auf Puerto Rico fand.

Die Mutter musste viel arbeiten, um sich und den Sohn zu ernähren. »Ich war oft allein und habe niemanden gehabt, mit dem ich etwas teilen konnte«, erzählte Magath. Er fragte sich selbst, ob er sich damals den Charakterzug angeeignet habe, wenigen etwas von sich preiszugeben, sondern das Gespräch über seine Gefühle oder das Mitgefühl für andere hauptsächlich im Inneren zu führen.

Der Fußballverein wurde für ihn eine Ersatzheimat, vor allem auch das exzessive Feiern nach dem Spiel. Er blieb bis 19 beim TV 1860 Aschaffenburg, ein potenzieller Europacupsieger in einer Kreisligamannschaft, weil er sich dort wohlfühlte, weil er Angst hatte, die Gemeinschaft zu verlieren. Er rauchte und trank auch als Profi. Als Spielmacher, der Hamburg den Europacup schenkte, ging er irgendwann öfter in Studentenkneipen als in glitzernde Nachtklubs, auf diffuse Art fasziniert von der Intelligenz, von Leuten, die Dinge wussten, die elegant reden und schreiben konnten. Und auf radikal ehrgeizige Weise konnte er sich von einem Tag auf den anderen wandeln. Am 22. Februar 1982, das Datum weiß er heute noch, hörte er schlagartig für immer auf zu rauchen. Eine Knieoperation bot ihm den Anlass. Ergiebig Alkohol trank er als Trainer offenbar jedes Jahr genau einmal, beobachteten seine Mitarbeiter, jeweils zum Saisonabschluss.

Seine distanzierte Art als Trainer entsprach seinem Charakter. Sein ungewöhnlich hartes Training behielt er unbedingt bei, er promotete es durch die Inszenierung des Medizinballs sogar, denn es gab ihm unter all den sogenannten modernen Trainern ein Alleinstellungsmerkmal. Der Ruf, Quälix zu sein, gab Felix Magath eine vorauseilende Autorität: In welchem Verein er auch aufschlug, die Spieler und Mitarbeiter kuschten schon vor ihm. Irgendwann würde das Image verbraucht sein, sein Ruf würde sich ins Gegenteil kehren, wenn er in einen neuen Verein kam, würde es schon heißen, seine Methoden seien veraltet; seine Autorität würde von vorneherein angeknackst sein. Doch das war bei jedem Trainer so. Das wird auch bei Pep Guardiola irgendwann so sein. 2007 war Felix Magath von diesem Zeitpunkt noch weit entfernt.

Was wenige verstanden, war, dass er beim VfL Wolfsburg weder aus sadistischer Freude noch aus Machtgeilheit so viele langjährige Mitarbeiter degradierte. Er war bei vier seiner sechs vorherigen Trainerengagements entlassen worden. Das bittere Gefühl hatte sich bei ihm eingeprägt, dass ein Trainer das schwächste Glied war. »Die Trainer werden immer schwächer gemacht«, fühlte er, »die Entwicklung läuft seit Jahren. Keiner unterstützt einen Trainer oder will auf ihn eingehen.« Genau wie José Mourinho zog Magath daraus die Konsequenz, dass ein Trainer vom ersten Tag rücksichtslos dominant seinen Weg markieren musste. Schlag zuerst zu, sonst schlagen sie dich. Felix Magath spielte den starken Mann aus dem Gefühl heraus, der Schwächste zu sein.

In Wolfsburg kam hinzu, dass er es mit vielen Mitarbeitern aus dem Volkswagen Konzern zu tun hatte, Sudholt, der langjährige VW-Betriebsrat, Wolfgang Hotze, der 1979 als Volontär bei VW begonnen hatte und vom Leiter Steuer- und Zollwesen im Konzern

Im Tee kann man so schön rühren und es sieht aus, als denke man nach: Aber Felix Magath trinkt auch mal.

zum Finanzvorstand des VfL mutiert war, Kurt Rippholz, der mal die VfL-Pressestelle, mal Volkswagens »Kommunikation Indien« leitete. Magath fühlte sich fremd in der Sprache der Konzernmanager, »als Sportler habe ich eine größere Nähe zu Leuten, die aus dem Fußball kommen«. Die VW-Bosse waren es gewohnt, dass es Konferenzen gab, Hierarchien eingehalten wurden, und Felix Magath traf sich montagmorgens nach dem Spieltag auf kleinem Dienstweg mit dem Konzern-Vorsitzenden Martin Winterkorn und fühlte, es reichte, solange der Big Boss hinter ihm stand. »Wolfgang Hotze erzählte mir, er habe Magath in zwei Jahren vielleicht dreimal gesprochen – und das war der Finanzchef!«, entfuhr es Sudholt.

Es waren dann »doch eher wenige« Leute, die beim VfL Wolfsburg sein Vertrauen genossen, sagt Magath. Mrosko gehörte dazu.

»Sie kommen also da hin«, spielt Magath Jahre später seine Ankunft in Wolfsburg noch einmal durch. Er rührt dabei in seinem Pfefferminztee. Auch so ein Alleinstellungsmerkmal: der Mann, der Tee trinkt, der lange schweigend im Tee rührt. Dabei scheint es ihm eher um den Honig zu gehen, den er zum Tee dazugeben kann. »Haben Sie irgendeinen Tee mit Honig, irgendwas mit Honig?«, fragt er die Kellnerin.

Also: Er kommt da hin, und »alles in dem neuen Klub ist unbekannt. Es wird aber erwartet, dass ein Trainer sofort alles im Griff hat. Es gibt keine Schonzeit. Sie müssen sofort schauen: Wer ist vertrauenswürdig, mit wem könnte ich mich einlassen? Bei Lars hatte ich sofort ein Gefühl. Der hatte keine versteckte Agenda. Der hatte eine Meinung ohne vielleicht, könnte, wenn, dann. Mit dem konnte ich mich über Fußball unterhalten, da wusste ich immer, was gemeint war.«

Als Magaths erste Saison beim VfL Wolfsburg im August 2007 begann, standen 16 neue Fußballer im Aufgebot. Bundesligarekord, vermuteten die Sportjournalisten. »Das Kaufhaus der Liga«, schrieb der *Kicker*. Dass er ungewöhnlich viele Spieler anwerben musste, weil der VfL von seinem neuen Trainer explizit einen Umbruch wünschte und er deshalb bei Dienstantritt auch nur noch zwölf Profis aus der alten Mannschaft vorfand, war vergessen. Es schien in Magaths Methodik zu passen: Menschen wie Marionetten auszutauschen.

Unter den Neuen waren einige dabei, die der Trainer-Sportdirektor im Alleingang, gegen die Fachmeinung der Scouts, anbrachte, etwa Sascha Riether oder Daniel Baier. Andere, die er gar nicht gekannt hatte, kaufte er, nachdem Uli Mohr und Mrosko sie ihm nahegelegt hatten, wie einen jungen Bosnier namens Edin Džeko.

»Und was machen wir mit Ihrem Berliner Pflegefall?«, wollte Magath noch von Mrosko wissen. Schon vor Magaths Ankunft war auf Uli Mohrs Gutheißen und Mroskos vehementes Zuraten ein Berliner Offensivgeist unter Vertrag genommen worden, Ashkan Dejagah.

Mrosko hatte Asche Dejagah als 13-Jährigen in Tennis Borussias Fördertraining an der Poelchau-Schule trainiert. 2006, mit 20, spielte Dejagah für Herthas Bundesligamannschaft. Die Zeitungsgeschichten, in denen Herthas Manager Dieter Hoeneß die neue Berlin-Generation seines Klubs um Kevin Boateng, Patrick Ebert und Dejagah pauschal als unflätige Ghettokids abkanzelte, konnte Felix Magath nicht übersehen.

»Asche ist doch kein Pflegefall!«, widersprach Mrosko. »Das ist ein sensibler Junge aus einem strengen Elternhaus. Er reagiert nur jähzornig, wenn er verletzt ist oder verliert. Für den gehe ich durchs Feuer!«

»Dann probieren wir es also mit dem«, sagte Magath, und wenn es nach Mrosko gegangen wäre, hätte ihn der Trainer gleich losschicken können, den nächsten Spieler suchen: Mit dem Trainer konnte man arbeiten, für den Trainer würde er mit seinem VW Golf-Dienstwagen auch nach China zum Scouting fahren.

Er flog nach Kopenhagen, er fuhr nach Kaiserslautern. Er nahm noch eine Koffeintablette, besser auch noch eine Ibuprofen, diese scheiß Schmerzen im Rücken und Fuß, und fuhr die Nacht hindurch nach Hause, nachdem er in Zilina, irgendwo in den slowakischen Bergen, einen rechten Verteidiger gesichtet hatte, Peter Pekarík, ein tauglicher Spieler, der ging mit Karacho in den Angriff über, solche Spieler gefielen Mrosko, angstfreie Fußballer. Auf einmal, auf der E442 hinter Olmütz, knallte es.

Mrosko zuckte zusammen, er lauschte dem Knall hinterher, sein Auto fuhr noch, aber es schepperte, als ob er etwas hinter sich herzog.

Er fuhr auf den Standstreifen. Er beugte sich unter den Wagen, aber in der scheiß Dunkelheit konnte er nichts erkennen. Er setzte die Fahrt fort, das Auto lief noch, was immer auch geschehen war. Gegen vier fiel er zu Hause ins Bett.

Die Bodenplatte war aufgerissen, erkannte er am nächsten Morgen. Eine Stange oder sonst ein Metallgegenstand musste auf der Fahrbahn gelegen haben. Er brachte den Dienstwagen in die VW-Werkstatt und erhielt augenblicklich ein Ersatzfahrzeug. Einige Tage später erreichte ihn ein Anruf aus der Buchhaltung. Sie bräuchten bitte noch seine Unterschrift, wegen der 150 Euro Selbstbeteiligung bei Unfällen mit Dienstautos.

»Wie bitte? Zwölf Stunden saß ich am Sonntag für den Verein im Auto, und jetzt soll ich bei der Dienstfahrt selbst draufzahlen!«

Sie komme nur ihrer Pflicht nach, sagte die Frau aus der Buchhaltung.

»Dann kommen Sie Ihrer Pflicht nach und sagen Ihrem Chef, dass ich das nicht bezahle!«

Es dauerte nicht lange, bis das Telefon wieder klingelte. Norbert Ling, der Leiter Rechnungswesen des VfL Wolfsburg, meldete sich, um Mrosko zu sagen: »Herr Mrosko, ich verstehe Ihre Argumentation, aber Sie müssen auch sehen, wie es ist: Wir brauchen Ihre Unterschrift.«

»Noch mal: Ich fahre nach Tschechien, weiter in die Slowakei, es war Wahnsinn, dass ich auf der Rückfahrt wieder durchgefahren bin. Und dann soll ich für einen Unfall, für den ich nichts kann, der mir das Leben schwer machte, auch noch mit meinem Geld bezahlen? Mache ich nicht.«

»Dann muss ich es so weitergeben.«

»Bitte schön.«

»Aber dann geht es an den Geschäftsführer. Also an Magath.«

»Sie können es auch an den lieben Gott geben. Ich zahle nicht.«

Felix Magath bat Mrosko am Morgen nach dem Endspiel um die Deutsche A-Jugendmeisterschaft ins Büro. Sandra hatte Mrosko nach Wolfsburg begleitet, sie wollten eigentlich durch die Stadt bummeln. Er würde nur noch mal kurz beim Chef vorbeischauen, sagte er Sandra.

Der VfL Wolfsburg hatte das A-Jugendfinale gegen den SC Freiburg zwar 0 : 2 verloren, aber dass sie erstmals das Endspiel erreicht hatten, war ein schöner Beleg für ihre Arbeit im Jugendbereich. Vielleicht wollte ihn Magath etwas wegen einem der Jugendspieler fragen, den Stürmer Pierre-Michel Lasogga hatte Bayer Leverkusen praktisch schon abgeworben, das war eine Maschine, der machte Tore aus Situationen ohne Torgefahr. Wobei, richtig gefallen hatte Mrosko im Finale der Freiburger Verteidiger, Ömer Toprak, ein Innenverteidiger, der einfach immer schon da war, wo die gegnerischen Stürmer hinwollten, der auch Lasogga in den Schatten stellte. Geiler Trainer übrigens, dieser Freiburger, wie der mitging, wie der während des Spiels tobte, Christian Streich, mit dem hatte er beim Bundesländerpokal in Wedau öfter ein Bier getrunken. Da war er ganz vernünftig gewesen.

»Sie wissen, warum Sie hier sind?«, begrüßte Felix Magath Mrosko in seinem Sportdirektoren-Büro im obersten Stock der Geschäftsstelle. Hier traf man ihn stets im Anzug. Im Trainerbüro im Keller trug er Trainingsanzug.

»Weil Sie mich bestellt haben«, antwortete Mrosko.

»Stell dich nicht doof.« Magath schwankte bei Mrosko zwischen Du und Sie. Wenn er zornig wurde, tendierte er zum Du.

»Wenn Sie so einen Ton anschlagen, vermutlich wegen des Autounfalls und den beschissenen 150 Euro Selbstbeteiligung.«

»Da ruft mich dieser Typ aus der Verwaltung an, er müsse mir melden, du würdest dich weigern, 150 Euro zu zahlen. Wegen 150 Euro muss ich mich mit irgendeinem Mist herumschlagen! Als ob ich nicht andere Sorgen hätte.«

»Das tut mir auch leid. Aber ich zahle die nicht.«

Magath versuchte, weiter ernst dreinzublicken. »Und warum zahlst du die nicht?«

Er sei 14 Stunden am Tag für den Verein unterwegs, er sei die ganze Nacht durchgefahren, obwohl der Rücken wie die Hölle schmerzte, erzählte Mrosko, und Magath sah dabei zwischenzeitlich aus dem Fenster. Er entdeckte, dass Mroskos Freundin auf dem Parkplatz im Auto wartete. Leute wie Bayern Münchens Manager Uli Hoeneß beschwerten sich, dass Magath so wenig redete, aber was sie übersahen, war, dass er oft mit dem Beobachten beschäftigt war. Er war ein exzellenter Beobachter, mit einem scharfen Blick für Details.

Und deshalb, schloß Mrosko, zahle er nicht auch noch aus seiner Tasche für Autoschäden, die ihm auf Dienstfahrten zustießen.

»Auch wenn ich sauer bin und Ihnen eine Abmahnung gebe?«

»Auch dann zahle ich nicht.«

Magath stand auf, um besser in seiner Hosentasche kramen zu können. Wie so viele Fußballer trug er kein Portemonnaie bei sich, sondern die Geldscheine lose in der Hosentasche. Er holte ein Bündel hervor, blätterte und legte einen Zweihunderteuroschein vor Mrosko.

»Was ist das jetzt?«

»Zahlen Sie die Selbstbeteiligung damit.«

»Aber ich habe jetzt keinen Fünfziger zum Wechseln in der Tasche. Den muss ich Ihnen später geben.«

»Lassen Sie es. Ich habe gesehen, Sie sind mit Ihrer Frau hier. Gehen Sie schön essen, Sie sind eingeladen.«

»Herr Magath, das Geld kriegen Sie wieder.«

»Wann denn?«

»Wenn ich so reich bin wie Sie.«

»Das kann ja dauern.«

»Das liegt an Ihnen. Je nachdem, wie mein Vertrag bei der nächsten Verlängerung aussieht.«

Felix Magath führte den VfL Wolfsburg in seiner ersten Saison, 2007/08, von Platz 15 der Bundesliga direkt auf Platz fünf, was zur Teilnahme im Europapokal berechtigte. Die Sportjournalisten schrieben von einer Sensation, zumal Magath die Mannschaft nicht mit Grandezza verstärkt habe, sondern ein Team aus »bisherigen Zweitligaspielern, Erstligareservisten und Fastabsteigern« gebildet habe, vermerkte der *Kicker*. Die Spieler gingen feiern. In Braunschweig, nicht in Wolfsburg, denn da war ihrer Meinung nach ja nichts los. Mrosko war schon wieder auf dem Weg nach Südfrankreich, zum Toulon Tournament für Juniorennationalteams. Felix Magath stieg direkt nach dem 4:2-Sieg bei Borussia Dortmund am letzten Spieltag, der die Qualifikation für die Europa League gesichert hatte, in sein Auto ein und fuhr, ohne Feier, ohne Jubelgeste, zu seiner Familie nach München; im Triumph sechs Stunden einsam auf der Autobahn. Alleine konnte er seine Erfolge genießen.

15

Felix macht glücklich

Sandra versuchte, sich daran zu gewöhnen, dass die Arbeit Mrosko bis ins Bett verfolgte. Um Mitternacht, oder war es schon eins, wie sollte sie es wissen, sie war schon eingeschlafen, schreckte sie vom Klingeln seines Handys hoch. Im Zweifelsfall war es wieder ein brasilianischer Spielerberater, den Mrosko nicht kannte, der von irgendwo Mroskos Telefonnummer ergattert hatte und der nicht so ganz genau wusste oder wissen wollte, wie viele Zeitzonen Berlin São Paulo voraus war. Er habe da einen ganz heißen jungen Stürmer für Wolfsburg, wollte der Berater sagen. Es waren immer ganz heiße junge Stürmer.

Und schon wieder klingelte das Telefon, es war erst kurz nach 23 Uhr, eine geradezu christliche Zeit. »Private Nummer« zeigte der Bildschirm seines Handys an, und Mrosko dachte panisch, was habe ich jetzt angestellt.

Wenn er einen Anruf von unbekannter Nummer erhielt, oder wenn Sandra nur sagte: »Wir müssen morgen mal reden«, überfiel ihn die Panik augenblicklich: Was habe ich jetzt wieder gemacht? Dabei wollte Sandra morgen nur über die Urlaubsplanung reden. Dabei war der Anrufer mit der unbekannten Nummer nur die junge Dame vom Handyanbieter, die ihn über die Weihnachtsverlosung aufklären wollte. Aber die Panik aus der Kindheit hatte sich eingeprägt, als eine Tür aufging und der erste Instinkt stets gewesen war, ist es die Mutter, wofür will sie mich diesmal bestrafen, was habe ich jetzt wieder angestellt?

Mrosko lief im Schlafanzug ins Wohnzimmer, um Sandra mit dem Telefonat nicht weiter zu stören, Herbst 2008, kurz nach 23 Uhr, und er nahm den Anruf von privater Nummer an.

»Hallo?«

»Herr Mrosko, sind Sie im Dienst?«

»Ich bin immer im Dienst.«

»Haben Sie noch nicht geschlafen?«

»Doch.«

»Aber Sie sind im Dienst?«

»Ja, sicherlich.«

»Gut, dann können wir in Ruhe reden«, sagte Felix Magath. Wegen dem Rajtoral, den Mrosko am Wochenende in Tschechien gesichtet habe, was denke Mrosko, würde der ihnen als Außenverteidiger weiterhelfen?

Nach 21 Uhr hatte Felix Magath endlich Zeit, in Ruhe zu arbeiten. Er konnte ungestört nachdenken und die intensiven Gespräche führen. Zuvor war er den ganzen Tag beschäftigt: ein Training leiten, das nächste Training vorbereiten, den Gegner vom Samstag studieren, den Physiotherapeuten Beine machen, damit der verletzte Grafite endlich wieder gesund würde, mit Beratern reden, mit Journalisten reden, mit den Assistenztrainern reden, mit dem Pressesprecher über die Journalisten reden, verhindern, dass die VW-Manager mit ihm redeten. Felix Magath arbeitete in Wolfsburg von acht bis ein Uhr.

Die Frau und die drei Kinder waren in München geblieben. Es war unter Trainern üblich geworden, die Familie an einem Ort zu lassen und alleine, wie ein Gastarbeiter, von Engagement zu Engagement zu ziehen, Armin Veh in Stuttgart, Robin Dutt in Leverkusen, Markus Babbel in Berlin und etliche mehr machten es genauso. Die Wahrscheinlichkeit, nach einem Dreivierteljahr schon wieder entlassen zu sein, mit den schulpflichtigen Kindern weiterziehen zu müssen, war zu hoch geworden. Und vor allem war der Beruf des Trainers mittlerweile zu aufwendig. »Man muss es so sagen«, sagt Magath: »Für diese Position ist es die beste Lösung, die Familie nicht am Arbeitsplatz zu haben. Es gibt weniger Unfrieden, wenn Sie um 19 Uhr Abendessen wollen und Sie kriegen den Anruf, den Sie annehmen müssen. Sie müssen nicht ständig ein schlechtes Gewissen haben, weil Sie abends wieder nicht nach Hause kommen oder eben doch nach Hause gehen, aber eigentlich noch unbedingt vier Telefonate führen müssten.« Fußballtrainer war 2008 eine hochrangige Manageraufgabe geworden. Es galt neben den Spielern ein Team um das Fußballteam zu führen, Spezialtrainer, Scouts, Mediziner. Magath sparte sich viele der anderswo üblichen Mitarbeiter sogar, Leistungsdiagnostiker, Psychologen, er wollte doch gerne altmodisch, anders erscheinen. Den Spagat des modernen Trainers musste jedoch auch er hinbekommen: Einerseits das große Ganze leiten und sich gleichzeitig jedem Detail des Spiels widmen. Als würde Martin Winterkorn nicht nur Volkswagen führen, sondern auch noch täglich die Fließbandarbeiter in der VW-Fabrik persönlich anweisen, analysieren und korrigieren.

Wenn Chefscout Uli Mohr Wolfsburgs Europa-League-Gegner AC Mailand gesichtet hatte, rief Magath auch schon mal um halb eins in der Nacht an. Es war doch Mailand, das große Milan! Da hatte Mohr sicher Lust, über seine Eindrücke zu sprechen. Mrosko empfand Magaths späte Anrufe als eine Ehre. Sie belegten die Wertschätzung des Chefs für ihn. Sandra setzte durch, dass er das Telefon von 23 bis sechs Uhr ausschaltete. Um sich wenigstens die in der Zeitzone verirrten Brasilianer vom Leib zu halten.

Sie ging mit ihm mittlerweile auch auf die Feiern seiner Familie, den Geburtstag des Vaters, die Taufe einer Nichte. Manchmal ging sie auch ohne ihn auf seine Familienfeiern. Er hatte ganz plötzlich nach Dresden oder Porto gemusst. Wenigstens war er am 6. September 2008 wie geplant da. Da heirateten sie.

Uwe Vester, seinen engsten Freund unter den Nachwuchsscouts, bat er, Trauzeuge zu sein. Die Jungs waren nicht auf der Feier. Ente weilte in der Schweiz, Bodden hatten sie irgendwann unterwegs verloren, er arbeitete wohl weiterhin als Barkeeper in Berlin, aber keine Ahnung. Und mit Shergo hatte es Streit gegeben. War schade, dass sie sich nicht mehr sahen, sagte Mrosko, war schade, dass sie sich nicht mehr sahen, sagte Shergo. Aber den ersten Schritt zur Versöhnung, fanden sie, musste doch der andere machen. Shergo hatte ihm vorgeworfen, nicht wie ein echter Freund für ihn da zu sein, mit seinen Kontakten müsste Lars doch viel mehr für ihn tun können, da war er natürlich auch laut geworden, ach, er wollte gar nicht mehr dran denken, fand Lars.

Dabei hätten sie sich oft sehen können, denn Shergo verbrachte in den Magath-Jahren viel Zeit in Wolfsburg und in Berlin, obwohl er nach seinem unglücklichen Gastspiel beim VfL Osnabrück zunächst für Eintracht Trier spielte, 540 Kilometer, fünf Stunden auf der Autobahn von Wolfsburg entfernt. Aber seine Freundin Kristin arbeitete weiter bei Volkswagen, und Shergo bretterte nach jedem Spiel für Trier zu ihr, fünf Stunden hin, fünf Stunden zurück für anderthalb Tage, da blieb nur noch ein Dreivierteltag übrig, und Shergo war kaputt, Mann, war er fertig, er wusste jetzt, woher der Ausdruck kam, »das steckt dir in den Knochen«.

Eintracht Trier spielte in der vierten Klasse, schon wieder die scheiß Oberliga, doch es war ein namhafter Verein, das Wappen kannte man doch von den Panini-Klebebildern aus der Kindheit, die hatten ein richtiges Stadion, das Moselstadion, Shergo liebte Fußballstadien, er sammelte sie quasi, früher war er mit Lars gelegentlich auf dessen Scoutingtouren mitgefahren, um auch mal ins Stadion von Werder Bremen oder Rot-Weiß Oberhausen zu kommen. In Trier war richtig Lärm im Stadion, da würden »Sheeergoal!«-Rufe erklingen, so hatte er sich das vorgestellt. Aber diese Fahrerei, die Trennung von Kristin machte er nicht mehr mit, das machte ihn wahnsinnig. Sein Geld verschwand im Tank, 1100 Kilometer jedes Wochenende. In der Truppe stimmte es nicht, ein zusammengewürfelter Haufen, und ihr Erfolg war auch nur mäßig. »Weißt du was«, sagte Shergo zu Kristin, als sie ihn ein Wochenende in Trier besucht hatte und einen Horror vor der Rückfahrt hatte, weg von ihm, fünf Stunden auf der blöden Autobahn. »Ich komme einfach mit. Ich hau hier ab.«

»Das kannst du nicht machen. Du hast hier einen Vertrag.«

»Das ist nur ein Papier. Ich kann nicht mehr, ich will nur noch meine Ruhe haben.«

Shergo schaltete das Handy aus, und sie fuhren nach Wolfsburg. Er ließ das Handy drei Tage aus.

Mann, Junge, sagte sein Berater Henry Hennig, ein Fußballagent musste ja immer so tun, als habe er schon alles erlebt. Shergo musste sich eine Krankschreibung besorgen, dann könnten sie das vielleicht noch hinbiegen. Er wolle da aber nicht mehr hin, protestierte Shergo. Er müsse da hin, und wenn es nur sei, um die Vorrunde ordentlich über die Bühne zu bringen, damit die anderen Vereine, seine potenziell neuen Vereine, ihn nicht für unzuverlässig hielten.

Lars schrieb ihm den Brief an Eintracht Trier, es war Spätsommer 2006, sie verstanden sich noch bestens. »Der Lars hat 'ne andere Schulbildung als ich, da war er 'nen Schritt weiter«, fand Shergo, mit Formalienkram half Lars den Jungs immer, »der Brief musste aber dann auch genauso geschrieben werden, wie er wollte, sonst wurde er sauer.« Besorg dir eine Krankschreibung wegen Burnout, riet Lars Shergo, vielleicht hast du sogar so etwas, so erschöpft und mit den Nerven fertig, wie du bist.

Eintracht Trier nahm Shergo Biran nach seiner dreiwöchigen Krankschreibung anstandslos wieder auf. Montags kehrte er ins Training zurück, und freitags, am 1. September 2006, schoss Shergoal beide Tore zu Triers 2:0-Sieg vor 2700 Zuschauern über Rot-Weiß Hasborn. Der Name des Gegners allein deprimierte ihn schon wieder.

In der Winterpause saß Shergo mit Kristin im *Mövenpick* am Kurfürstendamm, das war doch das Leben, Berlin, da konnste eine Stunde am Restaurantfenster sitzen und einfach die Typen anglotzen, die auf der Straße vorbeikamen. »Ich muss wieder in Berlin Fuß fassen«, sagte Shergo zu Kristin. Von dort konnte sie auch leicht nach Wolfsburg pendeln, eine Stunde mit dem ICE, war schon geil, dass just in der Stadt, die nur für Autos existierte, der Zug seine Überlegenheit demonstrierte: eine Stunde mit dem ICE für eine Strecke, für die das Auto über das Doppelte benötigte. »Lass uns einfach mal zum SV Babelsberg hinfahren«, sagte Shergo zu Kristin, »ich habe 'nen Namen in Berlin, hier kennt mich jeder.«

Der SV Babelsberg stand zur Winterpause im Januar 2007 nach allgemeinem Ermessen als Tabellenerster mit zwölf Punkten Vorsprung schon als kommender Aufsteiger von der Oberliga in die Regionalliga fest. Und in der Regionalliga ginge es dann um die Qualifikation für die neu geschaffene Dritte Bundesliga, eine echte dritte Profiliga. »Das wäre deine Zeit«, sagte sich Shergo, »da stündest du im Fokus, da kannst du dich durchbeißen, nach oben.«

Er fuhr mit seiner Freundin, direkt aus dem *Mövenpick*, mit der

S-Bahn nach Potsdam-Babelsberg. Der Platzwart machte ihnen auf. Sonst war niemand auf dem Vereinsgelände. Es war Winter. Der Platzwart rief den Geschäftsführer an. Ein Shergo Biran sei hier.

Er komme sofort, sagte der Geschäftsführer.

War natürlich ein Pissvertrag, den ihm Babelsberg bot, sagte Shergo, 1500 Euro statt 3500 in Trier, aber er wollte nach Berlin. Wenn er erst mal seine Tore machte, würden sie ihm im Sommer in der Regionalliga den Vertrag sicher besser dotieren.

Shergoal schlug nicht wirklich ein in seinem ersten halben Jahr in Babelsberg, und im Sommer, vor dem Start in die Regionalliga, sagte ihm der Geschäftsführer, du kannst als vierter Stürmer bleiben, wenn du willst. Aber du kriegst keinen Vertrag. Du müsstest dich arbeitslos melden.

Es war der letzte Taschenspielertrick vieler klammer Regionalligisten: einige Spieler arbeitslos melden, damit das staatliche Jobcenter das Gehalt übernahm.

Weil die Regionalliga – die damals dritthöchste Spielklasse – offiziell dem Amateurfußball zugeordnet ist, müssen die Vereine ihren Fußballern nicht zwangsweise Berufsspielerverträge geben. So zahlte Babelsberg Shergo ab Sommer 2007 nur eine Aufwandsentschädigung von 150 Euro im Monat, obwohl die Elf wie ein Profiteam trainierte. Dazu sollte er sich einfach arbeitslos melden, das Arbeitslosengeld wäre dann quasi sein Gehalt.

Kann man ja mal machen, sagte sich Shergo. Ach du Scheiße, durchfuhr es ihn, als er die Berechnung vom Jobcenter sah. Ihm standen rund 1000 Euro Arbeitslosenhilfe zu. Mann, und die von Babelsberg hatten was von Höchstsatz gelabert, den er doch sicher kriegen würde, also bei ihm würden das mindestens 2000 Euro sein. Und er hatte es treuherzig geglaubt. Jetzt musste er mit 1150 Euro auskommen, mit 28.

Ob es die Wut war, fragte sich Shergo manchmal, ob der Zorn über diese Verarschung ihm Flügel verlieh? Vierter Stürmer sei er nur, hatten sie ihm gesagt. Aber sie hatten nicht damit gerechnet, wie er trainieren würde, mit der Mannschaft und zusätzlich allein für sich, im Wald laufen, auf dem Fußballplatz Finten schlagen und aufs leere Tor schießen, im Fitnessstudio Gewichte stemmen, er hatte ja Zeit, war ja arbeitslos, was, und wer spielte dann fast immer, wer traf wieder und wieder ins Tor? Der vierte Stürmer, Shergoal. Zwei Tore gegen Eintracht Braunschweig, zwei Tore gegen Rot-Weiß Oberhausen, zwei Tore gegen Wolfsburgs Reserveelf, da würde Lars stolz auf ihn sein, auch wenn sie nicht mehr redeten.

Alle wollten Shergoal in der Winterpause 2007/08, der 1. FC Magdeburg, Fortuna Düsseldorf, Rot-Weiß Erfurt, Rot-Weiss Essen. Er war sich schon mit Erfurt einig, als Union Berlins Sportdirektor Christian Beeck anrief. »Blas alles ab«, rief Shergo seinem Berater im Januar 2008 zu, »ich lauf zu Fuß zu Union!« Der Klub war auf dem Weg in die neue dritte Profiliga.

Doch Babelsberg forderte eine Ablöse, 18 000 Euro. Das war jetzt nicht die Welt, aber darum ging es auch nicht – das konnte nicht sein, die gaben ihm keinen Vertrag, die ließen ihn trotz all seiner Tore weiterhin mit seinem Arbeitslosengeld verkümmern, und jetzt wollten sie auch noch an ihm verdienen!

Wenn Union nicht zahle, erteile man ihm nicht die Freigabe, erklärte Babelsbergs Geschäftsführer Shergoal.

Dem würde er es zeigen! Shergo ging zum Jobcenter. Also, es sei so, erklärte er der Sachbearbeiterin: Er erhalte von seinem jetzigen Fußballverein nur eine Aufwandsentschädigung, habe aber die Möglichkeit, zu einem Klub zu wechseln, der ihn mit einem vollwertigen Gehalt entlohnen wolle. Aber sein jetziger Verein verweigere ihm die Freigabe. Da müsse doch die Arbeitsagentur auch was tun können, sie müssten doch auch ein Interesse daran haben, ihn von der Arbeitslosenliste zu kriegen.

Moment mal, sagte die Sachbearbeiterin: »Haben Sie beim SV Babelsberg mehr als 15 Stunden in der Woche gearbeitet?«

»Na ja«, sagte Shergo verdutzt, »wie berechnet man denn das?«

Er erhielt eine Anzeige wegen Erschleichung von Arbeitslosenzahlungen. Er sollte alle erhaltenen Zahlungen zurückerstatten. Hatte er da auch noch Stress!

Lars konnte er nicht um Rat fragen, der musste erst einmal auf ihn zukommen. Aber Shergo fand einen Anwalt, der das regelte. Regionalligafußball galt nicht als Arbeit, sondern Freizeitvergnügen, so stand es in den Statuten, auch wenn sie dort oft vor 12 000 Zuschauern spielten.

Doch Babelsberg beharrte auf einer Ablöse. Und Union Berlin

weigerte sich, eine Ablöse für einen Spieler zu entrichten, der gar nicht vertraglich an Babelsberg gebunden war. Mehrere Versuche seines Beraters, den SV Babelsberg umzustimmen, waren gescheitert. Früher hätte er Lars fragen könne, ob der mit ihm hinging. Einfach in einem normalen Gespräch, mit einem Freund an der Seite, ließ sich so etwas vielleicht leichter klären als mit diesem Geschäftsgebaren, wo sich im Streit beide Seiten schnell aufplusterten. Shergoal nahm statt eines Beraters seine Freundin mit zu einem letzten Klärungsversuch auf Babelsbergs Geschäftsstelle.

Kristin redete davon, wie sie in dem halben Jahr mit dem Arbeitslosengehalt gelebt hatten, wie sie Sachen auf ebay verkauft hatte, um nicht ins Minus zu rutschen, sie erzählte von den Momenten, als Shergo für Babelsberg ins Tor getroffen hatte und sie alle zusammen einfach glücklich gewesen waren. Elf Jahre hatte Shergo in der Halbwelt des semiprofessionellen Ober- und Regionalligafußballs gelebt, und nun hatte er die Chance, bei Union endlich in den richtigen Profifußball aufzusteigen. Wie konnten sie ihm das verwehren?

Also gut, sie seien bereit, die Ablösesumme von 18 000 auf 8000 Euro zu senken, sagte Babelsbergs Geschäftsführer.

Aber Union weigerte sich, auch nur einen Cent zu zahlen, das war nicht rechtens, was Babelsberg hier abzog!

»Shergo«, sagte Kristins Vater zu ihm, »ich zahle die 8000 Euro für dich. Ich möchte dir diesen Traum ermöglichen.«

Shergo wusste nicht, wohin mit seinen Armen, er konnte Kristins Vater doch nicht um den Hals fallen. »Danke«, sagte er, »vielen Dank.« Aber vermutlich sagten seine wässrigen und leuchtenden Augen noch viel mehr.

Mrosko war zu glücklich auf seiner Hochzeit, um Shergos Abwesenheit zu spüren. Sie hatten im *Albergo* in Schönefeld den Wintergarten für die Feier reserviert, es war warm genug, um das Dach aufzufahren, an den Wänden rankte wilder Wein, das sei ja wie auf einem Landhaus in der Toskana, sagten die Gäste. Im Teich vor dem Restaurant badeten Flamingos. Mrosko trug einen cremefarbenen Anzug.

Sie feierten im kleinen Kreis, womit sie bei ihren Familien trotzdem schnell auf gut 50 geladene Gäste gekommen waren. Er sah sich um: Da waren seine Schwestern, Kerstin arbeitete als Assistentin auf

Die Mrosko-Geschwister: Björn, Kerstin, Annika, Inga, Lars.

dem Bezirksamt, Annika und Inga verdienten ihr Geld als Kindergärtnerinnen, Annika dachte daran, einen eigenen Kindergarten zu eröffnen. Björn, der Zwillingsbruder, sah mit 31 nun jünger als er aus, die Haut glatter, das Gesicht schmaler, feiner. Wie Lars hatte auch er nach der Schule fast ein Jahrzehnt lang seinen Platz gesucht, wenngleich auf etwas andere Weise. Er studierte in Frankfurt Philosophie, begann eine Ausbildung als Ergotherapeut, jobbte als Behindertenhelfer und Kassierer in Rockabilly-Klubs, nahm Theologie als Studienfach hinzu und hatte sich 2006, mit 29, als Jesuit zum Zölibat verpflichtet. Er bereitete sich auf die Priesterweihe vor.

Schon zehn Jahre zuvor, während des Zivildienstes, hatte Björn das Aufnahmeverfahren im Jesuiten-Orden durchlaufen. Er war wieder abgesprungen, weil ihn die Angst gepackt hatte, die Furcht, was er alles nicht mehr würde machen können als Geistlicher. Frauen lieben, Kinder haben. Das Theologiestudium veränderte seine Sicht. Wie frei war das Leben als Jesuit, empfand er plötzlich, er konnte die Dinge tun, die ihm wichtig waren, mit Gleichgesinnten über Gott und den Glauben diskutieren, sich in der Jugendarbeit engagieren, den ganzen Tag unter jungen Menschen, im Jesuiten-Orden in fremden Städten leben, Wien und Madrid, und sogar in einer Rockabilly-Band Schlagzeug spielen, Gwen & the Boppin' Rhythms. »In der Ecke der Liebe«, sang Gwen, »sitzen wir versteckt, alle anderen sind schon weg.«

»Ich verstehe gar nicht, warum nicht viel mehr Männer in den Jesuiten-Orden eintreten«, sagte Björn.

Was für eine erstaunliche Wahl, Jesuit, Priester, dachte Lars, und dabei war ihm feierlich zumute: Welch außergewöhnliche Wege Björn und er genommen hatten.

Selbst das Schwierigste, ein Umgang mit der Mutter, schien sich zu finden. Ihre Anwesenheit war für Lars auch auf seiner Hochzeit bedrückend, aber er ertrug die Nähe. In einem Roman, *Vindings Spiel* von Ketil Bjørnstad, war Björn abrupt auf die eigene Kindheit gestoßen. »Zwei gutmütige, verzweifelte Menschen«, hieß es da, »die meinten, in der Ehe die Liebe zu finden, es aber nicht schaffen, gemeinsam unter einem Dach zu leben. Dazu die nervösen Kinder, unfähig, sich zu freuen, auch wenn sie froh sind. Das ist die Familie Vinding.« Er dachte, er lese: die Familie Mrosko. »Ich habe die Kindheit als eine Zeit ständiger Angst in Erinnerung«, schreibt Bjørnstad weiter, »eine Unruhe, die sich chronisch in meinen Nerven festgesetzt hat.«

Björn zeigte Lars den Romanausschnitt nicht. Er glaubte, es sei besser, keine Wunden aufzureißen. Auch wenn es tröstlich sein konnte zu lesen, dass ein anderer die eigenen Gefühle besser als man selbst ausdrücken konnte.

Peter Hyballa war, neben Uwe Vester, Uli Mohr und Adolf Remy, der einzige Hochzeitsgast aus der Welt des Fußballs. Mrosko war ruhiger geworden, seit Hyballa den VfL Wolfsburg verlassen hatte, fanden einige beim VfL. Im Juni 2007 war Hyballas Vertrag beim VfL nach drei Jahren nicht verlängert worden. Er habe offensichtlich höhere Ziele, sagte ihm Bernd Sudholt, da sei es nur logisch, ihn ziehen

Die beste Zeit: Mrosko auf seiner Hochzeit mit Trauzeuge Uwe Vester (links) und Peter Hyballa.

zu lassen. Das war mal eine neue Begründung, einen Trainer vor die Tür zu setzen.

Wie Magath hatte Hyballa in den Augen der Geschäftsführer die doch so wichtigen Hierarchien und Etiketten nicht beachtet. Ohne Rücksprache mit Sudholt und Janssen hatte er über den Vater seines A-Jugendtorwarts ein Trainingslager in einem wunderbaren Hotel mit Pool in Italien organisiert, inklusive Freundschaftsspiel gegen Juventus Turin. War das sensationell, was er für seine Jungs wieder auf die Beine gestellt hatte, fand Hyballa. »Ja, aber dass ich dann die 18 000 Euro Kosten aus unserem Jugendetat herausschnitzen musste, daran hat er nicht gedacht!«, schimpfte Sudholt, »mal abgesehen davon, dass es nicht geht, dass die B-Jugend zum Trainingslager in eine Pension in Hohne fährt und die A-Jugend ins Viersternehotel nach Italien.«

Als die anderen Nachwuchstrainer mit Sudholt die Zimmer des neuen Jugendinternats strichen, erschien Hyballa nicht. Hyballa bringe sich nicht so ein, wie er es von Jugendtrainern gewohnt war, fand Sudholt. Er tat mit absoluter Kraft alles für seine Mannschaft, fand Hyballa. Aber irgendwo musste auch mal Schluss sein, Wände zu streichen durfte seiner Meinung nach im Jahr 2007 beim VfL Wolfsburg nicht mehr zu den Aufgaben eines Trainers zählen. Oder hätten sie Felix Magath auch gebeten, Wände zu streichen?

Dass hochbegabte, junge Trainer in ihrem unbedingten Willen nur auf ihre eigene Arbeit fokussiert sind, konnte Sudholt nachvollziehen. Aber es ging ihm trotzdem auf die Nerven. Den Ärger wegen Hyballas supercooler Art hatte dann nämlich er, die Eltern des A-Jugendersatztorwarts machten ihm die Hölle heiß, weil Hyballa ihrem Sohn vor der gesamten Mannschaft sein Übergewicht vorgehalten hatte.

Okay, manchmal merkte Peter Hyballa hinterher selbst, dass sein lockerer Spruch nicht so gut angekommen war, aber was doch zählen sollte, was doch zählen musste, war, mit welchem Erfolg er trainierte. Als seine Jugendmannschaft hörte, dass der Vertrag ihres geilen Trainers nicht verlängert wurde, zogen sie bei der Mannschaftsaufstellung zum deutschen Jugendpokalfinale 2007 gegen 1860 München T-Shirts über die Trikots. Auf die weißen Shirts hatten sie geschrieben: »100 Prozent Hyballa«.

Da tobten Sudholt und Janssen erst recht. Die A-Jugendspieler wie Daniel Reiche hatten Tränen in den Augen, als sie sich von Peter Hyballa verabschiedeten.

Er machte bei Borussia Dortmund als A-Jugendtrainer weiter. Dass ein Jugendtrainer eine Profielf übernahm, war 2007 schwer vorstellbar. Jugendmannschaften zu trainieren war doch etwas ganz anderes, da ging es um ausbilden, erklären, nicht um managen, führen. Dass viele Jugendteams ballsicherer und taktisch anspruchsvoller als einige Bundesligamannschaften spielten, ging 2007 wenigen auf. Ob das an den Trainern lag?

Mit Mrosko telefonierte Hyballa aus Dortmund praktisch täglich.

Manchmal auch dreimal am Tag. Mrosko war nicht ruhiger geworden, weil Peter Hyballa sich von ihm entfernt hatte, wie manche vermuteten. Mrosko hatte eine innere Ruhe erlangt, weil 2008 alles so war, wie es sein sollte. Er heiratete, er hatte mit Felix Magath und Uli Mohr Chefs, die seine Arbeit tatsächlich zum Traumjob machten. Er hatte seinen Platz in der Welt gefunden.

Es sei nur schwer vorstellbar, dass sein Vertrag 2008 verlängert werde, hatte ihm der damalige Geschäftsführer Klaus Fuchs nach seiner zweiten Abmahnung 2005 prophezeit. Nun war es 2008, und Mroskos Vertragsverlängerung sollte nur eine Formalie sein. Oder?

»Ich habe morgen einen Termin bei Magath, wegen dem Vertrag«, sagte Mrosko am Telefon zu Peter Hyballa. Könnte Hyballa ihn nicht, wie damals, in einem Rollenspiel auf das Gespräch vorbereiten?

»Ich kenne Magath gar nicht«, sagte Hyballa, »ich könnte ihn gar nicht glaubwürdig nachspielen. Aber du genießt doch offensichtlich sein Vertrauen. Sprich langsam, berliner nicht, dann wirst du es schon hinkriegen.«

Am nächsten Tag erschien Mrosko in Magaths Büro. Magath hatte die Chefetage umbauen lassen, sodass er nun ein richtiges Vorzimmer mit Sekretärin besaß. Die Schränke in seinem Büro waren geschlossen, auf dem Schreibttisch lag nichts herum. Entweder räumte Felix Magath sehr ordentlich auf, oder er las nie Akten.

»So, Herr Mrosko. Ihr Vertrag läuft aus. Wollen Sie ihn verlängern?«

»Das sagen Sie mir, ob ich verlängere oder nicht.«

»Ich habe auch mal in Ihre Personalakte reingeschaut.«

»Na, herzlichen Glückwünsch!«

»Da steht ja einiges drin. Erzählen Sie doch mal: Wie kommt es zu diesen Vermerken?«

Mrosko erzählte. Felix Magath interessierte es nicht, was in irgendwelchen Personalakten stand. »Was vorher war, ist für mich nicht von Belang. Kann sein, dass jemand früher mal einen Fehler gemacht hat. Damit halte ich mich nicht auf. Für mich zählt nur mein eigener Eindruck.« Und um seinen Eindruck über Mrosko zu vervollständigen, wollte Felix Magath sehen, wie sein Scout seine Abmahnungen darstellte. Ob er zu seinen Vergehen stand.

»Sie haben den Nachwuchsleiter und den Geschäftsführer Dick und Doof genannt.«

»Korrekt.«

»Und das war richtig?«

»Das war einfach so.«

»Und Sie wollen bleiben?« Wenn Felix Magath fragte, fiel kein »Aha« oder »Hm«, alles in seinen Fragen war Klarheit, oft als Schärfe wahrgenommen.

»Ich fühle mich wohl hier.«

»Es gibt aber im Verein immer noch welche, die Sie weghaben wollen.«

»Aber noch sitze ich hier. Und wenn Sie mich auch weghaben wollten, würden wir ja nicht sprechen.«

»Da haben Sie recht. Was machen wir jetzt mit Ihnen?«

»Ich würde gerne für Uli Mohr und Sie weiterarbeiten, aber auch das Nachwuchsscouting mit neuen Befugnissen leiten.«

»Warum wollen Sie noch für die Nachwuchsabteilung arbeiten? Dort gab es doch den ganzen Ärger.«

Und Mrosko begann zu schwärmen. Das Nachwuchsscouting war das Größte, das Gefühl, einen Jungen irgendwo auf einem Nebenplatz zu sehen und plötzlich zu spüren, der ist es, der könnte einer werden.

»Herr Janssen, mit dem Sie nicht zurechtkamen, ist aber noch in Amt und Würden. Wie wollen Sie mit ihm zusammenarbeiten?«

»Das liegt an Ihnen.«

»An mir?«

»Ja, an Ihnen.«

»Erklären Sie mir das.«

»Sie ernennen mich zum Nachwuchs-*Chef*scout und nehmen in den Vertrag den Passus auf, dass nur Sie mir weisungsbefugt sind, nicht der Nachwuchsleiter.«

»Ich verstehe.«

»Es geht hier um meinen Stolz. Ich verzichte auch auf Geld.«

»Warum wollen Sie auf Geld verzichten?«

»Weil es nur um meinen Stolz geht.«

»Aber ich kann Ihnen nicht weniger geben, wenn Sie einen höheren Posten kriegen und eine doppelte Aufgabe übernehmen.«

»Das ehrt Sie. Ich wollte es Ihnen auch nur begreiflich machen:

Es geht mir hier nicht ums Geldverdienen. Es geht darum, dass ich allen mit meiner Arbeit zeigen will, was ich kann.«

»Sie wollen das unbedingt machen?«

»Ja.«

»Gut. Aber gehen Sie in sich und überprüfen Sie, ob Sie stark genug sind, denn der Nachwuchsleiter wird versuchen, Sie zu behindern und zu provozieren. Sie haben eine Woche Zeit, darüber nachzudenken, dann reden wir über Vertragsdetails.«

Am nächsten Tag um 8:30 Uhr stand Mrosko wieder in Magaths Büro. »Ich mache es.«

Felix Magath lachte. »Das war mir klar.« Den Vertrag hatte er schon vorbereitet.

»So«, sagte Magath, als Mrosko sich auf der Stelle weiter an den VfL Wolfsburg gebunden hatte, »jetzt wollen wir uns noch einen kleinen Spaß erlauben.«

Denn manchmal, sagt Felix Magath, mache er ganz gerne ein bisschen Unsinn. »Wir rufen den Janssen an.«

Bernhard Janssen, Nachwuchszentrumsleiter in Wolfsburg seit zwölf Jahren, immer sorgfältig gekleidet, gerne mit einem adretten Schal um den Hals, erschien aufgeräumt in Felix Magaths Büro.

»Guten Morgen, Herr Janssen, Herrn Mrosko kennen Sie ja.«

»Natürlich, er saß ja lange Zeit bei uns im Nachwuchsleistungszentrum.«

»Saß er«, sagte Felix Magath. »Ich habe mich gerade mit Herrn Mrosko über das Scouting unterhalten, wie man das besser verzahnen kann, Nachwuchs und Profibereich.«

»Ja, er kennt sicher die Bedingungen.«

»Es wird ein neuer Nachwuchs-Chefscout kommen.«

»Ja, wir haben da in letzter Zeit bereits Stefan Meissner sehr erfolgreich eingebunden.«

»Ich habe schon einen sehr guten, renommierten Mann.«

»Ach ja! Wer ist denn der gute Mann?«

»Er hat sich schon im Nachwuchsbereich profiliert. Hat auch schon bei Bayern München gearbeitet.«

»Bei Bayern, oh, dann muss er ja ein guter Mann sein. Aber wer ist es denn nun?«

»Er sitzt neben Ihnen.«

»Bitte?«

»Herr Mrosko ist ab sofort neuer Nachwuchs-Chefscout mit weitreichenden Befugnissen: Er teilt das Scouting ein und verwaltet auch das Budget. Sie kooperieren bitte mit ihm. Und jetzt gehen Sie beide fünf Minuten raus, ich glaube, da steht noch einiges zwischen Ihnen. Danach kommen Sie wieder und erklären mir, wie Sie zusammenarbeiten werden.«

Im gegenüberliegenden Konferenzraum, den alle »gläsernes Studio« nannten, meinte Mrosko zu hören, wie Bernhard Janssen anfing: »Ja, Lars, der Bernd Sudholt damals«, aber was immer der Nachwuchs-Chef sagte oder sagen wollte, Mrosko fuhr ihm dazwischen, »Jetzt bist du mal ruhig!« Er werde Janssen über jede Scoutingfahrt in Kenntnis setzen, doch bei der Planung gebe es für Janssen nichts mehr mitzureden, »ja, aber Lars« – »Ruhe!«, auch die Jugendtrainer teile ausschließlich er zur Spielbeobachtung ein, er bestimme, wo wer gesichtet werde. Janssen sagte nichts mehr. Mrosko hörte die Stille nach seinem kurzen Monolog und hatte das Gefühl, sich befreit zu haben.

»Alles geklärt?«, fragte Magath, als sie in sein Büro zurückkamen.

Alles geklärt.

»Gut, dann können Sie gehen, Herr Janssen.« Felix Magath wartete, bis die Tür sich wieder schloss. »Tu mir einen Gefallen«, sagte er zu Mrosko und lächelte. »Benimm dich.«

16

Erster Volkswagen, Zweiter Bayern

Die Fußballprofis, die auch aufgrund von Mroskos Empfehlungen zum VfL Wolfsburg kamen, sah er dann fast nie mehr Fußball spielen. Die Mannschaft, die ein Scout am wenigsten sieht, ist die eigene. Samstags, wenn der VfL spielte, suchte Mrosko in Malmö oder Lissabon schon wieder nach Spielern, die vielleicht schon bald die aktuellen Idole ersetzen würden. Wenn ihn seine Erinnerung nicht täuschte, verfolgte er in den Jahren unter Felix Magath nur zwei Partien des VfL im Stadion.

Per SMS-Nachrichten hielten sich Uli Mohr und Mrosko samstags über die Taten des VfL auf dem Laufenden, »hast du es schon gehört?«, wenn der eine gerade den Europa-League-Gegner SC Heerenveen beobachtete und der andere im Hotel in Nordportugal auf den Anstoß von Sporting Braga gegen Benfica wartete. Am ehesten traf Mrosko die Wolfsburger Fußballer in der Tiefgarage oder im Café.

Auch in Wolfsburg konnte man sehen und gesehen werden. Wie in jeder ordentlichen Kleinstadt gab es das eine Café, das jeder automatisch für ein etwas besonderes Treffen vorschlug. Das *Atelier Café* stand mitten in der Stadt und doch freistehend wie auf dem Land, ein vor 150 Jahren für die Schweinezucht gebautes Bauernhaus aus Fachwerk und Backstein. Drinnen waren die Räume hoch und hell, die Wände von Künstlern belegt. Felix Magath und sein Trainerteam schauten gelegentlich herein, gleich um neun, wenn das *Atelier* aufmachte. Es gab Tee mit Honig. Mrosko verschlug es mit Uli Mohr ab und an in das Café, wenn sie sich von ihren Reisen viel zu erzählen hatten. Die Spieler, die zufällig auch da waren, grüßte Mrosko freundlich aus der Distanz. Zu manchen war ein oberflächlicher Kontakt entstanden, zu Alex Laas und zu Asche Dejagah natürlich, aber mehr Berliner als Asche gab es ja leider nicht in Magaths Team. Wenn es um den Kontakt zu den Profis ging, spürte Mrosko eine seltene Scheu. Er fühlte, da gehörte er nicht dazu. Alexander Esswein etwa wusste nicht einmal, wer Mrosko war. Esswein hatte seinen Wechsel vom 1. FC Kaiserslautern nach Wolfsburg Mrosko zu verdanken, er hatte die Verpflichtung federführend angeschoben.

Die Anonymität war der natürliche Wirkungsbereich der Scouts.

Das Wort »gemütlich« benutzte unter Felix Magath niemand, aber das Leben beim VfL Wolfsburg im Herbst 2008 floss abseits der großen Aufregungen dahin. Die Mannschaft hatte sich im Mittelfeld der Bundesliga festgesetzt. Das war kein Grund zur Selbstzufriedenheit, aber doch ganz in Ordnung, zumal die Heimspiele fast alle und oft spektakulär gewonnen wurden, was das eigene Publikum friedlich stimmte. Im Rest Deutschlands, wo die Vorurteile gegen den VfL mit Verve gepflegt wurden – Retortenklub! Niedersächsische Provinz! –, waren viele Fans und Sportjournalisten glücklich, Wolfsburg im belanglosen Mittelfeld ignorieren zu können. »Wir sind nur sporadisch zu außergewöhnlichen Leistungen in der Lage, aber nicht dauerhaft«, glaubte Felix Magath nach einem 3:0-Sieg über Borussia Mönchengladbach Ende Oktober. Und selbst er hörte sich mit seiner leisen Stimme und dem weichen hessischen Akzent dabei so an, als wäre das halt so.

Doch plötzlich wusste jeder, wie Wolfsburg gespielt hatte, wollte jeder wissen, wie Wolfsburg gespielt hatte. Mroskos Mutter, der immer dieser Fußball auf die Nerven ging, rief ihn samstags an, um ihm zu sagen: »Toll! Wolfsburg hat ja schon wieder gewonnen.«

Am 7. Februar 2009, dem zweiten Spieltag nach der Winterpause, begann der VfL Wolfsburg mit einem 2:0 über Bochum zu gewinnen. Er hörte damit gar nicht mehr auf. Anfang April hatte Magaths Elf sieben Spiele hintereinander gewonnen und war auf Rang drei der

Bundesliga vorgerückt. Wenn sie Bayern München schlugen, wären sie Erster. Der Retortenklub! Die niedersächsische Provinz!

Am Samstagnachmittag des 4. April piepste Mroskos Handy ständig. Als wollte das Handy tanzen, schreien. »Tor durch Gentner!«, kamen die ersten SMS-Nachrichten von Uli Mohr und Freunden, auf einmal »3:1 für Wolfsburg, irre!« von Kollegen und Bekannten, bei deren Namen er erst mal überlegen musste, wer war das noch einmal? Und schon wieder, »Traumtor von Grafite! Mit der Hacke!«

Es kam ihm vor, als sei er der Letzte, der etwas vom großen Triumph der Mannschaft erfuhr, die er mitgebaut hatte. Als sei er am weitesten weg von der Volkswagen Arena, wo immer er auch war, Göteborg, Prag oder Coimbra, die Erinnerung an den Ort verwischte schnell, er war an zu vielen Orten in zu schneller Folge. Ihm blieb nur das Glücksgefühl, dass auf dem Hotelzimmer ein paar deutsche Fernsehsender zu empfangen waren und er so spätabends, gefühlt als letzter Deutscher, im *Aktuellen Sportstudio* betrachten konnte, wie der VfL Wolfsburg mit einem 5:1-Sieg Bayern München von Trainer Jürgen Klinsmann demontierte.

Die Pracht des Wolfsburger Spiels lag in seiner Naturgewalt. Magath wies sein Team an, in der Gegend der Mittellinie auf die Bayern zu lauern, dort mit Wucht auf sie loszugehen und dann schnörkellos, mit zwei, drei schnellen Pässen, mit zwei, drei Pinselstrichen zum Angriff auszuschwärmen. Es war einfacher Fußball, klarer Fußball. Er baute logischerweise auf eine athletische Überlegenheit auf oder vielleicht auch nur auf die Einbildung, wegen Magaths ausgiebigem Fitnesstraining athletisch überlegen zu sein. »Ich weiß gar nicht, ob wir im Spiel so viel laufen, weil wir so fit sind«, sagte Asche Dejagah zu Mrosko. »Oder nur, weil wir so viel Angst vor Magath haben.«

Weil Felix Magath sich aber auch gerne erinnerte, was für ein Fußballer er selbst einmal gewesen war, stellte er als einer der Letzten im Spitzenfußball einen klassischen Spielmacher auf. Zvjezdan Misimović, ein bosnischer Junge aus Münchens Osten, hatte sich bei bescheidenen Bundesligaklubs wie Bochum und Nürnberg als Mann für steile Pässe leidlich profiliert. Die meisten Trainer, Scouts und Sportjournalisten fanden ihn aber im Defensivspiel zu langsam, womit viele von ihnen wohl »zu faul« meinten. Magath verpflichtete Misimović, ohne seine Scouts zu fragen. Das war sein Mann, sein

Spiegelbild, seine Erinnerung an sich selbst als Fußballer. Dieses Vertrauen musste Misimović durch die Härte des Trainings hindurch spüren. Er wurde der Mann für die hurtigen, genialen Pinselstriche: Nur zwei oder drei Ballkontakte nach der Balleroberung im Mittelfeld hatte Misimović mit einem Diagonal- oder Steilpass die Stürmer in dem freien Raum vor dem Tor in Position gebracht. Es war das Beste von gestern: ein Spielmacher und zwei Stürmer, die wie in den Siebziger-, Achtzigerjahren praktisch das gesamte, überschäumende Offensivpotenzial einer Elf ausmachten, die jeden Samstag wieder trafen, keine Spielerrotationen, kaum Angriffsvariationen. Misimović bereitete in der Saison 2008/09 zwanzig Tore vor, der eine Stürmer, Grafite, traf 28-mal, der andere, Džeko, 26-mal, Bundesligarekord, der beste Sturm der Geschichte. Zwei Angreifer, die dem Massenpublikum noch unbekannt waren, als ihr Lauf begann, übertrafen Gerd Müller und Uli Hoeneß, die seit 1971 die Bestmarke mit 53 Toren gehalten hatten.

Ach ja, der Džeko, sagten die Scouts der anderen Bundesligaklubs zu Uli Mohr oder Mrosko: Den hätten sie natürlich auch bei FK Teplice in der tschechischen Liga entdeckt und gleich gewusst, der würde Weltklasse. Aber in ihrem Verein, beim VfB Stuttgart, 1. FC Nürnberg oder Hamburger SV, hätte eben niemand auf sie gehört, als sie Džeko empfahlen.

»Niemand konnte wissen, dass Džeko so ein exzeptioneller Stürmer wird«, sagte Mohr zu Mrosko.

Nur geahnt und gehofft, dass er vielleicht einmal auf Bundesliganiveau Tore schießen könnte, hatten Uli Mohr und Mrosko.

Ein Spielerberater, Alen Augustinčić aus Oberursel, rief Uli Mohr im Herbst 2006 an, es gebe da einen talentierten 20-jährigen bosnischen Stürmer in der tschechischen Liga. Augustinčić hatte sich den Ruf erarbeitet, über Fußballer aus dem ehemaligen Jugoslawien, der Heimat seiner Eltern, bestens informiert zu sein. Der Ausdruck »den Ruf *erarbeitet*« ist nicht zufällig gewählt. Morgens machte sich Augustinčić eine lange Liste von Kontakten, die er anrufen musste, und dann telefonierte er stundenlang, jeden Tag, mit Scouts, Sportdirektoren, Trainern, anderen Beratern, Fußballern. Uli Mohr wusste, dass er den Tipp über diesen jungen Bosnier in Teplice nicht seinem sympathischen Lächeln verdankte, sondern dass Augustinčić gewiss auch sieben oder acht andere Bundesligisten auf einen Jungen namens Edin Džeko aufmerksam gemacht hatte. Džekos tatsächliche Berater, des Deutschen nicht mächtig, hatten Augustinčić als Kontaktmann zur Bundesliga eingeschaltet.

Uli Mohr besuchte die Spiele von FK Teplice sowieso regelmäßig. Das Stadion Na Stínadlech, nicht weit hinter Dresden, war der nächste Standort, um tschechischen Erstligafußball zu sehen, und deshalb die erste Spähstation für Mrosko und Uli Mohr in Tschechien.

Ungewöhnlich viele Bundesligascouts kamen in der Saison 2006/07 nach Teplice, um einen Stürmer zu begutachten. Doch er hieß Martin Fenin, nicht Edin Džeko. Fenin, mit 19 ein Jahr jünger als Džeko, war die Sensation der Jugendeuropameisterschaft gewesen, in Barcelona nannte ihn die Zeitung *El Mundo Deportivo* als eine mögliche Barça-Verstärkung.

Uli Mohr hatte Džeko schon zwei-, dreimal gesehen, ohne ihn wirklich wahrzunehmen, als ihm Ende 2006 erstmals der Gedanke kam: Der hatte was. Wieder in Wolfsburg fragte Uli Mohr Mrosko: »Sag mal, diesen Džeko hast du doch auch schon gesehen?« Mrosko wusste es zu schätzen, wie der Chefscout ihn einbezog: dass Uli Mohr im wahrsten Sinne des Wortes mit ihm zusammenarbeitete. Es sollte alltäglich sein. Es war sicher ungewöhnlich.

Uli Mohr hatte ihn in den letzten Oktobertagen 2006 nach Teplice geschickt. Weil er nach Teplice sollte, fuhr Mrosko zunächst nach Prag und Pilsen. Eine Dienstreise für ein einziges Spiel anzutreten konnte er nicht mit seinem Selbstbild als Vielarbeiter vereinbaren. Er sah sich am Samstag Sparta Prag gegen Zbrojovka Brünn, am Sonntagmorgen ein Jugendspiel und am Sonntagnachmittag Viktoria Pilsen gegen Baník Most an. Der Montagmorgen durfte nicht frei sein, er nahm sich doch keinen freien Morgen. Er traf sich mit Viktoria Pilsens Trainer Stanislav Levý. Stanislav kannte sich bis hinunter in die tschechische Jugendliga aus, und in Deutschland kannte außer ihm kaum ein Scout Stanislav, der mal Tennis Borussia trainiert hatte. Da konnte er vielleicht den einen oder anderen Tipp exklusiv erhaschen.

Erst danach, da er etwas Besonderes geleistet hatte, genehmigte er sich einen Spaziergang durch Pilsen. Auf dem Kopfsteinpflaster der Altstadt schmerzte sein Fuß. Aber er hatte die Schmerztabletten im Auto.

Das Spiel in Teplice begann um 18:15 Uhr, Montagabend, für das Fernsehen. Gegen 14 Uhr wollte Mrosko aufbrechen, die Fahrt würde anderthalb Stunden dauern, wenn er gemütlich fuhr, also nur mit 150 Stundenkilometern. Auf dem Rückweg durch die Nacht fuhr er meist mit 220 km/h. Er hatte, dank Felix Magath, nun einen Tuareg als Dienstwagen. Das irre Tempo zwang ihn zur Konzentration, fand er, da blieb er eher wach. Unerträglich schien ihm eine überhöhte Geschwindigkeit nur als Beifahrer, man hatte eine andere Wahrnehmung als Beifahrer, neben Uli Mohr wurde Mrosko übel, obwohl der vernünftiger fuhr als er.

Bei der Ankunft in Teplice kalkulierte er immer genügend Zeit für die zwei netten Annehmlichkeiten der Dienstreise ein: Er ging noch in einen tschechischen Supermarkt einkaufen. Und er genoss das Abendessen im VIP-Raum des Stadions.

Im Supermarkt kaufte er alles für den täglichen Gebrauch, Waschmittel, Wurst, eine Stange Pall Mall für Sandra, war doch alles billiger als zu Hause, dazu einen riesigen Stoffbären für seine Nichte Chiara. Im VIP-Raum im Na Stínadlech gab es stets Weißbrot mit Schnitzel und zum Nachtisch Süßgebäck mit Mohn. Darauf freute er sich schon.

Nach einem ungeschriebenen Gesetz erhielten die Scouts überall auf der Welt Einlass in den VIP-Raum, Parkschein und im Stadion die beste Aussicht, ein Platz auf der Haupttribüne, Höhe der Mittellinie. Beim VfL Wolfsburg kontrollierte Felix Magath, welcher Verein zwei Scoutingkarten erhielt, welcher eine; so war er im Bilde, welcher Verein überhaupt seine Scouts nach Wolfsburg schickte. Die Sportjournalisten schrieben gerne, dass Magath alles kontrollieren wolle, aber nicht, welche Arbeit er auf sich nahm, um alles zu kontrollieren.

Im kleinen VIP-Raum in Teplice waren Stehtische aufgebaut, an den Wänden hingen zwei Flachbildschirme, die Fußball vom Vortag zeigten, damit die Gäste etwas hatten, worauf sie ihre Blicke richten konnten und sich nicht gegenseitig anstarrten. Mrosko glaubte, die für sehr wichtig erklärten Gäste alle einordnen zu können, Gönner, Spielerfreunde, Berater, Scouts. Scouts waren die, die sich am einfachsten kleideten, viel Jeans, viele Karohemden.

Er erkannte den tschechischen Scout des FC Chelsea und Hune Fazlić von Werder Bremen, sie grüßten sich, redeten kurz und hatten das Gefühl zusammenzugehören.

Als sich die Teams aufwärmten, suchte Mrosko seinen Lieblingsspieler. Pavel Verbíř war diesmal nicht im Team, ein 34-jähriger Linksaußen, den das schüttere Haar auf dem runden Kopf noch älter aussehen ließ, der aber den Flügel rauf und runter sprintete, als würde er bis zum Lebensende laufen. 2700 Zuschauer verloren sich in dem Stadion, das keine Massen mehr zu erwarten schien, alt und zu einer Himmelsrichtung offen, nur mit drei Tribünen. Das Spiel passte sich dem Ambiente an, FK Teplice verlor 1:3 gegen Dynamo České Budějovice, Mittelklasseteams einer Mittelklasseliga unter sich.

»Tut mir leid«, sagte Mrosko in Wolfsburg zu Uli Mohr, als er sich an Džekos Auftritt in jenem Spiel erinnerte. »Ich weiß nicht, was du in dem siehst, Uli.«

Gelegentlich hatte Edin Džeko gegen Budějovice einen explosiven Sprint aus dem Nichts angezogen und sofort einen Schritt Vorsprung gehabt. Aber dann versprang ihm der Ball, den er dank seines tollen Antritts erobert hatte. Er nahm den falschen Weg in den Strafraum, er war hibbelig.

Uli Mohr fuhr wieder nach Teplice, und wieder. Er hatte ein Bild von diesem Džeko im Kopf; nicht wie er war, sondern wie er werden könnte. Die meisten anderen Scouts schauten wohl noch immer nach Fenin, aber er blickte nur noch auf den Stürmer daneben.

Theoretisch müsste doch alles ganz schnell gehen, wenn die halbe Bundesliga und sicher auch Scouts aus den Niederlanden, Frankreich und Italien dieselben Spieler verfolgten. Aber das Wichtigste war, einen verlässlichen Eindruck von einem Spieler zu erhalten. Dazu mussten sie ihn über Wochen beobachten. Das war der Widerspruch, von dem sie sich nicht nervös machen lassen durften: Es musste schnell gehen, und es brauchte Zeit.

Sie wussten von Augustinčić, dass auch Werder Bremen Džeko ernsthaft in Betracht zog. Sie trafen Werders Assistenztrainer Matthias Hönerbach in Teplice im Stadion. Sie plauschten nett miteinander, sie waren ja Kollegen, und blendeten die Frage aus: Würde ihnen Werder zuvorkommen?

Aber sie konnten keine schnelle Entscheidung riskieren. Uli Mohr hatte keine gute Partie von Edin Džeko gesehen beim 1:2 gegen Viktoria Pilsen, er verlor Zweikämpfe, er positionierte sich falsch, und irgendwann, frustriert von seinem ständigen Nachsehen, tauchte er ab. Er war 20. Die Unbeständigkeit der Jugend schien Uli Mohr nur natürlich. Das Besondere aber sah er weiter in Džekos Spiel aufblitzen: diese Schnelligkeit beim Zuschlagen.

Fahr noch mal hin, sagte Uli Mohr zu Mrosko, es war schon Frühling 2007 geworden. Mrosko fuhr noch zweimal nach Teplice, das mittlerweile für sie Džeko-Stadt war. Und diesmal sah er es: In die scharfen flachen Flanken sprintete Džeko diagonal hinein und schoss mit dem ersten Kontakt auf das Tor. Den halbhoch hereinkommenden Ball nahm er so mit der Brust an, dass die Ballannahme gleichzeitig die perfekte Vorlage für seinen rechten Fuß war. Er war auf den Vier-Meter-Sprints im Strafraum, den entscheidenden Sprints, regelmäßig einen halben Schritt schneller als sein Bewacher. Er verfügte über die Verwandlungsfähigkeit großer Stürmer: Kam der Ball in die Nähe des gegnerischen Tores, konnte er in der Zeit, die ein Schmetterling zum Flügelschlag benötigte, lebendig werden.

Als Mrosko aus Teplice zurück war, sagte er enthusiastisch zu Uli Mohr: »Mann, du hast ja doch Ahnung vom Fußball!«

Die Frage war, ob Džeko in einem schnelleren, körperlich intensiveren Spiel als in der tschechischen Liga noch genauso geistesgegenwärtig, scharf in den Bewegungen reagieren konnte. Niemand kannte die Antwort.

Uli Mohr und Mrosko sammelten Anhaltspunkte: Edin Džeko war im bosnischen Bürgerkrieg aufgewachsen. Im Alter von sechs Jahren konnte er das Haus kaum verlassen, draußen auf der Straße in Sarajevo fielen Granaten, lauerten Heckenschützen. Fußball zu spielen, einfach auf der Straße Fußball spielen zu können, war sein Kindheitstraum gewesen. Er trug die braunen Haare unscheinbar, mit einer schnellen Handbewegung nach rechts getrimmt, als mache er sich keine Gedanken über Frisuren. Er war, bei allem, was sich aus diesen Eindrücken ableiten ließ, uneitel, anpassungs- und leidensfähig. Er würde den VfL Wolfsburg als fantastische Chance begreifen und professionell arbeiten.

Felix Magath verpflichtete im Juni 2007 Edin Džeko, den er nur aus den preisenden Worten seiner Scouts und von Videos kannte, die sie ihm zusammengestellt hatten. Ein Trainer musste bei Spielerverpflichtungen immer zu einem Teil vertrauen; diesmal eben den Videobildern und den Augen der Scouts. Džekos festen Händedruck bei ihrem Kennenlernen in Zagreb nahm Magath als Beleg, es zumindest mit einem guten Typ zu tun zu haben. Felix Magath hielt Edin Džeko für – es war sein Wort – formbar.

Der VfL Wolfsburg zahlte vier Millionen Euro Ablöse für Edin Džeko, der in Teplice sechs Saisontore erzielt hatte, was nicht mehr als ein Anfang war.

»Vier Millionen? Den hätten wir für eine kriegen sollen«, dachte Mrosko. Es war gut möglich, dass Werder Bremens Interesse den Preis hochgetrieben hatte. Aber die Gerüchte, dass Berater, Vereinspräsidenten, Sportdirektoren, Trainer von Transferzahlungen bisweilen etwas abzweigten, tratschten die Beteiligten im Profifußball selbst mit Wonne weiter. Konkretes wusste dabei nie jemand. Sie hatten es immer nur ganz genau gehört, von jemandem, der etwas gehört hatte.

In seinen ersten Bundesligaspielen fiel Edin Džeko oft um. Er misst 1,93 Meter, seine Schultern sind nicht so schmal. Aber die Wucht der Zweikämpfe war er aus Tschechien nicht gewohnt. Seine Berater besorgten sich ein Video mit den Umfallern, um es Edin zum Lernen vorzuführen. Felix Magath bellte die Scouts an, was sie ihm da für einen angeschleppt hätten.

»Jeden Tag müssen Sie sich als Trainer rechtfertigen«, sagt Magath: »Warum spielt der, warum spielt der nicht? Da gibt es Tage, an denen Sie auch an Spielern verzweifeln, an die Sie prinzipiell glauben. Und wenn Sie dann die Unkenrufe hören, was macht er denn immer mit diesem Džeko, dann geben Sie den Druck im Tagesgeschäft schon mal an die Scouts weiter.«

Magath hatte das Gefühl, dass sich dieser Džeko entwickeln konnte. Aber er wusste nicht, ob er sich die Zeit nehmen konnte, Džeko zu entwickeln.

Mit der gelungenen Rückrunde in Magaths erster Saison kauften sie sich die Zeit. Edin Džeko schwamm da, im Frühling 2008, schon passabel mit. Er hielt Magaths vehementes Training durch, er zog eifrig mit, ohne sich darüber zu beklagen, das waren die zwei Maßstäbe, an denen der Trainer seine Mitarbeit im Alltag maß. Samstags, in der Bundesliga, setzte er seinen Körper immer besser als Schutzschild ein, er gewann an Tempo. Es klingt immer so, als müsste man Jahre an etwas arbeiten, um über Erfahrung zu verfügen; tatsächlich kann man im Fußball auch in 40 Bundesligaspielen unendlich erfahrener werden. Als im Spätsommer 2008 Magaths Spiegelbild, Spielmacher Misimović, sein Zulieferer wurde und Džeko jeden Samstag mit denselben Nebenmännern, mit denselben Passautomatismen spielen durfte, erwischte er eine Welle, die ihn hochspülte, die ihn trug. Plötzlich sah jeder: Das war ein Weltklassestürmer.

Allein im Hotelzimmer in Göteborg, Prag oder Coimbra, wo immer Mrosko am 4. April 2009 auch war, sah er im *Aktuellen Sportstudio*, wie Džeko mit drei Ballberührungen innerhalb von 120 Sekunden das Spiel gegen die Bayern drehte. Eine Flanke von links von Marcel Schäfer sprang im Münchener Strafraum auf, flog weiter, in der geringen Zeit, die die scharfe Flanke hereinflog, war Džeko seinem Bewacher Breno eine Körperbreite enteilt und schoss den Ball in vollem Sprint mit einem einzigen Kontakt zum 2:1 ins Tor. Zwei Minuten später schickte ihn Misimović nach einem abgefangenen Bayern-Eckball mit einem langen Pass von rechts auf die Reise. Mit einer Fußberührung legte sich Edin Džeko den Ball weit genug vor, um Breno davonsprinten zu können. Mit der zweiten Berührung donnerte er den Ball ins Tor. Vor dem Fernseher im Hotelzimmer war Mrosko euphorisch wie ein Fan, verharrte aber in konzentrierter Stille. Er konnte beim Fußballschauen nicht mehr aufhören, Spiel und Spieler zu analysieren.

Eine Minute vor Spielschluss, im Angesicht des 5:1-Sieges über die großen Bayern, gestattete sich Felix Magath das Höchste. Er erlaubte sich einen seiner Späße. Er wechselte den Torwart aus. »Das könnt ihr nicht machen!«, schrie Bayerns Kapitän Mark van Bommel zur Wolfsburger Trainerbank. Subtiler und gleichzeitig brachialer konnte Felix Magath seine Rache nicht genießen: Ich brauche nicht mal mehr meinen guten Torwart gegen die Bayern, die mich zwei Jahre zuvor wegschickten.

Den Sportjournalisten erklärte Magath, Wolfsburgs Siegeslauf hänge wohl »mit der günstigen Konstellation der Sterne« zusammen. *Die Welt* recherchierte: Die Große Bärin stand gerade hoch im Osten,

Orion am Südwesthimmel. Und der VfL Wolfsburg neun Spieltage vor Saisonschluss auf Rang eins der Bundesliga.

Solch ein Sieg wie das 5:1 verlangte nach einer epochalen Begründung. Die Überhöhungen fielen den Sportjournalisten angesichts der konträren Arbeitsansätze der Trainer Magath und Klinsmann leicht. Klinsmann hatte beim FC Bayern die Arbeitsbedingungen revolutionieren wollen, mit Simultanübersetzung für die ausländischen Spieler in der Umkleidekabine oder Campus-Atmosphäre samt Wohlfühldachterrasse im Trainingszentrum. Er war deshalb modern, visionär; die Worte klangen in den Zeitungen plötzlich verächtlich, wo doch Medizinball-Magath gerade zeige, wie viel erfolgreicher Bodenständigkeit und Erfahrung seien.

Wenn eine Fußballmannschaft wochen- oder gar monatelang unaufhörlich erfolgreich spielt, wiegt sie sich und uns Zuschauer oft in dem Glauben, dass ihre Taktik, ihre Trainingsmethodik, ihr Trainer besser seien als alle anderen. Bis sie wieder von einer Mannschaft überholt wird, die mit ganz anderer Taktik, Trainingsmethodik und einem ganz anderem Trainer arbeitet, und wir uns schlagartig erinnern, dass im Fußball, wie überall im Leben, unterschiedlichste Wege zum Erfolg führen.

Der VfL Wolfsburg im Frühling 2009 berauschte sich an sich selbst. Es ist die höchste Ebene, die Sportler erreichen können: Weil sie unerwarteten Erfolg haben, glauben sie, immer weiter Erfolg zu haben, und weil sie das glauben, haben sie immer weiter Erfolg. Wolfsburg schlug nach Bayern München auch noch Mönchengladbach und Leverkusen, die Tore dazu natürlich von Džeko und Grafite, zehn Siege in Folge, Bundesligarekord eingestellt, Tabellenerster – der VfL würde doch nicht etwa tatsächlich Deutscher Meister werden?

Unter den unzähligen Faktoren für den Erfolg im Fußball ist die Dynamik – »ein Lauf«, wie Sportler sagen – ähnlich wichtig wie die Taktik. Kein Trainer kann diese positive Dynamik erzeugen. Er kann nur versuchen, sie zu begünstigen.

Mit offenem Mund registrierte das Publikum, wie Felix Magath im April, in der entscheidenden Phase der Meisterschaft, das Gegenteil tat: Er riskierte, die Dynamik ins Stottern zu bringen. »Die Beteiligten schweigen, doch die Indizien sind erdrückend: Felix Magath soll in der kommenden Spielzeit das Kommando auf Schalke übernehmen!«, enthüllte das *Kicker*-Sportmagazin.

Mrosko fühlte, wie er erkaltete. War das wahr? Durfte das wahr sein?

Das öffentliche Theater, das die Bundesliga auch immer ist, machte in Wolfsburg Station, beim Retortenklub, in der niedersächsischen Provinz. Übertragungswagen fuhren vor, Fernsehreporter ließen sich vor dem laufenden Training des VfL filmen und sprachen mit ernster Miene in die Kamera: Werden die Spekulationen um Felix Magaths möglichen Wechsel zum FC Schalke 04 die Wolfsburger Spieler im Meisterschaftskampf aus dem Takt bringen?

Mrosko fragte Uli Mohr, hast du was gehört, er telefonierte mit Uwe Vester in Schalke, wisst ihr etwas? Felix Magath selbst zu fragen kam nicht infrage.

Wie alle wussten Uli Mohr und Uwe Vester nur, was in der Presse stand. Felix Magath antwortete dem *Kicker* auf die Frage, ob er tatsächlich gehe, mit einer Art Dementi, das wie eine klare Bestätigung klang: »Ich frage mich, wer daran ein Interesse hat, so etwas zum jetzigen Zeitpunkt in die Welt zu setzen. Damit will man mir, beziehungsweise meinem Klub schaden. Ich sehe überhaupt nicht ein, mich zu solchen Gerüchten zu äußern.«

Felix Magath war auf dem Weg, einen Coup zu vollbringen, den VfL Wolfsburg in die Champions League und vielleicht sogar zur Deutschen Meisterschaft zu führen. Und kurz vor dem Triumph plante er schon seinen Abschied? Das hätte kaum ein Trainer getan. Aber darum ging es ja bei Felix Magath: dass er wie kein anderer Trainer war.

Während das Fußballland emotional den Wolfsburger Überraschungsangriff auf die Meisterschaft verfolgte, blieb Magath rational, kühl. Mit dem momentanen Husarenritt würde er die Erwartung schüren, dass der VfL fortan immer in der Spitzengruppe der Bundesliga mitmischte. Das war mit der derzeitigen Mannschaft nicht sehr wahrscheinlich. Sie schwebte im Moment, das war kein Dauerzustand.

Felix Magath, den die Sportjournalisten »Felix Alleinherrscher« nannten, sprach beim wahren Chef des VfL Wolfsburg vor. Der VW-Vorstandsvorsitzende Martin Winterkorn hatte Magath zwei

Jahre zuvor praktisch eigenhändig nach Wolfsburg geholt und als Überzeugungshilfe den Etat des VfL mit VW-Geldern in ungeahnte Dimensionen aufgestockt. 62,5 Millionen Euro habe Volkswagen seinem Fußballklub in der Saison 2008/09 zugeschossen, steckte ein VW-Manager der *Süddeutschen Zeitung*. Das allein war mehr, als die meisten Bundesligakonkurrenten in einem Jahr erwirtschaften konnten. »Wenn wir bei VW etwas machen, dann mit vollem Engagement«, rechtfertigte Winterkorn den Einsatz. Aber dass VW sich unter ihm auf einmal so kraftvoll für erfolgreichen Fußball einsetzte, hatte wohl – wie so oft selbst in den größten Unternehmen – weniger einen strategischen als einen persönlichen Grund: Winterkorn, in seiner Kindheit Torwart beim TSV Münchingen, war selbst Fußballfan. In seiner Zeit als Audi-Chef in Ingolstadt war er in den Aufsichtsrat des FC Bayern eingestiegen und weilte samstags im Stadion in München. Solchen Fußball wollte er mal in Wolfsburg sehen!

Felix Magath rechnete Winterkorn im Frühling 2009 vor, was es kosten würde, solchen Fußball dauerhaft in Wolfsburg zu präsentieren. Dank der 62,5 Millionen Euro aus der VW-Schatulle verfügte der VfL über einen Jahresetat von knapp 100 Millionen Euro. Der FC Bayern aber setzte jährlich 350 Millionen um, ein Klub wie Schalke kalkulierte mit über 150 Millionen. Er könne den VW-Zuschuss kaum erhöhen, erklärte Winterkorn Magath. Die Finanzkrise, die solch etablierte Unternehmen wie die Investmentbank Lehman Brothers in den Konkurs trieb, setzte 2009 auch Volkswagen zu. Erstmals seit 25 Jahren musste VW wieder Kurzarbeit ausrufen, viele Werke standen nachts still, der Vorstand fürchtete einen Einbruch der Nachfrage. Selbst wenn Winterkorn eine Zuschusserhöhung für den VfL finanziell noch irgendwie ermöglichen konnte, so war dies unternehmenspsychologisch nicht durchsetzbar: Er konnte nicht die Arbeiter kurzhalten und gleichzeitig ein paar Fußballer verwöhnen.

Die Sportjournalisten schrieben: Welch ein kaltherziges Kalkül von Magath, schon wieder an den Abschied in Wolfsburg zu denken! Kennt er denn überhaupt keine emotionale Bindung an einen Verein, an eine Mannschaft? Doch Felix Magath wusste, was die Sportjournalisten schrieben und sein jetziger Förderer Winterkorn täte, wenn er nächstes Jahr erkennbar weniger Erfolg hätte: Dann würde kalt kalkulierend der Trainer entlassen werden.

Nach zehn Siegen in Folge verlor der VfL Wolfsburg sechs Spieltage vor Saisonschluss 0:2 bei Energie Cottbus. Der Tabellenführer spürte wieder den rauen Atem der Verfolger aus München, Stuttgart und Berlin im Nacken. Lag es am Wirbel um Magaths Zukunft, fragten die Sportjournalisten.

»Ich würde lügen, würde ich sagen, es beschäftigt einen nicht«, sagte Magaths Paradespieler, Außenverteidiger Marcel Schäfer, der vermutlich ausdauerndste Läufer der Bundesliga.

Beim nächsten Heimspiel gegen die TSG Hoffenheim pfiffen die Wolfsburger Zuschauer auf Magaths Namen, als der Stadionsprecher zu Spielbeginn das VfL-Team einzeln aufrief. Noch immer wusste außer einem kleinen Zirkel von Eingeweihten niemand, ob Magath wirklich ging. Doch der Aufsichtsrat des VfL hatte beschlossen, Magath zu entlassen, falls die Mannschaft gegen Hoffenheim wieder nicht gewann. Das Theater drohte, die Spieler aus der Spur zu bringen. Wolfsburg besiegte Hoffenheim 4:0. Džeko erzielte drei Tore. Nach dem Schlusspfiff klatschten die Zuschauer ekstatisch, offensichtlich auch für Magath.

Am Mittwoch, dem 6. Mai 2009, vier Tage nach dem Sieg gegen Hoffenheim, vier Spieltage vor Ende der Bundesligasaison, lud der Trainer des Tabellenführers, Felix Magath, zu einer Pressekonferenz, die genau genommen eine Verkündungskonferenz war. Die Sportjournalisten durften nur mitschreiben, keine Fragen stellen. Das gibt es gelegentlich in der hohen Politik oder bei DAX-Konzernen, aber nicht in der Bundesliga. Zum ersten Mal wirkte Felix Magath wie ein richtiger Volkswagen-Manager. Es war der Moment, in dem er in einem zwölfminütigen Monolog seinen Abschied von Wolfsburg verkündete. Er ging tatsächlich nach Schalke.

»Dies ist nicht der erste Verein, den ich nach oben geführt habe«, trug er vor. »Und als es dann ein bisschen schlechter lief, wurde mir der Stuhl vor die Tür gesetzt. Ich glaube nicht mehr an Versprechungen, dass man in diesem Geschäft langfristig arbeiten kann.«

In seinem Gesicht ging langsam das distanzierte, unmöglich zu deutende Lächeln auf, und mit seiner ganz eigenen Mischung aus Chuzpe und unterschwelligem Humor verkündete Felix Magath kurz vor der Entscheidung im spannenden Meisterschaftsrennen: »Aus meiner Sicht sind in Wolfsburg alle Ziele erreicht.«

Nun, da die Ungewissheit ausgeräumt war, konnte sich Magaths Mannschaft wieder auf den Fußball konzentrieren, hoffte der Aufsichtsrat. Drei Tage nach Magaths Geständnis verlor der VfL 1:4 beim VfB Stuttgart.

Mrosko war einer der ganz wenigen beim VfL Wolfsburg, die unangekündigt in Felix Magaths Büro marschierten. Die anderen ließen sich Termine geben. Mrosko sagte zur Sekretärin: »Ich muss kurz den Chef sehen.«

»Lars, du weißt doch, das geht nur mit Termin.«

»Ich war in Helsingborg und muss ihm nur kurz sagen, dass der Spieler dort nichts für uns ist. Ich kann doch nicht für die zwei Minuten einen Termin machen.«

»Lars, es tut mir leid –«

»Herr Mrosko, was ist denn los?« Felix Magath stand schon in der Tür und lachte. »Kommen Sie rein.«

Aber nachdem der Trainer seinen Abschied aus Wolfsburg verkündet hatte, ging Mrosko nicht zu ihm. Er hätte Magath gerne gesagt, wie leid ihm sein Abschied tat. Doch was hätte er danach sagen sollen, wenn er das »Schade, dass Sie gehen« erst einmal ausgesprochen hatte. Das machte man im Profifußball nicht, sagen, dass einem etwas leidtat.

Mrosko blieb mit seinen Gedanken allein. Es war gut möglich, dass er unter Magaths Nachfolger genauso in die Spielersuche eingebunden wurde, der Flurfunk beim VfL verkündete, dass Armin Veh neuer Trainer würde, der schien zumindest schon mal ähnlich eigen wie Magath. Aber was Mrosko verlieren würde, war Magaths Schutz.

Würden einige derer im Verein, die unter Magath gelitten hatten, es unbewusst ihm als Magath-Mann heimzahlen wollen? Der Nachwuchskoordinator Bernhard Janssen würde sich gewiss nicht die Gelegenheit entgehen lassen, sich für seine Demütigung zu revanchieren.

Seit Felix Magath Mrosko über Janssens Kopf hinweg zum Nachwuchs-Chefscout ernannt hatte, schrieben sich Janssen und Mrosko viel, um nicht miteinander zu reden. Und um alles schriftlich zu haben. Per E-Mail informierte Mrosko den Nachwuchskoordinator über seine Sichtungen. Wenn sie sich begegneten, grüßten sie trocken. Es genügte schon als Triumph, dass ihn Janssen grüßen musste, ohne eine Stichelei zu wagen.

Dank Felix Magath quartierte sich Mrosko bei der Nachwuchssichtung in ordentlichen Hotels ein. Er musste sich nicht mehr rechtfertigen, warum er für das Hotelzimmer mehr als 45 Euro pro Nacht ausgegeben hatte. Während des Bundesländerpokals für Jugendteams in Wedau wohnte er statt in einer Pension im Landhotel mit vier Sternen des Olympiasiegers im Gewichtheben, Rolf Milser.

Die alteingesessenen Nachwuchsscouts begannen zu lästern, kaum steht »Chefscout« auf seiner Visitenkarte, hält er sich für was Besseres. Die Alteingesessenen fanden sowieso gerade, die Jungen wussten nicht mehr, was gut für sie war. Der große Rehberg war auf Schalke entlassen worden, Mroskos Trauzeuge Uwe Vester übernahm den Posten des Nachwuchs-Chefscouts, schon klar, dass er den Posten annehmen musste – aber trotzdem, fanden die alteingesessenen Nachwuchsscouts. Irgendwie hätte sich Vester doch mit Rehberg solidarisch zeigen können, sie wussten zwar nicht wie, aber halt irgendwie. Mrosko stellte sich bei den Bundesländerpokalspielen nun oft abseits von den Veteranen, beim Abendessen in der großen Runde verabschiedete er sich manchmal schon um 23 Uhr. Er hatte das alles schon zu oft gehört, ich habe damals den Toni Kroos zuerst entdeckt, ich habe den Jérôme Boateng bei uns vorgeschlagen, aber es wollte ja keiner hören. Er war des Gequatsches müde, fand er. Er sollte sich besser mal weiter an sie halten, fanden die Alten um den großen Rehberg, der natürlich trotzdem weiterhin dabei war, nun eben als selbstständiger Spielerberater für Talente.

Es war ein ganz normaler Abnabelungsprozess: Mrosko war 32, erwachsen geworden als Nachwuchsscout. Er dachte daran, weiterzukommen, der Gedanke trieb ihn unverändert: voranzukommen. Felix Magath hatte nebenbei mal den Satz fallen lassen, dass er doch auch einmal andere Funktionen im Profispiel bekleiden könne, Mrosko hatte gleich darüber nachgedacht, was da infrage kam. Leiter des Nachwuchsleistungszentrums wäre doch was, dachte er. Am besten in Wolfsburg, irgendwann Janssen ablösen, das hätte seine besondere Ironie. Er trug sich zur Ausbildung als Sportfachwirt an einem privaten Institut ein, der Deutschen Sportmanagement Akademie. Er schaute sich den Stoff auf seinen Flugreisen an. Er legte die

Unterlagen oft schnell wieder zur Seite, das war biedere Theorie, fand er. Aber er würde natürlich die Ausbildung trotzdem zu Ende bringen, demnächst.

Was immer die Veteranen im Nachwuchsscouting auch quatschten, er war sich gewiss nicht zu schade, noch auf den Nebenplätzen beim C-Jugendfußball zu stehen. Er fuhr, gerade aus Göteborg, Prag oder Coimbra gelandet, zu einem Trainingslehrgang der Jugendnationalelf für 16-Jährige in der hessischen Sportschule Grünberg. Kurz vor Potsdam, kurz hinter der Berliner Stadtgrenze, spürte er seinen linken Arm nicht mehr. Was war das denn für eine Scheiße, war der Arm eingeschlafen, er versuchte ihn zu schütteln, aber er spürte nichts. An der Autobahntankstelle Michendorf fuhr er raus und rief 112 an.

Der Rettungswagen brachte ihn ins Klinikum Potsdam. Sandra, die kein eigenes Auto besaß, ließ sich von Freunden ins Krankenhaus fahren. Nicht, dass es ein Schlaganfall war. Die linke Körperseite war doch bei einem Schlaganfall betroffen.

Sie müssten ihn beobachten, sagten die Krankenschwestern. Sandra war aber doch schon Stunden an seiner Seite, warum gaben sie ihnen keine konkrete Diagnose? Nach sechs Stunden kam wieder ein Arzt zur Visite. Einen Schlaganfall könnten sie ausschließen. Es handle sich wohl um Erschöpfungssymptome. Sandra fuhr ihn nach Hause. Er müsse sich Oasen schaffen, Ruhephasen gönnen, sagte sie ihm. Aber er konnte jetzt keine Pausen einlegen, er liebte Sandra umso mehr für ihre Fürsorge, aber die Arbeit war sein Revier, da wusste er schon selbst, was am besten war. Zu Hause machte er, was er für Kräftigungsübungen hielt, Seilspringen, Hanteltraining, die linke Hand immer wieder öffnen und schließen, das musste doch auch helfen. Dass er im linken Arm immer noch nichts fühlte, sagte er niemandem.

Er wollte, dass die Scouts über ihn redeten: »Der Mrosko ist überall.« Er wollte Felix Magath zeigen, dass er alles durchhielt, sogar Härteres als Magaths Konditionstraining. Er wollte, dass Magath ihn überallhin mitnahm, als seinen Scout.

Die Meisterschale wurde vergrößert, ehe der Deutsche Fußball-Bund sie am 23. Mai 2009 vergab. Es wäre kein Platz mehr gewesen, den Namen des neuen Deutschen Meisters einzugravieren, deshalb tauschte der Schmiedemeister Adolf Kunesch aus dem hessischen Rodenbach die Gravurplatten aus echtem Silber gegen größere aus. So sollten voraussichtlich bis 2026 alle Meisternamen Platz auf der Schale finden. Das Original der Schale wurde vor dem letzten Spieltag nach Wolfsburg geschickt, ein Duplikat nach München. Egal, wer Meister wurde, sollte die Schale in den Himmel stemmen können. Der VfL benötigte im Heimspiel gegen Werder Bremen noch ein Unentschieden, um den ersten Platz vor dem FC Bayern zu verteidigen.

Felix Magath schickte seine Mannschaft ins Kino. Freitagabend vor dem Spiel sollten sie sich im *CinemaxX* mitten in Wolfsburg entspannen. Es war auszuschließen, dass es dabei zu Menschenaufläufen kommen würde, in Wolfsburg. Der Assistenztrainer Seppo Eichkorn durfte das Programm auswählen, tendenziell lieber einen Action- als einen Liebesfilm.

Mrosko hatte den Samstag frei. Am letzten Spieltag konnten sie es mal gut sein lassen mit dem Scouting; wenn der VfL einmal in hundert Jahren tatsächlich die Chance besaß, Meister zu werden, sollten es die Vereinsangestellten schon erleben dürfen.

Mrosko fuhr nicht in die Volkswagen Arena. Er blieb in Berlin.

»Bist du bescheuert?«, fragte Uli Mohr.

Er wolle das Spiel einfach gemütlich mit Sandra und ihren Freunden genießen, sagte Mrosko. Uli Mohr versuchte, es zu verstehen, aber so ganz genau konnte es Mrosko selbst nicht erklären: Er hätte sich natürlich nicht in den Vordergrund gedrängt, wenn er, einer unter 30 000, in der Volkswagen Arena gesessen hätte, aber er hätte extra nach einer Eintrittskarte fragen müssen, und das allein schien ihm schon unangebracht, ein Aufdrängen. Ein Scout blieb im Hintergrund.

Er kaufte für Sandra und die vier, fünf Freunde, die sich für die Fernsehübertragung zu ihnen ins Café in Neukölln setzten, grüne Wolfsburg-Trikots.

In Wolfsburg war die Porschestraße, also quasi die halbe Stadtmitte, als Feierzone ausgewiesen, vier große Leinwände standen für die Fernsehübertragung bereit. Man konnte Trikot tragen: Die Maisonne wärmte. Niemand musste sich für Fußball interessieren, um in die Stadt zu gehen. Meister wollte jeder werden. 100 000 Fans, schätzte die Polizei, kamen unter den Leinwänden zusammen. Wolfsburg hatte 122 000 Einwohner.

Wolfsburg habe nicht einmal einen Balkon am Rathaus, auf dem sich die Meister, wie es die Tradition verlange, zeigen könnten, hatten die Sportjournalisten geschrieben. Felix Magath hatte sich seinen letzten Spaß für diese Saison erlaubt und sich fünf Tage vor dem Meisterschaftsentscheid für ein Fernsehinterview auf den Rathausbalkon am Münchener Marienplatz gestellt, wo der FC Bayern üblicherweise mit der Schale grüßte.

Wenn der große Coup ganz nah war, erstarrten Fußballteams manchmal vor Schreck. Wochenlang trieb sie der Gedanke an, wir können das schaffen – und im letzten Moment überfiel sie der Gedanke: Was, wenn wir es nicht schaffen?

Bei einer im Meisterschaftskampf gänzlich unerfahrenen Mannschaft wie Wolfsburg musste man die Befürchtung haben, dass sie dieser Schreck über die eigenen Möglichkeiten lähmte, glaubten viele.

Es blieb keine Zeit im Spiel, dem Gedanken nachzuhängen. Nach 15 Minuten führte der VfL Wolfsburg gegen Werder Bremen 2:0. Wo die Bremer mit dem Ball auch hinwollten, waren die Wolfsburger da, die sich – wie es sich für ein Magath-Team schickte – die Anspannung mit einem hohen Laufpensum und Tempo aus dem Körper rannten.

Als die Dunkelheit hereinbrach, leuchteten die vier Schornsteine der VW-Fabrik, das Wahrzeichen der Stadt, im grünen Licht. Zu Ehren des neuen Meisters wurden sie in dessen Farbe getaucht.

Die Mannschaft fuhr nach dem 5:1-Sieg über Bremen mit der Meisterschale durch die Stadt. Ein Autokorso für den Meister war auch anderswo üblich, aber hier erschien er zum einen nur angebracht und zum anderen wie eine VW-Produktshow. Der Konzern zeigte nicht nur die Schale, sondern seine tollsten Wagen vor, im Bentley, Lamborghini, Bugatti wurden die Fußballer chauffiert. Im ersten Wagen, der die Meisterschale transportierte, sollte jeder sehen, wer die Köpfe der Meisterschaft waren: Dort saßen in der ersten

Reihe, vor Felix Magath und Mannschaftskapitän Josué, der VW-Vorstandsvorsitzende Martin Winterkorn und der VW-Finanzvorstand Hans Dieter Pötsch. Lässig mit erhobener Hand nahmen sie die Huldigungen des Volks am Straßenrand entgegen. Die *Berliner Zeitung* hörte Martin Winterkorn auf der Meisterfeier sagen: »Erster Volkswagen, Zweiter Bayern, so habe ich mir das gewünscht.«

Bernd Sudholt, der langjährige Geschäftsführer der VfL-Jugend, der vier Jahrzehnte zuvor als Kfz-Mechaniker bei Volkswagen angefangen hatte, betrachtete die feiernde Menge und dachte nach: »Wolfsburg ist eine Stadt ohne Geschichte, nur mit Nazihistorie, um es mal so trocken zu sagen.« Es war erstaunlich, aber auch schön, dass so etwas Harmloses, so etwas vermeintlich Banales wie der Fußball der Stadt nun eine andere Identität gab.

Die Sportjournalisten suchten nach neuen Superlativen, um den Coup in Worte zu kleiden. Retortenklub, niedersächsische Provinz reichte nicht mehr. Ostniedersächsische Provinz, stand nun in enorm vielen Zeitungen.

Uli Mohr rief Mrosko noch einmal an, »Mensch, dann komm halt jetzt vorbei«, in einer Stunde sei Mrosko mit dem ICE doch in der Stadt, sie könnten mit auf die Bühne, die als Balkonersatz vor dem Rathaus aufgebaut worden war.

Er bleibe lieber zu Hause, entgegnete Mrosko. Er spürte ein stilles Glück, das auch. Aber wie viele Menschen bei überwältigend schönen Ereignissen fühlte er sich angesichts der Größe des Augenblicks auch auf unerklärlichere Weise klein, unbedeutend.

Gruß ans Volk: Der damalige VW-Aufsichtsratschef Piëch und der Vorstandsvorsitzende Winterkorn feiern die Meisterschaft. Trainer Magath und Kapitän Josué dürfen auch ins Auto.

17

Nach der Feier

Armin Veh übernahm nicht nur die Mannschaft, sondern auch gleich das Haus von Felix Magath. Das war doch praktisch. Magaths Frau hatte das Haus auf dem Hegeberg in Wolfsburg aufwendig umgestalten lassen, war dann aber mit den Kindern doch lieber in München geblieben. Es lag in einer Siedlung von nur 20 Einfamilienhäusern mitten im Wald, aber auch fast in der Innenstadt, das war in Wolfsburg möglich. »Mein Hund freut sich drauf«, sagte Veh zur Waldlage des Magath-Hauses.

Zwei Tage nachdem der VfL Wolfsburg bis zum Morgengrauen die Deutsche Meisterschaft gefeiert hatte wurde in der Volkswagen Arena bereits der neue Trainer und Sportdirektor vorgestellt. Drei Tage, nachdem er den Wolfsburgern vor dem Rathaus zugerufen hatte: »So schön wie hier war es auf keiner Station!«, saß Felix Magath auf der Terrasse der Mango-Farm auf Puerto Rico und studierte Unterlagen über seinen neuen Verein Schalke 04.

Der Profifußball erinnerte seine Protagonisten ständig an die menschliche Vergänglichkeit, selbst nach dem außergewöhnlichsten Erfolg ging es postenwendend weiter, immer weiter. Das neuste Produkt im VfL-Fanshop schien schon wieder alt: Tee der Marke *Sir Felix Prime Selection*.

Mrosko erreichte Magath noch auf dem Handy, um sich von ihm zu verabschieden.

Er wünsche ihm alles Gute auf Schalke, sagte Mrosko, und bedanke sich für die gemeinsame Zeit. Jetzt werde es vermutlich erst einmal ungemütlicher für ihn, fügte Mrosko am Ende des Telefonats hinzu.

»Jetzt wird es schön für Sie«, bestätigte Magath. »Aber Sie stehen das schon durch.«

Unter Felix Magath war Mroskos Vertrag noch in einen unbefristeten Kontrakt umgewandelt worden. Er erhielt, nach einem Jahrzehnt im Profifußball, erstmals ein mehr als passables Gehalt, 5500 Euro im Monat. Und doch hatte er das Gefühl, wieder von vorne anfangen zu müssen. Im Jahr 2009 bedeutete jeder Trainerwechsel für den Mitarbeiterstab eines Bundesligavereins, wieder um die berufliche Existenz bangen zu müssen. Nicht nur die Profispieler, auch die Torwarttrainer, Ärzte, Scouts standen neu auf dem Prüfstand. Ein Trainer wechselte in der Bundesliga im Schnitt nach einem Jahr und 13 Tagen.

Mrosko glaubte, er befinde sich in einem Wettrennen. Wer würde zuerst Armin Veh und dessen Assistenten in der Sportdirektion, Frank Aehlig, erreichen, er oder Janssen? Wer würde zuerst Vehs und Aehligs Bild von Mrosko prägen, er selbst oder Janssen?

Wen kannte er, der Veh und Aehlig kannte? Wer konnte ein Wort für ihn einlegen? »Sich positionieren« ist ein sperriger Ausdruck, der ständig im Profifußball verwendet wird; natürlich, denn permanent musste man sich neu positionieren in diesem Beruf, der Menschen nur in Extremen maß, Gewinner oder Verlierer, der die Sieger von gestern mit einem Schulterzucken als Loser von heute darstellte.

René Deffke fiel Mrosko ein: ein Spielerberater, der mit Aehlig gut auskam. Der konnte ihn vielleicht mal vorab und beiläufig bei Aehlig erwähnen. Deffke war gebürtiger Berliner.

Der Nachwuchskoordinator Herr Janssen sei auch schon bei ihm gewesen, sagte Frank Aehlig zu Mrosko, als sich dieser schließlich bei dem neuen Macher in der Sportdirektion vorstellte. Herr Janssen halte ihn offenbar nicht für besonders zuverlässig, fügte Aehlig an. Ja, man konnte sogar den Eindruck gewinnen, Herr Janssen wünsche sich einen neuen Nachwuchs-Chefscout. Aber, sagte Frank Aehlig, Mrosko solle sich keine Sorgen machen, René Deffke habe ja auch schon mit ihm telefoniert und ihm nur Gutes von Mrosko berichtet. Sie würden jetzt einfach mal anfangen und schauen, wie sie zusammenpassten.

Bei der Trainersitzung mittwochs im Nachwuchsleistungszentrum sah Mrosko Janssen wieder.

»Und, Bernhard, schon wieder versucht?«

»Ich weiß überhaupt nicht, wovon die Rede ist.«

»Ich auch nicht.«

Man konnte über Bernhard Janssen sagen, was man wollte, und Mrosko sagte nichts Gutes mehr über ihn, aber bisweilen machte es ihm geradezu Spaß, sich mit Janssen zu messen. Der Nachwuchskoordinator nervte mit seinen Machtspielchen, aber wenigstens war er ein intelligenter Machtkämpfer, fand Mrosko, eine echte Herausforderung.

Unter dem neuen Trainer rannte Mrosko einfach im Magath-Tempo weiter. Er beobachtete in Moskau Wolfsburgs ersten Champions-League-Gegner, den Zentralen Armee-Klub, und nahm den Rückflug am Sonntag um 5:30 Uhr am Morgen. So stand er rechtzeitig um elf Uhr am Maifeld in Berlin, um Herthas B-Jugend zu sichten, und direkt danach die A-Jugend. Er fuhr nach Hause, wechselte die Wäsche und zurück zum Flughafen Tegel. Um kurz vor 17 Uhr startete der Flug nach Paris, bei St. Germain gab es einen jungen Verteidiger, Sakho, der raubte den Ball mit Eleganz in den Bewegungen.

Sandra half ihm, den Koffer umzupacken. Sie fand es ja schön zu sehen, wie ihn sein Beruf begeisterte. »Aber siehst du nicht, dass du dich kaputt machst?«, sagte sie ihm.

Er kriege das schon hin, sagte Mrosko und lächelte. Sie befürchtete, dass niemand auf Dauer so einen Lebensrhythmus hinbekam, und fuhr ihn zum Flughafen. So sahen sie sich ein bisschen länger am Wochenende.

War schon klar, dass jemand, der ihn sah, sagen musste, er mache sich kaputt, dachte sich Mrosko. Aber es ging doch. Sein linker Arm fühlte sich auch wieder normal an.

Er musste weiter, nach Manchester. Was heißt, er musste – er durfte. Er hatte schon so viel von den großen englischen Stadien gehört. Direkt von der Außenlinie weg stiegen die Rängen steil auf, tief und kehlig klangen die Gesänge der Fans, und wenn die Spieler bei einem Zweikampf wuchtig ineinanderkrachten, erklang ein fanatischer Schrei der Zustimmung aus 60 000 Mündern. So hatte er es gehört, vielleicht hatte er es so auch nur geträumt. Englischer Fußball war sein Sehnsuchtsort.

England war das Mutterland des Fußballs, hatten die Engländer selbst erklärt, und jede Generation deutscher Fußballkinder sammelte ein paar vage Eindrücke, um daran zu glauben, in England sei der ursprüngliche, der wahre Fußball zu Hause. Die Queen reiche den Spielern vor dem FA-Cup-Finale die Hand, hörten deutsche Kinder in den Fünfzigern. Im Rücken von Bayern Münchens Torwart Walter Junghans stand wie eine dunkle, auf anziehende Art bedrohliche Wolke eng zusammengepfercht die Masse der Liverpooler Zuschauer, sahen deutsche Kinder in den Siebzigern in der Europapokal-Zusammenfassung der ARD. Verteidigung und Angriff in einem englischen Match gingen fließend ineinander über, vor-zurück, pausenlos, erkannten die deutschen Kinder in den ersten Premier-League-Liveübertragungen in den Neunzigern.

Der VfL Wolfsburg würde Ende September 2009 in der Champions League bei Manchester United antreten. Mrosko sollte United vorab, am 20. September, im Old Trafford beobachten, beim Derby gegen Manchester City.

Im Schreiben, in dem ihm Manchester United seine Eintrittskarte zusicherte, wurde er auf die Kleiderordnung hingewiesen. United würde sich freuen, ihn als Vertreter des Champions-League-Teilnehmers VfL Wolfsburg in der *Director's Box* begrüßen zu dürfen. Wenn er bitte beachte, dass auf der Ehrengasttribüne ein Erscheinen in Anzug und Krawatte üblich sei.

Ist das geil, mit Krawatte beim Fußball, dachte Mrosko. Er zog seinen dunklen Anzug von der VfL-Weihnachtsfeier an, nicht den cremefarbenen von der Hochzeit. Er nahm den frühestmöglichen Flug. Um neun am Morgen war er in Manchester. Er wollte, viereinhalb Stunden vor Anpfiff, sofort zum Stadion.

Er bestieg eines der klassisch schwarzen englischen Taxis, Mann, hatte das alles Stil; alles, selbst das Taxi, schien auf die Besonderheit des englischen Fußballs hinzudeuten. Seit elf Jahren führte ihn sein Beruf auf alle möglichen Fußballplätze in Europa, von Stockholm bis

Lissabon. Aber er war noch nie in England gewesen. Er fühlte, *he was coming home.*

Er würde vor dem Spiel irgendwo beim Old Trafford noch in ein Pub gehen, in ein echtes englisches Pub, ein echtes englisches Frühstück essen und dabei mit echten englischen Fußballfans reden.

»Bist du für United oder für City?«, fragte der Taxifahrer.

»United«, sagte Mrosko.

»United!«, schrie der Taxifahrer und schlug mit der flachen Hand gegen die Decke seines Wagens.

»Willst du mir nicht deine Karte verkaufen?«, fragte der Fahrer.

»Was würden Sie denn dafür zahlen?«

»Was hast du für ein Ticket?«

»Director's Box.«

»Director's Box! 5000 Pfund, ich zahl dir 5000 Pfund!«

Sie lachten zusammen. Schon Minuten bevor das Taxi am Stadion hielt, fühlte Mrosko: Ich bin angekommen.

In die Pubs am Stadion kam er gar nicht rein. »Tut mir leid, Kumpel. Alles voll«, sagten die Türsteher. Mrosko blieb vor der Tür stehen und hörte den Fangesängen aus den Gasthäusern zu. Er kaufte sich einen Hamburger an einem Straßenstand und ging, weil es die einzigen offenen Türen waren, in den Fanshop. Wahnsinn. Wie gigantisch das Geschäft war, der Raum wohl fünf Meter hoch, ein Kaufhaus für sich. Lange vor dem Anstoß saß Mrosko in der Director's Box. Er musste die Beine einziehen, um weitere Gäste durchzulassen, Mann, das waren doch Ole Gunnar Solskjær und Edwin van der Sar, Uniteds ehemaliger Torjäger und verletzter Torwart! Du hast ja immer eine große Schnauze, sagte sich Mrosko, aber er traute sich trotzdem nicht, zu tun, was er am liebsten gemacht hätte: Solskjær und van der Sar um ein gemeinsames Foto zu bitten.

Das Spiel begann und schien nicht mehr anzuhalten. Nach drei Minuten ein Einwurf für United, Evra schüttelte seinen Gegner ab, passte zu Rooney in den Strafraum, der schlug Haken, machte Körperfinten, schlängelte sich durch, blitzartig der Schuss, 1:0. Das Stadion dröhnte. Der Gesang, das Geschrei der 76 000 schienen ein direktes Echo auf das Tempo und den Furor der Fußballpartie. Von allem schien zu viel im Spiel, aber es wurde nicht langsamer, es wurde nicht weniger furios. United trieb den Ball regelrecht nach vorne.

Darren Fletcher im Mittelfeld gefiel Mrosko. Die Spieler prallten im Zentrum des Spiels, im Zentrum des Sturms, aufeinander, und Flechter marschierte nach diesen Kollisionen mit dem Ball am Fuß aus dem Auge des Orkans. Und Ryan Giggs! 36 Jahre jung mittlerweile, die Locken, die jahrelang die Mädchen hysterisch schreien ließen, grau, sprintete er nicht mehr wie ein Derwisch Uniteds linken Flügel hinunter, aber er brachte dem Gegner noch immer das Chaos, nun mit permanenten Steilpässen und Flanken. City, ernsthaft grimmig, hielt dagegen. Zehn Minuten vor Spielschluss stand es 2:2.

Mrosko machte sich Notizen, die Eckballstrategien waren enorm wichtig, darauf konnte man sich einstellen. Darüber hinaus registrierte er, wie Uniteds offensive Außenverteidiger nicht schnell genug den Rückwärtsgang fanden, und während er das alles wahrnahm, kam es ihm vor, als sähe er zwei Partien gleichzeitig: In der einen beobachtete er, kühl und analytisch, die taktischen Nuancen. In der anderen genoss er parallel, emotional den Rausch dieses Naturereignisses. In der 80. Spielminute brachte Darren Fletcher United mit einem Kopfball nach einem Freistoß von Ryan Giggs 3:2 in Führung, Fletcher startete bei Freistößen oder Eckbällen von der Strafraumgrenze aus, kritzelte Mrosko auf seinen Block, der Laufweg war enorm wichtig, den mussten sie am Mittwoch in acht Tagen unbedingt blocken. Und während er schrieb, erfüllte ihn das Rasen des Publikums, Tausende Fäuste in der Luft, zehntausend verschiedene Schreie, die wie einer klangen.

In der 90., der nominell letzten Spielminute, glich Craig Bellamy zum 3:3 für City aus. Der kurze, stumme Taumel von 70 000, die gedämpft klingenden Befreiungsschreie der paar Tausend City-Fans. Er lasse nachspielen, deutete der Schiedsrichter an, und das Gemurmel schwoll an, die einzelnen Rufe suchten einen Nenner, das Geschrei war zurück: Vorwärts! Vorwärts!

Die Nachspielzeit verstrich, schon sechs Minuten über der Zeit, United trat den Ball nur noch hoffungsvoll hoch statt geplant in Citys Strafraum, mit weiten Kopfbällen vertrieb der Rivale den Ball wieder, zweimal ging es so hin und her, als Ryan Giggs plötzlich einen präzisen Pass über 25 Meter auf die linke Seite des Strafraums spielte, wo er als Einziger den lauernden Michael Owen gesehen hatte. Mit einem Kontakt legte sich Owen den Ball vor, mit dem zweiten schoss er ihn ins Tor und rannte weiter, am Tor vorbei, in den Jubel der Tribüne hinein, 4:3 in der 96. Minute.

Fußball, dachte Mrosko. Dieses Spiel liebte er.

Viele deutsche Fußballfans pilgerten nach Manchester oder London, um den englischen, den vermeintlich wahren Fußball zu erfahren. Enttäuscht kehrten die meisten nach Hause zurück, weil die Premier League im Jahr 2009 nicht mehr ihren Träumen entsprach: In der Liga der teuren Zuschauerplätze war das Publikum gesetzt und leise geworden. Mrosko aber trug dieses Hochgefühl vom Old Trafford wie einen Schatz in sich, noch Jahre später bekam er heiße Wangen, wenn er den Mittag des 20. September 2009 nacherzählte. Er hatte für seine englische Erfahrung das Spiel erwischt, das Uniteds Trainer Sir Alex Ferguson das »wahrscheinlich beste Derby aller Zeiten« nannte und das die Fußballfans in einer offiziellen Premier-League-Umfrage zum besten Spiel der letzten 20 Jahre wählten.

Sein Kopf summte noch vor Ausrufezeichen, als er die Gegnerbeobachtung für Armin Veh fertigstellte. So kurz wie möglich, war Mroskos Maxime bei der Gegneranalyse. Fußballtrainer wollten keine Doktorarbeit lesen. Auf zwölf Seiten kam er bei Uniteds Beschreibung trotzdem. Knappe Analyse der einzelnen Spieler, grundsätzliche Charakteristiken von Uniteds Spiel, Schwächen, Stärken, Eckball- und Freistoßstrategien. »O'Shea: lässt den Weg nach innen auf!!!«, schrieb er, »Giggs: absoluter Druckerzeuger auf der Außenbahn!!!«, die Ausrufezeichen im Kopf tanzten noch. Er zeichnete mit PowerPoint die Eckballvarianten auf, Details, die Fans nicht interessieren und Fußballern die Welt bedeuten, bei Variante 2 kam Rooney dem Eckballschützen Giggs entgegen, nahm den Ball kurz an, drehte sich und flankte immer auf den hinteren Pfosten.

Armin Veh nahm seine Gegnerbeobachtung höflich lächelnd entgegen, geduldig ließ er sich spezielle Details von Mrosko erklären. Doch dabei schien Veh immer distanziert zu bleiben, nicht nur zu ihm, dem Scout, sondern auch zu dem Inhalt seiner Analyse, zum Fußball an sich. Als ob das alles nicht so wichtig sei.

Auch Vehs rechte Hand Frank Aehlig bedankte sich für die Informationen, wenn ihm Mrosko leidenschaftlich ein Berliner Talent für die Jugendelf nahelegte. Und dann hörte Mrosko nichts mehr von der Sache. Interessierte seine Arbeit Veh und Aehlig nicht wirklich? Es schien Mrosko, als interessierte die beiden nicht mal ihre eigene Arbeit tiefer gehend.

In seinem 20. Jahr als Trainer betrachtete es Armin Veh als seine Stärke, dass er im chronisch hyperaufgeregten Profifußball die Dinge locker nahm. Er war 2007 mit dem VfB Stuttgart Deutscher Meister geworden, und dieser Erfolg schien sein Selbstbild verstärkt zu haben: Ihm konnte nichts mehr etwas anhaben.

Während des Trainings versuchte Veh, der Mannschaft seinen geliebten Kurzpassfußball durchaus mit Ernst und Genauigkeit zu vermitteln, falls angebracht auch mit Härte. Aber wenn, wie in Vehs Zeit beim VfB Stuttgart, der Nationalspieler Thomas Hitzlsperger zu ihm kam und um Sondertraining bat, um sein defensives Einsteigen in den Zweikampf zu verbessern, sagte Veh: »Ach, das wird schon. Das ist nur Kopfsache.« Mit solcher, in der Bundesliga mittlerweile seltenen Lockerheit konnte er im besten Fall verhindern, dass die Anspannung in einer Mannschaft zur Verkrampfung wurde. Mrosko aber verglich Veh mit seinen besten Erfahrungen, also mit Felix Magath und einem Mittag im Old-Trafford-Stadion. Wo war bei Veh der brachiale Ehrgeiz Magaths, wo war die mitreißende Leidenschaft Old Traffords? Veh war mit seiner lässigen Art ganz cool, fand Mrosko. Aber er wollte vom Feuer eines Trainers angesteckt werden!

Hast du es schon gehört, flüsterte der Flurfunk Mrosko zu, nach dem Training hätten Armin Veh und Frank Aehlig auf der Berliner Brücke einen Auffahrunfall gebaut.

So etwas hätte früher ihm, Shergo und den Jungs passieren können. Aber Mrosko amüsierte sich nicht darüber. Sprach aus dem Auffahrunfall nicht die sorglose Einstellung von Veh? War dem Trainer letztlich alles egal?

Oder lag es gar nicht an dem Trainer, sondern an ihm selbst, dass Mrosko den Eindruck hatte, die schönste Zeit in Wolfsburg sei schon Vergangenheit?

Von außen, aus den Kollegenkreisen genauso wie aus den Medien, hatte die Wolfsburger Meistermannschaft nach Felix Magaths Abschied unaufhörlich vernommen, dass es nun bergab gehen *musste*, dass eine so gravierende Veränderung wie der Trainerwechsel sie aus ihrem fabelhaften Rausch reißen musste. *Selbsterfüllende Prophezeiung* nannte der amerikanische Soziologe Robert King Merton das Phänomen: Die Außenwelt beginnt, an einer Firma, Gruppe oder Person laut zu zweifeln, und durch dieses Zweifeln wird die Firma, Gruppe, Person so sehr beeinflusst, dass sie tatsächlich in ihrer Leistung auf das Niveau sinkt, das die Außenwelt prophezeite. Nahm Mrosko genauso wie die Wolfsburger Spieler im Herbst 2009 den Glauben der Außenwelt an, dass es gar nicht mehr so gut wie im Frühling sein konnte, dass sie doch abfallen *mussten*?

Schnell verschwand der VfL unter Armin Veh wieder, wo er hergekommen war, im Mittelfeld der Bundesliga. Tore fielen in den Spielen der Wolfsburger massig, mehr als bei jedem anderen Erstligaklub, die Mehrheit aber leider im eigenen Tor. Das Traumpaar Grafite und Džeko sprach auf dem Spielfeld nicht mehr miteinander, registrierten die Sportjournalisten. Nur Džeko selbst traf unverdrossen ins Tor, nun jedoch nicht mehr der Protagonist eines fliegenden Teams, sondern der von dem Verzagen um ihn herum unbeeindruckte Solist. »Nach einer Meisterschaft kannst du nichts gewinnen!«, klagte Armin Veh nach einem Drittel der Saison öffentlich, »alles weniger als der Meistertitel ist schon schlecht. Der neue Trainer hat es gleich dreimal so schwer, weil er im Prinzip gar nichts kann, weil vorher doch alles viel besser war.«

Es war ein verständliches Klagen, vor allem jedoch war es ein weiterer Schritt der selbsterfüllenden Prophezeiung: Der neue Trainer selbst sagte doch, es kann gar nichts werden, also kann es nichts werden.

»Dann hör halt auf«, sagte Sandra zu Mrosko, als er über den Wolfsburger Blues klagte. Mrosko tat das Gegenteil: Er machte immer mehr.

2009 wurde sein Rekordjahr. Er zählte nach, 235 Tage im Jahr war er unterwegs, er ging davon aus, dass er dabei gut 275 Fußballspiele gesehen hatte. War er unterwegs, machte ihm das Reisen keine Probleme. Bloß wenn er losfahren sollte, begann er immer öfter zu glühen. Fieber. Im Flugzeug zitterte er manchmal noch, doch dann wirkten meistens die Paracetamol-Tabletten.

Er fuhr nach Istanbul, um Wolfsburgs dritten Champions-

League-Gegner Beşiktaş zu beobachten, da war was los, vor Rauch und Feuerwerk sah er viele Spielminuten gar nicht. Er durfte noch einmal nach England, um United in Stoke zu verfolgen, eine Truppe war das, Stoke, weite Einwürfe als Strategie und ein Publikum, das den im blinden Eifer nach vorne geschlagenen langen Pass feierte. Auf der zweiten Fahrt nach Moskau malte er aus dem Internet Sätze mit kyrillischen Buchstaben für den Taxifahrer ab: Bitte bringen Sie mich zum Chimki-Stadion.

Faktisch banden ihn Armin Veh und Frank Aehlig weiterhin stark und vertrauensvoll in die Arbeit ein, sein direkter Chef Uli Mohr sowieso. Mrosko sah das durchaus. Er fühlte es bloß nicht mehr. Das Gefühl, dass es nicht mehr so war wie unter Felix Magath, war stets stärker.

Im November 2009 hatte Frank Aehlig Neuigkeiten für Mrosko. Im Vertrauen, sagte Vehs Assistent. Der Nachwuchskoordinator Bernhard Janssen werde zum 1. Januar abgelöst werden.

Ein Nachfolger stehe noch nicht fest, auch noch nicht genau, was sie mit Janssen machen würden, aber sein Ausscheiden aus der Leitung des Nachwuchszentrums sei besprochen.

Mrosko ließ sich keine Freude anmerken. Seine Gedanken rannten schon weiter: Er sollte sich um höhere Posten bemühen, hatte ihm Magath geraten. Mist, dass er sein Sportfachwirtstudium vertrödelt hatte, aber so wichtig war ein akademischer Grad im Profifußball auch wieder nicht. Dann würde er sich gerne um den Posten des Nachwuchskoordinators bewerben, sagte Mrosko zu Aehlig.

Ja, das könnte er sich durchaus vorstellen, antwortete Aehlig. War das eine höfliche Floskel? Für Mrosko klang es ernst.

Er malte sich aus, was er als Nachwuchskoordinator alles machen würde, welche Spieler, welche Trainer er holen würde, vielleicht könnte er sogar Peter Hyballa zurückholen und dazu den Wunderjungen, den Peter bei Borussia Dortmund trainierte, Mario Götze. Gut, das würde wahrscheinlich ein Traum bleiben, Götze war mit 17 selbst mit einem Profivertrag wohl nicht mehr zu ködern, und Peter würde vermutlich bald im Profibereich landen. Im Sommer 2009 hatte er mit Dortmund das Finale um die deutsche Jugendmeisterschaft gegen Mainz 05 bestritten, der Mainzer Jugendtrainer Thomas Tuchel hatte danach die Bundesligaelf seines Klubs übernommen.

Die Profivereine bemerkten erstmals, dass in ihren Nachwuchsschulen nicht nur talentierte Spieler, sondern auch begabte Trainer zu finden waren.

Der Nachwuchskoordinator des VfL Wolfsburg verwaltete in der Saison 2009/10 ein Budget von sechs Millionen Euro. Er managte ein Internat mit 28 Plätzen für Nachwuchsspieler. Er musste zusehen, dass der strenge Anforderungskatalog des Deutschen Fußball-Bundes und der Deutschen Fußball-Liga an ein Nachwuchszentrum erfüllt wurde. Bis hin zum reichhaltigen Mittagessen wollten die Fußballverbände alles regeln. Essensgutscheine für den Mittagstisch bei Metzger Werker gab es in Wolfsburg schon seit zweieinhalb Jahren nicht mehr – es schien: seit einer Ewigkeit nicht mehr.

Mrosko sah nicht, warum diese Aufgaben eines Nachwuchskoordinators schwierig für ihn werden könnten. Die Überprüfung der Nachwuchsleistungszentren durch den DFB und die DFL etwa war doch halb so wild, wie sie klang. Als die Prüfer 2007 erstmals erschienen waren, um den Jugendzentren Sterne zu verpassen wie die Michelin-Kritiker den Restaurants, hatten sie beim VfL Wolfsburg einen Sportstudenten beschäftigt, der ihnen beim Erstellen der Präsentationsmappe half. Bei Hansa Rostock, hörte Mrosko, hätten sie dann eben zum Besuch der Prüfer einmal ein richtig opulentes Frühstück im Jugendinternat aufgetischt statt der üblichen zwei Brötchen. Mrosko selbst hatte sich geweigert, die Prüfer für das verlangte Interview mit dem Nachwuchsscout zu treffen. Eine private belgische Firma, *footpass*, führte die Zertifizierung für den DFB durch, und in der Gruppe der Prüfer hatte Mrosko Marcel Isakowitz entdeckt, der hatte mal bei Tennis Borussia in der A-Jugend gespielt, der hatte, soweit er wusste, gerade mal die Trainer-C-Lizenz – was verstand der vom Scouting, dem würde er doch nicht Rechenschaft über sein Scouting ablegen! »Genauso wäre es, wenn ich zum Bundestag ginge: Geben Sie mir mal Ihr Haushaltsbudget, ich überprüfe das jetzt mal.«

Tatsächlich besaß Isakowitz die Trainer-A-Lizenz – und ein Diplom in Sportwissenschaften obendrauf –, aber das interessierte Mrosko doch nicht, er hatte seine Meinung und würde sie nicht ändern.

Seine Weigerung, mit den Prüfern zu sprechen, kostete den VfL ein paar Punkte in der Bewertung. Da war Janssen sauer. Er konnte zur Abwechslung ja auch mal zu Recht sauer auf ihn sein.

Wie Janssen schauen würde, wenn tatsächlich er sein Nachfolger als Nachwuchskoordinator werden würde.

Trainer Armin Veh kreierte ein neues Wort, um das Problem in Wolfsburg zu beschreiben. »Das Felix-Ding.«

Ständig wurde er mit diesem Felix-Ding konfrontiert, sein Training, seine Taktik, sein Tabellenplatz mit denen des Vorgängers verglichen. Das Felix-Ding hemmte. Das Felix-Ding nervte. Nach dem letzten Spiel der Hinrunde, einem mittelprächtigen 2:2 gegen den Wolfsburger Mittelklassenachbarn Eintracht Frankfurt, fragten die Sportjournalisten Armin Veh mit scheinbar unschuldiger Neugierde in der Stimme, was sie ihn nach jeder Partie in den vorangegangenen Wochen gefragt hatten: Woran lag es, dass der VfL nicht vorwärtskam? Vielleicht am langen Schatten seines Vorgängers Felix Magath?

Weil es aber das letzte Spiel vor der Winterpause war, weil nun die Zeit gegeben war, kurz innezuhalten, Substanzielles zu ändern, fragten die Sportjournalisten weiter. Würde der VfL neue Spieler verpflichten? Wäre es eine Lösung, wie andernorts in der Bundesliga üblich, wieder einen separaten Sportdirektor zu engagieren, sodass sich Veh ganz auf seine Trainiertätigkeit konzentrieren könnte? »Wenn das passieren würde, hätte ich doch die Hosen unten«, sagte Veh.

Drei Tage später gab der VfL Wolfsburg die Verpflichtung von Dieter Hoeneß als Sportdirektor bekannt, beziehungsweise als »Vorsitzender der Geschäftsführung«, wie das Amt mit Liebe zur Konzernsprache in Wolfsburg tituliert wurde.

Veh sagte nun: »Ich bin überzeugt, dass wir zum Wohle des VfL zusammenarbeiten werden.«

Dieter Hoeneß, an dem alles enorm wirkte, von den fleischigen Händen bis zu den buschigen Augenbrauen, hatte 13 Jahre lang als Sportmanager die Geschicke von Hertha BSC gelenkt und dabei den bleibenden Eindruck hinterlassen, wie wichtig es ihm war zu bestimmen.

Als seine Ernennung in Wolfsburg am 22. Dezember 2009 bekannt gegeben wurde, weilte er gerade im Weihnachtsurlaub in Kitzbühel, positionierte sich aber in Telefoninterviews mit den Sportjournalisten vom Skilift aus bereits als treibende Kraft des Klubs: Er müsse sofort alle Verträge sehen, wichtige Angestellte des VfL müssten sofort zur Berichterstattung zu ihm nach Kitzbühel kommen, »so, jetzt muss ich Schluss mit dem Interview machen, weil ich oben auf dem Berg stehe. Die Abfahrt steht an, auf Wiederhören!«

Obwohl er Hertha BSC ein halbes Jahr zuvor als Tabellenvierter ganz oben in der Bundesliga zurückgelassen hatte, fanden sich nicht mehr allzu viele enthusiastische Worte über Dieter Hoeneß in der Branche. Vielleicht war das nach 13 Jahren in einem Klub auch unmöglich.

Er habe mit seiner Politik des Klotzens am Ende die Finanzen mit rund 40 Millionen Euro Schulden belastet, schrieben die Sportjournalisten. Er habe mit seiner autokratischen Art die Energie des fachkompetenten Trainers Lucien Favre in internen Machtkämpfen aufgebraucht, flüsterten die Klubangestellten. »Warum wird so jemand geholt?«, fragte sich die Wolfsburger Eminenz, der frühere VfL-Geschäftsführer und VW-Betriebsrat Bernd Sudholt. Er antwortete sich selbst: »Nun, Sie müssen sehen, das Gebilde Wolfsburg ist kein demokratisches. Hier wirkt immer durch, was von der VW-Spitze kommt. Wenn in Wolfsburg auf eine Straße Flüsterasphalt aufgetragen wird, dann können Sie davon ausgehen, dass der VW-Personalchef an der Straße wohnt und besser schlafen will. Deshalb vermuten wir alle, dass es so gewesen sein muss: Bayern Münchens Manager Uli Hoeneß hat mit Martin Winterkorn telefoniert, und dann wird Uli Hoeneß' Bruder Dieter verpflichtet.«

Natürlich kannte Mrosko die Geschichten über Hoeneß von Hertha, vom Gebrüll des Managers, das man bis in den Fanshop gehört habe, wäre ja noch schöner, wenn er das alles nicht gewusst hätte – aus einem Berliner Verein! Hoeneß verlange Höflichkeit und Gehorsam, sagten ihm die Kollegen von Hertha. Er meinte, ihren unausgesprochenen Zusatz herauszuhören: Da bist du vermutlich nicht der richtige Mitarbeiter. Trotzdem schaute er der Ankunft des neuen Machers mit einer Art freudlosen Vorfreude entgegen: Jede Veränderung war auch eine Hoffnung.

Dieter Hoeneß, der offiziell am 15. Januar 2010 anfing, erschien Tage vorher mit einer allumfassenden Lust anzupacken auf der Geschäftsstelle in der Volkswagen Arena. Armin Veh gab der Zeitschrift

11 Freunde in jenen Tagen in seiner Trainerkabine ganz unten im Stadion ein Interview, als es klopfte. Dieter Hoeneß blickte herein, sah, dass Veh beschäftigt war, ging aber nicht, sondern setzte sich dazu und antwortete bisweilen auf Fragen, die die Sportjournalisten Veh stellten.

Hoeneß bestellte auch Mrosko ein. Er wollte alles durchleuchten, er musste alles wissen, wirklich alles: Welche Spieler Mrosko empfehle, welche Talente er in den vergangenen Jahren empfohlen habe. Aus dem Kopf zählte ihm Mrosko sicher drei Dutzend Namen auf, von Ömer Toprak bis Patrick Hermann. Da seien durchaus einige dabei, die nun in der Bundesliga bei anderen Klubs auffielen, sagte Hoeneß, wieso waren die nicht beim VfL?

»Da müssen Sie Ihre Vorgänger fragen. Wir vom Scouting können nur Empfehlungen abgeben.«

»Aber da müssen Sie doch auf den Tisch steigen! Wenn Sie von denen überzeugt sind, müssen Sie dafür sorgen, dass sie geholt werden.«

»Wenn Sie das wünschen, werde ich in Zukunft gerne auf Ihren Schreibtisch klettern«, sagte Mrosko und meinte, ein verdutztes Zögern in Hoeneß' Gestik zu erkennen, ohne dass er den Blick deuten konnte.

Auf die vakante Stelle des Nachwuchskoordinators kamen sie nicht zu sprechen. Bernhard Janssens Ausscheiden war bereits öffentlich verkündet worden, aber die Nachfolge war in der Schwebe. Hoeneß sprach es nicht an, dann würde er das Thema auch nicht aufbringen, dachte Mrosko. Aehlig hatte Hoeneß ja wohl über seine Bewerbung ins Bild gesetzt.

War ein gutes Gespräch, fühlte Mrosko, als er das Büro verließ. Hoeneß hatte einen freundlichen Eindruck gemacht, und er schien, was Mrosko wichtiger war, aufrichtig interessiert an ihm und seiner Arbeit.

Als hätte es die Winterpause nicht gegeben, spielte der VfL im Januar einfach weiter, umständlich, unglücklich. Am Mittwoch nach dem 1:3 beim VfB Stuttgart zum Rückrundenstart schauten ganze fünf Leute beim Training zu, beim immer noch amtierenden Deutschen Meister. Einer der fünf älteren Herren ging auf Trainer Veh zu, reichte ihm die Hand und fragte: »Wie geht's jetzt weiter?«

»Schau'n mer mal«, sagte Veh, lächelte und zog weiter. Am Samstag, im Heimspiel gegen den 1. FC Köln, riefen die Fans: »Armin raus!« – »Veh raus!« ging vom Rhythmus schlecht.

Wolfsburg verlor 2:3, und Dieter Hoeneß, zehn Tage im Amt, entließ Trainer Armin Veh. Die Sportjournalisten sparten es sich, wie gewohnt all die vermeintlichen Fehler des Trainers aufzulisten, die eine Trainerentlassung sonst immer völlig logisch erscheinen lassen sollen. Vehs Entlassung wurde hingenommen. Als ob es gar keine andere Möglichkeit als sein Scheitern gegeben hätte.

Der Termin der Entlassung passte ganz gut. So konnte Dieter Hoeneß in das Haus am Hegeberg einziehen, das Armin Veh von Felix Magath übernommen hatte.

18

Ein leerer Schreibtisch, morgens um acht

Am Abend saß Mrosko zu Hause in Berlin, und am nächsten Morgen stand er als Assistenztrainer der Wolfsburger Reserveelf auf einem Trainingsplatz am Gardasee. Dazwischen fand er gerade noch genug Zeit, um zu denken: Na, herzlichen Glückwunsch.

Der 26. Januar 2010 war ein theoretisch ruhiger Tag für einen Scout gewesen, Montag, im Januar, da fand sich in ganz Europa beim besten Willen kaum eine Partie zum Beobachten. Selbst als am Morgen in Wolfsburg Armin Veh entlassen wurde, sah Mrosko keine dramatischen Veränderungen auf sich zukommen. Lorenz-Günther Köstner, der Trainer der Reserveelf, würde Vehs Posten bis zum Saisonende provisorisch übernehmen. Mit Köstner, einem alten Fahrensmann, der zehn Jahre zuvor die Spielvereinigung Unterhaching mit staubtrockenem Fußball sensationell in die Bundesliga geführt hatte, verstand sich Mrosko vorzüglich. Da würde die Zusammenarbeit allenfalls besser werden als mit Veh.

Er war freudig überrascht, als Köstner ihn am späten Abend anrief. Toll, dass Lorenz an so einem Tag gleich Zeit für ihn fand. Sicher suchte er wegen möglicher Neuzugänge seinen Rat, sie würden vielleicht Rafinha von Schalke 04 auslösen können, fünf Jahre nachdem Mrosko ihn empfohlen hatte. »Lars«, sagte Köstner, »du bist ab morgen Co-Trainer bei der zweiten Mannschaft.«

»Was?«

Die Kettenreaktion, die Vehs Entlassung am Morgen ausgelöst hatte, endete am Abend bei Mrosko. Köstner rückte auf Vehs Stelle, deshalb rutschte der Assistenztrainer der Reservemannschaft, Alexander Strehmel, auf Köstners Posten. Ganz am Ende des Tages musste dann auch noch ein neuer Assistenztrainer für die Reserve gefunden werden.

»Aber ich bin Scout, kein Trainer!«, hörte sich Mrosko am Telefon zu Köstner sagen, obwohl er dachte, stumm vor Staunen zu sein.

»Du hast doch die Trainerlizenz.«

»Ich weiß gar nicht, ob die noch gültig ist.«

»Ist doch auch egal, Lars. Du bist einer, der sich durchsetzt, du verstehst etwas vom Fußball. Du kriegst das gut hin.«

Mroskos Zögern erstaunte Köstner. Er persönlich hatte Mrosko als Assistenztrainer vorgeschlagen und durchgesetzt, es war ein Zeichen seiner Wertschätzung für den Jungen. In Köstners Augen war ein Traineramt – jedes Traineramt, auch das des Assistenztrainers der Reserveelf – ein wunderbarer Posten. Selbstverständlich, er war doch selbst Trainer. Wahrscheinlich ging alles nur ein wenig zu schnell für den Lars, das war natürlich nur nachvollziehbar, sagte sich Köstner. Er selbst war am Sonntagabend mit der Reserveelf ins Trainingslager nach Italien geflogen und wurde am Montagmorgen zurückbeordert, um die Profis zu übernehmen.

»Es ist alles besprochen, auch mit dem Dieter«, versuchte Köstner, Mrosko den Schwindel zu nehmen. In der Bundesliga redeten immer alle mit Vornamen voneinander, als ob sie jeden extrem gut kannten, den Felix, den Uli, den Jogi, und eben auch den Dieter statt den Hoeneß.

»Such dir den frühestmöglichen Flug morgen nach Mailand raus. Am Flughafen wirst du abgeholt, dann kannst du vielleicht schon beim Morgentraining am Gardasee dabei sein.«

»Und das Scouting soll ich so nebenbei betreiben?«

»Jetzt flieg erst mal nach Italien, der Alex braucht einen Assistenten. Alles andere fügt sich schon.«

»Na dann«, sagte Mrosko.

Als er aufgelegt hatte, blieb er einen Moment lang still auf seinem Wohnzimmersofa in Neukölln sitzen. Sandra und er waren gerade in ein ehemaliges Krankenhaus gezogen. Aus dem alten Hospital an der Riesestraße war ein Haus mit schmucken Wohnungen geworden, die Zimmer über drei Meter hoch, da passten in den Wandschrank in der Eingangshalle die Hälfte seiner 80 Paar Schuhe, ordentlich bis zur Decke in ihren Verkaufskartons gestapelt und beschriftet, damit er noch die fand, die er suchte. Die andere Hälfte musste auf Sandras Verlangen in den Keller. Mrosko stand vom Sofa auf und versuchte zu verstehen, was passiert war. Ab morgen war er Trainer. Einfach so.

Der erste Flug nach Mailand verließ Berlin um Punkt sechs Uhr. Am Gardasee lieh sich Mrosko schnell vom Materialwart Trainingsklamotten, nur die Fußballschuhe hatte er mitgebracht, Fußballschuhe würde er immer griffbereit haben, und dann stand er auf dem Rasenplatz.

Da waren seine Jungs, Daniel Reiche, Sergej Evljuskin, Jonas Deumeland aus Hyballas glorreicher B-Jugend, Tolcay Ciğerci und Fabian Klos, die er für Wolfsburg entdeckt hatte. Die Reserveelf, zehn Jahre zuvor noch ein missachtetes Anhängsel des Bundesligafußballs, war als Förderteam für Spieler unter 23 Jahren ein elementarer Teil der Profiausbildung geworden. Der Trainer, der Alex, ein dufter Typ, ernsthaft und locker zugleich, bezog Mrosko gleich mit ein, er durfte Teile des Trainings gestalten, Torschussparcours, Positionsspiele. Es war, für einen Trainernovizen, der perfekte Einstieg. Das einzige Problem war, dass Mrosko gar kein Trainer sein wollte.

Nachts am Gardasee, wenn er schlafen sollte und nachdachte, sah er es klar: Er spielte hier den treuen Charlie, und wenn es dumm lief, hieß es irgendwann, der Lars harmoniert so gut mit dem Alex, der soll das weitermachen. Dann wurde ein anderer Scout geholt, dann wurde ein anderer Nachwuchskoordinator. Oder es lief besonders dumm, der Alex und er hatten Misserfolg. Da würde es dann heißen, der Mrosko hat doch keine Ahnung, seine Autorität wäre angekratzt, im schlimmsten Fall würde er vor die Tür gesetzt.

Als Scout war er wer, er war unterwegs, er war in seinem Empfinden: frei. Als Assistenztrainer war er das schwächste Glied. Abhängig von den Ideen, auch den Launen des Cheftrainers, festgenagelt, jeden Tag um zehn mit den Vögeln auf dem Fußballplatz zu stehen – eine Mannschaft ohne wilde Vögel gab es nicht –, und als schwächstes Glied mittendrin in all den Konflikten des Kindergartens, warum spielt der, warum nicht ich, warum hat der das Trikot mit der 8 und ich nur die 17.

Auf dem Rückflug vom Trainingslager Anfang Februar sagte der Manager der Reserveelf, Pablo Thiam, zu Mrosko: »Zu Hause kümmere ich mich gleich darum, dass du ordentlich eingekleidet wirst.« Ein echter Assistenztrainer trug seine persönlichen Trainingsklamotten, mit dem aufgeflockten Kürzel auf allen Kleidungsstücken, LM auf der Brust der Trainingsjacke, LM auf der Trainingshose, ein Statussymbol wie die Limousinen im Profifußball. Dass er sich gleich darum bemühen werde, war Thiams Art zu sagen: Du gehörst jetzt zur Mannschaft, Lars, du hast deine Sache prima gemacht.

Mrosko antwortete: »Ich möchte das nicht weitermachen, Pablo. Mein Platz ist im Scouting, dafür wurde ich eingestellt, das kann ich wirklich.«

»Ist schon klar, Lars. Aber jetzt machst du das hier halt mal ein paar Wochen zum Wohle des Vereins. Daraus wird dir sicher kein Nachteil erwachsen.«

»Ich mache schon so viel zum Wohle des Vereins. Trainer ist nicht mehr meine Welt. Ich will zurück ins Scouting. Sofort.«

Lorenz-Günther Köstner hätte als neuer Bundesligatrainer in Wolfsburg genug zu tun gehabt, um sich nicht auch noch um die persönlichen Empfindlichkeiten des Reserveteam-Assistenztrainers zu kümmern. Köstner hatte die Medizinbälle wieder aus dem Materialraum geholt, und als er bei seinem ersten Training mit den Bundesligaprofis einmal rief: »Das war mir zu langsam!«, notierte der Korrespondent des *Kicker* sofort: »Er erinnert ein wenig an Felix Magath.« Der Satz schien hoffnungsvoll gemeint.

Mit einer nüchternen, defensiveren Spielweise stabilisierte Köstner die Abwehr und die Resultate des VfL recht schnell. Der VfL Wolfsburg blieb im gehobenen Mittelmaß der Liga stecken, bloß auf einmal galt das wieder als solide.

Doch selbst als viel beschäftigter Bundesligatrainer nahm sich Köstner noch der Problemchen des Reserveteams an. Lorenz-Günther Köstner arbeitete stets für seinen Verein, nicht für sich. Er sagte Mrosko, was ihm schon Pablo Thiam gesagt hatte. »Jetzt mach doch einfach mal den Assistenztrainer.« Mrosko beharrte noch vehementer darauf, dass er augenblicklich wieder als Scout arbeiten wolle. Seit dem Gespräch mit Thiam auf dem Rückflug aus Mailand hatte er einen Tag Zeit gehabt, über seine Situation nachzudenken, und wenn er Zeit zum Nachdenken hatte, verfestigten sich seine Ansichten nur.

Warum wehrte er sich so gegen einen Posten, den Hunderte Trainer gerne hätten, fragte sich Köstner in den kommenden Wochen oft. Es gab genug, über das er nachdenken musste, aber das mit dem Lars war eine persönliche Sache. Die meisten, die Köstner und Mrosko betrachteten, sahen Gegensätze. Köstner war 56, das einst lange Haar ordentlich gestuft und gescheitelt. Auf dem Fußballplatz wie im Leben vertraute er auf Verlässlichkeit, Vorsicht, Bewährtes. Nach 35 Jahren unterwegs in Deutschland als Profifußballer und Trainer rollte er das R noch immer so, wie er es als Kind auf dem fränkischen Dorf gelernt hatte, was seiner Sprache etwas angenehm Ruhiges, Bedächtiges gab. Doch Köstner selbst erkannte in Mrosko vieles wieder, was er schätzte: Loyalität, Begeisterung, Aufopferungsgeist. Auch wenn sich das bei Mrosko ein wenig wilder, ungestümer als bei ihm äußerte. »Es gibt da ein Wort im Fußball, um Typen wie ihn zu beschreiben«, sagt Köstner, »und es ist überhaupt nicht negativ gemeint: Er hat die Straßenköter-Mentalität. Diese Typen kannst du fünfmal überfahren, und sie stehen wieder auf.«

Schon bald nach seiner Ankunft in Wolfsburg im Januar 2009 hatte Köstner Mrosko richtig kennengelernt. Der Scout drängte ihn, nach Gifhorn zu fahren.

Gifhorn?

Auf der Landkarte des Fußballs existierte der Ort nicht. Doch, argumentierte, bat, forderte Mrosko, da gebe es einen Stürmer, den müssten sie unbedingt zum VfL holen. In Gifhorn? Köstner redete mit dem Chef, Felix Magath, aber der war auch schon von Mrosko infiziert: Ja, doch, den Stürmer aus Gifhorn müssten sie für die zweite Mannschaft holen, der könnte sich entwickeln.

Also fuhr Lorenz-Günther Köstner los. Auf nach Gifhorn, 15 Kilometer westlich von Wolfsburg, am Stadtplatz ein Gebäude namens Langer Jammer, in dem die Amtsrichter vor 500 Jahren ihre Arrestzellen wussten, vor dem Städtchen eine Heide namens Gifhorner Schweiz. Fußball bot der Männer-Turnverein in der Amateuroberliga, fünfte Klasse, Friedhof aller höheren Ambitionen. Im Sportpark

Flutmulde sah Köstner den gepriesenen 1,94 Meter großen Stürmer. Er wog gut und gerne 98 Kilo und erinnerte Köstner an einen Schutzmann, »so felsenfest stand er auf seiner Position, Arme hoch, ich regle den Verkehr«. Der Junge war auch schon 21, bis 19 hatte er bei einem Kreisligisten gespielt, eine konzeptionelle Fußballausbildung genoss man dort eher nicht. Doch unter seinem massigen Körper verbarg der Junge eine besondere Gabe, argumentierte, bat, forderte Mrosko: Er beherrschte die Kunst des Stürmens wie des Lebens, im rechten Moment am rechten Ort zu sein. In 58 Spielen hatte er 49 Tore für Gifhorn erzielt. Sie mussten ihn in einer höheren Liga erproben, argumentierte, bat, forderte Mrosko, es gab diese ganz seltene Spezies des Mittelstürmers, der unförmig wirkte, aber einfach immer und überall Tore schoss.

So fand Lorenz-Günther Köstner auf seiner Dienstreise nach Gifhorn einen Stürmer namens Fabian Klos, der in der Reserveelf des VfL Wolfsburg sukzessive abnehmen musste und bei Arminia Bielefeld in der zweiten und dritten Liga für viele Jahre der Torjäger vom Dienst werden würde.

Köstner aber entdeckte noch etwas Größeres in Gifhorn: eine Selbsterkenntnis. »Als Trainer hast du über die Jahre zwangsläufig so viele Enttäuschungen mit Spielern hinter dir, dass du einen skeptischen Blick auf Fußballer bekommst: Was kann der nicht, ist der nur auf dem Egotrip, ist das bloß wieder einer, der Ärger macht, wenn er mal auf der Ersatzbank sitzt. Lars dagegen hatte noch einen erfrischend positiven Blick auf Fußballer, nur so konnte er in Fabian Klos dessen Potenzial sehen.« Diese Skepsis, diese Verbitterung musste er ein Stück weit loswerden, hatte ihm Mrosko gezeigt. Auch um sich von dessen Begeisterung für das Spiel und die Spieler wieder ein wenig anstecken zu lassen, war Köstner gerne in Mroskos Nähe.

Wo aber war Mroskos unbekümmerte Leidenschaft geblieben, als er ihn zum Assistenztrainer berief? Köstner selbst hatte 2009 ohne Dünkel in Wolfsburg als Reserveteamtrainer in der Regionalliga angeheuert, obwohl er zehn Jahre lang in der ersten und zweiten Liga beschäftigt gewesen war. Doch Köstner verstand, dass jedem Trainer nur eine beschränkte Zeit an der Spitze vorbehalten war. Die Konkurrenz und der Verschleiß waren zu mächtig. Wie hatte Salman Rushdie geschrieben: Jeder Schriftsteller hat sieben große Jahre, so war es auch bei Trainern, Künstlern auf ihre Art. Das Entscheidende war zu erkennen, dass die Freude nicht in der Höhe der Liga, sondern im Trainieren an sich lag. Was wussten denn die Leute – mit das Schönste am Trainerberuf war das Arbeiten an der frischen Luft, danach sehnte sich Köstner in seinen Zeiten der Arbeitslosigkeit, die jeder Trainer kannte. Lorenz-Günther Köstner versuchte noch einmal nachzuvollziehen, was Mrosko gegen die Trainerstelle im Reserveteam hatte, und musste sich eingestehen, er verstand es nicht. Aber es war Mrosko. Wenn er unbedingt Scout bleiben wollte, dann sollte er ab sofort wieder als Scout arbeiten, ordnete Köstner nach Mroskos Rückkehr vom Gardasee Anfang Februar 2010 an.

Ein Sportdirektor, fand Dieter Hoeneß, musste jederzeit bei den Scouts ins Büro platzen können. Deshalb veranlasste er, dass Uli Mohr und Mrosko umzogen, in seine Nähe. Selbstverständlich nicht auf sein Stockwerk, das oberste in der Geschäftsstelle des VfL, aber doch einen Stock darunter. Bislang hatten die Scouts ihren Platz auf der anderen Seite der Volkswagen Arena gehabt, zwischen Verwaltungsangestellten und IT-Technikern. Man hatte ihnen beim Neubau der Arena gedankenlos dieses Büro zugewiesen, es war eben frei, und niemand hatte in den acht Jahren seit der Einweihung des Stadions daran gedacht, sie zu versetzen.

Mrosko fand Hoeneß' Idee, sie näher an die sportliche Leitung anzubinden, ansprechend. Das versprach nicht nur, was das Laufen anging, kürzere Wege. Auch wenn der Sportdirektor mit dem Umzug selbstverständlich die Forderung verband, dass die Scouts in Sekunden bei ihm waren, sobald er sie herbeizitierte.

Schon zum zweiten Mal in seinem ersten Monat bestellte Hoeneß Mrosko ein, ohne dass es um einen konkreten Spieler ging. Es ging um das Grundsätzliche, um ihre Arbeitsweise. Alles stand auf dem Prüfstand.

Welche Spiele beobachte er nächste Woche, wollte Hoeneß wissen, warum so wenige, ein Scout müsse seiner Meinung nach möglichst jeden Tag unterwegs sein, er solle ihm bitte mal eine seiner Gegnerbeobachtungen bringen, damit er sich die anschauen könne.

An Hoeneß' Fragen konnte Mrosko nichts aussetzen, es war nur gut, dass der Sportdirektor sich detailliert für alle Aspekte der Spielersuche interessierte. Nicht einmal Hoeneß' Art zu fragen und zu reden konnte ihn wirklich stören. Hoeneß war unzweifelhaft ein Chef, der ständig versucht war zu zeigen, wer der Boss war, aber er war im Ton doch grundsätzlich freundlich, interessiert geblieben. Nicht was er hörte, sondern was er hinter den Worten fühlte, gab Mrosko den Glauben, dass der neue Macher ihm gegenüber unterschwellig skeptisch eingestellt war.

Wieso wohnte Mrosko überhaupt in Berlin, wollte Dieter Hoeneß wissen, das erlaubten sie ihren Spieler doch auch nicht.

Mann, dann sollte Hoeneß ihn eben zum Nachwuchskoordinator machen, dann hatte er seine Ruhe vor ihm, der Nachwuchsbereich arbeitete zum Großteil immer noch autonom von der Profiabteilung. Janssens Job war nun praktisch schon einen Monat vakant, wie lange wollte Hoeneß denn noch warten, bis er einen Nachfolger benannte?

Dieter Hoeneß wartete nicht mehr länger als ein paar Tage, ehe er Anfang Februar 2010 die Berufung des langjährigen Bundesligaspielers Jens Todt zum Nachwuchskoordinator des VfL Wolfsburg bekannt gab.

Für die Experten war das eine faszinierende und logische Personalentscheidung. Todt hatte in seiner prägenden Bundesligazeit beim SC Freiburg unter Trainer Volker Finke, einem der Pioniere des spielerischen Trainings in Deutschland, einen besonderen Blick für das Spiel und Training entwickelt, und er hatte nach der Karriere eine andere Welt kennengelernt. Todt war Journalist beim *Spiegel* geworden. Als Junge hatte er von der Arbeit als Reporter geträumt, der Profifußball war ihm nur dazwischengekommen. Beim *Spiegel* allerdings stellte er fest, wie wenig die Redaktionsarbeit mit seinem Kindertraum zu tun hatte. Der Trott am Schreibtisch ließ ihm wenig Zeit für das Rasen des Reporters, und überhaupt, es fehlte, in schmucklosen Büros, zwischen unscheinbaren Kollegen, dem Arbeitsalltag die Größe, die Grandezza, die er immer aus den Zeitungs- und Zeitschriftenartikeln herausgelesen hatte. Dabei waren es weniger einzelne Dinge als ein grundsätzliches Gefühl, das Jens Todt im Journalismus zusetzte: Hier gehörst du nicht wirklich hin. Er kehrte in den Profifußball zurück, als Scout bei Hertha, als Nachwuchsleiter beim HSV. Allein der Anblick eines Rasenplatzes belebte ihn.

Für Mrosko war die faszinierende und logische Wahl Todts ein

Schlag. Er hatte gedacht, dass er eine gute Chance besaß, Nachwuchskoordinator zu werden. Er konnte jetzt auch nicht mehr genau sagen, warum er sich so sicher gewesen war, ein Gefühl halt.

Er stellte sich beim neuen Nachwuchskoordinator vor, schließlich war er immer noch der Nachwuchs-Chefscout. Sie plauderten ein wenig, schnell wurde der Ton freundlich. Todt erschien ihm umgänglich. Aber sie fanden nie einen Umgang.

Mrosko war nie greifbar, der arbeitete offenbar als freischaffender Künstler von Berlin aus, fand Todt nach kurzer Zeit. Todt bezog ihn nicht wirklich ein, nicht einmal bei der Spielersuche, seinem Kerngebiet, schlussfolgerte Mrosko nach einigen Wochen. Die Gelegenheit zusammenzufinden gaben sie einander nicht. Wenn er mich nicht braucht, dann mache ich eben nur Dienst nach Vorschrift, sagte sich Mrosko. Wenn er nicht will, dann lassen wir es eben, dachte sich Todt.

Den Jugendtrainern fiel auf, dass Mrosko kaum noch zu den Sitzungen im Nachwuchszentrum erschien. Schade, dachte sich der A-Jugendtrainer Stephan Schmidt, mit Mrosko hatte er sich immer gerne über Talente ausgetauscht, Mrosko verfügte über einen reichen Wissensfundus und eine stets klare Meinung. Aber kein Jugendtrainer fragte nach, fragte Mrosko, wo er denn war, was denn los war. Sie interpretierten seine Abwesenheit für sich selbst: Vermutlich hatte Mrosko bei den Profis so viel zu tun, er war doch in erster Linie Profiscout, ja, so war es wohl.

Melancholie erfasste Mrosko. Die wollten ihn nicht mehr. Niemand hatte ihm etwas gesagt, kein Fakt sprach dafür, aber er spürte es doch. Er machte seine Arbeit weiter, er arbeitete Uli Mohrs Aufträge ab, er reichte Jens Todt kommentarlos seine Scoutingberichte von Jugendspielen ein, er arbeitete über den inneren, undefinierten Schmerz hinweg. Anfang Februar war er in La Manga, Südspanien, eine Woche später war er in Kasan, ganz tief in Russland, Tatarstan hieß die Republik, Wolgabulgaren hatten die Stadt gegründet, was es gab, Wolgabulgaren, hätte er das früher gewusst, damals, wäre er mit Shergo und den Jungs in der Disco rumgelaufen und hätte ein paar Mädchen zum Zeitvertreib erzählt, sie seien Wolgabulgaren. In Tatarstan beobachtete er am 18. Februar 2010 Wolfsburgs Europa-League-Gegner Rubin Kasan. Schade, dass man Kälte nicht fotografieren konnte, er hätte gerne den Freunden begreiflich gemacht, was er im Fußballstadion bei den Wolgabulgaren durchmachte, danach würden sie garantiert nicht mehr behaupten, Berliner Winter mit ihren sibirischen Winden seien kalt. Das Thermometer in Kasan zeigte minus 27 Grad Celsius an.

Brav legte er nach seiner Rückkehr die Profile der beobachteten Spieler in der Datenbank an, die Dieter Hoeneß wieder eingeführt hatte: eine Seite Stammdaten für jeden Spieler, ein Blatt Bewertungen. Bei einem Spieler namens Aleksandr Bukharov, Mittelstürmer von Rubin Kasan, schrieb er in alle 15 vorgegebenen Bewertungskategorien nur Positives. In der letzten Spalte, »Ist außer den genannten Kriterien etwas Besonderes zu erwähnen?«, notierte er: »Denke, er könnte im Fall eines Weggangs von Edin Džeko dessen Lücke zeitnah schließen.«

Nur für 40 Millionen Euro würden sie Džeko abgeben, hatten die Wolfsburger Vereinssprecher beharrlich verkündet, und nun, da er im zweiten Jahr in Folge in der Bundesliga auf eine Quote von über 20 Toren zusteuerte, schien es plötzlich möglich, dass Klubs aus England diese rein zur Abschreckung aufgerufene Riesensumme tatsächlich zahlten.

Dreimal, über vier Monate verteilt, hatte Mrosko Bukharov bereits gesehen, jedes Mal wirkte er wie der komplette Fußballer, in jedem Moment torgefährlich, taktisch aufmerksam. Bei Felix Magath wäre er an der Sekretärin vorbei, »aber Lars, du brauchst einen Termin!«, ins Büro marschiert und hätte gesagt, der ist es! Bei Dieter Hoeneß schrieb er eine halbe Stunde lang Bewertungen in den Computer!

Zenit Sankt Petersburg kaufte Aleksandr Bukharov für zwölf Millionen Euro von Rubin Kasan.

Niemand würde Mrosko etwas anmerken. Niemand sollte sagen können, er ließe sich etwas zuschulden kommen. Er war ultraprofessionell. Aber er spürte es doch. Er spürte da diesen inneren Schmerz.

»Lars gibt sich ja bei Problemen immer unbewegt: Ich mache das, ich schaffe das«, bemerkte Shergo, der Lars wieder oft traf, na logisch, Mann, sie hatten halt mal Stress gehabt, das würde bei so zwei stolzen Typen wie ihnen wahrscheinlich alle drei Jahre wieder passieren, aber über ihre Dickköpfigkeit, ihre Streitereien konnte Lars doch selbst lachen.

»Wenn es nicht läuft, hat er Schwierigkeiten, darüber zu reden«, beobachtete Shergo: »Er versucht, das im Inneren klarzukriegen, und fährt nach außen erst mal die Schiene: Es ist nichts, und das kriege ich hin.« War ja auch in Ordnung, jeder war da anders, »aber ich würde zu meinen Freunden immer sagen: Ey, läuft gerade nicht«, mit den Freunden reden half doch schon, fand Shergo. Aber das war, im Frühjahr 2010, auch gerade nicht das Problem, es lief doch bei Shergoal, und wie es lief, da konntest du 'ne Rakete starten lassen, ihr Affen.

Shergoal, den der Vater seiner Freundin für 8000 Euro beim SV Babelsberg herausgekauft hatte wie einen Sklaven, half im ersten Halbjahr danach tatkräftig mit, dass sich Union Berlin für die neue dritte deutsche Liga qualifizierte. Gegen Dynamo Dresden markierte er drei Tore, gegen den VfB Lübeck sogar vier Tore – vier Tore in einem Spiel, abgefahren, und in der dritten Liga ging es erst richtig los. Shergoal traf vom Start weg, gegen Bayerns Reserveelf, Burghausen, Jena, gegen Aalen zweimal, es gab nur einen Shergo Biran, sangen die Fans im Stadion An der Alten Försterei, was ja sowieso das geilste Stadion war, an Weihnachten zu Hause bei Eisern Union, dem benachteiligten Verein der DDR, an Weihnachten kamen 10 000 mit Kerzen ins Stadion, um gemeinsam »Stille Nacht« und andere Weihnachtslieder zu singen, und am Ende des ersten Spieljahres der dritten Liga, im Sommer 2009, war Union Berlin mit seinem Klasse-Torjäger Shergo Biran in die zweite Liga aufgestiegen.

Er ging mit Kristin auf ein Sommerkonzert in der Wuhlheide, und eine fremde Frau stürzte auf ihn zu. Sie drückte ihn, war ja nicht gerade angenehm, mit Kristin neben ihm, aber »ach, Shergo«, stürzten die Worte schon wie ein Wasserfall aus dem Mund der Frau, sie sei seine Ausbilderin gewesen, beim Grünflächenamt, damals. Sie hätten gedacht, er sei ein Spinner, als er damals immer vom Profifußball geredet habe und ihm beim Gärtnern fast die Augen zugefallen waren. Und jetzt sei er tatsächlich Profi! Bei Union! Sie seien alle Union-Fans beim Naturschutz- und Grünflächenamt Köpenick.

Die Berliner Boulevardpresse berichtete über Shergoals Hochzeit, »da hat Shergo Biran aber tatsächlich einen Volltreffer gelandet!«, und über die Geburt seiner Tochter, »das Aufstiegsbaby!«. Shergo schnitt die Berichte aus, war doch schön, endlich mal die Aufmerksamkeit zu genießen, die Fußballstars zustand. Mit 30, in einem Alter, in dem andere Profikarrieren zu Ende gingen, fing er in der zweiten Bundesliga an.

Dort setzte ihn der Trainer auf die Ersatzbank. Die anderen Stürmer bei Union trafen aber auch einfach ständig, Shergoal blieben als Einwechselspieler mal fünf Minuten am Ende eines Spiels, mal 16. Gegen den MSV Duisburg schoss er in der Kürze der Zeit sein erstes Zweitligator, jetzt war Shergoal da, jetzt war er dran. Im nächsten Spiel gegen Greuther Fürth kam er in einem Zweikampf unkontrolliert zu Fall, schlug auf die linke Schulter, das Schultereckgelenk gesprengt, zwei Bänder gerissen, ey, Mann, gerade jetzt. War natürlich Mist, erkannte auch Lars, aber Shergo sollte doch das große Bild nicht aus dem Blick verlieren: Er war bei Union, in der zweiten Liga, die anderen Stürmer waren ordentliche Kumpels, Karim Benyamina und Kenan Şahin, das Publikum rief seinen Namen, wenn er zur Einwechslung bereitstand, und die Berliner Zeitungen schrieben weiter über ihn, dann eben über seine ungewohnte Ersatzrolle, »Shergo Biran: Bitte hinten anstellen«.

Die Zeitungsberichte musste man auch ausschneiden, fand Shergo, die komplizierten Momente gehörten eben dazu, er hätte gesagt: zum Leben. Dem musste man doch ins Auge sehen und darüber reden, Mann. Aber Shergo bohrte bei Lars auch nicht nach, wenn er das Gefühl hatte, irgendetwas stimmte nicht mit seinem Kumpel. Er wartete darauf, dass sich Lars öffnete, so war das in ihrer Freundschaft unausgesprochen abgemacht. Auch wenn Shergo in manchem Fall vergeblich wartete.

Er sei in der Arbeit ständig angespannt, sagte Lars im umgebauten Krankenhaus zu Sandra, er könne gar nicht genau sagen, warum. Er habe nur irgendwie das Gefühl, bei der neuen Führung auf dem Prüfstand zu stehen, nicht wirklich gewollt zu sein. Jetzt musste er morgen früh spontan nach Kopenhagen. Dieter Hoeneß warf die Planungen der Scouts schon mal über den Haufen und schickte sie kurzfristig, von einem Abend auf den nächsten Morgen, in die andere Himmelsrichtung Europas. Dahinter steckte gewiss keine Schikane von Hoeneß, sondern bloß eine sprunghafte Betriebsamkeit. Es benötigte nur den Tipp eines vertrauten Spielerberaters, dass beim

FC Kopenhagen ein ganz heißer linker Verteidiger spielte, und die Scouts mussten sofort losfliegen. Sie mussten schnell sein, immer die Ersten sein, fand Hoeneß. Da hätte auch der Einwand Mroskos nichts genutzt, Oscar Wendt, den linken Verteidiger von Kopenhagen, kenne er doch, den habe er schon vor zwei Jahren empfohlen. Er flog hin und observierte Wendt noch einmal gewissenhaft.

»Ich bin müde von der ständigen Reiserei«, sagte Mrosko zu Sandra auf dem Weg zum Flughafen. Sie glaubte es nicht. Er war nicht vom Reisen erschöpft. Dieser ständige Kampf, sich behaupten zu müssen, rieb ihn auf, erst gegen Janssen, nun unter Hoeneß.

Nachdem Dieter Hoeneß ihn zu Beginn seiner Wolfsburger Zeit zweimal herzitiert hatte, durchleuchtet hatte, redete er drei, vier Monate später nicht mehr mit Mrosko. Die Anweisungen kamen alle über Uli Mohr. Das war der hierarchisch korrekte Ablauf. Aber Hoeneß' Schweigen hatte für Mrosko einen anderen Klang, seit im April 2010 die nächste Berliner Personalie beim VfL Wolfsburg offiziell verkündet worden war. Rudi Wojtowicz, langjähriger Chefscout von Hertha BSC, wechselte als Leiter Scouting zum VfL.

Die Berliner Zeitungen berichteten in mehrspaltigen Artikeln darüber. Das Fußballspiel hatte 2010 solch eine öffentliche Bedeutung erlangt, dass auch die Vereinswechsel von Mitarbeitern, deren Gesicht kein Fan kannte, eine Nachricht waren. Sie könnten gewiss Verstärkung im Scouting gebrauchen, fand Mrosko. Uli Mohr und er waren bislang praktisch ein Zwei-Mann-Unternehmen gewesen. Gewöhnliche englische Premier-League-Klubs wie die Bolton Wanderers beschäftigten 25 Scouts. Aber wieso setzte Hoeneß ihnen mit Wojtowicz einen neuen Chef vor die Nase? Zweifelte er etwa an ihrer Arbeit? Da brauche er sich nicht den Kopf zerbrechen, versuchte ihn Uli Mohr zu beruhigen, mit Wojtowicz könne man arbeiten. Uli Mohr kannte Rudi Wojtowicz recht gut: Er hatte zehn Jahre zuvor schon bei Hertha BSC unter ihm gearbeitet.

Zur Weltmeisterschaft 2010 in Südafrika flog Uli Mohr. Mrosko reiste zur Junioreneuropameisterschaft unter 19 Jahren in französische Städtchen namens Flers und Saint-Lô. Das war schon in Ordnung, wirklich. Er maß sein Fortkommen und seinen Stellenwert nicht daran, bei den größten Ereignissen wie der Weltmeisterschaft eingesetzt zu werden. Solange er beim VfL als der Fachmann für junge, unbekannte Talente galt, war er glücklich. Oder musste der Satz schon wieder heißen: Wenn er beim VfL noch als der Fachmann für junge, unbekannte Talente gegolten hätte, wäre er glücklich gewesen.

Dieter Schatzschneider, der für Hannover 96 Spieler sichtete, hatte bei Jugendturnieren in jüngster Zeit schon gefragt: »Wo ist der Lars, was ist mit dem Vogel?« Wegen seiner Arbeit für die Profiabteilung, wegen seiner stillen Distanzierung vom neuen Nachwuchskoordinator war Mrosko im Frühjahr 2010 bei ungewöhnlich vielen Nachwuchsturnieren nicht aufgetaucht. Schatzschneider hatte sich Sorgen gemacht. Er war doch »so ein bisschen fürsorglich mit dem Lars: Ich habe schon gemerkt, dass er eigentlich ein unheimlich sensibler, labiler Typ ist.«

Einst hatte Schatzschneider 134 Tore in 178 Ligaspielen für Hannover 96 markiert, damit blieb man in Erinnerung. Aber bloß den großen Namen herumtragen, das war nicht seins. Er arbeitete leidenschaftlich als Scout, Schatzschneider sichtete von den 13-Jährigen bis zur Bundesliga, ohne Dünkel. Da erkannte er in Mrosko seinen Bruder im Geiste. Die meisten anderen Scouts: »nur Blabla«, fand Schatzschneider, aber der Lars, fleißig und dickköpfig, also: genau wie er selbst. »Mit 'ner großen Schnauze, aber was dahinter.« Klauen, zuschlagen und davon erzählen gehörte auch zu Schatzschneiders Jugend in Hannovers Arbeitersiedlung Vahrenheide.

Bei den Jugendpartien saß Schatzschneider abseits auf seinem Stuhl, den er persönlich mitbrachte, stehen war nicht mehr seins. Er hatte seinen Sportlerkörper auf über 100 Kilogramm gebracht. Andere sahen mit so einem Gewicht dick aus, er wirkte Respekt einflößend. »Im Fußball kann man doch so wunderbar streiten«, sagt Schatzschneider. Mit Hannovers Sportdirektor Jörg Schmadtke hatte er sich permanent in der Wolle.

»Jurica Buljat, den hole ich«, imitierte Schatzschneider Schmadtkes energische Stimme und erzählte gleich den ganzen Dialog nach.

»Jurica, wer ist dat denn?«, habe er entgegnet.

»Kroatischer Innenverteidiger, Juniorennationalspieler.«

»Und für den willst du zwei Millionen ausgeben? Der ist nicht mal zwei Euro wert.«

»Du hast hier überhaupt nichts zu sagen!«

»Habe ich auch nicht. Aber ich sag's dir trotzdem: Den wirst du nicht kriegen.«

Tja, schloss Schatzschneider, in der Beziehung sei er ein Schwein: Da sei er zum Präsidenten hingerannt und zu jedem, der bei Hannover 96 was zu melden habe, damit dieser Jurica nicht verpflichtet werde. Weil er davon überzeugt war, dass der nichts tauge. Im Übrigen, fand Schatzschneider, musste jeder mit ihm auskommen.

Tatsächlich ließ sich dem schlecht widersprechen: In seiner Gesellschaft war es selbst im heftigen Streit unterschwellig noch angenehm, weil seine heitere, spielerische Art durchschien. Nach den Jugendspielen saß er abends beim Bier mit Mrosko zusammen, ein Thema für ein paar Sprüche fanden sie immer, Fußballer, Frauen, Transfergerüchte, die Lackbomben, die mal aus dem elften Stock der Johannisthaler Chaussee geflogen waren, wieder Fußballer, Frauen, »Dieter, willste mir nicht mal deine Tochter vorstellen?«. Schatzschneider lachte, aber er dachte sich auch: Der Spaß hatte noch gar nicht richtig begonnen. Als er zum Nike-Cup für Jugendteams nach Berlin kam, nahm er seine Familie für einen Wochenendausflug mit. »Lars, komm mal her«, sagte er zu Mrosko: »Darf ich vorstellen, meine Tochter Isabella. Du wolltest sie doch mal kennenlernen, weil du so ein toller Mann bist.«

Tja, da stand der Lars plötzlich mit roten Wangen da. »Was haste denn, Lars, kannste nicht reden? Hast du Atemprobleme?«

Aber da konnte Mrosko über sich selbst lachen, das war doch das Gute.

»Was ist denn los, Lars?«, fragte Schatzschneider im Sommer 2010, »Ich kenn dich doch, irgendwas bedrückt dich.« Und Mrosko erzählte, dass er das Gefühl hatte, Dieter Hoeneß und auch Jens Todt im Nachwuchsleistungszentrum schätzten ihn irgendwie nicht wirklich, er konnte überhaupt nichts gegen sie sagen, gegen Jens Todt schon gar nicht, das war nur so ein Gefühl: Er fand einfach keine Ebene mit den Neuen.

»Lars, jetzt schalt mal den Verstand ein«, sagte Schatzschneider. »Du bist anerkannt, du hast deine Freiheiten. Und der Hoeneß ist auch irgendwann wieder weg. Sitz das einfach mal aus, ein, zwei Jahre lang.«

Natürlich, das mache er doch auch, sagte Mrosko.

Als er nach vier Tagen in Frankreich nach Wolfsburg zurückkehrte, waren sein Schreibtisch und der Schrank leer geräumt, seine Sachen fein säuberlich in Umzugskisten verpackt.

Mrosko wurde augenblicklich äußerlich ganz ruhig. Er kannte die Gepflogenheiten des Profifußballs. Unangenehme Nachrichten wurden oft nicht höflich bedauernd mitgeteilt, sondern durch Tatsachen übermittelt. Ein Spieler bekam vom Trainer nicht erklärt, dass er am Samstag nicht im Aufgebot stand, sondern fand seinen Namen einfach nicht auf der Liste neben der Kabinentür. Shergo wurde in Rostock damals über Nacht der Spind leer geräumt, um ihm so zu sagen, du bist hier nicht mehr gefragt. In dieser Welt konnte ein leer geräumter Schreibtisch nur eines bedeuten, glaubte Mrosko. Er marschierte, ohne zu überlegen, ohne daran zu zweifeln, was er tat, ins Büro von Sportdirektor Dieter Hoeneß.

»Dieter ist nicht da«, bedauerte Hoeneß' Assistent, Jochen Sauer.

Es war der 23. Juli 2010, der Fußball machte Pause. Dieter Hoeneß hatte das erste halbe Jahr in Wolfsburg genutzt, um sich einzuarbeiten, und nun die Basis geschaffen, damit der VfL nach seinem Dafürhalten erneut die Bundesligaspitze avisieren konnte. Ein neuer Trainer war installiert, Steven McClaren, ein Engländer, es musste schon etwas Besonderes sein bei Dieter Hoeneß, ein neuer Ersatzstürmer für Džeko war verpflichtet, Mario Mandžukić, dazu der Mitarbeiterstab renoviert, mit Leuten wie Scout Wojtowicz. Es konnte losgehen.

»Was gibt es denn?«, wollte Hoeneß' Assistent von Mrosko wissen.

»Entweder jemand hat sich einen kruden Scherz erlaubt, oder hier läuft ein ganz krummes Ding: Mein Schreibtisch und mein Schrank sind leer geräumt.«

Keine Ahnung, was das zu bedeuten habe, versicherte ihm Jochen Sauer.

»Wenn ich hier keinen Arbeitsplatz habe, fahre ich nach Hause.«

Zu Hause versuchte Mrosko so zu tun, als sei alles normal. Er trug seine Bewertungen von der Junioren-EM in die Datenbank ein, er saß mit Sandra lange draußen, es waren laue Sommertage. Er rief Uli Mohr an, der wie so viele im Profifußball nach der WM noch im Urlaub weilte.

»Was?« Mit seinem Hang zur Vernunft suchte Uli Mohr sofort nach möglichen Gründen, warum Mroskos Schreibtisch leer geräumt sein könnte. Vielleicht wollte Rudi Wojtowicz als neuer Leiter Scouting die Sitzordnung umstrukturieren. Aber natürlich würde dann auch für Mrosko irgendwo ein neuer Büroplatz geschaffen. Doch Uli Mohr konnte Mrosko nicht überzeugen. Ein in Abwesenheit kommentarlos leer geräumter Schreibtisch, das war der Hammer. Das war eine klare Botschaft.

Mrosko spielte weiter Normalität. Nach dem Wochenende, am Montag, es war der 26. Juli, fuhr er in Berlin zum Logopäden, das Lispeln seiner Kindheit kam in Stresssituationen immer noch durch. Im Auto klingelte sein Handy. Der Name von Jens Todt, dem Nachwuchskoordinator, leuchtete auf dem Display auf.

»Grüß dich, Jens.«

»Hier ist nicht Todt, hier ist Hoeneß!«

»Wie komme ich denn zu der Ehre?«

»Kommen Sie mir nicht so. Wo sind Sie?«

»Im Auto.«

»Unterlassen Sie diesen spöttischen Ton. Ihr Arbeitsplatz ist in Wolfsburg!«

»Wo denn, im *Atelier Café* oder am Bahnhof?«

Er glaubte, ein Mann, dem man den Schreibtisch leer räumte, habe sowieso nichts mehr zu verlieren. Das gab ihm den Mut und die Wut, zynisch zu sein.

»Ihr Arbeitsplatz ist seit der Anstellung von Rudi Wojtowicz im Nachwuchsleistungszentrum, seit acht Wochen!«

»Das ist ja schön. Das hätte mir aber auch mal jemand sagen können.«

»Jetzt reicht's mir! Sie kommen sofort nach Wolfsburg!«

»Ich komme wieder nach Wolfsburg, wenn ich weiß, wo ich wie arbeiten kann.«

»Ihr Arbeitsplatz ist das Nachwuchsleistungszentrum!«

»Das ist doch schon mal eine Aussage. Dann bin ich morgen wieder da.«

Das einstündige Sprachtraining beim Logopäden absolvierte Mrosko wie gewohnt mit äußerlicher Konzentration.

Hatte es Wojtowicz wegen der Urlaubszeit einfach nicht geschafft, ihm zu sagen, dass er wieder ins Nachwuchsleistungszentrum versetzt werden sollte? Oder hatte er es menschlich einfach nicht geschafft, ihm die Nachricht von seiner Degradierung zu überbringen? War der Hausmeister informiert worden, seinen Schreibtisch zu räumen, aber ihn hatte man nicht rechtzeitig informiert? Egal wie, das ging doch alles gar nicht, dachte Mrosko, und etwas drohte zu reißen, etwas begann zu knacken.

Wenig später hatte er Uli Mohr am Telefon. Hoeneß habe ihn angerufen, berichtete der Chefscout. Was war jetzt wieder passiert, Hoeneß habe geklagt, Mrosko sei ihm gegenüber unverschämt geworden.

Also, fuhr Uli Mohr fort, nachdem er sich Mroskos Version angehört hatte: Er habe versucht, Dieter Hoeneß zu beruhigen, am besten gehe Mrosko gleich morgen ins Büro, entschuldige sich und spreche *vernünftig* mit Hoeneß.

Am nächsten Morgen stand Mrosko um halb sechs auf, um gegen acht in Wolfsburg im Büro zu sein. Als Erstes ging er ins Nachwuchsleistungszentrum. Das war offenbar der Plan: Ihn wieder allein zum Nachwuchs-Chefscout zu degradieren.

»Morgen, Jens. Wo muss ich hin?«

»Was meinst du?«

»Na, du standst doch gestern daneben, als mich der Chef anrief.«

»Nein, das war eine kuriose Aktion: Hoeneß kam hier gestern rein, fragte nach dir, und als du nicht da warst, verlangte er, dass ich deine Nummer wähle. Dann ist er mit meinem Handy rausgegangen.«

»Er sagte mir, mein Arbeitsplatz sei seit acht Wochen hier.«

»Das ist mir neu.«

»Ist aber offenbar so. Habt ihr einen freien Platz?«

»Wenn es so ist, werden wir einen Platz für dich finden. Bleib ruhig.«

Er war ruhig, sagte sich Mrosko, als er wenig später bei Dieter Hoeneß' Sekretärin nachfragte, ob der Sportdirektor zu sprechen sei. Dagmar tippte die Durchwahl, sprach nicht viel länger ins Telefon und bat Mrosko mit einem Lächeln, in Dieter Hoeneß' Büro zu treten. Jochen Sauer war auch anwesend. Mrosko grüßte den Assistenten und den Sportdirektor mit einem freundlichen »Guten Morgen« und nahm vor Dieter Hoeneß am Schreibtisch Platz. Er ergriff die Initiative.

»Hier ist einiges durcheinandergeraten. Es gibt immer Recht und Unrecht im Leben, meistens glaubt man, der andere hat unrecht, aber vielleicht können wir uns einfach in der Mitte treffen, die Hand geben und neu anfangen.«

»Was heißt hier Recht und Unrecht? Was Sie sich gestern am Telefon erlaubt haben, war eine bodenlose Frechheit!«

Eine Stimme flüsterte in Mroskos Kopf: Sag halt einfach, ich weiß, ich entschuldige mich auch dafür. Aber die Stimme wurde von einem wütenden Pochen überdröhnt.

»Und was erlauben Sie sich dann? Ich arbeite seit sieben Jahren für den VfL, ich reiße mir den Arsch auf für den Verein, und dann wird einfach mein Schreibtisch leer geräumt, wenn ich nicht da bin. Wenn Sie ein Problem mit mir haben, sagen Sie es doch.«

»Das Problem ist ganz einfach: Eindeutige Quellen sagen mir, dass Sie Geschäfte mit Spielerberatern machen.«

»Holen Sie Wojtowicz hoch!«

»Wojtowicz? Was ist mit Wojtowicz?«

»Von wem soll die Anschuldigung denn sonst kommen? Holen Sie ihn hoch!«

Weder Mrosko noch Hoeneß schienen bemerkt zu haben, dass sie aufgesprungen waren. »Lars, Lars, beruhig dich«, glaubte Mrosko Jochen Sauer neben sich zu hören und schob ihn mit einer Handbewegung weg.

»Wie Sie sich hier benehmen, ist unerträglich!«, rief Dieter Hoeneß. »Ihre Eltern hätten Ihnen mal ordentliches Benehmen beibringen sollen.«

Etwas riss, etwas knackte. »Meine Eltern? Was ist mit meinen Eltern?«

»Die hätten Ihnen wenigstens mal den Anschein von Manieren beibringen können.« Vor Erregung schob Dieter Hoeneß seinen Oberkörper über den Schreibtisch hinweg. Hoeneß' Kopf kam Mrosko immer näher.

»Nehmen Sie Ihren Kopf weg! Und reden Sie ruhig mit mir!«

Hoeneß schlug auf den Tisch. »Was erlauben Sie sich hier!«

Mrosko sah nur noch den Kopf, der immer riesiger zu werden schien, der sein ganzes Blickfeld einnahm, wie eine Zielscheibe, die er wegschlagen sollte.

»Nimm deinen Kopf weg!«

Stumm vor Erstaunen blickte ihn Dieter Hoeneß an. Plötzlich war es ruhig. Die abrupte Stille vergegenwärtigte ihnen, was gerade passiert war, und das Erstaunen über sich selbst machte es unmöglich, wieder loszubrüllen.

»Ich glaube, das Tischtuch ist ein bisschen zerschnitten«, sagte Mrosko und drehte sich um. »Auf Wiedersehen.«

Vor der Tür meinte er zu sehen, wie ihn Dagmar erstaunt ansah. Hinter ihm erschien Dieter Hoeneß' mächtige Figur im Türrahmen. »Wo wollen Sie denn jetzt hin?«

»Nach Hause«, sagte Mrosko.

Dieter Hoeneß fühlte die Konfrontation noch lange in sich nachbeben. Er besprach mit Jochen Sauer, was da gerade passiert war, so etwas hatte er in all den Jahren im Profifußball noch nicht erlebt. Was war eigentlich der Anlass gewesen, welchen Grund hatte Mrosko gehabt, so auszurasten – wollte der seine Kündigung provozieren? Das schien ihnen der einzige denkbare Grund. So benahm man sich doch nicht gegenüber einem Chef.

Jahre später fragt Dieter Hoeneß neugierig nach, ob das der Grund war: Ob Mrosko einen anderen Posten in Aussicht hatte und seine fristlose Kündigung erzwingen wollte. Als Hoeneß hört, dass dies absolut nicht der Fall war, dass Mrosko, im Gegenteil, unter dem subjektiven Gefühl litt, er solle brüsk zur Seite geschoben werden, denkt Hoeneß einen Moment lang nach. Aber wenn man als Angestellter den Eindruck habe, der Chef beäuge einen kritisch, da müsse man doch einfach mal still seinen Job machen, sagt er.

Hoeneß kann sich nicht erinnern, dass er Mrosko vorgeworfen hatte, Geschäfte mit Spielerberatern zu machen. Er klingt aufrichtig, wenn er sagt, er könne sich – anders als Mrosko – nicht mehr an die Details des Gesprächs erinnern. Er hat im Fußball Tausende Gespräche geführt. Aber klar, wenn man sich in der Hitze so eines Gesprächs attackiert fühlt, dann haut man beim Gegenangriff schon mal emotional etwas Unfaires raus. »Ich habe mich auch gefragt: Habe ich irgendwie bei ihm einen Nerv getroffen?«, sagt Hoeneß, und als er hört, was für Erinnerungen an die Kindheit bei Mrosko der vermeintlich einfache Satz auslöste, »Ihre Eltern hätten Ihnen mal ordentliches Benehmen beibringen sollen!«, versteht Hoeneß Jahre später ein wenig besser, was passiert war.

Von zu Hause in Neukölln telefonierte Mrosko mit Uli Mohr, mit Lorenz-Günther Köstner, mit Schatzschneider. Er musste sich die Aufregung aus dem Leib reden.

Uli Mohr versuchte, seine Enttäuschung vor Mrosko zu verbergen. Er hatte sich für ihn bei Hoeneß eingesetzt, er hatte ihm das zweite Gespräch, eine zweite Chance ermöglicht, nur damit Mrosko dann alles noch schlimmer machte. Er war so weit, Mrosko fallen zu lassen. Erst als Wochen vergangen waren, arrangierte er sich mit dem Gedanken: Das war der Lars, dessen Direktheit er schätzte. Dann musste er wohl auch die negative Seite der Direktheit ertragen.

Lorenz-Günther Köstner, der nach dem halben Jahr als Bundesligatrainer wieder klaglos als Reservetrainer zurück ins Glied trat, dachte nach: »So, wie er bei Hoeneß ausgeflippt ist, benimmt man sich nur, wenn man gedemütigt wurde. Er ist gedemütigt worden.«

Dieter Schatzschneider fand es nicht schlecht, wie der Lars da ausgeteilt hatte, allerdings ärgerte er sich mehr darüber, dass der Lars da so die Contenance verloren hatte. »Ein kleines bisschen Geduld hätte ich dem Lars so sehr gegönnt. Da räumt einer deinen Schreibtisch leer, ja, in den Konflikt würde ich doch immer gehen, vor allem mit der Power, die der Lars hat. Er hätte die Kraft gehabt, den Kampf um seinen Posten mit Ausdauer und Hartnäckigkeit durchzustehen. Aber so hatte er alles hingeschmissen.«

Per Stiller Post verbreitete sich die Geschichte innerhalb von Tagen in der Branche. Mrosko habe Kopf an Kopf mit Hoeneß gestanden! Manchmal war Mrosko in diesen Geschichten ein Held, der kleine Mann, der gegen den mächtigen Manager aufbegehrte. In anderen Versionen der Geschichte war er töricht, derart unbedacht seinen wunderbaren Job aufs Spiel zu setzen. Er selbst schwankte zwischen beiden Meinungen über sich selbst.

Die eigentliche Ursache des Streits ging, wie so oft, in der ganzen Aufregung unter. War sein Schreibtisch nun leer geräumt worden, um ihm brutal zu demonstrieren, du bist hier nicht mehr gewollt? Oder sollte er ganz banal nach Rudi Wojtowiczs Plänen im Büro Platz machen, war alles eine schlichte Frage der Logistik und mangelnden Kommunikation gewesen? Und warum sollte er so oder so aus dem Büro weichen? Schätzten die neuen Bosse seine Arbeit nicht? Oder stand er gar tatsächlich unter dem falschen Verdacht, krumme Geschäfte mit Spielerberatern zu machen?

Niemand suchte noch nach der Antwort, auch Mrosko selbst nicht. Er hatte sich mit Dieter Hoeneß angelegt, das schien alles, was noch zählte, was hängen blieb.

Aus Wolfsburg hörte Mrosko nichts. Es kam keine fristlose Kündigung, keine Abmahnung, natürlich auch kein Versöhnungsanruf. »Dann gehst du einfach wieder hin: ›Hier bin ich, was soll ich arbeiten?‹«, sagte Schatzschneider, »du hast doch die Power.« Aber dieses eine Mal irrte sich Schatzschneider. Mrosko spürte die Kraft nicht mehr. Er ließ sich wegen Erschöpfung drei Monate krankschreiben und musste dem Arzt die Mattigkeit nicht einmal vorspielen. Er beauftragte Christian Pothe, den er vor acht Jahren als Vizepräsidenten des FC St. Pauli kennengelernt hatte, die Auflösung des Vertrags beim VfL Wolfsburg auszuhandeln.

Die Kisten mit seinen Unterlagen standen – von unsichtbarer Hand ordentlich gepackt – noch immer neben dem leer geräumten Schreibtisch in der Volkswagen Arena. Aber Mrosko kehrte nie mehr nach Wolfsburg zurück, um sie abzuholen.

19

Duell mit einem alten Gartenschlauch

Dann würde er eben zu Hannover 96 wechseln. So einfach war das. Sein Kumpel Dieter Schatzschneider drängte ihn dazu, sich zu bewerben, so einen wie Mrosko wollte er doch bei 96 sehen. Zudem kannte Mrosko Hannovers Trainer gut, Mirko Slomka hatte ihm einst bei Tennis Borussia den Weg in den Berufsfußball geebnet. »Stell dir vor, Dieter«, sagte Mrosko am Telefon zu Schatzschneider, »im Vorstellungsgespräch sage ich direkt zu eurem Präsidenten: ›Herr Kind, Sie haben Glück. Sie stellen soeben den besten Scout Deutschlands ein.‹« War natürlich ein Witz, bloß Schatzschneider war sich da nicht so sicher. Oh Gott, oh Gott, dachte er: Der Lars brachte es tatsächlich fertig, so etwas zu sagen.

Aber so einfach war es nicht.

Mirko Slomka ging nicht ans Telefon und antwortete nicht auf Mroskos SMS-Nachrichten. Präsident Martin Kind schrieb Mrosko nach dessen Bewerbung per E-Mail zurück, vielen Dank, Herr Schatzschneider habe ihm Mroskos Einstellung bereits enthusiastisch nahegelegt. Im Moment habe er jedoch keinen Bedarf.

Aufgewühlt dachte Mrosko nach, warum ihn Slomka ignorierte. Er verstand es nicht, damals hatte ihm der Trainer rührend geholfen, ohne Slomka wäre er nun vielleicht Türsteher oder Schlimmeres in Neukölln. Immer mal wieder hatte er Slomka in den vergangenen Jahren eine Nachricht geschrieben, ihm zu Siegen oder einem neuen

Job in der Bundesliga gratuliert. Nie erhielt er eine Antwort. Auch an diesem Buch wollte Slomka nicht mitwirken. Einen Grund nannte er nicht. Bekannte, die mit Mirko Slomka im Profifußball zusammenarbeiteten, sagten, es sei gewiss nichts Persönliches. Slomka, der in seinen Anfangsjahren als Trainer gerade auch durch seinen sozialen Umgang bestach, versuche seit seinem Aufstieg in die Bundesliga diejenigen auszublenden, von denen er sich keinen Nutzen für das eigene Fortkommen verspreche. Manche, die es gut mit Slomka meinten, verteidigten ihn, ein Bundesligatrainer müsse so sein, die Menschen links und rechts ignorieren, denn zu viele würden an ihm zerren, zu viele wollten etwas von ihm. Andere fanden, im Erfolg zeige sich der wahre Charakter.

Die Zurückweisung würde ihn nicht treffen, entschied Mrosko. Dann würde er eben nicht zu Hannover 96 wechseln. So einfach war das. Doch je länger Mrosko bei seinen Kontakten in der Bundesliga herumtelefonierte, desto deutlicher wurde ihm, dass er auf die Schnelle auch keinen anderen Posten finden würde. Ja und, dann würde er halt mal ein paar Monate warten, mit der Abfindung aus Wolfsburg ließe sich das doch überstehen, sagte ihm Schatzschneider. Er meinte es aufmunternd. Mrosko jedoch hatte keine Lust zu warten, hatte noch nie Lust gehabt zu warten, das machte ihn schon wieder müde, all das Anbieten, Anbiedern.

Die Freunde und Kollegen wollten immer wieder seine Dieter-Hoeneß-Geschichte hören, er konnte sie vorzeigen wie eine Trophäe, ich stand Kopf an Kopf mit Dieter Hoeneß, und wenn er fertig erzählt hatte, fand er stets Trost. Mann, Respekt! Aber nach diesen Gesprächen war er wieder allein. Und er fragte sich, was er getan hatte, was er durch seine Konfrontation mit Hoeneß zerstört hatte. Was, wenn er nie mehr einen Job im Scouting bekommen würde?

Er spürte eine Sehnsucht, einfach hinzuschmeißen. Das Verlangen suchte ihn in schwierigen Phasen oft heim. Hinzuwerfen wäre doch auch eine Art, es den Arschgeigen zu zeigen: Ihr wollt mich nicht mehr – ja und, ich will euch auch nicht mehr! Er überlegte, welchen Beruf er dann ergreifen könnte, und kreiste schon bald nur noch um einen. Spielerberater!

»Na ja«, dachte Peter Hyballa, überrumpelt von der Idee, am Telefon laut nach: »Du kennst dich in der Branche aus, hast viele Kontakte, auch im Ausland, und du kannst quatschen. Du hättest schon viele Fähigkeiten eines Spielerberaters.«

»Nun«, sagte ihm sein Trauzeuge Uwe Vester am Telefon, »wenn es einer schafft, als Spielerberater einzusteigen, dann du. Du hast die fachliche Qualität, Fußballer einzuschätzen, und die Kämpfermentalität, dich durchzusetzen.«

Das gedehnte »Na ja« und das »Nun« überhörte Mrosko. Peter und Uwe rieten ihm also auch dazu, es als Spielerberater zu versuchen.

»Bremsen ist bei Lars schwierig«, sagt Hyballa.

Mrosko telefonierte weiter vom grauen Wohnzimmersofa aus, Sandra war tagsüber in der Arbeit. Wenn er das Fenster kippte, konnte er die Vögel hören in Neukölln. War schön, endlich mal zu Hause zu sein, sagte Mrosko am Telefon, weil er dachte, das sagte man so, aber was ihn nervte, was er nicht gedacht hätte, war, dass der Rücken und der Fuß immer noch schmerzten, obwohl er nicht mehr unterwegs war.

Also, wenn er ernsthaft daran denke, sich als Spielerberater selbstständig zu machen, sagte ihm Wolfgang Damm, der Nachwuchsscout von Hertha BSC, dann müssten sie sich treffen. Er habe da eine Idee.

Also, wenn sich ein Fachmann wie er unter die Spielerberater begebe, sei er bereit, ihm mit einem Privatkredit die Anschubfinanzierung zu gewährleisten, sagte ihm ein Bekannter aus Wolfsburg, der bei VW auf der ganz hohen Managerebene gearbeitet hatte. Seinen Namen würde er nie nennen, versprach Mrosko dem Manager, und was er versprach, musste er halten, das war das Wichtigste.

Abends kam Sandra von der Arbeit nach Hause. In einer Firma, die Fliesen aus Marmorimitat vertrieb, war sie zur Geschäftsführerin aufgestiegen. Also ehrlich, sagte sie am Esstisch, direkt unter einem der hohen Fenster, sie sehe ihn nicht als Berater, als Selbstständigen, und schon gar nicht würde sie sich an seiner Stelle mit geliehenem Geld in solch ein Abenteuer stürzen. Sandra dachte daran, dass Lars dann ein Budget verwalten müsste, eventuell Mitarbeiter anstellen würde, sich um Versicherungen, Steuern, Rechnungen zu kümmern hätte. Mrosko dachte daran, wie er den einen Jugendspieler finden und aufbauen würde, der richtig durchstartete. Er dachte an den einen Profivertrag, der ihm mit einem Schlag 250 000 oder 300 000 Euro Provision einbringen würde.

An den Deal denken alle, wenn von Spielerberatern die Rede ist. Alle paar Monate wieder erschien in den großen Zeitschriften vom *Stern* bis *Spiegel* ein Bericht über »die Spielerberater«. Die Botschaft war stets dieselbe, vorgetragen in einer Mischung aus Faszination und Misstrauen: Spielerberater waren »mächtig, ja gefürchtet«, »die heimlichen Regenten des Fußballs«, »die Schatten der Stars«, und zwischen diesen Schlagwörtern wurden die immer gleichen Beispiele erzählt, von Volker Struth, der allein bei der Großmutter in Armut aufgewachsen und als Berater von Toni Kroos sowie Mario Götze zum Multimillionär aufgestiegen war, von Jörg Neubauer, der als letzter Pressesprecher des DDR-Fußballverbandes nach dem Mauerfall den Ausverkauf der DDR-Idole in den Westen aus nächster Nähe betrachtete und irgendwann dachte, das kann ich auch. Spielerberater, lautete der Tenor, verdienten in einer Grauzone des Spiels unfassbar viel Geld.

Rund 100 Millionen Euro an Provision zahlen die Bundesligisten jedes Jahr den Beratern. Davon müsste man sich doch nur 0,25 Prozent sichern, um stattlich zu leben. 481 deutsche Firmen zur Spielerberatung sind allein beim Weltverband FIFA registriert. In den drei deutschen Profiligen gibt es rund 1400 Stellen für Fußballer. Das heißt, auf jeden dritten Profispieler kommt ein Berater. Das bedeutet vor allem, dass ein Großteil der fast 500 Agenturen nicht einmal drei Profispieler findet, die sie vertreten können. Von den 481 Firmen werden jedes Jahr wieder 300 bis 400 weniger als 10 000 Euro verdienen. Manche gar nichts.

Mrosko traf sich mit Wolfgang Damm, dem Hertha-Scout, der eine Idee hatte. Die Haare mit Mitte 50 vom ersten Grau ergriffen, strahlte Damm eine gepflegte Sachlichkeit aus. Er hatte für die Arbeit bei Hertha nie seinen ersten Beruf aufgegeben. Er war Gerichtsvollzieher. Tagsüber sperrte er in Berlin-Friedrichshain säumigen Kunden das Gas oder den Strom, er ließ von einem Schlosser Wohnungen aufbrechen, für die seit Monaten nicht mehr die Miete bezahlt worden war, und wusste nicht, was er dort vorfinden würde, manchmal eine verwahrloste Küche, manchmal die verwesende Leiche einer Rentnerin. Im Angesicht des täglichen menschlichen Dramas blieb er höflich, ruhig, korrekt. Abends, im Nebenjob, hatte er die

Brüder Boateng, Patrick Ebert oder Ashkan Dejagah für Hertha als Kinder gesichtet, teilweise auch trainiert. Wie wäre es, sagte Damm zu Mrosko, wenn sein Sohn Alexander mit ihm in die Berateragentur einsteige. Mrosko verstand: Papa Damm könnte ihnen dann talentierte Hertha-Jugendspieler empfehlen. Was war schon schlimm daran, falls Damm vielleicht auch mal die Talente auf ihre Agentur aufmerksam machte, es würde doch nur zum Wohle der Jungs sein, bei ihm würden sie top betreut. Er würde anders als die anderen Berater sein, nicht nur ans Geld denken, ans Verkaufen der Jungs, sondern an die Jungs selber. Alle Spielerberater hatten zu Beginn ihrer Laufbahn den Vorsatz, anders als die anderen zu sein.

Auch Sandra fand Wolfgang Damm angenehm, ruhig, ernsthaft, mit ihm ließ sich sicher seriös arbeiten. Aber was sollte das, seinen Sohn in die Agentur vorzuschicken, der Sohn war Versicherungsmakler, kein Fußballexperte.

Sie solle doch erst mal abwarten, sagte Lars, wahrscheinlich würde Papa Damm doch irgendwann selbst einsteigen, aber in der Gründungsphase der Agentur brauchte er erst einmal Spieler, da konnte ihm Damm als heimlicher Tippgeber bei Hertha mehr helfen.

Sandra wollte nur, dass er alles wirklich gut durchdachte. Mrosko wollte nichts mehr hören. Seine Euphorie trug ihn in Gedanken weit voraus: Mann, wenn er da richtig durchstarten würde, wie er es dann den ganzen Arschgeigen zeigen würde.

Wer die Arschgeigen genau waren, konnte er nicht sagen: Halt all die, die in der Bundesliga an ihm zweifelten, die ihn nach dem bitteren Ende in Wolfsburg nicht angestellt hatten. Die Arschgeige musste auch niemand Konkretes sein. Es half Mrosko schon, ein abstraktes Feindbild zu haben; das Gefühl, da draußen waren welche, an denen er sich abarbeiten konnte, denen er es zeigen konnte.

Er gründete mit Wolfgang Damms Sohn Alexander im Oktober 2010 die Firma Damm & Mrosko. Er hätte nicht gedacht, dass das so ein Akt war, Finanzamt, Gewerbeamt, er wollte doch nur Fußballspieler entdecken, Fußballspieler vermitteln. Sie bräuchten zudem eine echte Geschäftsadresse, riet ihm Papa Damm: Gute Adressen könne man heutzutage auch kaufen. Für 300 Euro im Monat mietete Mrosko ein virtuelles Büro. Er erhielt eine Adresse in der Nähe des Kurfürstendamms inklusive prestigeträchtiger Postleitzahl, 10709.

Die Post wurde umgehend an ihn weitergeleitet, ebenso die Anrufe auf sein virtuelles Bürotelefon, eine Sekretärin stellte freundlich auf sein Handy durch.

Uli Mohr rief die Büronummer an, er dachte doch, das sei ein echtes Büro, »Mann, Lars, das kostet doch alles Geld!«, rief er, als er das System verstand.

Wenn er eine Agentur aufmache, dann richtig, beschied ihm Mrosko. Sein Bekannter aus Wolfsburg hatte Wort gehalten und ihm mit einem Darlehen ausgeholfen, das Startkapital sollte bei solider Buchführung die ersten zwei Jahre finanzieren. Jetzt brauchte er nur noch Spieler.

Er würde keine Fußballer von anderen Beratern abwerben, er wollte anders als die anderen Berater sein. Er hatte Glück, zwei Spieler aus Hyballas Wolfsburger B-Jugend hatten bislang bewusst auf einen Berater verzichtet. Das war im Jahr 2010 eine Rarität, die Normalität sah so aus, dass die 481 Beraterfirmen schon um die 15-Jährigen buhlten, um wenigstens irgendwelche Jungs unter Vertrag zu haben, die vielleicht einmal Profi werden würden. Doch Daniel Reiche und Sergej Evljuskin sahen es als Zeichen von Selbstständigkeit, ohne Berater, allenfalls mit elterlichem Rat, auszukommen. Aus Selbstlosigkeit wurden Reiche und Evljuskin Mroskos erste Klienten: Eigentlich brauchten sie keinen Berater, aber wenn er das machte, dann war das natürlich etwas anderes, dann könne er sich gerne um Verein und Vertrag kümmern, wenn es denn einmal nötig sein sollte.

Mit 22 hatten Reiche und Evljuskin gerade ihre ersten Verträge im Profifußball unterschrieben, beim MSV Duisburg in der zweiten, beziehungsweise bei Hansa Rostock in der dritten Liga. Frühestens in sieben, acht Monaten, vor der nächsten Saison, würden die zwei Mrosko Arbeit bereiten. In der Zwischenzeit baute er die Agentur weiter professionell aus, wie er das nannte: Er kaufte sich einen gebrauchten Audi Q7 als Dienstfahrzeug. Er kaufte sich eine Chopard-Uhr, er bekam sie über einen Freund günstiger. Ein paar Schuhe waren auch noch drin. Wenn er eine Agentur aufmachte, dann musste er es richtig machen, er musste was darstellen bei den Jungs.

»Das glaubst du jetzt selbst nicht, dass du eine Chopard-Uhr brauchst, um Spieler anzuwerben«, sagte Sandra. »Und du glaubst auch nicht, dass ich dir das abnehme. So blond bin ich auch nicht mehr.«

Innerlich ohnmächtig, ging sie ihre Möglichkeiten durch: Sie konnte, wie schon zu oft bei den Schuhen, gegen seinen Kaufrausch ankämpfen, oder sie konnte versuchen, davon nicht mehr ganz so viel mitzukriegen. Die eine Option war so wirkungslos wie die andere.

»Du hast im Berufsfußball solche Gehaltsschwankungen, die einen können sich 17 Autos kaufen, die anderen sitzen in einer Einzimmerwohnung in Fallersleben, das Thema wurde für ihn belastend«, beobachtete Peter Hyballa. »Die Krux ist, er hatte mit Daniel Reiche und Sergej Evljuskin Spieler, die ein Gespräch viel mehr interessierte als ein Auto. Aber er wollte endlich in diese 17-Autos-Klasse, er wollte die Anerkennung, die den Stars des Spiels zusteht, und weil er sie nicht kriegte, versuchte er, sie zu kaufen.«

Zehn Jahre lang hatte er mitgeholfen, dass andere im Profifußball reich wurden, jetzt wollte er sich einfach auch mal was gönnen, sagte sich Mrosko. Wenn er erst mal den ersten richtigen Deal gemacht hatte, würde das Geld ja wieder reinkommen.

Wolfgang Damm empfahl ihn tatsächlich bei den Hertha-Talenten, da war doch auch nichts Ehrenrühriges dabei, oder? Papa Damm erklärte ihnen doch nur, wie wichtig ein kompetenter Berater im modernen Spiel war, der richtige Berater öffnete ihnen mit seinen Kontakten die Türen, er kannte da auch einen, Lars Mrosko, war mal Scout, bei Bayern, bei Wolfsburg, der kam aus der Branche, ein Mann des Fußballs, der hatte Ahnung und ein grandioses Telefonbuch. Papa Damm zwang sie doch nicht, sich Damm & Mrosko anzuschließen, sie trafen sich zu einem unverbindlichen Gespräch mit Mrosko, und dann entschieden sie selbst, ob er sie vertreten sollte. Mrosko bestellte die Jugendfußballer gerne ins *Sixties Diner* am Mariendorfer Damm in Neukölln, rote Kunstlederbänke, Marilyn-Monroe-Graffiti an der Wand, riesige Hamburger mit Pommes, das mochten die Jungs. Zwei Hertha-Spieler, zu denen Papa Damm den Kontakt hergestellt hatte, schlossen sich Mroskos Agentur an, der A-Jugendtorwart Philip Sprint und Lennart Hartmann. 2008 hatte Hartmann mit 17 als jüngster Hertha-Spieler der Vereinsgeschichte in der Bundesliga debütiert, zwei Jahre später kämpfte er im Reserveteam um eine zweite Chance. »Eine Sache kann ich nicht leisten«, sagte Mrosko in jedem Kennenlernengespräch im *Diner*, gerne gegen Ende, wenn die Jungs schon ein wenig Zutrauen gefasst hatten. »Ich kann keine Versprechungen machen.« Er war halt anders als die anderen Berater, fand er.

Er arbeitete vom Küchentisch aus, im Auto, im *Diner*, am Rand des Jugendspiels von Hertha Zehlendorf, das meiste war telefonieren, und auch wenn es eine extrem unregelmäßige Arbeit, ohne festen Stundenplan, war, so gab der neue Job Mrosko doch zum ersten Mal seit Jahren wieder einen Fixpunkt in der Woche: Jeden Freitag trat er mit den Senioren von Union Südost an, Spielklasse über 32 Jahre. Als Spielerberater hielt er sich vornehmlich in Berlin auf, das war das Gute. Mit Union Südost kegelten sie im Berliner Seniorenpokal Teams aus höheren Spielklassen raus, das war eine Freude, wie als Kind beim Fußball, wie als der VfL Wolfsburg Meister wurde, irgendwie intensiver sogar, sie waren eine richtige Truppe bei Union Südost, nach der Schlacht saßen sie im Vereinsheim zusammen und träumten vom Pokalfinale, es spielte keine Rolle, dass es Seniorenfußball war, das Wort behielt seine Magie: Pokalfinale. Ab dem Viertelfinale ging Mrosko die Seniorengegner scouten.

Das Telefon klingelte, war ja auch irritierend, wenn es mal eine Stunde nicht klingelte. Diego war dran.

Gökhan Diego, sein Maradona, lebte Ende 2010 in Iserlohn. Er war vor dem eigenen Leben geflüchtet. Neun Jahre nachdem ihn Mrosko bei Bayern München vorgestellt hatte, war Diego im Sommer 2010 bei Germania Halberstadt gelandet, Regionalliga, eine Kleinstadt in Sachsen-Anhalt. Der Präsident hatte ihm zum Fußball einen Ausbildungsplatz versprochen, Diego war 27, zehn Jahre Tingeln lagen hinter ihm, zweite türkische Liga, fünfte deutsche Liga, entnervtes Hinschmeißen und wieder anfangen, er musste realistisch sein und etwas lernen, lange würde ihn das Fußballspiel nicht mehr tragen. Ach, sagte der Präsident, als Diego in Halberstadt ankam, er habe gedacht, Diego sei 21. Mit 27 sei eine Ausbildung natürlich eine schwierige Sache. Aber er konnte ihm einen Platz in einer Fabrik beschaffen.

Die Fabrik produzierte Etiketten, Papieretiketten für Cola-Flaschen, Klebeetiketten für Briefe. Diego stand den ganzen Tag an einem Tisch, klebte die mit Etiketten gefüllten Kartons zu und zog weiße Plastiktrageschnüre herum. Er dachte an seine Eltern. Sein Vater hatte als Spüler bei der französischen Armee in Berlin angefangen, er hatte sich hochgearbeitet, zum Kellner, zum Koch, und als die französischen Soldaten Berlin nach der Wiedervereinigung verließen, stand der Vater einfach auf der Straße. Das Arbeitsamt schickte ihn zum Gartendienst der Stadt. Er fegte Blätter von den Bürgersteigen. Die Mutter hatte bei Siemens gearbeitet, durch ein Mikroskop geschaut, den ganzen Tag, und dabei Teilchen mit der Pinzette in Chips eingesetzt, 26 Jahre lang, danach waren die Augen schwach.

Die Eltern hatten sich nie über ihre Arbeit beklagt. Diego wollte es ihnen recht machen, er wollte auch nicht über die Kartons jammern, die er zuklebte, den ganzen Tag lang. Doch unweigerlich musste er daran denken, dass er das Abitur gemacht hatte, vor zehn Jahren. Damals hatte er sich vorgestellt, welche Freude er den Eltern einmal mit seinem Fortkommen bereiten würde.

Für das Trainingslager von Germania Halberstadt bekam er frei vom Kartonverschließen. Ihr Trainer, Andreas Petersen, war gerade ein bisschen berühmt. Bayern München stand kurz davor, seinen Sohn Nils Petersen von Energie Cottbus anzuwerben, aus der zweiten Liga zu Bayern, das gab es eigentlich nicht mehr. Der Vater, Andreas Petersen, ließ seine Mannschaft im Trainingslager bei drei Einheiten am Tag zweimal laufen. Müde lagen sie in einem Testspiel gegen einen Sechstligisten zur Halbzeit 0:3 zurück. »Wenn ihr das Spiel nicht dreht, gehen wir heute Abend um zehn noch mal laufen«, drohte der Trainer. Halberstadt verlor 1:6.

Um 22 Uhr standen sie wieder auf dem Trainingsplatz, Sprints, 15-mal 50 Meter, 20-mal 25 Meter, dann drei Runden mit einem Medizinball unter dem Arm, zwei Runden mit zwei Medizinbällen. »Was machst du hier?«, fragte sich Diego und versuchte, die Frage ganz rational zu beantworten: »Du läufst mit Medizinbällen.« Aber die Gedanken hörten damit nicht auf. »Du klebst hier Etikettenkartons zu. Du spielst hier wieder Fußball für ein Geld, das nicht zum Leben reicht, in der Hoffnung, es könnte noch mal was werden mit dem Fußball, obwohl du weißt, dass diese Hoffnung nicht besteht. Hör doch einfach auf. Sag doch einfach: Ich höre auf.«

Nach dem Trainingslager sagte er es Herrn Petersen, übrigens ein netter, verständnisvoller Mann. Aber aufzuhören war nur eine kurze Erleichterung. Diego brachte es nicht fertig, nach Hause zu gehen und schon wieder, wie oft eigentlich schon, nach einem gescheiterten Fußballengagement in seinem Kinderzimmer zu sitzen. Er hatte einen Kumpel in Iserlohn, Ömer Durgun, mit dem hatte er vor zehn Jahren in der türkischen Jugendnationalelf zusammen gespielt. Er zog einfach hin.

Ömer, stellte sich heraus, wohnte gar nicht in Iserlohn, sondern in einem Dorf bei Iserlohn namens Klettenberg. Er war verheiratet, er arbeitete. Diego mietete sich eine Wohnung in Klettenberg, erst dann merkte er, dass Ömer nicht so viel Zeit für ihn hatte, was hatte er gedacht, rügte sich Diego selbst, dass sie wieder 18 sein würden?

Er hatte noch nie auf dem Dorf gelebt. Ab 17 Uhr waren die Straßen menschenleer. Er wusste nicht, was man ab 17 Uhr zu Hause sollte, allein. Er spielte Fußball für Iserlohn, wieder ambitionierter Amateurfußball, wieder 1500 Euro, zu viel zum Sterben, zu wenig zum Leben, er tat alles, was er nicht mehr hatte machen wollen. Damit er etwas zu tun hatte, zählte er auf dem Weg von Klettenberg zum Training in Iserlohn die Kurven, 102 Kurven auf 40 Kilometer.

»Hör mal«, sagte Diego aus Iserlohn am Telefon zu Mrosko, »ich hätte vielleicht eine Sache für dich.«

Zwei Tage später, bis Weihnachten 2010 war es nicht mehr weit, saßen Mrosko und Diego in Ankara im Vorzimmer einer enormen Mehlfabrik und warteten, dass der 75-jährige Mehlfabrikant seine Mittagsmassage beendete.

Diego hatte den Kontakt zu seinen Mitspielern aus dem Berliner Fußball immer gewahrt, am Ende war es das, was ihm blieb, diese Vertrautheit im Fußball, das Gefühl, noch immer irgendwie dazuzugehören zu dieser Welt, und sei es nur durch eine Telefonverbindung. In eben einem dieser Telefongespräche hatte ihm Bilal Çubukçu verzweifelt erzählt, wie er in Ankara gestrandet war. Rot-Weiß Neukölln und Tennis Borussia hießen die Vereine in Bilals Jugend, seine Profikarriere war ein Beispiel für so viele türkischstämmige Berliner Talente: den Sprung in die Bundesliga bei Hertha angedeutet, aber nicht gleich geschafft, und dann überstürzt in die türkische Liga gewechselt. Ende 2010 wurde Bilal bei Ankaras Erstligaklub Gençlerbirliği seit Monaten nicht mehr eingesetzt, das Gehalt blieb schon ähnlich lange aus. Er wolle einfach zurück, sagte Bilal am Telefon. »Ich glaube«, antwortete ihm Diego, »ich habe da jemanden, der dir helfen kann.«

Bilal hatte sie vom Flughafen abgeholt. Seitdem ließ der Präsident von Gençlerbirliği sie bereits 45 Minuten bei der Sekretärin in seiner Mehlfabrik warten. Bilal war anzusehen, wie es ihm ging. Die Augen wirkten weit aufgerissen in dem fahlen Gesicht, die tiefen Geheimratsecken im militärisch kurz geschorenen Haar ließen das Gesicht noch schmaler aussehen. »Ich hätte damals von Hertha zu Kaiserslautern wechseln können«, sagte Bilal zu ihnen, und die ganze Verzweiflung lag in dem Konjunktiv: Wie konnte ich stattdessen nur hierherkommen?

»Wir boxen dich da schon raus«, sagte Mrosko. Die Sekretärin des Mehlfabrikanten, Frau Gürcü, lächelte, als ob sie Mroskos Zuversicht teilte. Tatsächlich verstand sie nichts von ihrem Gespräch auf Deutsch, nur die Gesten Mroskos gefielen ihr.

»Sie sagt, sie findet dich süß«, übersetzte Diego.

»Diego, das ist keine Zeit für Witze!«

»Aber ich verarsch dich doch gar nicht. Sie hat es mir gesagt.«

»Ernsthaft?« Das Warten war gar nicht so schlimm.

Nach gut einer Stunde klingelte das Telefon von Frau Gürcü. Die Mittagsmassage war beendet. Ilhan Cavcav erwies ihnen die Ehre, einzutreten.

Sie stiegen ein Stockwerk höher. Ilhan Cavcav hieß sie mit einer ausladenden Handbewegung willkommen. Ein Walross-Schnauzer schien seine Lippen nach unten zu biegen. Seit 32 Jahren war er Präsident von Gençlerbirliği. Es gab keinen Zweifel, was die ewige Amtszeit bedeutete: *Le club de football, c'est moi.*

Sie hatten sich für den Präsidenten fein gemacht. Mrosko trug ein schwarzes Sakko zur Jeans. An der Hand die Chopard-Uhr. Diego trug seine schwarze Stoffhose zum weißen Hemd, darüber einen knielangen dunklen Mantel. Cavcav blies ihnen den Rauch seiner Zigarre entgegen. Drei Schritte hinter seinem Schreibtisch standen, unbeweglich, zwei Wachmänner. Aus den Augenwinkeln registrierte Mrosko, dass sie Pistolen am Gürtel trugen.

»So«, wandte sich Mrosko an Diego, »jetzt sag dem alten Gartenschlauch mal, dass wir lange genug gewartet haben: Bilal wurde seit

Monaten nicht bezahlt. Wir wollen das Geld. Sofort! Und dann die Freigabe.«

»Was sagt er?«, fragte Cavcav Diego höflich. Diego sah die zwei Wachmänner an und versuchte, sich etwas auszudenken. »Wir sind zu Ihnen gekommen, um über Bilals Situation zu sprechen, die für alle unbefriedigend ist.«

»Bilal Çubukçus Situation ist eindeutig: Er hat hier keine Leistung gebracht.« Ein Husten unterbrach Cavcavs Worte.

»Sag der alten Gießkanne, er soll uns die Freigabe geben, bevor er noch an seiner Zigarre erstickt.«

Er durfte nicht rot werden, befahl sich Diego und sah, wie Bilal bei Mroskos Sprüchen noch weißer zu werden schien.

»Vielleicht wäre es dann das Beste für alle, wenn wir einen Schlussstrich ziehen«, übersetzte Diego: »Sie zahlen Bilal das ausstehende Gehalt, und wir lösen den Vertrag auf.«

»Er soll auf sein Geld verzichten, denn er hat nichts geleistet. Und er bleibt hier, um jetzt endlich Leistung zu bringen.«

Ein erneuter Hustenreiz brachte Cavcavs Brust zum Beben.

»Hey, nicht, dass er noch auf mich kotzt!«

»Wir sollten eine Lösung finden, bei der sowohl der Klub als auch wir unser Gesicht wahren«, übersetzte Diego.

Eine Viertelstunde, vielleicht auch eine halbe Stunde verstrich, in der beide Parteien ihre Forderungen wiederholten – Geld und Freigabe! Kein Geld und keine Freigabe! –, dann sagte Mrosko: »So, wenn er uns jetzt nicht entgegenkommt, nehmen wir heute den Rückflug, Bilal kommt mit uns nach Berlin, und wir zeigen Gençlerbirliği bei der FIFA an.«

»Wir sollten uns wirklich einigen, ohne dass Ihr Klub einen Schaden nimmt. Unser Flug geht ja auch bald«, übersetzte Diego. Er glaubte, loslachen zu müssen. Nicht weil er irgendetwas komisch gefunden hätte, sondern weil er vor Anspannung zu platzen drohte.

Der Präsident nahm die Einlassung mit einem freundlichen Lächeln hin. »Es ist nicht schwer, sich zu einigen. Er verzichtet auf das Gehalt der letzten Monate wegen nicht erbrachter Leistung, und wir geben Çubukçu ab heute eine zweite Chance bei uns.«

»So«, sagte Mrosko, »ich gehe jetzt.« Er stand auf.

»Was sagt er?«

Diego war von Mroskos Aktion selbst so überwältigt, dass er, ohne nachzudenken, übersetzte, was jeder sah: »Er ist aufgestanden.«

»Sag ihm, es reicht mir«, fauchte Mrosko. »Wir gehen jetzt. Er hat deine Nummer, Diego, wenn er uns was mitzuteilen hat, soll er sich melden. Sonst hört er von der Rechtsabteilung der FIFA.«

»Lars, warte doch!«, rief Bilal. Aber Mrosko hatte die Tür schon geöffnet. Bilal und Diego blieb nichts anderes übrig, als ihm zu folgen. Sie waren bereits im Treppenhaus, auf dem Weg zum Ausgang, als ein Bodyguard des Präsidenten ihnen etwas hinterherrief. »Der Präsident sagt, wir sollen warten, Lars!«, übersetzte Diego.

Ilhan Cavcav wollte ihnen noch sagen, dass ihm ihr resolutes Auftreten gefiel. Bitte, sie sollten noch auf eine Tasse Tee seine Gäste sein. Währenddessen werde er Bilal Çubukçus Freigabe ausstellen lassen. »Sie können die Papiere dann umgehend auf der Vereinsgeschäftsstelle abholen.«

Es dauerte ein paar Stunden, bis sie über das Erlebnis lachen konnten. Seine ausstehenden Monatsgehälter konnte Bilal abschreiben. Die Agentur Damm & Mrosko hatte wieder nur Geld ausgegeben, statt welches zu verdienen, Mrosko musste die Reisekosten tragen, ohne ein Honorar einzustreichen. Das zahlten den Beratern im Fußball nur die Vereine, nie die Spieler.

Aber als sie nach Hause flogen, fühlten sie sich wie Sieger. Sie hatten für Bilal das Wichtigste erstritten, die Freigabe, nun konnte er ablösefrei zu einem deutschen Verein zurückkehren. Mrosko hatte seine erste Aufgabe als Spielerberater erledigt.

Er würde sich freuen, wenn Mrosko fortan als sein Berater agiere, sagte Bilal. »Ich weiß nicht, wie ich es finanziell hinkriege, aber ich würde dich gerne mehr einspannen«, sagte Mrosko zu Diego.

Noch bevor das Jahr zu Ende ging, kehrte Diego aus Iserlohn nach Berlin zurück. Er erinnerte sich, wie er, das größte Talent, mit 17 bei Tennis Borussia nach dem Training angespannt gewesen war wegen all der taktischen Vorschriften, die sie auf dem Fußballplatz befolgen sollten. Mrosko hatte damals als Einziger gemerkt, was ihm fehlte. »Komm, wir gehen einfach mal Fußball spielen«, hatte Mrosko gesagt, und dann hatten sie gespielt, Mrosko gegen Diego, stundenlang auf dem Platz an der Behmstraße im Wedding, die Tore mit Jacken markiert. Nach seinen missglückten Engagements als Halbprofi hatte Diego oft tagelang in seinem alten Kinderzimmer gesessen, die Rollläden runter, einfach im Dunkeln gehockt, nach innen geschaut und auch dort keine Zukunft gesehen. Immer wenn Mrosko das mitkriegte, hatte er ihn rausgeholt, komm, wir gehen Fußball spielen, jonglieren oder Gegen-die-Wand-prallen-Lassen, an der Behmstraße im Wedding.

Wenn Freundschaft bedeutete, sich um den anderen zu kümmern, für ihn da zu sein, dann war Mrosko eigentlich sein einziger Freund, dachte sich Diego. Auf einmal sah er die Zukunft: Er konnte in Berlin den Trainerschein machen, nebenbei als Spieler in der Oberliga sein Taschengeld verdienen und bei Mrosko in der Agentur mithelfen. Fußball hatte ihn so oft unglücklich gemacht. Diego konnte sich kein anderes, kein schöneres Betätigungsfeld vorstellen.

Wenn gerade nichts zu tun war außer von dem *einen Deal* zu träumen oder alte Geschichten noch einmal zu durchleben, erinnerten sich Diego und Mrosko in einem der türkischen Cafés an der Stettiner Straße zum Zeitvertreib an ihr Duell mit dem Mehlfabrikanten. Wie Mrosko einen der mächtigsten Männer des türkischen Fußballs Gartenschlauch genannt hatte, wie er die Kaltblütigkeit besessen hatte, einfach aufzustehen und so Bilals Freigabe zu erzwingen.

Sie schwelgten in der Erinnerung, als Mrosko Diego eines Tages die Wahrheit gestand. »Ehrlich gesagt«, sagte er, »hatte ich einfach einen Blackout. Ich war so angespannt, weil mit dem alten Gartenschlauch nichts vorwärtsging, dass ich nur noch rauswollte. Und so rannte ich plötzlich aus dem Büro, ohne zu wissen, was ich tat.«

20

Ein Kellner und der große Deal

In den Tagen nach Weihnachten, wenn es einem ganz langweilig werden kann ohne Fußball, rief Mrosko seinen Freund Peter an, um ihm zu sagen, er habe etwas für ihn. Einen Fußballspieler aus der Mehlfabrik.

Peter Hyballa war seit Juli 2010 Cheftrainer des Zweitligisten Alemannia Aachen. »Der jüngste Trainer im deutschen Profifußball«, schrieben die Sportjournalisten. Er war 34. Er hatte 18 Jahre, beinahe die Hälfte eines Arbeitslebens, Jugendmannschaften trainiert, ehe er seine Chance im Profispiel erhielt. Wird er den Sprung schaffen?, fragten die Sportjournalisten. Peter Hyballa verstand die Frage, manchmal, in kurzen Augenblicken, überfiel ihn eine Ahnung, was Lampenfieber sein könnte. Aber er trainierte schon seit 18 Jahren Bundesligateams, in seiner Fantasie, in seinen Träumen, und nun, da er seine Ideen endlich umsetzen konnte, bekam er noch einmal einen Pusch: Seine Wahrnehmung, seine Ideen wurden noch schärfer. Er war da, wo er hingehörte. Endlich konnte er sich austoben.

Er steckte auf dem Trainingsfeld einen langen, schmalen Korridor ab, nur darin durften Aachens Zweitligaspieler angreifen; so würde er die steilen Risikopässe fördern. Die Trainingsübung kannten die Profis wohl noch gar nicht. An einem anderen Tag ließ er die Mannschaft auf dem Bundeswehr-Übungsgelände antreten. In Uniform mussten sie durch den Matsch robben und so in kleinen Teams –

gemeinsam – lernen, unter schwierigen Bedingungen Ziele zu erreichen, darum ging es, und vor allem: Action!

Peter Hyballa war der Taktikguru, der seiner Mannschaft detailliert erklärte, wie sie »den Raum zog«, und dann wieder war er der pure Aufputscher, der zehn Minuten vor dem Anpfiff mit riesigen Augen schrie, jagen!, jagen würden sie den Gegner in jeder Sekunde, und dann würde das Stadion, 30 000 im Flutlicht, explodieren, jeder Ballgewinn ein Jubel, stellt euch den Jubel vor, den Jubel holen wir uns heute, immer wieder! Mann, bei seiner Rede bekam sogar er selbst eine Gänsehaut.

Hyballa hatte analysiert, wie der Fußball sich in den Jahren zwischen 2000 und 2010 radikal verwissenschaftlicht hatte, das Training, aber auch der Umgang war sachlicher, fachbezogener geworden, er, der Trainer, der Lehrbücher schrieb, war auf den ersten Blick der Prototyp der neuen Zeit. Aber er wollte derjenige sein, der den neuen wissenschaftlichen Ansatz mit der alten Idee vom schreienden, emotional puschenden Trainer verband, der die Gegensätze konträrer Fußballschulen miteinander vereinte, der den besten Mix schuf. Er würde der totale Trainer sein.

José Mourinho, schrieben ein, zwei Sportjournalisten, sei sein Vorbild, keine Ahnung, wo das herkam, aber das konnte man ja mal so stehen lassen. War sowieso ganz cool, dass jetzt so viel über ihn geschrieben wurde.

Mit vehementer Körperlichkeit attackierte Hyballas Alemannia den Gegner schon in dessen Spielhälfte und versuchte dann, mit sauberem Passspiel schöne Angriffe aufzuziehen – wenn es gelang, war es das Beste aus zwei Welten, klassisch englisches Kampfspiel gepaart mit niederländisch-spanischem Schönspiel. Als es einmal besonders gut klappte, sagte Peter Hyballa in der Pressekonferenz: »Heute haben wir Hyballa-Fußball gespielt.« Da murmelten die Sportjournalisten, ein bisschen eingebildet sei das ja schon. Meistertrainer Armin Veh lästerte, ob der Hyballa glaube, er habe den Fußball erfunden. Sie hatten ja recht, sah Hyballa ein, ging eigentlich gar nicht, so ein Spruch – aber trotzdem, auf so einen Spruch musste erst mal einer kommen. War ihm doch egal, was gemurmelt wurde. Er war der Easy Rider, die langen Haare im Wind. Vor dem Spiel gegen Hertha BSC in Berlin sagte er: »Wir müssen wie die Straßenköter spielen.«

Das stand dann groß in den Zeitungen, beim nächsten Heimspiel spielte der Stadionsprecher am Tivoli als Einlaufmusik *Who let the dogs out*, und im Fanshop wurden Straßenköter-T-Shirts verkauft. Dass die Sportjournalisten einen Monat später nach der Niederlage bei 1860 München spotteten, die Alemannia habe wie zahme Pudel gespielt, war schon in Ordnung. Vor geistreichen Schlägen hatte Peter Hyballa immer Respekt, auch wenn sie ihn trafen.

Schnell pendelte sich seine Alemannia im Mittelfeld der zweiten Liga ein, Peter Hyballas Idee von der aggressiven Offensivverteidigung gebar nicht nur spektakulären Fußball, sondern auch massig Gegentore nach Kontern. Doch im DFB-Pokal schaltete die Alemannia in zwei magischen Nächten am Tivoli die Bundesligisten Mainz 05 und Eintracht Frankfurt aus, und was das öffentliche Bild eines Trainers formte, waren fast immer einige herausragende Eindrücke; herausragend gute oder schlechte. Peter Hyballa war der Trainer, der in Aachen leidenschaftlichen Fußball zelebrierte, der jung, neu und anders war. Wenn irgendwo bei einem großen Verein eine Trainerstelle vakant wurde, schrieben die Sportjournalisten automatisch, ohne es zu überprüfen, Peter Hyballa sei ein Kandidat beim 1. FC Köln, beim FC St. Pauli.

Alemannias Aufsichtsratsvorsitzender lud ihn zu einer privaten Dinnerparty zu sich nach Hause ein, zum Essen bei Kerzenlicht lief Kammermusik, Peter Hyballa wurde herumgereicht, »und das ist unser junger Trainer«, geflüstert der Zusatz: »hochintelligent, sage ich Ihnen«. Im Viertelfinale des DFB-Pokals zog Alemannia das große Los, Bayern München, das Spiel ging 0:4 verloren, war nicht weiter schlimm, auf der Pressekonferenz überreichte Peter Hyballa Bayerns holländischem Trainer Louis van Gaal sein Lehrbuch über den niederländischen Fußball und präsentierte das Foto auf seiner eigenen Internetseite: van Gaal und er auf einem Podium.

Nach getaner Arbeit saß er abends in Aachen gerne in einem der Cafés am Markt, Aachen war schon eine geile Stadt, in der Nähe des majestätischen Doms, in dem Kaiser gekrönt worden waren, fühlte man sich gleich als Teil von etwas Großem, Ehrwürdigem; also, ihm ging es jedenfalls so. Er trank ein Bier und streckte die Füße mit den Lederstiefeln lässig aus.

»Eines müssen wir jetzt noch machen«, sagte Peter Hyballa, als ihn Mrosko das erste Mal in Aachen besuchte. »Eine Zigarre auf meinen Profivertrag rauchen.«

Sie gingen in die *Elephant Bar* des *Pullman* Hotels, dunkles Holz am Tresen, gedämpftes Licht, »zwei von den besten Zigarren, die Sie haben«, sagte Peter Hyballa. »Ach du Scheiße«, sagte er später, als die Rechnung kam. 180 Euro für zwei Zigarren. Es gab wohl doch noch etwas, was er selbst als Profitrainer noch lernen konnte.

Peter Hyballa erinnerte sich an einen Jungen mit roten Wangen und kurzem Pferdeschwanz, als ihm Mrosko in den stillen Tagen nach Weihnachten 2010 am Telefon erzählte, er habe einen Fußballer für ihn. Den Pferdeschwanz gebe es nicht mehr, sagte ihm Mrosko. Aber sonst sei Bilal Çubukçu noch immer der Mittelfeldspieler mit dem samtenen linken Fuß, der Hyballas Elf vor drei, vier Jahren in den Jugendpartien zwischen Wolfsburg und Hertha BSC auf solch elegante Art Probleme bereitet hatte.

Wenn der sein Talent voll entfalte, dachte Hyballa. Wenn er Bilal dazu brachte, sein Talent zu entfalten.

Peter Hyballa empfahl Bilal Çubukçu bei Alemannias Sportdirektor Erik Meijer, der telefonierte mit ein, zwei türkischen Kontakten, tolles Talent, was für ein linker Fuß, sagte jeder, und dann saß Mrosko mit Bilal in Meijers Büro, um einen Kontrakt über anderthalb Jahre zu unterschreiben. Damit auch alle gleich richtig begeistert von dem neuen Spieler waren, erzählten sie den Sportjournalisten, Alemannia habe Bilal letzte Saison sogar zweimal beobachten lassen. Die Sportjournalisten fragten nicht nach, wie Alemannia einen Spieler zweimal sichten konnte, der im zurückliegenden Halbjahr in der Türkei nur einmal ein- und einmal ausgewechselt worden war. Sie veröffentlichten die Information einfach als Tatsache.

»Das ist ein Schnäppchen«, sagte Erik Meijer den Sportjournalisten. Tatsächlich konnte er Bilal ohne Ablösesumme unter Vertrag nehmen, für ein Monatseinkommen von 6500 Euro, an der unteren Grenze in der zweiten Bundesliga, wo Gehälter zwischen 3000 und 35 000 Euro gezahlt wurden. Bilal musste froh sein, dass ihn Alemannia nahm, er hatte in der Türkei kaum gespielt, da musste man auch mal realistisch sein und einfach die 6500 Euro nehmen. Wenn es ordentlich lief, würde Bilal sein Gehalt sowieso verdoppeln, als Prämie erhielt jeder Einzelne in Alemannias Elf 1500 Euro pro Punkt.

Mrosko hatte seine erste Vertragsverhandlung als Spielerberater abgeschlossen, ohne vehement verhandeln zu müssen oder groß verhandeln zu können.

In den Zeitschriftenberichten über »die Spielerberater« stand, wie beim Vereinswechsel eines Fußballers schon mal zwei Millionen Euro Provision an den Berater flossen. Mrosko bekam 6500 Euro. Die Zahlung wurde auf drei Raten über die nächsten sechs Monate gestreckt. Zehn Prozent des Spielergehalts waren als Provision für den Berater in der ersten und zweiten Bundesliga der Richtwert, das hätte für Mrosko angesichts Bilals Vertrag über anderthalb Jahre eigentlich 11700 Euro ergeben. Aber Mrosko wisse doch, Alemannia drückten Geldsorgen, die hohen Belastungen aus dem Stadionbau hatten den Verein im vergangenen Sommer fast in die Insolvenz geführt, konnten sie sich darauf einigen, eine Provision nur in Höhe eines Monatlohns zu zahlen, so, wie es in der dritten Liga üblich war? Okay, einmal sei das schon in Ordnung, sagte Mrosko. Er fand es nie besonders angenehm, Forderungen zu stellen, und noch weniger in Erik Meijers Büro. Er mochte Meijer vom ersten Augenblick an, mit seinem holländischen Akzent und seiner Kunst, gleichzeitig ernst und locker zu sein. Außerdem war Peter der Trainer, da wollte er keinen Ärger machen, nicht, dass es auf Peter zurückfiel, hey, wie führt sich dein Kumpel auf, wegen 5000 Euro mehr oder weniger. Wenn er Alemannia einmal entgegenkam, dachte er, hatte er noch etwas gut, dann mussten sie ihm auch mal entgegenkommen.

Der erste Vertrag war gemacht, Mrosko zahlte Diego ein kleines Honorar für seinen Übersetzerdienst aus und kaufte sich ein Paar Schuhe. Nach einem Monat wurde er unruhig, nach zwei Monaten mürrisch. Wo blieb Alemannias erste Rate?

Peter Hyballa hatte Mrosko wenige Trainingstage nach Bilals Verpflichtung im Januar 2011 angerufen: »Lars, das ist nicht mehr der Spieler, den ich kenne.« Mrosko fuhr nach Aachen, er war anders als die anderen Berater, er würde sich kümmern, und er sah es mit eigenen Augen: Bilal war außer Form. Da war keine Explosivität mehr beim Antritt, er verlor den Ball, weil er für alles einen Tick zu lange brauchte. Er hatte im letzten halben Jahr ganze 83 Minuten für Gençlerbirliği gespielt, er konnte gar nicht spritzig sein, war doch klar, jetzt war es ihnen klar. Mrosko wusste nicht, warum sie alle – er,

Peter, Bilal selbst – gedacht hatten, es könnte anders sein. Vermutlich einfach nur, weil sie gewollt hatten, dass es anders war.

Schöne Scheiße. Wenn Peter jetzt wegen ihm Ärger bekam, Mann, wenn jetzt das Gerede losginge, der Hyballa mache Geschäfte mit dem Mrosko, der nahm dem Mrosko Pflaumen ab, nur damit eine Provision floss. Das Gerede war ihm scheißegal, glaubte Mrosko. Aber wenn Peter sich nicht auf seinen Rat verlassen konnte, dann würde er nicht mehr in den Spiegel schauen können.

Keine Panik, den kriege er schon hin, sagte Peter Hyballa. Das war doch jetzt erst recht eine Herausforderung für ihn. In den ersten Spielen der Rückrunde wechselte er Bilal trotz seiner fehlenden Spritzigkeit jedes Mal ein, mal 28, mal 9, mal 46 Minuten, das Risiko musste er gehen, der Junge wurde nur fitter, wenn er spielte, und es war ein guter Junge, sonntags, ein oder zwei Tage nach den Zweitligapartien, spielte Bilal in Aachens Reserveteam gegen Klubs, die VfB Homberg, SV Schermbeck und Westfalia Rhynern hießen, er zog klaglos mit auf der Suche nach der verlorenen Fitness.

»Jetzt haben wir ihn hingekriegt«, sagt Peter Hyballa Anfang April zu Mrosko. Der Frühling hatte begonnen.

Am 12. April 2011 prallte Bilal im Trainingsspiel mit Marco Höger zusammen, schwer zu sagen, was grausamer war, das Geräusch oder der Schrei. Hyballa brach das Training ab. Bilal Çubukçu hatte sich das Schien- und Wadenbein gebrochen.

Das alles war aber kein Grund, die vereinbarte Provision nicht zu zahlen, klagte Mrosko am Telefon bei Alemannias Sportdirektor Erik Meijer. Nein, natürlich nicht, ganz im Gegenteil, das Geld komme schon, es müsse irgendwo in der Buchhaltung haken. Im Moment hätten sie halt nicht so eine hohe Liquidität, er wisse doch, die Abzahlungen für das neue Stadion. Alemannia hatte gerade unerwartete 2,5 Millionen Euro aus den DFB-Pokalschlachten eingespielt, stand in den Zeitungen.

Mrosko verfasst ein offizielles Mahnschreiben. Womit er sich alles herumschlagen musste, schon die Rechnungsstellung, ob er 7 oder 19 Prozent Mehrwertsteuer berechne, ja, woher sollte er denn das wissen? »Ich kann dir da gerne helfen«, bot Sandra an, »der ganze Bürokram, Monatsabrechnungen, das ist mein Job, ich mache das jeden Tag.«

Das könne er schon alleine, sagte Mrosko.

»Ich will nur helfen«, dachte Sandra. »Und er meint gleich wieder, ich würde klugscheißern.«

»Ich will ihr nur zeigen, dass ich es allein kann«, dachte sich Mrosko. Er würde es ihr beweisen, und den ganzen Arschgeigen auch.

»Du wirst staunen, wer nächste Woche auf meiner Liste steht«, sagte Mrosko im Frühling 2011 am Telefon zum großen Rehberg. Mroskos Stimme war vor Stolz weich und Rehberg davon schon wieder missmutig gestimmt, »erzähl doch so was nicht herum, mach doch einfach mal«, dachte er sich. Rehberg versuchte sich nach seiner Entlassung bei Schalke seit anderthalb Jahren als Spielerberater, er hatte ein Dutzend hochbegabte Talente als Klienten, aber noch nicht ernsthaft Geld verdient. Es dauerte, wenn man das Geschäft gewissenhaft betrieb. Rehberg begann die Talente mit 15, 16 zu betreuen. Frühestens in drei, vier Jahren, bei einem Eintritt ins Profispiel, konnte er eine vorzeigbare Rendite erwarten – und dann schaffte es der eine doch nur in die Regionalliga, wurde ihm der andere von einem anderen Berater abgeworben.

Aber natürlich fragte sich der große Rehberg auch: Wen konnte Mrosko da wohl auf seiner Liste haben?

Die Liste war wichtig. Auf der Webseite transfermarkt.de war jede Beratungsagentur mit ihren Klienten aufgelistet. Bei manchen Beratern wie Volker Struth scrollte man die Liste hinunter, und sie schien kein Ende zu nehmen, bei Mario Götze und Toni Kroos ging es los, und irgendwann, 80 Spielernamen später, war dann bei einem Nico Perrey doch Schluss. Die Liste einer Agentur diente auch dazu, Eindruck zu machen gegenüber Spielern, die der Berater anzuwerben hoffte: Schaut, wen ich schon betreue. Aber natürlich auch gegenüber den anderen Beratern: Wer hat die tollste, wer hat die längste?

Als die neue Agentur Damm & Mrosko im Frühling 2011 ihre Liste ergänzte, waren die etablierten Berater baff: Wie kam *der* jetzt auf Mroskos Liste? War das wirklich sein Klient, musste ja eigentlich so sein, Mrosko konnte nicht einfach einen Spieler führen, den er nicht betreute. Aber *der* konnte doch nicht sein Klient sein?

Über den Namen von Daniel Reiche und Bilal Çubukçu stand, an der Spitze der Liste, auf einmal Edin Džeko.

Kurz zuvor war Džeko für eine Ablöse von 35 Millionen Euro vom VfL Wolfsburg zu Manchester City gewechselt. In der Branche summte es wie im Bienenstock: Wie kam der Mrosko zum Džeko?

Mrosko war im Frühjahr 2011 noch einmal auf die alte Tour gegangen, mit 220 Kilometer pro Stunde die A17 nach Teplice hinunter. Er hatte sich mit Džekos Beratern Naser Hukić und Irfan Redzepagić verabredet. Er hatte gehört, dass sich die beiden bei Džekos Wechsel von Wolfsburg nach Manchester mit ihrem Vertreter in Deutschland, Alen Augustinčić, zerstritten hatten. Es schien nicht nötig nachzufragen, warum: Es war um die Aufteilung der Provision gegangen.

Wenn es hieß, Džekos Spielerberater hätten für den Wechsel ihres Mandanten nach Manchester 3,5 Millionen Euro Provision erhalten, sahen sie in Wirklichkeit gewiss nicht die gesamte Summe. Andere Berater waren als Zwischenhändler eingeschaltet, ein deutscher Agent, in dem Fall Augustinčić, hielt den Kontakt zum VfL Wolfsburg, ein englischer Vermittler sprach mit Manchester City, und vielleicht hatten die zwei betroffenen Vereine ihrerseits noch Unterhändler zwischengeschaltet. Jeder von ihnen forderte seinen Anteil der Provision.

Mit Augustinčić würden sie nicht mehr zusammenarbeiten, sagte Hukić in Teplice. Sie suchten einen neuen Statthalter in Deutschland, der ihre Spieler bei den Bundesligaklubs anbiete. Dabei ging es weniger um Džeko, der in Manchester bestens aufgehoben war, sondern um die vier, fünf bosnischen Fußballer, die sie ansonsten vertraten.

Hukić und Redzepagić waren Cousins. Mrosko mochte sie augenblicklich. Hukić trug Kapuzenpulli und sagte, er solle ihn Naser nennen. Nun, eines könne er nicht, sagte Mrosko: etwas versprechen. So einigten sie sich darauf, dass er die Vertretung der Cousins in der Bundesliga übernehme. Mrosko sollte dann selbstverständlich auch Džeko unter seinen Klienten führen.

»Das kann ich nicht machen«, sagte Mrosko, »wenn ich den auf meiner Liste hinzufüge, glauben alle, ich sei ein Aufschneider.«

»Doch, bitte«, sagte Naser. »Wenn wir zusammenarbeiten, dann sollst du auch alle Vorteile davon haben.«

Er hatte mit Džeko nie geredet. Aber Mrosko war nun in Deutschland der Džeko-Berater. Jäh sah er ganz anders aus, wenn er versuchte, Talente für seine Agentur zu akquirieren. Lars Mrosko, Spielerberater, Edin Džeko vertrete er zum Beispiel, stellte er sich bei den Eltern vor, nach den Jugendspielen am Berliner Olympiastadion oder auch an der Onkel-Tom-Straße in Zehlendorf.

Diego sichtete für ihn Berliner Jugendspieler. Wenn das nicht lustig war: Mrosko hatte jetzt einen Scout. Diego hatte seine Augen und Ohren überall im Berliner Jugendfußball, das war seine Welt, dort war er selbst wer gewesen, im Berliner Jugendfußball, auch wenn es zehn Jahre her war, dorthin zog es ihn immer wieder zurück. Mrosko schaute sich Diegos Empfehlungen an, er sprach mit den Eltern, ein Spielerberater musste 10 000 verschiedene Personen sein, bei den einen Eltern, der Vater Kripobeamter, stellte Mrosko heraus, wie wichtig ihm Ordnung, Korrektheit und die Erziehung der Jungs waren, bei anderen Eltern, der Vater türkischer Baumarktverkäufer, erwähnte er ganz beiläufig, wer alles in seinem Telefonbuch stand. Er arbeite anders als die anderen Berater, sagte Mrosko. Die anderen Berater boten den Jungs Geschenke an, Laptops, Moutainbikes, und den Eltern womöglich einen Teil der Provision, damit es zur Zusammenarbeit kam. So was mache er nicht, sagte er. Nach einigen vergeblichen Gesprächen mit Eltern erwähnte Mrosko in den Werbegesprächen neuerdings: »Bei mir kriegt jeder Junge zu seinem Geburtstag ein Paar Fußballschuhe.«

Im Frühling 2011, nach gut einem halben Jahr im Geschäft, hatte Mrosko eine recht ansehnliche Liste beisammen, Džeko als Blickfang, eine Handvoll Zweitliga- und Drittligaprofis, ein halbes Dutzend vielversprechender Berliner Jugendspieler, dazu die Deutschlandrechte für einige bosnische Erstligaspieler. Das war mehr, als die Hälfte der 481 registrierten Spielerberater jemals erreichen würde. Wenn es gut lief, konnte er mit diesen Mandanten im ersten Jahr vielleicht 40 000 Euro brutto verdienen. Seine laufenden Betriebskosten summierten sich locker auf 30 000 Euro im Jahr, die Abzahlung für das Auto, Reisen, Versicherungen, das virtuelle Büro, so genau hatte er es nicht im Blick, so genau wollte er es auch nicht wissen. Sein Startkapital aus dem Darlehen, das für zwei Jahre veranschlagt war, hatte er zu weiten Teilen für laufende Kosten verplant. Er musste sich mit mittleren Transfers wie dem von Bilal irgendwie von Transferperiode zu Transferperiode durchschlagen, von einem Sommer bis zum nächsten Winter, bis ihm *dieser eine Deal* gelang.

Papa Damm, der ihn weiterhin bei Gelegenheit Herthas Nachwuchsspielern empfahl, hatte noch eine Idee. Mrosko sollte einen Kellner anstellen. Mit dem könnte der eine Deal gelingen. Alex Ba arbeitete in einem Café, von Fußball hatte er nicht so den Plan. Aber er war »der beste Freund vom Jérôme«. Wenn Mrosko den als Mitarbeiter anstellte, lotste Alex Ba vielleicht Nationalspieler Jérôme Boateng von Bayern München in ihre Agentur. Überhaupt hing Alex Ba mit der ganzen coolen Gang ehemaliger Hertha-Sternchen herum, vielleicht brachte er auch noch Änis Ben-Hatira in die Agentur.

Das traue er sich schon zu, sagte Alex Ba, als Mrosko ihn traf, im Café. Ba war ein umgänglicher Junge, gut erzogen, er konnte zuhören und hatte gleichzeitig den richtigen Ton drauf, um bei den Berliner Sternchen anzukommen. Die Eltern kamen wohl aus Afrika, Mrosko fragte nicht nach, Ba war ein Berliner, alles andere interessierte nicht. Für 1500 Euro Monatsgehalt plus Laptop sowie einen geleasten A-Klassen-Mercedes stellte Mrosko den Kellner Alex Ba ein, offiziell als Scout. Das Scouten würde er ihm schon beibringen.

Diego nahm es persönlich. Wieso brauchte Mrosko noch einen weiteren Scout neben ihm? »Lars, ganz ehrlich«, sagte Diego, »wenn das der beste Freund von Boateng wäre, würde er nicht mehr als Kellner arbeiten. Dann hätte Boateng ein Café eröffnet und ihn als Geschäftsführer eingestellt.«

»Er ist definitiv ein sehr guter Freund von Boateng. Die Information kommt von Papa Damm, der weiß alles, was bei den alten Hertha-Jugendspielern so läuft.«

»Und du stellst ihn ein, weil Wolfgang Damm das sagt? Ehrlich, Lars, ich bin mit Jérôme und Kevin Boateng aufgewachsen, ich kenne die beiden vom Fußball und nicht aus einem Café. Wenn du willst, stelle ich dir einen Kontakt her. Aber davon mal abgesehen, die sind seit Jahren bei einem Topberater, den verlassen die nicht so einfach, weil sie ein Kumpel darum bittet.«

Wie konnte er es Diego erklären, ohne den Freund weiter in seinem Stolz zu verletzen? Sie brauchten *den einen Deal*, und um den zu kriegen, mussten sie alles versuchen.

Mrosko suchte nach einer Antwort, die Diego versöhnlich stimmte. Das war nicht so einfach. Mrosko hatte für Diegos Anstellung Fördergelder beim Jobcenter beantragt, Diego war zuletzt arbeitslos gemeldet gewesen, fünf-, sechsmal war Mrosko schon beim Jobcenter gewesen, um irgendwelche Formalitäten wegen der Förderung zu klären, und selbst das, fühlte er, konnte er Diego nicht sagen. Der hätte nicht gewollt, der hätte sich dagegen gewehrt, dass Mrosko so viel für ihn tat. Solche Aufopferung für ihn war Diego doch unangenehm. Mrosko dagegen bereitete es Freude, großzügig zu sein. »Diego, vertrau mir«, sagte Mrosko schließlich. »Ich stell dir auch genau wie Alex Ba einen Mercedes der A-Klasse als Dienstwagen zur Verfügung.« Aber das war auch wieder falsch.

»Lars, mir reicht eine BVG-Monatskarte.« Denn Diego wollte doch gerade, dass Mrosko nicht noch ein Auto leaste. Als ob es sein persönliches Vermögen wäre, kämpfte Diego gegen Mroskos Ausgaben an. Zu sparen, zu spüren, mit wie wenig er auskam, bereitete Diego Freude.

Alex Ba, der Kellner, hatte Schwierigkeiten beim Scouting. Genau genommen setzte ihm schon die Selbstständigkeit zu. Wo fanden diese Jugendspiele denn statt, welche Spiele sollte er denn auswählen? Es wurde Zeit, dass sie sich ans richtige Geschäft wagten, entschied Mrosko. An einem Wochenende im April 2011 fuhr er nach München, um einen Drittligaspieler der Spielvereinigung Unterhaching zu umgarnen, Marcel Avdić, der Vater war Bosnier, da sollte er Chancen auf ein Mandat haben. Er war doch der Berater von Džeko. Alex Ba würde mitkommen, um Jérôme Boateng zu treffen, und, ganz zufällig, würde Mrosko dazustoßen.

Mrosko traf Avdić nach dem Spiel, wie wenig Fußballpartien er dieser Tage noch sah, ging es ihm durch den Kopf, das hatte er doch geliebt: Fußball spielen, Fußball schauen und die Gefühle spüren, die das Spiel in ihm auslöste. Nun war Fußball für ihn ein Spiel geworden, das am Telefon und gelegentlich im *American Diner* stattfand. Er ging mit Avdić etwas essen, musste man machen als Berater, einen potenziellen neuen Klienten in ein Restaurant ausführen, wenn das Restaurant gut gewählt war, wirkte alles, was man sagte, gleich seriöser, mondäner. Ein Berater, der weltläufig die komplette Rechnung beglich, wirkte, als könne er alles für einen tun.

Also, Mrosko könne sich ruhig mal für ihn nach Vereinen umschauen, sagte Avdić, er hätte keinen festen Berater. Mrosko glaubte, diesen Spielertyp zu kennen: die mehrere Berater gleichzeitig für sich beschäftigten und meinten, sie konnten sich dann einfach von demjenigen vertreten lassen, der ihnen den besten Verein brachte. Von solchen Spielern sollte er sich fernhalten, das gab nur Streit mit anderen Beratern, die glaubten, Avdić exklusiv zu vertreten, und mit Sportdirektoren, denen Avdić schon von drei anderen Beratern angeboten worden war. Aber der Junge war, im Prinzip, in Ordnung; und konnte er es sich leisten, einen Spieler links liegen zu lassen?

Er würde mal schauen, wie sich die Sache entwickelte, sagte sich Mrosko, war sowieso nicht das Wichtigste der München-Fahrt. Er rief Alex Ba an, mal hören, in welchem Café er mit Boateng zusammensaß. Ja, er habe den Jérôme kurz getroffen, sagte Alex, aber der habe im Moment viel zu tun. Er sei schon wieder weg.

Mrosko reiste mit Alex Ba, dem Kellner, auch nach Hamburg, um dessen anderen Bundesliga-Kumpel zu treffen, Änis Ben-Hatira, den Stürmer des HSV. Als sie in Hamburg ankamen, versuchte Alex, Ben-Hatira zu erreichen, um zu hören, wo genau sie ihn sehen würden. Ben-Hatira hatte aber leider gar keine Zeit. Er kenne da noch einen Hamburger Fußballer aus dem Urlaub mit Jérôme in Florida, sagte Alex Ba: Marcell Jansen. Jansen war Nationalspieler. Mann, dann treffen wir den, sagte Mrosko. Alex Ba telefonierte. Mit Jansen ging das aber leider auch irgendwie nicht.

Mrosko steuerte den Q7 die drei Stunden zurück nach Berlin. Er war nicht sauer auf Alex Ba, der Junge war in Ordnung. Er war sauer auf sich. Wie hatte er sich in die Idee hineinsteigern können, ein Kellner wäre sein Schlüssel zum Glück? Weil er als Spielerberater die ganze Zeit im Konjunktiv lebte – wenn wir *den einen Deal* machen würden –, hatte er für einen Moment den Bezug zur Realität verloren.

Doch obwohl er sah, dass die Mitarbeit von Alex Ba zu nichts führen würde, konnte er ihn nicht entlassen. Das konnte er dem Jungen nicht antun, nach nur zwei, drei Monaten. Den Gesichtsverlust konnte er sich selbst nicht zumuten, fühlte er mindestens genauso stark.

Er hatte gedacht, er wisse, was ein Spielerberater tat. Er bot Spieler an und handelte ihre Verträge aus, hatte er geglaubt. Nun wusste er es besser. Ein Spielerberater verbrachte die meiste Arbeitszeit damit, zurückgewiesen zu werden. Einen Spieler wie Lennart Hartmann, der jüngste Bundesligaspieler in Herthas Geschichte, noch immer 20 Jahre jung, eine Hoffnung, brachte er bei zehn Vereinen ins Gespräch, das hieß, bei jedem Verein fünf- oder zehnmal anrufen, bis der Sportdirektor ranging. Wenn er einen Sportdirektor endlich erreichte, sagte dieser ihm in der Regel, darüber müssten sie nachdenken. Wollte Mrosko vier Tage später nachhaken, musste er 15- bis 20-mal anrufen. Der Sportdirektor ging gar nicht mehr ran. Nicht ans Telefon zu gehen war im Profifußball eine Art zu sagen, ich will nichts von dir; selbst wenn man gar nicht wusste, wer der Anrufer war, was der Anrufer wollte. Es gab zu viele Berater, zu viele Journalisten, die einen Sportdirektor anriefen.

Er telefonierte am Küchentisch, er telefonierte auf dem Sofa, wenn der Rückruf wichtig erschien, nahm er ihn im Bad an. Immer war er derjenige, der etwas wollte, der etwas anpreisen musste, der zurückgewiesen wurde.

Er hatte kein Büro, er hatte gedacht, er bräuchte keines. Im Juni 2011, in seiner ersten intensiven Transferperiode als Berater, merkte er, wozu ein Büro gedient hätte: um Arbeit und Privatleben zu trennen. Um noch eine Art Privatleben zu haben. Er merkte, wie sein Verhältnis zu Sandra wegen der Arbeit hakte, kaum gingen sie in Neukölln ein Eis essen, klingelte das Telefon, und er musste rangehen, den Anruf musste er annehmen.

Er kannte doch so viele Leute in der Bundesliga, als er sich als Spielerberater selbstständig machte. »Er hatte gedacht, ich bin doch einer von euch«, sagt Peter Hyballa. »Aber sobald du die Seite wechselst, vom Scout zum Berater, raus aus dem Verein, gehörst du nicht mehr dazu.« Mrosko rief die Kumpels an, die Freunde, Uwe Vester, Uli Mohr, um ihnen für ihre Klubs einen seiner Spieler ans Herz zu legen, und Uwe Vester dachte genauso wie Uli Mohr, wie kommt er darauf, uns den Spieler anzubieten, wo bleibt sein Kriterium, Lennart Hartmann für Schalke oder Wolfsburg? »Aber ich will doch nur, dass ihr ihn als Perspektivspieler für das Reserveteam holt«, sagte sich Mrosko und war verwirrt, dass die Freunde ihn so missverstanden.

Peter Hyballa und Alemannia Aachen nahmen dann Lennart Hartmann. Moment mal, schon wieder ein Mrosko-Spieler zur Alemannia, und ich komme beim Trainer oder Sportdirektor nicht einmal mit einem Telefonanruf durch, dachten sich die anderen Berater. Mann, die Arschgeigen, dachte sich Mrosko, Peter wusste einfach, was für ein Auge er hatte, deshalb nahm er seine Spieler.

Aber er hasste die Konflikte. Und es gab scheinbar nur Konflikte, selbst bei den Transfers, die klappten. Nachdem er den Verteidiger Joan Oumari vom Drittligisten SV Babelsberg zu Rot-Weiß Erfurt gebracht hatte, 4500 statt 1400 Euro Monatsgehalt, da hatte er als Berater doch alles richtig gemacht, ließ ihm der Trainer von Babelsberg, Dietmar Demuth, ausrichten, er sei geächtet. Der Mrosko mache bei Babelsberg keinen Deal mehr. Demuth war der Trainer, der zehn Jahre zuvor bei St. Pauli nichts von seinen Scoutingdiensten wissen wollte. Ganz mieser Stil sei das, Oumari hinterrücks nach Erfurt zu bringen und ihn darüber nur per SMS zu benachrichtigen, ließ Demuth den Geschäftsführer übermitteln. »Aber ich habe doch zweimal versucht, Demuth zu erreichen, und ihn in einer SMS um einen dringenden Rückruf gebeten!«, protestierte Mrosko. Interessierte nicht. Er stand auf der schwarzen Liste von Babelsberg.

Es geschah öfter, dass Vereine bestimmte Spielerberater mit einer Vendetta belegten. Wenn ein Spieler, um den sie heftig geworben hatten, einem anderen Verein den Vorzug gab, war das wie eine Niederlage, und Niederlagen ertrugen Macher im Profifußball nicht. Sie waren Anlass, zornig zurückzuschlagen.

Als Dietmar Demuth dann noch im selben Sommer, 2011, gerne einen Spieler aus Mroskos Agentur für Babelsberg verpflichten wollte, Sergej Evljuskin, musste Mrosko einen anderen Berater einschalten, der die Verhandlungen für ihn übernahm. Er übertrug die Aufgabe René Deffke, der war gebürtiger Berliner. »Sie wollen dir aber auch keine Provision zahlen«, meldete ihm Deffke. Es war schon Mitte August, die neue Saison lief bereits, Sergej Evljuskin wollte nach Babelsberg, er hatte keine andere Offerte in Aussicht. Dann verzichte er eben zum Wohl seines Spielers auf die Provision, sagte Mrosko.

Er war sich sicher gewesen, er würde anders als die anderen Berater sein. Hilflos merkte er, wie ihn die Zwänge des Berufs zu einem der vielen Berater machten, die sehen mussten, wie sie ihr Geld verdienten. Er tat nichts Verbotenes, aber ständig fand er sich in Situationen wieder, in denen er, wie Fußballer sagten, *was fummeln* musste. Dinge tun, die moralisch nicht ganz koscher waren. Er traf sich mit dem Mittelfeldspieler Alper Uludağ von Alemannia Aachen, obwohl er wusste, der hatte eigentlich schon einen Berater. Dabei hatte er sich immer gesagt, *er* werde keine Spieler von anderen Beratern abwerben. Er hoffte, dass ein Scout bei Hertha ihm den Kontakt zu Talenten erleichterte, dabei hätte er das als Scout niemals getan: auch nur im Entferntesten mit Spielerberatern zu klüngeln. Er ließ sich anheuern, um für den Berliner Türken Zafer Yelen bei Trabzonspor die Freigabe durchzuboxen, wurde das zu seinem Spezialgebiet, gestrandete Berliner aus der Türkei rauszuholen? All dieses Gefummel war schleichend zum Alltag geworden. »Sich wieder an einen Spieler heranmachen, wieder einen Sportdirektor anrufen, ihn wieder nicht erreichen. Zurückgewiesen werden und weiter anrufen, weiter lächeln. Wie ein Staubsaugerverkäufer. Das ist nicht meine Welt«, dachte er sich und hatte den Beruf gerade einmal begonnen.

Freitags ging er bei den Senioren von Union Südost Fußball spielen. Ihr fabelhafter Lauf war im Halbfinale des Berliner Senioren-Pokals zum Halt gekommen, aber darüber fabelhaft reden ließ sich noch Wochen später. Ein Ball und ein Fußballplatz waren immer genug gewesen, um Mrosko von allem Kummer abzulenken. Doch als er im Frühsommer 2011 den Ball schoss oder flankte, traten ihm Tränen in die Augen vor Schmerz. Auch mit Ibuprofen 800 ließ sich nicht mehr übertünchen, dass etwas Grundlegendes in seinem Fuß nicht in Ordnung war. Wenn der Ball auf ihn zuflog, überkam ihn schon die Angst vor dem Schmerz. Und trotzdem stoppte er den Ball, schoss und flankte ihn noch einmal. Es war doch Fußball, es durfte einfach nicht schmerzen.

Unverhofft und plötzlich tat sich in jenen Tagen ein Ausweg aus seiner beruflichen Situation auf. Dieter Hoeneß zog aus dem Haus am Hegeberg in Wolfsburg aus. Felix Magath zog dort wieder ein.

21

Felix, hilf!

Felix Magath war nicht begeistert, wie viel Zeit Dieter Hoeneß für seinen Auszug im Haus am Hegeberg benötigte. Im März 2011 war Hoeneß als Sportdirektor des VfL Wolfsburg entlassen worden, und im Mai standen noch immer seine Möbel in dem Haus. Magath logierte im *Ritz-Carlton* in Wolfsburg und wartete, dass er in sein Eigenheim zurückkonnte. »Als ich damals zu Schalke wechselte und mein Nachfolger Armin Veh in das Haus einzog, habe ich sofort meine Möbel zwischengelagert«, sagte Magath. »Ich fand das selbstverständlich.« Aber gut, die Sommerpause gewährte er Hoeneß jetzt noch für den Umzug. Der Kampfschrei der Wolfsburger Fans aus dem zurückliegenden Frühling bekam noch einmal eine ganz neue Bedeutung: »Hoeneß raus!«

Nur 14 Monate hatte Dieter Hoeneß' Herrschaft in Wolfsburg gewährt. In der Kürze der Zeit wechselte er dreimal den Trainer und dazu auf kostspielige Art die Schlüsselspieler der Elf. Nichts blieb bestehen, am Ende leider noch nicht einmal das verhasste Mittelmaß der Mannschaft. Als die für Spitzenfußball kreierte Elf des VfL Wolfsburg im März 2011 in Abstiegsgefahr geriet, wurde Hoeneß freigestellt. »Es wirkte eher so, als ob Hoeneß eine Idee fehlte, die über die Macht des Geldes hinausging«, riefen ihm die Sportjournalisten hinterher. Hoeneß selbst schien all dieses Gezeters überdrüssig: Mit 58 zog er sich aus dem Bundesligamanagement zurück.

Die Sehnsucht nach der guten, gar nicht so alten Zeit wurde unerträglich bei Volkswagen: Meister Magath, passenderweise gerade auf Schalke unehrenhaft entlassen, wurde nur anderthalb Jahre nach seinem Abschied aus Wolfsburg wieder als Trainer-Sportdirektor installiert. Und die glücklichen Tage mochten doch bitte einfach zurückkehren. Den Wunsch hegte sogar ein Mensch außerhalb Wolfsburgs. Magath musste ihn zurückholen, sehnte sich Mrosko.

Er wartete auf Magaths Anruf. Er wusste, der Trainer hatte Wichtigeres zu tun. Er musste, im Mai 2011, mit Wolfsburg im Abstiegskampf bestehen. Dann rief eben er Magath an. Er konnte nicht mehr warten.

»Herr Magath«, sagte Mrosko, »ich freue mich, dass Sie zurück in Wolfsburg sind. Sie wissen ja: Wenn Sie mich brauchen, stehe ich sofort bereit.«

Natürlich sei seine Rückkehr ein Thema, eine Möglichkeit, sagte Magath. Aber im Moment habe er erst einmal dringlichere Entscheidungen zu fällen.

Dann rief er Felix Magath eben noch einmal an. Diesmal allerdings nicht als potenzieller Scout, sondern als Spielerberater. Mrosko bot Magath einen Spieler an, der gar nicht zu seinen Klienten gehörte. Marco Höger von Alemannia Aachen sei auf dem Markt, informierte er Magath, ein Fußballer wie für ihn geschaffen, schnell, aggressiv, angstfrei.

Höger stand eigentlich vor einem Wechsel zu Schalke 04. Eine Million Euro als Ablöse hatte Schalke geboten, Aachen benötigte dringend das Geld. Aber falls Mrosko einen weiteren Interessenten für Höger fand, der eine höhere Ablöse bot, würde er an dem Deal partizipieren, meinte Mrosko bei einem Gespräch mit Aachens Sportdirektor Erik Meijer herausgehört zu haben.

Spielerberater sind die öffentlichen Prügelknaben des Profifußballs. Wenn ein Verein einen beliebten Spieler nicht halten kann, wie etwa Borussia Dortmund im Fall seines Torjägers Robert Lewandowski, stellen die Vereinsverantwortlichen gerne den Spielerberater als windigen Gesellen dar, der den Spieler aus Geldgier zum Wechsel verführe. So konnte der Zorn der Fans über Lewandowskis Verlust schnell vom Verein auf den Berater abgelenkt werden. Abseits des öffentlichen Blicks bedienen sich die Vereine allerdings gerne der Berater, um heimlich bei Spielern anderer Klubs vorzufühlen oder eben Spielerverkäufe anzubahnen. Zum Teil schalten Sportdirektoren Berater aus strategischem Kalkül dazwischen, zum Teil aus purer Bequemlichkeit. Im Fall von Marco Höger war es Alemannias finanzielle Not, die erfinderisch machte. Sie brauchten einen zweiten Bieter für Höger, der in einem Poker mit Schalke die Ablöse hochtrieb.

Was sei mit Magath, fragte Alemannias Sportdirektor Erik Meijer Ende Mai bei Mrosko nach. Der Wolfsburger Trainer habe bei seiner Anfrage kein Interesse an Höger gezeigt, antwortete Mrosko Meijer, aber Magath habe auch nicht ausdrücklich gesagt, dass er Höger nicht wolle. Er habe auf sein Schwärmen über Höger einfach mit rätselhafter Stille reagiert. Was bei Magath wohl keine untypische Reaktion war. Mrosko würde noch einmal anrufen.

Wie das nervte: anrufen, anrufen, anrufen.

»Herr Magath, Schalke will den Spieler unbedingt. Wenn Sie jetzt nicht einsteigen, ist er weg.«

Diesmal war Magaths Schweigen ein klein wenig beredter. Er würde darüber nachdenken.

Noch am Abend rief Magath zurück. Mrosko sollte ein Treffen mit Höger organisieren. Der VfL sei interessiert.

Zwei Monate zuvor war Felix Magath unter heftigen Anfeindungen beim FC Schalke 04 entlassen worden. Ohne Rücksicht auf finanzielle Verluste blähe er die Mannschaft auf, um einen künstlichen Konkurrenzkampf im Team zu erzeugen, schrieben die Sportjournalisten. Er behandle Mitarbeiter unmenschlich, schrie die Flurpost. War es die Aussicht, Schalke einen Spieler wegzuschnappen, die Magath plötzlich motivierte, für Marco Höger mitzubieten, fragte sich Mrosko.

Ob Mrosko denn überhaupt der Berater von Marco Höger sei, fragte Felix Magath während ihrer Gespräche nicht. »Bei Beratern bin ich völlig leidenschaftslos«, sagt Magath. »Wenn mir ein guter Fußballer offeriert wird, ist mir völlig egal, ob dieser Spieler von seinem Berater angeboten wird, von meiner Putzfrau oder von einem fremden Berater. Mich interessiert nur: Hilft mir dieser Spieler weiter. Und wenn das so ist, ist für mich klar, dass auch derjenige entlohnt wird, der mich auf den Spieler hingewiesen hat.«

Wolfsburg wolle Höger auch, wurde dessen tatsächlicher Berater informiert. Er habe sich eigentlich aber schon für Schalke entschieden, sagte Höger.

Alemannia Aachen müsse doch auch an seine Finanzen denken, die Stadionraten drückten, argumentierte Alemannias Sportdirektor Erik Meijer. Und Wolfsburg biete sicher 1,5 Millionen Euro Ablöse, mindestens. Eine konkrete Ablöse hatte Felix Magath noch gar nicht genannt, er wollte zunächst Höger treffen. Aber Wolfsburg war dran, informierte Erik Meijer den FC Schalke, und sie wussten ja dort nur zu gut, wie locker das Geld saß, wenn Felix Magath einen Spieler wollte.

So erhöhte Schalke 04 im Juni 2011 die Ablöse für Marco Höger auf 1,3 Millionen Euro. Falls bestimmte Erfolge erreicht wurden, Höger mehr als 45-mal für Schalke spielte oder der Klub sich für die Champions League qualifizierte, wurden darüber hinaus Bonuszahlungen von mehreren Hunderttausend Euro an die Alemannia fällig.

Von den 300 000 Euro, die Schalke letztlich mehr gezahlt hatte als zunächst geboten, standen ihm zehn Prozent zu, wusste Mrosko, schließlich hatte er Magaths Angebot besorgt, das den Preis hochtrieb. Mit diesen 30 000 Euro könnte er bis zur nächsten Transferperiode in sechs Monaten erst einmal durchatmen.

So war das nicht vereinbart, sagte Alemannias Sportdirektor Erik Meijer. Mrosko hätte partizipiert, wenn er einen Vereinswechsel von Höger initiiert hätte. Aber der Spieler sei ja nicht zum VfL Wolfsburg gewechselt. Die Schalker Ablösesumme habe er auch durch hartnäckiges Verhandeln hochgetrieben, das Wolfsburger Interesse habe da gar keine große Rolle gespielt.

Dieses ständige Kämpfen um das Geld machte ihn mürbe. Sogar um Provisionen, die ihm rechtmäßig zustanden, sogar mit solchen Klassetypen wie Erik Meijer musste er streiten. Gott sei Dank hatte er Eriks Zusicherung, ihn an der Ablösesumme von über einer Million zu beteiligen, schriftlich in einer E-Mail. So würde er die 30 000 Euro hoffentlich kriegen, und danach – danach musste ihn Felix Magath einfach als Scout zum VfL zurückholen, damit er aus diesem Beruf rauskam!

Sein Leben war ein Handy. Manchmal sah er noch ein Spiel seiner Klienten im Stadion, ab und an ging er mit einem Spieler Mittagessen, traf er einen Sportdirektor in dessen Büro, gelegentlich flog er mit Diego zu Verhandlungen in die Türkei, aber wenn er ein Buch über sein Leben als Spielerberater schreiben würde, wäre darin praktisch keine Szene, nur ein Geräusch: das Tuten des Handys. Manchmal würde man ihn reden hören, öfters fluchen, weil wieder niemand ranging. Ein Buch aber müsste er mal schreiben, sagte er zu Diego, da würden die Leute staunen, die dachten, Spielerberater, das seien doch die, die mal von Uli Hoeneß zum Essen eingeladen würden, mal in Werder Bremens Aufstellung reinredeten und pünktlich zur Transferperiode an den Marionettenschnüren zogen, um ihre Millionen zu verdienen. Zu Hause, an einem der Vormittage, an denen es immer so still war, nachdem Sandra arbeiten gegangen war, setzte er sich an den Computer, um sein Buch zu schreiben. Nach ein paar Seiten gab er auf. Die Kommasetzung nervte ihn. Das Handy klingelte wieder.

Als er vom Schreibtisch aufstand, meldete sich der Schmerz augenblicklich. Er brauchte nur das Körpergewicht auf den Fuß zu verlagern, damit der Schmerz seinen Körper durchflutete. Das Sockenanziehen wurde zur Qual. Die kurze, kleine Bewegung des Fußes, um in den Socken zu schlüpfen, brachte ihn zum Schreien. Vermutlich sollte er doch einmal zum Arzt gehen.

»Sie haben einen Tumor im Fersenbein«, sagte ihm Doktor Schumann.

Mrosko war 34. Gut möglich, dass das Geschwür eine Spätfolge des Trümmerbruchs 15 Jahre zuvor in Lurup war. Der Fuß hatte seitdem nie mehr stabil gestanden.

Sie mussten den Tumor entfernen. Ein Stück Knochen wurde zwangsweise mit herausgeschnitten. Drei Platten, mit zwölf Schrauben am Knochen befestigt, wurden eingesetzt und mit Knochenzement verankert, um das Fersenbein zu stabilisieren. Wenn die Operation glückte, würde in einem halben Jahr eine zweite folgen, um die Platten und Schrauben wieder zu entfernen.

Nach der Operation lag Mrosko im Krankenhausbett und telefonierte. Es gab auch gute Nachrichten, Alemannia hatte nach einigem Hin und Her eingewilligt, ihm die 30 000 Euro Provision vom Höger-Transfer zu zahlen. Dann musste das Geld ja nur noch auf sei-

Alle seine Wege führen zum Fußballplatz, auch mit Gips, gleich nach der Tumor-Operation: Lars Mrosko bei Union Südost, mit einem ebenfalls operierten Vereinsspieler.

nem Konto eingehen. Die erste Tranche für Bilal Çubukçus Wechsel zur Alemannia war erst überwiesen worden, als schon wieder die zweite ausstand.

Auf Krücken ging es vorwärts. Bei den Senioren von Union Südost konnte er natürlich nicht mitspielen – vorerst, sagte sich Mrosko –, aber dann machte er eben den Trainer der Männermannschaft in der Kreisliga. Es war August 2011, er hatte alle seine Spieler pünktlich zum Saisonstart in der zweiten und dritten Liga untergebracht, als er eines Morgens in der Zeitung stand.

Papa Damm war als Nachwuchsscout bei Hertha BSC entlassen worden. »Der Entdecker der Boateng-Brüder, Änis Ben-Hatira, Ashkan Dejagah, um nur einige zu nennen«, schrieben die Sportjournalisten und nannten einen Grund für die fristlose Kündigung: die Arbeit von Damms Sohn Alexander in einer Beratungsagentur mit Lars Mrosko. »Das hat Hertha nicht gepasst«, räumte Damm ein. »Mir wurde mehrfach gesagt, den Klub hätten Beschwerden erreicht. Sie wünschten sich, dass mein Sohn aus der Agentur aussteigt.« Aber die Behauptung, er würde Herthas Talente für seinen Sohn und Mrosko anwerben, sei doch Quatsch. »Dann wären Spieler wie die Boatengs doch bei meinem Sohn und nicht bei anderen Beratern unter Vertrag.«

Nun, da er entlassen war, stellte sich die Frage, ob Papa Damm nicht das tun sollte, was man ihm vorwarf: mit Mrosko zusammenarbeiten, allerdings als offizieller Partner.

Papa Damm hatte ihm den Kontakt zu drei Hertha-Talenten geebnet, wofür Mrosko ihm dankbar war. Doch in seiner Wahrnehmung hatte Mrosko im Großen und Ganzen unabhängig von den Damms gearbeitet. Alexander Damm versorgte die Klienten von Damm & Mrosko in seinen Augen bloß mit Versicherungen. Die Agentur hatte er allein aufgebaut, fand Mrosko, er war der Berater Džekos, wieso sollte er jetzt noch Papa Damm dazuholen?

Die Krücken gaben Mrosko auch Kraft. Wie so viele Leute, die von einer schweren Krankheit betroffen waren, fand er danach leichter die Courage, radikale, konfliktreiche Entscheidungen zu treffen. Statt Papa Damm als Partner dazuzuholen, trat er für das Gegenteil ein: Sie lösten die Agentur Damm & Mrosko auf. Mrosko würde alleine weiterkämpfen. Beflügelt von der eigenen Entschlossenheit, trennte er sich, nach zehn Monaten, auch noch vom Kellner Alex Ba.

Er konnte die Schrauben in seinem Fuß spüren. Es war kein angenehmes Gefühl. Bei jedem Auftreten drückten sie von innen auf die Ferse.

»Sie müssen sich noch mal operieren lassen«, sagte Doktor Schumann im Zentrum für Bewegungsheilkunde, Bozener Straße, Berlin, das auch die Hertha-Spieler konsultierten. Spielerberater gingen selbstverständlich zu den besten Sportärzten.

Sie mussten einige Schrauben entfernen, um den Druck auf die Ferse zu mindern. Mrosko hatte gerade die Krücken abgelegt, als er wieder auf dem Operationstisch lag.

Mrosko sagte, er wolle keine Besuche. Sandra kam selbstverständlich täglich an sein Bett, Diego auch, das Krankenbett war doch nun ihr Dienstzimmer, und bei der ersten Operation war überraschenderweise Naser aufgetaucht, Džekos Berater, der extra aus Sarajevo eingeflogen kam, um ihn in der Klinik zu besuchen. Da war Mrosko, der sagte, er wolle keinen Besuch, überwältigt vor Rührung.

Er musste sich wenig Sorgen machen, dass weitere Besucher aus dem Profifußball am Krankenbett auftauchten. In dieser Welt, in der sich so viel um Körperlichkeit, um körperliche Stärke dreht, sah man nicht gerne die Gebrechlichkeit des Menschen. Selbst unter Mannschaftskollegen waren Krankhausbesuche selten.

Er bekam die Entwicklung der Krankheit gar nicht richtig mit, sagte sich Peter Hyballa. Nebenbei hatte Mrosko mal von Problemen mit dem Fuß geredet, aber vermutlich auch nur, um anfügen zu können, »ich habe mir zwei Ibu 800 reingehauen, geht schon«. Und auf einmal fiel das Wort Tumor. Hyballa dachte: Wie, Tumor?

»Lars war doch der Cowboy, Marlboro ins Gesicht und weiter. Der wollte nur leben, volle Kanne«, sagt Hyballa. »Wenn du dann plötzlich von ihm hörst: Tumor, dann willst du dich, ehrlich gesagt, gar nicht damit beschäftigen. Wir hatten doch immer so coole Gespräche, wir waren die Easy Rider, immer auf der Sonnenseite.« Er versuchte, den Tumor des Freundes auszublenden. Am Telefon redeten sie in vertauschten Rollen: Mrosko, der Rekonvaleszente, machte sich Sorgen um Hyballa. Peter solle jetzt halt mal die lauten Sprüche vor der Presse lassen, alles ausblenden, sich nur auf die Arbeit mit der Mannschaft konzentrieren, wichtiger denn je war jetzt eine klare Linie.

Nach vier Spieltagen in Hyballas zweiter Saison stand Alemannia Aachen auf dem letzten Platz der zweiten Liga. Sie hatten alle vier Spiele verloren.

Hyballas drei mitreißendste Spieler, Marco Höger, Tolgay Arslan und Zoltán Stieber, hatte die Alemannia in Geldnot verkauft, aber darüber durfte sich ein Trainer niemals beklagen, ein Trainer musste schlucken und versuchen, konstruktiv weiterzumachen. Um nicht wieder so viele Gegentore wie in der ersten Saison hinzunehmen, verteidigte Alemannia tiefer in der eigenen Hälfte, risikoärmer, und tatsächlich kassierten sie in den ersten Saisonspielen nicht ganz so viele Tore. Aber sie erzielten noch viel weniger Treffer, weil nun der Weg aus der tiefen Abwehr in den Angriff lang und beschwerlich war.

Der Aufsichtsratsvorsitzende, der Hyballa vor einem halben Jahr beim Dinner mit Kammermusik herumgereicht hatte, stellte plötzlich fachliche Fragen im scharfen Ton: »Warum spielen Sie nur mit einem defensiven Mittelfeldspieler?« In dem Moment ging Peter Hyballa auf, dass er für die Verantwortlichen und die Spieler in Aachen auch nur ein Trainer war; derjenige, der für den Misserfolg verantwortlich ist. Eine Saison lang hatte er im Gefühl geschwebt, eine spezielle Beziehung zu dieser Mannschaft, diesem Verein zu unterhalten. Er war doch noch immer derselbe Typ mit denselben Ansichten, denselben Methoden, verteidigte er sich innerlich selbst, der Chef und Bruder, der große Meister und große Kumpel. Aber im Sog der Niederlagen wurde alles an ihm gegenteilig gesehen: Die coolen Sprüche waren jetzt Großspurigkeit. Das überfallartige Umschalten von Abwehr auf Angriff war nun ein hektisches Bälle-nach-vorne-Bolzen. Das supermoderne, spielerische Training war nun mangelnde Fitness. Wo blieben denn die Medizinbälle bei Hyballa?

Peter verstand Mroskos Ratschläge. Er nahm sie bloß nicht mehr an. »Jeder im Fußball bekommt irgendwann eine Arroganz, in der er sich in Stresssituationen nichts mehr sagen lässt«, sagt Peter Hyballa. »Da kam Lars nicht mehr an mich ran.«

Peter Hyballa versuchte, nach den vier Auftaktniederlagen die Defensive weiter zu stabilisieren, das war erst einmal das Wichtigste, das Fundament. Es gelang, sie kassierten gar keine Gegentore mehr. Aber, so sehr von der Angst vor Gegentoren beherrscht, schossen sie auch gar keine Tore mehr. Ein 0:0 folgte dem anderen. Niemand sagte, die Mannschaft wird stabiler, alle schrien: Wo war der aufregende Easy-Rider-Fußball des Vorjahres?

Peter rief Mrosko nicht mehr an. Er rief niemanden mehr an, er saß auch nicht mehr im Café am Markt. Die Lederstiefel standen zu Hause im Flur. Er suchte die Einsamkeit. Allein in seiner Wohnung betrachtete er sein Gesicht im Spiegel. Sein Bart wies neuerdings Lücken auf. Die Barthaare gingen ihm aus.

Er wusste, Mrosko wollte ihm mit seinem Rat helfen. Aber Peter Hyballa hatte im September 2011 seit Saisonbeginn kein Spiel gewonnen. Er konnte gut gemeinten Rat nur noch als Kritik empfinden. »Daran gehen viele Beziehungen zwischen Mann und Frau kaputt, wenn der eine helfen will und der andere empfindet es als Herummäkeln.«

Nach dem 0:0 in Rostock und dem 0:0 gegen Fortuna Düsseldorf fuhr Alemannia Aachen nach Paderborn und spielte 0:0. Danach war Peter Hyballa entlassen.

Auch im Schmerz waren seine Gedanken noch schärfer und brillanter als die der meisten im Profifußball. »Wenn du als Trainer einen Vertrag unterschreibst, weißt du theoretisch: Deine zukünftige Entlassung hast du auf der Rückseite gleich mitunterschrieben. Und trotzdem ist jede Entlassung wieder ein Tod.« Er dachte an die T-Shirts, die in Aachen im Fanshop hingen. »Auf Gedeih und Verderb«, stand darauf. Für einen Trainer, dachte Peter Hyballa, galt dieser unbedingte Zusammenhalt nur auf Gedeih.

»Ihr könnt mich jederzeit anrufen«, sagte Mrosko zu seinen Spielern, er war anders als die anderen Berater. Er hatte doch nicht gedacht, dass sie tatsächlich ständig anriefen. Alper Uludağ meldete sich nach dem Training mit Alemannia Aachen, um ihm zu sagen, dass ihm das Training heute nicht ganz so gut gefallen habe. Eine Stunde später rief Alper wieder an. Die anderen Spieler hatten doch keinen Bock gehabt, mit ins *Vapiano* zu gehen, er sei dann halt alleine essen gegangen. Abends meldete sich Alper mit der Nachricht, er sei allein zu Hause, ihm sei langweilig, er wolle nur quatschen. »Alper, ich quatsche schon mehr mit dir als mit meiner Frau.« Ja, aber ihm sei halt langweilig. Irgendwann würde ihm als Berater die Zunge abfallen vor lauter Reden, dachte Mrosko, aber dann dachte er schon wieder an den Druck, unter dem Alper stand.

Sein Vater hatte die Arbeit im Baumarkt aufgegeben, als Alper in Aachen Profifußballer wurde; Fußballprofis verdienten doch so viel, dass Alper für die ganze Familie sorgen konnte. Alper arbeitete in der zweiten Liga bei einem beinahe insolventen Klub. Er bezog mit

6000 Euro brutto ein passables Gehalt, aber wenn er davon auch noch den Hauskredit und den Alltag der Eltern finanzieren sollte, wurde es eng. Also quatschte Mrosko ein drittes Mal am Tag mit ihm, weil es der Junge nicht leicht hatte, »was haste an der Playstation gespielt, Alper?«, »haste irgendwelche Weiber in der Stadt gesehen?«, und dann konnte er auch mal fragen, »wie läuft es mit deinem Vater, Alper, soll ich mal mit ihm reden, damit er begreift, wie sehr er dich unter Druck setzt?«

Und schon wieder klingelte das Handy. Torsten Traub, der bei Rot-Weiß Erfurt im Sportmanagement arbeitete, musste ihn mal vertraulich wegen seinem Spieler Joan Oumari sprechen. Joan habe große Probleme, sich in die Mannschaft zu integrieren. Die Mitspieler hörten nur noch die Wörter Hurensohn, Missgeburt von ihm. Und jetzt habe auch noch der Vermieter bei ihnen auf der Geschäftsstelle angerufen. Oumari bezahlte seit Monaten die Miete nicht mehr. Traub hatte schon versuchte, ihn zu erreichen, doch Oumari ging nicht ans Telefon. Bei Mrosko hob er auch nicht ab. Mrosko sah nur eine Möglichkeit. Er fuhr am nächsten Morgen nach Erfurt, um Oumari nach dem Training abzufangen.

»Ich wohne jetzt bei einem Kumpel. Dann muss ich die Miete für die alte Wohnung doch nicht mehr zahlen«, erklärte ihm Oumari.

»Zu welchem Tag hast du denn die Wohnung gekündigt, vielleicht ist die Kündigungsfrist noch nicht rum, und du musst noch zahlen.«

»Kündigung? Ich habe die Schlüssel bei der Hausverwaltung in den Briefkasten geworfen.«

»Joan …«

Mrosko bat Joan Oumari, ihm seine gesamte Verwaltungskorrespondenz zu bringen, und Oumari kam mit einer Plastiktüte voller Briefe. Es kostete Mrosko mehrere Tage, um Ordnung in Oumaris Angelegenheiten zu bringen, ausstehende Telefonrechnungen zu begleichen, die Wogen wegen offener Leasingraten zu glätten. Aber er erinnerte sich an den 20-Jährigen, der er selbst gewesen war, und es erfüllte ihn mit Stolz, dass er nun anderen 20-Jährigen half, wenn nicht das Leben, so doch immerhin ihre Finanzen zu ordnen.

Dabei bemerkte er auch, dass Oumari für seine Autoversicherung über 300 Euro Gebühr im Monat begleichen sollte. Das kam ihm unwahrscheinlich hoch vor. Er gab die Unterlagen einem Freund von Diego, einem Vermögensberater, der sie prüfte. Oumari hatte die Luxusversion einer Versicherung abgeschlossen, das ginge gewiss auch günstiger. Alex Damm, Mroskos ehemaliger Partner, hatte Oumari die Versicherung verkauft.

Mrosko konnte so tun, als ginge ihn das nichts an. Er hatte sich doch von Alex Damm getrennt, und Oumari würde nicht einmal merken, dass er zu viel bezahlt hatte. Aber Mrosko fühlte sich verantwortlich. Er zahlte Oumari die 1600 Euro, die ihn die Autoversicherung zu viel gekostet hatte, aus eigener Tasche zurück.

Es gab auch andere Fußballer. Wenn Sergej Evljuskin Mrosko besuchte, freute sich auch Sandra, mit Sergej konnte man über das Leben sprechen, Sergejs jugendliche Freundlichkeit erfrischte einen. Oder Fabian Künnemann, ein junger Berliner, den Mrosko in Hansa Rostocks Nachwuchszentrum untergebracht hatte. Der rief zunächst an, »ja, also, könnte der Diego, wenn er das nächste Mal kommt, meinen Fernseher von meiner Mutter mitbringen? Der hier im Internatszimmer ist mir zu klein zum Playstation spielen.«

»Sag mal, spinnst du, mich wegen so einer Kacke anzurufen!«, warf ihm Mrosko sofort an den Kopf, auch da war er doch anders als die anderen Berater, fand er, bei Kritik geradeheraus: »Du sollst Fußball spielen, nicht Playstation. Du hast noch vier Kilo Übergewicht, sagt mir der Torwarttrainer.«

Doch dann merkte er, wie Fabian, fern von zu Hause, im Internat eine Persönlichkeit entwickelte, wie er nicht mehr forderte, sondern versuchte, Dinge zu erreichen.

Das waren die schönen Momente, mit Jungs wie Sergej oder Fabian. Aber am nächsten Tag war garantiert wieder ein Sportdirektor trotz zehnmaligen Anrufens nicht zu erreichen. Mrosko rief noch einmal Lorenz-Günther Köstner an. Köstner, der loyale Lorenz, arbeitete weiterhin klaglos als Reservetrainer beim VfL Wolfsburg. »Bitte, Lorenz«, sagte Mrosko, »frag Magath noch einmal, ob er mich als Scout zurückholt.«

Lorenz-Günther Köstner gehörte zur überschaubaren Gruppe »Wir haben keine Angst vor Felix« in der Bundesliga. Er redete nicht als Reservetrainer zu Cheftrainer mit Magath, sondern sie tauschten sich aus, zwei erfahrene Trainer unter sich.

»Felix, ganz klar, Lars hat einen Fehler gemacht, als er Dieter Hoeneß damals so anging. Aber Fehler hast du auch oft genug gemacht. Uli Mohr und Lars waren ein tolles Team. Ohne die beiden wäre zum Beispiel Džeko nie in Wolfsburg gelandet. Lars will zurück, und ich finde, er verdient eine zweite Chance.«

»Aber hier im Verein sind einige gegen ihn.«

»Das hätte dich früher nicht gestört.«

Felix Magath war auf seiner zweiten Etappe in Wolfsburg ein anderer, fiel Köstner einmal mehr auf. »Beim ersten Mal hatte er mit aller Konsequenz alle Macht an sich gerissen«, erinnerte sich Köstner, und das meinte er keineswegs negativ: Die Allmacht war das Fundament von Magaths Erfolg gewesen.

Als Felix Magath im Frühjahr 2011 nach Wolfsburg zurückkehrte, hatte er dagegen die wichtigste Voraussetzung für diese Allmacht verloren: ein Stück seiner Aura.

Salman Rushdies Gesetz schlug auch bei ihm zu: Nahezu alle Trainer hatten nur ein paar große Jahre. Dann verschliss sie die öffentliche Skepsis. Denn ein Trainer verlor, anders als ein Wirtschaftsmanager, immer in aller Öffentlichkeit, alle paar Samstage wieder, und die Fans, die Sportjournalisten, auch die Fußballer selbst glaubten plötzlich, ganz genau zu sehen, warum dieser Trainer nichts mehr taugte.

An Magath hafteten 2011 die Zweifel und die Kritik aus seiner Schalker Zeit. Wie so oft im Fußball war der Hauptvorwurf an ihn in Schalke kein rationaler, sondern ein emotionaler gewesen: Er sei kalt. Er fühle nichts für den Verein, für die Spieler, für die Fans. Er benutze sie nur. Selbst in Wolfsburg, wo er noch immer Meister Magath war, begleitete ihn bei seiner Rückkehr deshalb unterschwellig ein skeptischer Blick. Musste man ihn nicht besser finanziell kontrollieren? Musste man nicht verhindern, dass er Mitarbeiter wie Maschinenteile auswechselte, das war doch nicht mehr zeitgemäß, oder? Umgeben von solchem Argwohn konnte er nicht allmächtig walten. Wo Felix Magath 2008 alles bestimmen durfte, standen 2011 beim VfL Wolfsburg in Geschäftsführer Thomas Röttgermann und Finanzvorstand Wolfgang Hotze zwei Gegengewichte neben ihm.

»Der Felix hatte schon noch Biss, in der Arbeit mit der Mannschaft war er motiviert und entschlossen wie eh und je«, fand Köstner. »Aber er ging diese Machtkämpfe im Verein nicht mehr an. Er ging nicht mehr auf die Nebenschauplätze.«

Köstner warf es ihm an den Kopf: »Du bist nicht mehr so konsequent, Felix.«

Und Felix Magath lächelte sein berühmtes Lächeln, das alles und nichts heißen konnte.

Lorenz-Günther Köstner musste Mrosko zurückrufen. Er überlegte, welche Antwort er Mrosko geben sollte, falls dieser nachfragte, warum ihn Magath nicht zurückholte. Köstner wusste nicht, was er dann sagen sollte. Nach seinem Gefühl war es Magath einfach nicht den Ärger wert, sich wegen einer aus seiner Sicht nachrangigen Personalie mit vielen im Haus anzulegen. Denn ein Mitarbeiter, der den Chef beschimpft hatte, wie Mrosko 2010 Dieter Hoeneß, war bei Volkswagen schwer vermittelbar, rein formell. Die Form zählte bei Volkswagen; manchmal mehr als die Klasse eines Mitarbeiters.

Im Moment sei nichts zu machen, sagte Köstner Mrosko am Telefon. Mrosko fragte nicht nach: Aber warum? Er war damit beschäftigt, sich nicht anmerken zu lassen, wie sehr ihn die Nachricht verletzte.

Mrosko traf sich mit Shergo zum gemeinsamen Humpeln. Er zog das Fersenbein noch nach. Shergo konnte das rechte Knie nicht durchstrecken. Das vordere und das hintere Kreuzband waren gerissen, der Meniskus angerissen, das Innenband war durch. Warum das Außenband unbeschädigt geblieben war, verstanden die Ärzte nicht.

Shergo war alleine vor dem Torwart des Torgelower SV Greif aufgetaucht, am 26. August 2011, das Datum merkte er sich, ohne es zu wollen. Er war zurück im Oberligafußball, er konnte es sich nicht aussuchen, mit 32, und hatte beim BFC Dynamo angeheuert. Er traf den Ball, der Ball rollte ins Tor. Aber der Torwart hatte sein Knie getroffen.

Das Rehabilitationstraining absolvierte Shergoal nicht mehr, um wieder fit für die Rückrunde zu werden, sondern um wieder laufen zu lernen. Wie schnell es abwärts gegangen war, hielt er sich bei den endlosen Bewegungsübungen auf der Isoliermatte vor Augen, weniger verbittert als erstaunt. Vor 15 Monaten hatte er noch mit Union in der zweiten Liga gespielt. Nun war seine Karriere zu Ende.

Er hätte im Sommer 2010 die Rolle als Unions alter Publikumsliebling weiterspielen können, sein Vertrag hätte noch ein Jahr Gültigkeit besessen. Es musste ihm jedoch klar sein, dass er dann allenfalls ein paar Minuten im Monat spielen würde, wenn überhaupt. Er war nur noch der vierte Stürmer in der Hackordnung, und der Trainer klaute ihnen einen der zwei Stürmerplätze, indem er das Spielsystem umstellte, nur noch mit einem zentralen Stürmer, das war die Mode, musste man machen, seit bei den Weltmeisterschaften 2006 und 2010 die erfolgreichen Nationen den Trend vorgaben, Italien, Spanien, Niederlande. Union war das Größte, aber nur das Maskottchen spielen bei Union war nichts für ihn, er war Shergoal, er musste Tore schießen.

Dynamo Dresden lockte ihn, die wollten aus der dritten Liga aufsteigen, die offerierten ihm nicht nur ein Klassegehalt, sondern das Trikot mit der 10, das musste Shergo machen, er mit der 10. Als er das erste Mal mit Dynamos Trainer Matthias Maucksch telefonierte, dachte er, was ist das denn für ein unsympathischer Typ, kurze Sätze, tonlose Stimme, aber gut, war auch nur ein Trainer, Gehalt und Trikotnummer hatte er mit Dynamos Geschäftsführer Volker Oppitz ausgehandelt. In der Vorbereitung schoss Shergoal mit der Nummer 10 zehn Tore. Im ersten Saisonspiel gegen Eintracht Braunschweig saß er auf der Ersatzbank. Er wolle dieses System mit nur einem Stürmer spielen, erklärte ihm Trainer Maucksch, und dafür eigne sich Shergo nicht so gut.

Das konnte nicht sein, fand Shergo. Er kam doch nicht aus der zweiten Liga, um eine Spielklasse tiefer auf der Ersatzbank zu hocken. Er spielte dann auch mal, spielte ehrlich gesagt nicht so gut, aber das war in diesem defensiven System für den alleinigen Stürmer auch nicht so einfach, und dann ließ ihn der Trainer gegen Saarbrücken schon wieder auf der Ersatzbank, wechselte ihn der Trainer in Sandhausen gegen einen Verteidiger aus, nachdem ein Mitspieler die Rote Karte gesehen hatte, jetzt reichte es mal, er kam aus der zweiten Liga, er war Shergoal!

Als er sich beschwerte, sagte ihm der Trainer: »Der Geschäftsführer hat dich verpflichtet.« Er dagegen habe Shergo nicht gewollt.

Ja, war jetzt der 1. April im August, der Trainer wollte ihn eigentlich gar nicht, und das erfuhr er zwei Monate, nachdem er in Dresden angekommen war? Shergoal packte seine Fußballschuhe ein und fuhr nach dem Montagstraining am 31. August 2010, ohne sich abzumelden, nach Berlin, nach Hause. Beim Training in Dresden am nächsten Tag wusste niemand, wo er steckte.

Dynamo schickte ihm eine Abmahnung, er reichte Atteste ein, wegen Magen-Darm-Grippe, wegen Erschöpfung, sollte sein Berater das regeln, er wusste nur, er würde da nicht mehr hingehen. Das kostete ihn vier Monate ohne Fußball, bis zur nächsten Transferperiode im Januar 2011 durfte er sich keinem neuen Verein anschließen, aber er hatte sowieso keinen Bock mehr, immer Stress, immer Ärger, das Fußballgeschäft ging ihm auf den Keks, er würde nur noch in Berlin spielen. Aber dann kam der 1. FC Magdeburg an, geiler Traditionsverein, die waren mal Europacupsieger gewesen, na gut, jetzt Regionalliga, vierte Liga, aber ein cooles Stadion, gute Stimmung gab es dort immer noch. Er konnte dort die Saison 2010/11 für 1500 Euro im Monat zu Ende spielen, und ab nächster Saison würde ihm Magdeburg einen richtigen Vertrag über 4000 Euro geben, berichtete ihm sein Berater. Na, da war er doch dabei.

Der Europapokalgewinner von einst steckte im Regionalliga-Abstiegskampf. Kompakt stehen, den Spielraum des Gegners eng machen, den Ball schnell nach vorne, darum ging es die ganze Zeit, ein Höllenritt für einen Stürmer, der vielleicht zwei, drei präzise Vorlagen im Spiel bekam. Shergo merkte, wie er die Verkrampfung der Mannschaft schon selbst annahm, jetzt spielte er in der vierten Liga und traf das Tor nicht, zehn Spiele lang, das war Shergoal noch nie passiert. Die 1500 Euro wurden trotzdem pünktlich überwiesen. Nur den Vertrag, der ihm ab Juli die 4000 Euro garantierte, erhielt er nie. In der Sommerpause las er auf der Webseite des 1. FC Magdeburg unter Abgänge: Shergo Biran. Niemand hatte ihm irgendetwas gesagt.

Jetzt reichte es. Er war 32, er würde in Berlin bleiben und den lokalen Helden spielen, den Exprofi, der sich auf die alten Tage im Oberligafußball noch mal den Ruf bezahlen ließ. In genau einem Jahr war er von der zweiten über die dritte und die vierte beim BFC Dynamo in der fünften Liga gelandet. So schnell, so zielstrebig konnte es eigentlich gar nicht nach unten gehen, dachte sich Shergo und konnte sich nicht vorstellen, wie es noch tiefer gehen sollte. Es war erst der dritte Spieltag, als der Torwart des SV Greif, was für ein Vereinsname, ihm mit gestrecktem Bein entgegensprang und das

Knie zertrat. Einen Gedanken würde Shergo niemand mehr nehmen: »Wenn das mal keine Absicht war.« Das Tor, das er mit der Fußspitze erzielt hatte, während der Torwart auf sein Knie sprang, zählte nicht. Wegen Abseits. Das rundete die Sache ab, fand Shergo.

Sie konnten ihm entweder das Kreuzband eines Toten einsetzen, sagten ihm die Ärzte, oder sie schnitten ein Stück von der Patellasehne seines gesunden Knies heraus und benutzen es im geschädigten Knie als Ersatzkreuzband. Shergo entschied sich dafür, den eigenen Körper als Ersatzteillager zu benutzen. Dafür musste er in einigen Monaten noch einmal operiert werden, an beiden Knien. So lange war Gesundwerden ein Vollzeitjob. Danach musste er nicht weniger als ein neues Leben beginnen.

Wenn ihn mal jemand gefragt hatte, was er nach dem Fußball machen wolle, hatte Shergo gedacht, irgendwas werde er schon machen. Der Zeitpunkt war so weit weg. Der Zeitpunkt schien so weit weg.

Den Weg zum Jobcenter Neukölln in der Mainzer Straße kannte er schon. Dort hatte er sich 2007 für den SV Babelsberg scheinarbeitslos gemeldet. Dort Arbeit zu finden war 2011 nicht so einfach. Er habe keine abgeschlossene Ausbildung vorzuweisen? Und er sei 32? Dann werde es nicht nur schwer, sondern nahezu unmöglich, ihm eine feste Stelle zu vermitteln, erfuhr Shergo nach 271 Spielen und 118 Toren für 13 Vereine in 14 Jahren. Was in Deutschland zählte, lernte er im Jobcenter, war eine abgeschlossene Ausbildung, egal, in welchem Bereich. Ohne die formale Qualifizierung einer Berufsausbildung nehme ihn niemand.

»Da stehst du jetzt«, sagte Shergo zu sich selbst. »Unausgebildet, Invalide.«

»Die müssen doch irgendeinen Job für dich haben, und wenn sie sich selbst entlassen, und du übernimmst die Jobberatung beim Arbeitsamt«, sagte Mrosko, ein bisschen Fluchen, ein bisschen Witzeln würde doch helfen. Sie humpelten weiter. Auf sich selbst bezog Mrosko Shergos Schicksal nicht: Er hatte ebenfalls keine Berufsausbildung. Er war dazu verdammt, selbstständig weiterzumachen als Spielerberater.

Im November 2011 erhielt Mrosko eine E-Mail aus der Türkei in perfektem Englisch und ahnte sofort, das konnte der Deal werden. Er flog mit Diego nach Antalya. Ein Jahr zuvor waren sie das erste Mal zu Verhandlungen in der Türkei gewesen, in der Mehlfabrik. Damals hatte Mrosko alles nervös gemacht, die fremden Laute und Gerüche, die ungewohnte Art, Verabredungen in der Luft schweben zu lassen, schauen Sie mal am Nachmittag vorbei, da sehen wir uns dann schon irgendwann. Ein Jahr später reiste Mrosko in die Türkei mit dem Gefühl, nach Hause zu kommen. Antalya schmiegte sich geradezu ans Meer, und wenn er von den Hügeln der Altstadt über die Steilküste hinab auf das Wasser sah, spürte er eine große, ungekannte Ruhe.

»Hier müssen wir mal zusammen in den Urlaub hinfahren, Diego.«

»Können wir machen.«

»Wenn wir den richtig großen Deal gemacht haben.«

Der Kontakt, der sie in die Türkei gebeten hatte, hieß Koray Palaz, geboren in Istanbul, aber das war kein Türke, das war ein Engländer, merkte Mrosko sofort, als sie sich im Hotel trafen. Die ausgesuchte Höflichkeit, mit der Mister Palaz sie in den ersten Minuten ihres Kennenlernens behandelte, lernte man nur im britischen Alltag. Alles an seinem Kopf war groß, die Ohren, die Nase, die Kopfform glich einem aufrecht stehenden Rechteck. Mit elf Jahren war er nach London gezogen, erzählte ihnen Mister Palaz, sie sollte doch bitte Koray sagen, in den Jugendmannschaften hatte er einmal für West Ham United gespielt. Nun arbeite er als Chefscout für den türkischen Erstligisten Orduspor, oben an der Schwarzmeerküste, Koray zeigte nach oben, eine schöne Stadt, die zwischen Samsun und Trabzon malerisch in einer Bucht lag. Sie bestellten etwas zu essen im Hotelrestaurant, schon bald war vom Tischtuch nur noch wenig zu sehen unter Tellern mit Kuru Köfte, Adana Kebap, Reis mit Kichererbsen, Reis mit Gemüse, Auberginen, Joghurt, Petersilie, Zitrone, Brot; sie waren bereit, stundenlang zusammenzusitzen. Koray hatte Alemannias Alper Uludağ bei Spielen für die türkische Juniorennationalelf gesichtet. Orduspor würde ihn sofort verpflichten.

Das brauchte Mrosko Koray so nicht zu sagen, aber sowohl für die Alemannia als auch für Alper war Orduspors Interesse ein Geschenk. Beide, Alemannia und Alper, brauchten dringend Geld.

Mit der Höflichkeit eines Engländers: Koray Palaz, der Chefscout von Orduspor, wird für Peter Hyballa und Mrosko ein Fußballfreund.

Der Hauskredit und der Lebensunterhalt der Eltern, die Alper bezahlen musste, setzten ihm finanziell zu, er brauchte die Punkteprämien zusätzlich zum Grundgehalt, um hinzukommen, aber es gab kaum noch Punkteprämien, Alemannia gewann auch unter Peter Hyballas Nachfolger selten. Ein Wechsel in die Türkei war die schnellste Lösung für Alper. Dort konnte er ein Handgeld einstreichen, wie die Zahlung im Profifußball trefflich hieß: Er würde vorneweg, bei Vertragsunterschrift, eine große Summe auf die Hand erhalten. Das konnten bei einem Erstligisten wie Orduspor schon mal 100 000 Euro sein, schätzte Mrosko.

Verhandlungen mit Koray fühlten sich wie sachliche, vertrauensvolle Erörterungen an. Was für ein Gehalt stellt ihr euch für den Jungen vor? Was für ein Gehalt könntet ihr denn zahlen? Welche Ablöse verlangt die Alemannia? Zahlen wurden zum Adana Kebap über den Tisch gereicht, ich denke, 200 000 Euro Ablöse würde Orduspor zahlen, ich denke, 300 000 Euro Ablöse stellt sich die Alemannia schon vor. Mrosko stand auf und ging in eine Ecke des um 15 Uhr mittlerweile recht leeren Hotelrestaurants, um telefonisch Rücksprache mit Alemannias Sportdirektor Erik Meijer zu halten, Koray rief Orduspors Präsidenten an. Bei 300 000 Euro könnten sie sich wohl einigen, wie sah es mit Alpers Vertrag aus, 30 000 Euro im Monat Grundgehalt sollten angemessen sein, wir reden schließlich von der ersten türkischen Liga, Koray stand wieder auf und telefonierte mit dem Präsidenten, was haltet ihr von 25 000 Euro Fixgehalt und 50 000 Euro Handgeld vorneweg? Diego ging in einen verlassenen Tagungssaal nebenan und rief Alpers Vater an, kehrte zurück, also, 100 000 Euro Handgeld sollten es schon sein, reichst du mir bitte noch mal den Reis? Nach drei Stunden hatten sie einen Vertrag über dreieinhalb Jahre ausgehandelt, mit Details wie Prämien für eine eventuelle Europacup-Qualifikation von Orduspor. Mrosko rief Erik Meijer an, dass sie sich im Prinzip handelseinig waren. Ja, er hatte noch einmal darüber nachgedacht, 300 000 Euro von einem türkischen Klub für einen türkischen Juniorennationalspieler seien wohl doch eher wenig. Er wollte jetzt 500 000 Euro Ablöse, beinahe das Doppelte wie noch vor drei Stunden.

Wieder wurde verhandelt, wieder telefoniert, auf 300 000 Euro Ablöse sowie 20 Prozent für die Alemannia von jeglicher Ablöse, falls Orduspor Alper jemals weiterverkaufte, konnten sie sich einigen. Der Handschlag mit Koray fühlte sich kräftig und elektrisierend an.

Die Provision würde 40 000 Euro betragen, die höchste, die sie bis dahin eingespielt hatten, endlich mal spürbares Geld, es war höchst nötig, aber vor allem fühlte Mrosko, dass Diego und er gerade den Durchbruch geschafft hatten: Sie hatten, ohne einen türkischen Berater als Zwischenhändler, einen richtigen Deal in der Türkei zustande gebracht. Von nun an sollten sie wer sein im deutsch-türkischen Fußballerhandel.

Wenige Tage später erhielt Mrosko den Vertragsentwurf von Koray per E-Mail, wie herzlich er schrieb, »es war ein Privileg, euch kennenzulernen«. Alper würde zum nächsten möglichen Termin, zum 1. Januar 2012, nach Ordu wechseln.

In den Tagen nach Weihnachten 2011 flogen Mrosko und Diego noch einmal nach Istanbul. Der Sportdirektor von Kasimpaşa Spor wollte sie treffen, ursprünglich auch wegen Alper, das war nun hinfällig, aber es war auf jeden Fall gut, den Sportdirektor mal kennenzulernen, für zukünftige Deals. Koray trafen sie auch, ehrlich, sagte Koray, obwohl er selbst Türke sei, nerve ihn die Feilscherei, das Hin und Her vieler türkischer Vereine, er sei froh, dass sie Alpers Wechsel so korrekt über die Bühne gebracht hatten. Vielleicht konnten sie in Zukunft noch bei dem einen oder anderen Spielerwechsel zusammenarbeiten.

Später schlenderten Mrosko und Diego zum Zeitvertreib über die Unabhängigkeitsstraße, »komm mal mit«, sagte Mrosko plötzlich und führte Diego in ein Kaufhaus. »Probier doch mal die Jacke«, forderte er Diego auf, und was halte er von der Hose. Diego kleidete sich ein, einen Reisekoffer nahm Mrosko noch dazu, Diego brauchte einen anständigen Koffer, jetzt, wo sie öfter auf Dienstreise in die Türkei gehen würden, und an der Kasse zahlte Mrosko alles. In zwei Tagen würde ihr erster größerer Deal in trockenen Tüchern sein.

Am Abend des 27. Dezember flogen sie nach Hause, und zwei Tage später wollte Mrosko mit Alper schon wieder in die Türkei fliegen, nach Ordu, wo er als Neuzugang präsentiert wurde. Mrosko buchte Tickets Brüssel–Istanbul–Ordu, die Uludağs lebten im deutschsprachigen Teil Belgiens. Er würde von Berlin erst nach Brüssel und dann gemeinsam mit Alper nach Ordu fliegen. Das war ein Umweg, aber er betreute seine Spieler richtig.

Erik Meijers Sekretärin unterbrach ihren Weihnachtsurlaub in Hamburg und reiste nach Aachen, um auf Alemannias Geschäftsstelle die Wechselbürokratie auf den Weg zu bringen, Freigaben mussten bei Fußballverbänden beantragt und ausgestellt werden, Verträge übersetzt werden, Orduspor musste vorab eine Bankbürgschaft über die Ablöse hinterlegen.

Am 28. Dezember 2011 ging Mrosko früh ins Bett, er flog am nächsten Morgen um 6:15 Uhr los. Gegen 22 Uhr rief ihn Diego an.

»Sie haben das Geld nicht«, sagte er.

»Was?« Mrosko redete und hatte gleichzeitig das Gefühl, sprachlos zu sein.

»Koray hat gerade angerufen. Er ist auch fertig.«

Die zum 1. Januar fällige Rate der Fernsehgelder wurde in der türkischen Superliga nicht pünktlich ausgezahlt. Orduspor hatte sich aber darauf verlassen, die Ablöse und das Handgeld damit zu bezahlen.

Mrosko rief Erik Meijer an. Der Sportdirektor war im Skiurlaub.

»Aber wir haben doch die Bankbürgschaft?« Die Bürgschaft sollte doch genau solche Ausfälle decken. Die Bürgschaft war auch nicht eingegangen. Mrosko ließ Diego bei Koray anrufen.

Ja, im Moment sei es schwierig, die türkischen Bankhäuser seien bei Bürgschaften für Fußballklubs sehr vorsichtig geworden. Aber er werde alles tun, damit Orduspors Präsident zumindest eine Bankbürgschaft auftrieb, ihm war das alles am meisten unangenehm, sagte Koray.

Wenn Sie bis morgen Mittag um zwölf wenigstens die Bankbürgschaft auftrieben, würde er mit dem Finanzvorstand und Rechtsanwalt sprechen, ob sie dem Wechsel trotzdem stattgaben, sagte Erik Meijer. Sie brauchten doch das Geld, Mann. Sie hatten es, in der Tat, schon verplant für den Zukauf eines neuen Spielers, Albert Streit.

»Uludağ verlässt die Alemannia«, stand am nächsten Morgen in der *Aachener Zeitung*. »Mittelfeldspieler Alper Uludağ löst am heutigen Donnerstag am Tivoli seinen Vertrag auf und fliegt noch am selben Tag in die Türkei.«

Während die Zeitungskäufer in Aachen die Nachricht lasen, hatte

Alper seinen Flug nach Ordu über Istanbul schon verfallen lassen. Der große Reisekoffer stand im teuren Haus seiner Eltern noch immer gepackt bereit. Wenn die Bankbürgschaft bis zwölf eintraf, würde doch noch alles gut werden.

Die Arschgeigen! Das konnten die nicht machen, Alper saß auf gepackten Koffern, das Ding stand in der Zeitung, denen würde er den Kopf abreißen, wenn der Deal platzte. Wenn Mrosko wie ein Maschinengewehr redete, wusste Diego, was los war. Dann entlud sich die Spannung. Diego spürte neben Mrosko eine plötzliche innere Ruhe, kurios, als ob Mroskos Anspannung ihn automatisch in den Gegenpol verwandelte. »Lars, lass mich weiter mit Koray und Alpers Vater telefonieren, damit du runterkommst«, sagte Diego in Berlin. Als Chef, fand Diego, war Mrosko der Hammer, korrekt, generös. Aber er musste lernen, sich in angespannten Situationen zu beherrschen. Als Berater zu arbeiten hieß auch, Schauspieler zu sein.

Ach was, als Berater zu arbeiten hieß, knallhart Entscheidungen zu fällen, fand Mrosko. Um zwölf Uhr telefonierte er mit Erik Meijer, und dann erklärte er den Deal für geplatzt. Es hatte keinen Sinn, Orduspor eine weitere Frist zu setzen. Sie machten sich ja lächerlich.

Alper fing am Telefon an zu weinen, als ihm Mrosko die Nachricht überbrachte. Koray sagte Diego am Telefon, er schäme sich, sie seien so ehrliche Leute, er schäme sich wie noch nie.

Roman Sobierajski von der *Aachener Zeitung* meldete sich. Am Tag zuvor hatte er den Wechsel von Alper Uludağ zu Orduspor exklusiv gebracht. Nun recherchierte er den Nicht-Wechsel exklusiv. »Ohne Bürgschaft kann ich den Spieler nicht guten Gewissens in die Türkei schicken«, sagte ihm Mrosko, »und wenn Alemannia Aachen jahrelang vergeblich der Ablösesumme hinterherlaufen muss, kann ich mich in Deutschland nicht mehr sehen lassen.«

Danach sagte eine Weile lang niemand mehr etwas.

»Du kannst nichts dafür«, sagte Alpers Vater schließlich in das Schweigen hinein am Telefon zu Mrosko. Mrosko war sich nicht sicher, ob der Vater auch wirklich dachte, was er sagte.

Mit Fußball reagierte sich Mrosko ab. Er coachte Ende Januar 2012 die Kreisligamannschaft von Union Südost bei der Berliner Hallenmeisterschaft. Hier war Fußball, was er sein sollte, einfach ein Spiel, dachte er. Dann erhielt einer seiner Kreisligakicker in einem bereits entschiedenen Vorrundenspiel eine Zeitstrafe und weigerte sich, das Spielfeld zu verlassen, jemand warf eine Trinkflasche, waren das die Gegner gewesen, die Arschgeigen, schon standen 30 Mann auf dem Schöneberger Hallenparkett, Spieler, Zuschauer, Fäuste flogen, es setzte Tritte, Mrosko ging dazwischen, aber jeder Versuch zu beruhigen, wurde auch als Angriff verstanden. Erst eine Polizeistreife beruhigte die Situation.

Mrosko war schon wieder von den Sportjournalisten gefragt. »Ich bin krass enttäuscht und schäme mich für das Auftreten meiner Mannschaft. Mit so etwas möchte ich nichts mehr zu tun haben«, sagte er dem *Tagesspiegel*. Er trat als Kreisligatrainer zurück. Manche Auseinandersetzung musste mit Schlägen und Tritten geklärt werden, ja, aber nicht beim Fußball. Der Fußball war Tabu, der Fußball musste rein bleiben für ihn.

Der Fußball brachte seinen Jugendfreund Wrek ins Krankenhaus. Mario Jurcevic, das rar gewordene Haar mit 34 kurz geschoren, trainierte die B-Jugend von SD Croatia Berlin, er wollte mit dem Trainerding was aufbauen, von dem Elektronikerding bei der Telekom hatte er genug, die ganze Zeit unterwegs für die Arbeit, für Telefonmasten. Ein bisschen Geld konnte er als Gelegenheitskellner im Café seiner Schwester verdienen, er brauchte nicht viel Geld, und dann konnte er das Trainerding durchziehen, das war sein Ding, als Fußballtrainer konnte man ab einer bestimmten Ebene doch auch Geld verdienen. Er trainierte Croatias B-Jugend in der Kreisliga.

Im April 2012 spielten sie gegen NSCC Trabzonspor Berlin an der Bosestraße in Tempelhof um den Aufstieg in die Bezirksliga, als der Schiedsrichter nach einer Viertelstunde seine Pfeife auf den Boden warf und ging. Alter, das war mal ein Statement, das Gemeckere und die Aggressivität nervten, aber andererseits musste ein Schiri doch auch einstecken können, warum wurdest du sonst Schiri. Wrek übernahm das Pfeifen, war nicht optimal, aber es war kein anderer Schiri in der Nähe, und er würde das schon korrekt machen, auch wenn es seine eigene Mannschaft war, die spielte. Was glaubten die, er hatte eine Ehre. Eine Mannschaft von ihm brauchte keine unsaubere Hilfe vom Schiri, um aufzusteigen!

Nach einem Foul an einem Trabzonspor-Spieler pfiff er Freistoß, natürlich pfiff er, aber der Gefoulte sprang schon auf und ging auf den Croatia-Spieler los, Wrek ging dazwischen, der Vater des kroatischen Jungen lief in Sorgen um seinen Sohn auf das Feld, war natürlich scheiße, aber verständlich, plötzlich war ein Dutzend Leute auf dem Spielfeld, schubsten und traten, ein türkischer Vater griff Wrek immer wieder ins Gesicht, verstehst du, Alter, Wrek war keiner, der zuschlug, aber wenn er geschlagen wurde, dann wehrte er sich, er teilte aus, er sorgte für Ruhe, aber die Schläge und Tritte kamen von allen Seiten, und plötzlich hörte er, wie einer seiner Jungs schrie: »Trainer, du blutest!« Der türkische Junge stand noch sechs, sieben Meter von ihm entfernt, das Messer immer noch in der Hand, wohl der Bruder eines Trabzonspor-Spielers, »Achmed!«, hörte Wrek die Türken rufen. Wrek ging mit offenen Händen auf ihn zu, »versuch doch mal jetzt, mich Auge in Auge abzustechen. Das traust du dich nicht. Weil ich dir das Messer wegnehmen und in die Stirn rammen würde.«

Da lief dieser Typ weg, war doch klar, die feige Sau.

Jemand rief einen Krankenwagen. Wrek stand auf dem Fußballplatz und wartete, die Trainingsjacke rot gefärbt, das Blut lief aus seiner Brust. Aber er stand, das war wichtig, fand er.

Der Arzt im Krankenwagen bat ihn: »Atmen Sie mal tief durch.« Als Wrek die Luft einzusaugen versuchte, brach er zusammen.

Das Messer hatte die Lunge zerstochen. Die Sanitäter legten eine Drainage von hinten, durch die Rippen hindurch, um das Wasser und die Luft aus der Lunge zu entsaugen. Fünf Zentimeter war die Wunde lang. Ein Lungenflügel war kollabiert.

Mrosko besuchte Wrek im Auguste-Viktoria-Krankenhaus. Sein eigener Rücken schmerzte augenblicklich im Hospital. Als ob ihn der Geruch von Desinfektionsmittel unter trüben Neonlampen an das eigene Leiden erinnerte.

»Ich will keine Rache. Ich will, dass ihr zeigt, dass wir besser, humaner sind als diese feige Ratte«, sagte Wrek den vier, fünf Freunden, die sich an seinem Krankenbett versammelt hatten. Selbstverständlich hielt sich Mrosko an Wreks Wunsch. Waren bewegende Worte von Wrek gewesen. Selbstverständlich hätte Mrosko ihn gerächt, wenn Wrek das gewünscht hätte.

Das Gerichtsverfahren gegen den mutmaßlichen Täter endete, wegen angeblich mangelnder Beweislage, mit Freispruch. »Ich wünschte mir, wir hätten das steinzeitliche Rechtssystem: Auge um Auge, Zahn um Zahn«, dachte Wrek. Aber er durfte dem nicht weiter nachsinnen, er musste sich befreien von der Bitterkeit. Wenige Wochen nach der Notoperation an seiner Lunge stand Wrek wieder als Jugendtrainer auf dem Fußballplatz. Er glaubt, wenn er sich über Croatias Jugendteams in den Männerfußball hocharbeitet, dann könnte er es als Trainer irgendwann in die Berlinliga, die fünfte Spielklasse, schaffen. Dort verdient ein Trainer schon mal 1000 Euro im Monat. Dort könnte er sich irgendwie durchschlagen und fühlen, er lebe im Fußball, als Fußballer. Der Traum war mehr wert als ein ordentlicher Beruf wie Telekomelektroniker.

Das Telefon klingelte nach einer neuen Melodie. Mrosko hatte sein Handy so eingestellt, dass der Anrufer während des Klingelns die Titelmusik aus der Fernsehserie *Ein Colt für alle Fälle* hörte. »I might fall from a tall building, I might roll a brand new car, 'cos I'm the unknown stuntman«, sang Lee Majors, da wussten die Anrufer gleich, mit wem sie es zu tun hatten. Die Textzeile »I've never spent much time at school, but I taught ladies plenty« war auch nicht schlecht.

Klaus Brüggemann, der Geschäftsführer des SV Babelsberg, rief Stuntman Mrosko an. Wie komme er denn zu der Ehre, er sei doch in Babelsberg geächtet? Das war dann doch eher eine persönliche Aktion von Trainer Dietmar Demuth gewesen, sagte Brüggemann, und Demuth war im Mai 2012 gerade entlassen worden.

Ein Spielerberater konnte es sich nicht oft leisten, Befindlichkeiten oder gar Prinzipien zu haben. Er musste weitermachen, auch mit denen, die ihn schlecht behandelt hatten. Der SV Babelsberg, der ihn 2011 geächtet hatte, wurde 2012 zu Mroskos Lieblingskunden. Statt des Trainers, der Mrosko auf die schwarze Liste gesetzt hatte, war da jetzt einer, für den Mrosko schon gescoutet hatte: Christian Benbennek von der A-Jugend des VfL Wolfsburg. Spieler, für die er sonst keinen Profiverein mehr fand, bekam Mrosko auf einmal immer in Babelsberg unter, nach Sergej Evljuskin im Sommer 2012 auch Daniel Reiche und Lennart Hartmann.

Die anderen Spielerberater fanden es stets verdächtig, wenn ein Kollege bei einem Verein mehrere Spieler unterbekam. Gab der Berater etwa dem Sportdirektor oder dem Trainer etwas von seiner Provision ab, damit sie seine Spieler anstellten? Die anderen Spielerberater, immer die anderen, machten so etwas doch sicherlich.

In Wirklichkeit war es in den meisten Fällen so wie bei Mrosko mit Peter Hyballa in Aachen und Christian Benbennek in Babelsberg: Wo eine persönliche Beziehung zwischen Berater und Trainer bestand, erst recht, wo die Trainer die fachliche Kompetenz des Beraters schätzten, kam eine Spielerverpflichtung schneller zustande.

Die Spielerberater, die über die Kollegen mit speziellen Verbindungen zu Klubs lästerten, strebten selbstverständlich alle danach, der Vertrauensberater eines Sportdirektors oder Trainers zu werden. Es schien wie eine Lebensversicherung.

Wenn sich Spielerberater mit anderen Beratern, Profifußballern, Scouts oder Fußballreportern zum Branchenklatsch trafen, wurde das irgendwann im Gespräch garantiert ein Thema: Wer mit wem besonders gut konnte. Schon in den Neunzigern nahm der Trainer Otto Rehhagel in seine Teams immer gerne Spieler des Beraters Wolfgang Vöge auf. Die Agentur Rogon des Beraters Roger Wittmann nannten die Kollegen hinter vorgehaltener Hand Rogon 04, so viele seiner Spieler platzierte er bei Schalke 04 unter Manager Andreas Müller. Und war es nicht interessant, dass Klaus Allofs als Sportdirektor sowohl in Bremen wie später in Wolfsburg offenbar öfter den Berater Giacomo Petralito als Unterhändler einschaltete?

Für einen Sportdirektor, den 100 bis 1000 verschiedene Spielervermittler zu kontaktieren versuchten, war es essenziell, eine Auswahl zu treffen. Es sei die aufwendigste Arbeit in seinen ersten Tagen als Sportdirektor von Werder Bremen gewesen, erzählte Thomas Eichin: all die Anrufe der Spielerberater entgegenzunehmen und zu sortieren, wo musste er rangehen, bei wessen Anruf würde er dagegen in Zukunft das Telefon klingeln lassen, wessen E-Mails würde er unbeantwortet löschen.

So konnte etwa der spanische Berater von Abwehrspieler Marc Torrejón Kaiserslauterns Sportdirektor Stefan Kuntz nie erreichen. Als er schließlich die Anfrage über Kuntz' Vertrauensberater Lars-Wilhelm Baumgarten laufen ließ, wurde Torrejón dann plötzlich in Kürze von Kaiserslautern verpflichtet. Einen Teil der Provision erhielt selbstverständlich Baumgarten.

In der Regel wählte jeder Sportdirektor die Agenturen mit den ewig langen Spielerlisten als bevorzugte Gesprächspartner aus und dazu ein paar, zu denen er aus der Vergangenheit eine Art persönliche Verbindung aufgebaut hatte. Unter diesen exklusiven Beratern bestimmten viele Sportdirektoren und Trainer noch den einen Vertrauensberater, den Spezialagenten. Ihn setzten sie als Unterhändler bei komplizierten oder heiklen Transfers ein. Als Sportdirektor Klaus Allofs zum Beispiel den brasilianischen Spielmacher Diego nach Bremen holte, warf sich offensichtlich der vielsprachige Schweizer Berater Giacomo Petralito für Allofs in den Nahkampf der zähen Verhandlungen.

Wozu mussten Sportdirektoren überhaupt einen Berater als Unterhändler beauftragen, fragte sich Mrosko: War es nicht ihr Job, die anstrengende Verhandlung selbst zu erledigen? Oder ging es ihnen manchmal einfach darum, einem befreundeten Berater einen lukrativen Job zuzuschanzen?

Er verachtete das System der Zwischenhändler, und gleichzeitig merkte er beim Blick auf den Kontoauszug im Frühsommer 2012: Er musste da rein in dieses System. Er musste der Spezialagent eines Sportdirektors oder Trainers werden. Es kam nur einer infrage.

»Herr Magath«, sagte er am Telefon. »Ich werde nicht drum herumreden: Ich stehe finanziell vor dem Kollaps. Bitte geben Sie mir die Generalvollmacht, dass ich Ihnen einen Spieler besorge. Ich besorg Ihnen den, das wissen Sie.«

»Hakan Çalhanoğlu vom Karlsruher SC interessiert mich.«

»Geben Sie mir die Vollmacht als Ihr Unterhändler. Ich bringe Ihnen den.«

»Und was wollen Sie dafür haben?«

»100 000 Euro.«

»Machen wir 80 000 Euro.«

Es musste ein leichtes Unterfangen sein: einen Zweitligaspieler aus Karlsruhe zum VfL Wolfsburg zu lotsen. Mrosko nahm mit Çalhanoğlus Berater Kontakt auf, er kannte ihn gar nicht, Bektaş Demirtaş, offenbar ein Bekannter von Çalhanoğlus Familie, kein Profi.

Hakan habe auch andere Angebote aus der Bundesliga, sagte der Berater.

Daran zweifelte Mrosko nicht, Çalhanoğlu war erst 18 und mischte die zweite Liga schon auf mit seinen sensationellen Freistößen und frechen Pässen.

Aber Demirtaş wusste doch, dass Volkswagen richtig in den VfL investierte, Hakan würde von der zweiten Liga gleich in einen potenziellen Spitzenklub aufsteigen. Und finanziell würde der Wechsel sicher weder zu Hakans noch zu seinem, Demirtaş', Nachteil sein. »Wir können bei diesem Vereinswechsel alle glücklich werden«, sagte Mrosko.

Aber der Berater rief irre Zahlen auf. Zwei Millionen Euro Provision. Sechs Millionen Ablöse für den KSC. Çalhanoğlus Berater war neu im Geschäft, vermutlich hatte er zu viel *Sport Bild* gelesen, wo vielleicht von zwei Millionen Provision für die Berater geschrieben wurde, doch das hier war die reale Bundesliga, kein Playstation-Gezocke, Mrosko versuchte, es Demirtaş auf höfliche Art klarzumachen. »Auch wenn ich natürlich denke, Hakan ist dieses Geld wert, zahlt kein Bundesligist sechs Millionen Euro Ablöse für einen 18-Jährigen, dessen Verein gerade aus der zweiten Liga abgestiegen ist.«

Mrosko hielt Rücksprache mit Magath, er rief Demirtaş noch einmal an, und dann war alles vorbei, ehe es begonnen hatte. Hakan Çalhanoğlu wechselte zum Hamburger SV.

Die würden doch nicht die irren Provisionsforderungen des Beraters erfüllt haben? Wieso zog ein Spieler überhaupt Hamburg Wolfsburg vor, hatte er etwa Angst vor Magath? Die Antworten auf die eigenen Fragen interessierten Mrosko gar nicht. Er fühlte sich schlagartig verlangsamt. Er hatte das Geld schon gesehen, 80 000 Riesen, er hätte seinem Förderer von VW endlich etwas von dem Darlehen zurückzahlen können, er hätte einfach mal fühlen können: Jetzt haben wir es geschafft. Er hatte sich das alles – eine erste Rückzahlung des Kredits, das Gefühl, es geschafft zu haben – während der Verhandlungen schon hundertmal vorgestellt. Er hatte in seiner Begeisterung vergessen, dass der Deal auch scheitern konnte. Das Schlimmste war, Magath zu gestehen: Ich kriege den Berater nicht runter von seinen Forderungen. Ich kriege den Deal nicht hin.

Offiziell hat der VfL Wolfsburg nie mit Hakan Çalhanoğlu verhandelt. Offiziell hat sich der VfL nie für ihn interessiert. Das war ein weiterer Grund, warum Vereine Unterhändler einschalteten. Sie wollten nicht als Abwerber dastehen – schon gar nicht als gescheiterter Abwerber.

Weitermachen, sagte sich Mrosko. Und im nächsten Moment zog ihn der Gedanke wieder runter: Er musste weitermachen mit der Scheiße.

Er fuhr nach Cottbus, um mit dem Sportdirektor des FC Energie, Christian Beeck, zu sprechen, nichts Konkretes, aber gerade deine Jugendspieler musstest du immer wieder anpreisen, vielleicht brauchte dann Beeck genau in einem Jahr einen jungen Torwart und hatte Mroskos Keeper aus Herthas Nachwuchsschule im Kopf. Mrosko parkte vor Energies Geschäftsstelle und blieb im Auto sitzen.

Er versuchte noch einmal, vom Fahrersitz aufzustehen. Wieder nichts. Er rief Beeck vom Handy aus an.

»Christian, ich muss unser Treffen absagen. Ich komm nicht aus dem Auto raus.«

»Wie, du kommst nicht aus dem Auto raus?«

»Mein Rücken hat zugemacht. Ich stehe vor eurer Geschäftsstelle, aber ich kann mich nicht bewegen. Ich muss sofort zum Arzt. Lass uns in den nächsten Tagen in Berlin treffen, wenn du wieder mal in der Stadt bist.«

Ohne auszusteigen, fuhr Mrosko nach Berlin zurück, direkt zur Praxis von Doktor Schumann in Wilmersdorf. Halb rollte er sich aus dem Auto, halb krabbelte er aus dem Wagen.

Der Doktor spritze ihm Kortison, um erst einmal den Rücken zu entspannen. Die Kortisonkur würden sie in den nächsten Wochen beibehalten, aber davon allein würden die Probleme nicht verschwinden. Mrosko sollte täglich Stabilitätsübungen für den Rücken machen.

Er legte sich zu Hause auf den Wohnzimmerteppich und streckte und reckte sich, wie es die Übungen vorsahen, linken Arm vor, rechtes Bein zurück, es war ihm egal, wie lächerlich das aussehen mochte. Er wollte nach dem Ferseneingriff auf keinen Fall schon wieder auf dem Operationstisch landen. Er konnte es sich nicht leisten, schon wieder ins Krankenhaus zu gehen. Es war Frühsommer 2012, Transferzeit, er musste seine Spieler unterbringen.

Philip Sprint, der Torwart aus Herthas Nachwuchsschule, der

noch über Wolfgang Damms Werben in seine Agentur gekommen war, sollte mit 19 seinen ersten Profivertrag erhalten. Das Glück, dass ein Jugendspieler, den sie über Jahre betreut haben, schließlich tatsächlich Bundesligaprofi wird, haben Spielerberater vielleicht in einem von 20 Fällen.

Herthas Sportdirektor Michael Preetz teilte Philip Sprint mit, dass er sich mit seinem Berater Lars Mrosko nicht an einen Tisch setzen würde. Mrosko schrieb Preetz eine E-Mail, Hallo Herr Preetz, er wolle ihm nur sagen, dass die Agentur Damm & Mrosko nicht mehr existiere. Er habe keinen Kontakt mehr zu den Damms. Was immer Herrn Preetz dazu bewogen habe, die Agentur Damm & Mrosko zu ächten, es gebe keinen Grund mehr; er, Mrosko, arbeite nun alleine und ohne auch nur den Hauch eines Verdachts, Hertha-Jugendspieler auf krummen Wegen anzuwerben.

Michael Preetz antwortete nicht auf die E-Mail. Er ließ jedoch Philip Sprint mitteilen, er könne am Mittwoch um zehn Uhr zur Vertragsunterschrift erscheinen. Seinen Berater Lars Mrosko werde man nicht hineinlassen.

Am Mittwoch um zehn setzte sich Mrosko ins *Wiener Conditorei Caffeehaus* am Steubenplatz. Mann, wie sein Rücken auf dem Holzstuhl mit der starren Lehne gleich wieder verkrampfte. Philip Sprint kam noch vor halb elf ins Café gelaufen, es war nur eine U-Bahn-Station von Herthas Geschäftsstelle am Olympiastadion entfernt. Sprint zeigte Mrosko den Vertragsentwurf.

»An sich ist der Vertrag okay«, sagte Mrosko schließlich. »Ich würde allerdings ein paar Details ändern. Wir sollten eine Steigerung deines Grundgehalts nach dem ersten und zweiten Vertragsjahr einbauen. Und uns reinschreiben lassen, dass du die Punkteprämie der Profis auch bei Spielen in der Reserveelf bekommst.«

»Aber ich glaube, die lassen mich an dem Vertrag nichts ändern.«

Natürlich glaubte Philip das, dachte Mrosko. Wenn ein 19-jähriger Junge alleine vor dem Sportdirektor saß, konnten sie ihm alle Konditionen diktieren. Alles, was Philip Sprint wollte, alles, was alle 19-jährigen Nachwuchsspieler wollten, war, Teil der Profielf zu werden. Mrosko konnte einen Rechtsanwalt als Strohmann einschalten, der seine Forderungen bei Preetz vortrug, der Anwalt konnte in einer halben Stunde hier sein. Aber die Wahrscheinlichkeit war groß, dass

Preetz auf stur schaltete und kein Komma im Vertrag ändern würde. Denn es ging nicht um Vertragskommata, es ging nicht einmal um Philip. Es ging darum, einen Spielerberater, den man kritisch sah, in seine Schranken zu weisen.

Mrosko sah Philip an. Schwungvoll steil hatte er seinen Pony mit Gel nach oben frisiert, auf was für Frisuren die Jungs kamen, an den Seiten raspelkurz rasiert und das lange Haupthaar verwegen hochgestellt, bei dem Anblick fühlte sich Mrosko auf einmal väterlich alt, mit 35. In Philips Augen unter der coolen Frisur erkannte Mrosko Erwartung und Nervosität. Er war als dritter Torwart in der Profimannschaft vorgesehen, es gab ein Dutzend vergleichbarer junger Torhüter, unter denen Hertha einen schnellen Ersatz finden würde, wenn Philip bei der Unterschrift zickte. Mrosko gab ihm den Vertragsentwurf zurück. »Unterschreib ihn«, sagte er und blieb noch sitzen, während Philip Sprint wieder zurück zum Olympiastadion eilte.

Sandra beobachtete Lars' Leiden an seiner Arbeit wie durch eine Glasscheibe getrennt. Sie hatte sich entschieden, dass es besser für ihre Liebe war, wenn sie sich aus seiner Arbeit heraushielt. Aber so hing nun unausgesprochen immer eine Missstimmung in der Luft. Sie versuchten beide zu tun, als spürten sie es nicht, aber Normalität zu spielen war eben doch keine Normalität. Im September, nach der Transferperiode, würden sie an die türkische Schwarzmeerküste in den Urlaub fahren, da würde alles gut, alles wieder wirklich normal, sagte sich Mrosko, bis dahin waren es nur noch rund zwei Monate.

Das Geld für den Urlaub hatte das Reiseunternehmen sofort bei der Buchung, lange vor dem eigentlichen Urlaubsantritt, von seinem Konto eingezogen, beim Abbuchen waren die Firmen in Deutschland immer schnell. Aber beim Auszahlen hatten sie plötzlich keine Eile. Noch immer standen Provisionen für die Vertragsverlängerungen von Bilal Çubukçu, Alper Uludağ und Lennart Hartmann bei Alemannia Aachen aus. Keiner der drei spielte überhaupt noch für die Alemannia. Mrosko sprach mit anderen Beratern, er sprach mit Neuköllner Bekannten, die als selbstständige Lieferanten oder Malermeister arbeiteten, und alle bestätigten ihm, dass sie dieselben Probleme hatten, dass Rechnungen nicht oder viel zu spät bezahlt wurden. In den Zeitungen dagegen stand, was für ein korrektes, seriöses Land Deutschland doch sei, Mrosko verstand es nicht, die Journalisten mussten doch auch Freunde haben, mussten mitkriegen, wie kleine Betriebe in Deutschland durch die schlechte Zahlungsmoral in Not gerieten.

Er einigte sich mit Erik Meijer, auf die letzten Raten für Bilals und Lennarts Vertragsverlängerung in Aachen zu verzichten, wenn dafür wenigstens endlich die Rate für Alpers Vertrag überwiesen wurde. Das hieß, er verzichtete auf 6000 Euro, um wenigstens 3000 zu erhalten.

Alper Uludağ war ein halbes Jahr nach dem gescheiterten Wechsel in die Türkei zum FC Ingolstadt gewechselt. Mrosko erfuhr es aus dem Internet. Das war *sein* Spieler, sie hatten sich die Hand darauf gegeben, er hatte sogar in Ingolstadt wegen Alper angefragt – welche Arschgeigen hatten hinter seinem Rücken den Transfer organisiert und daran verdient?

So ein anderer Spielervermittler habe angerufen und gesagt, er könne Alper in Ingolstadt unterbringen, erzählte Alpers Vater am Telefon. Da war es doch logisch, dass er seinen Sohn in die Hände jenes Beraters gab, nur für diesen einen Vereinswechsel, natürlich.

»Du kannst nichts dafür«, hatte der Vater nach Alpers gescheitertem Wechsel zu Orduspor zu Mrosko gesagt, die Worte klangen wieder in seinen Ohren: Er hatte damals schon gefühlt, dass er dem Vater nicht trauen konnte. Der Vater war in der Lage, mit zig anderen Beratern anzubandeln, wenn er darin einen Vorteil für sich und Alper sah. So war das Geschäft. Der Satz sagte sich so leicht. So durfte kein Geschäft sein.

Mrosko rief den Berater an, der Alper nach Ingolstadt gebracht hatte. Es sei ihm neu, dass Mrosko Alpers Berater sei, habe er überhaupt einen Vertrag, der das belege, sagte jener Berater, Thomas Kroth, außerdem habe den Transfer nicht er, sondern ein Mitarbeiter seiner Agentur gemacht, damit habe er gar nichts zu tun. Es sollte wohl so klingen wie: Lass mich doch mit diesem popligen Zweitligatransfer in Ruhe, lass du, popliger Zweitligaberater, mich in Ruhe.

Mrosko hielt sich den Rücken und hatte dieses Mal nicht einmal mehr die Kraft zu denken: Arschgeigen! »Ich will das alles gar nicht«, dachte er nur. »Ich wollte einfach ein sauberer, ehrlicher Berater sein.«

Diese Option schien es nicht mehr zu geben. Er brauchte den Befreiungsschlag jetzt, sonst konnte er in einem halben Jahr nicht einmal mehr die laufenden Kosten, die Flugtickets, die Leasingraten zahlen. Über Diego hatte er das Mandat erhalten, einen türkischen Nationalspieler in Deutschland anzubieten, Egemen Korkmaz, Kampfname in der Türkei: der Gladiator, ein Innenverteidiger wie ein Berg, Diego hatte einst mit ihm in der türkischen Jugendnationalelf zusammengespielt. Ein türkischer Nationalspieler in Berlin, das würde doch Hertha das Stadion mit Berliner Türken füllen. Sportdirektor Michael Preetz antwortete nicht auf Mroskos E-Mail.

Felix Magath, der sich alle Spielerberater anhörte, die ihn erreichten, der alle E-Mails von Spielervermittlern zumindest überflog, denn irgendwo konnte immer ein Diamant verborgen sein, war der einzige Bundesliga-Macher, der ein Interesse an Korkmaz zeigte. Aber das war auch schon wieder Wochen her, und seitdem war Magath Mroskos Nachfragen ausgewichen.

Mrosko hatte keine Zeit mehr, höflich zu warten.

»Herr Magath, ich ruf noch mal wegen Korkmaz an.«

Er könne ihm da noch keine verbindliche Antwort geben, entgegnete Felix Magath, er schaue bei den Innenverteidigern auch noch auf ein paar andere Möglichkeiten.

»Herr Magath, wir wollen doch alle glücklich werden.«

Wie bitte?

»Wir alle würden mit diesem Transfer gewinnen.«

Er könne ihm da nicht helfen, gab Magath Mrosko mit plötzlicher Schärfe in der Stimme zu verstehen und wünschte einen schönen Abend. Als er auflegte, war Mrosko genervt, aber gleichzeitig auch, wie sollte er das erklären, glücklich. Glücklich, dass Magath keine Spieler kaufte, um Beratern einen Gefallen zu tun; glücklich, dass sein seriöses Bild von Magath bestehen blieb.

Aber diese Glücksgefühle füllten sein Konto auch nicht.

Am 2. September 2012, zwei Tage nach Ende der Sommertransferphase, flog er mit Sandra ans Schwarze Meer. Den Urlaub hatte er gebucht, den Urlaub würde er antreten, egal, wie viel oder wenig Geld er in der Transferphase verdient hatte.

Das Wasser war noch warm. Diego hatte Mrosko erzählt, wie in der Türkei stets der Berliner Stress von ihm abfiel, und in Berlin war doch schon das U-Bahn-Fahren Stress, kam die Bahn pünktlich, kam man selbst wieder zu spät. Mrosko hatte das nie so empfunden, in Berlin hatte selbst eine banale U-Bahn-Fahrt was Erhebendes, die Erinnerungen an ihre Sprayerzeit in den U-Bahn-Tunneln, die Menschen aus Dutzenden Ländern ganz selbstverständlich gemeinsam in einem U-Bahn-Waggon; zu wissen, dass all die Touristen wegen dieser Stadt gekommen waren, die die seine war. Aber was er sofort nachvollziehen konnte, war Diegos Gefühl von Leichtigkeit in der Türkei. Es genügte, von der Liege aus auf das Meer zu schauen, einfach nur ewig lang hinauszuschauen. Am vorletzten Urlaubstag rollte sich Mrosko von seiner Sonnenliege. Aufstehen konnte er nicht mehr.

Der Rücken.

Nichts war durch die Kortisonspritzen und Stabilitätsübungen besser geworden. Vom Schwarzen Meer aus rief Mrosko Doktor Schumann an. Er brauche einen Platz im Krankenhaus. Am 14. September flogen Sandra und Lars wie geplant aus dem Urlaub zurück nach Berlin. Am 16. September wurde er am Rücken operiert.

Ein Bandscheibenvorfall, sagten die Ärzte.

Sein Rücken habe vermutlich bereits unter dem vielen Sitzen in der Arbeit gelitten. Dass er nach der Fersenoperation den Fuß oft nicht natürlich abrollte, habe die Wirbelsäule dann wohl zusätzlich überbelastet. Die Ärzte ersetzten die degenerierte Bandscheibe durch ein Implantat aus Carbon, da würde er nichts von seiner Stabilität verlieren, sagten die Ärzte.

»Bis zur Wintertransferperiode halten wir noch durch«, sagte Mrosko vom Krankenhausbett zu Diego, er wollte optimistisch klingen. Er war optimistisch, wenn er mit Diego redete und laut träumte. »Und dann müssen wir endlich den einen Deal landen.«

Wie aus einer fernen Welt hörte Mrosko während seiner Krankenzeit Ende Oktober 2012, dass Felix Magath beim VfL Wolfsburg entlassen worden war, als Tabellenletzter der Bundesliga nach acht Spieltagen. Magath räumte sein Haus am Hegeberg, und zwei Wochen später zog dort Wolfsburgs neuer Sportdirektor Klaus Allofs ein. Das Haus am Hegeberg fand endlich einen langfristigen Mieter.

22

Mädchen-Hockey ist der bessere Sport

Als er sich von der Rückenoperation erholt hatte, musste er ins Krankenhaus, um den Fuß zum dritten Mal operieren zu lassen. Er konnte nicht mehr gehen. Vielleicht müssen wir noch ein paar Schrauben und Platten rausnehmen, sagte der Arzt.

Mroskos gesundheitliche Probleme beflügelten Diego. Endlich konnte er seinem Freund richtig helfen, fühlte er. Die Aussicht befeuerte ihn. »Kurier du dich in aller Ruhe aus«, sagte er zu Mrosko im Krankenhaus, »ich nehme dir so viel wie möglich ab.«

Diego fuhr mit der Mitfahrzentrale nach Dortmund, um dort einen Jugendspieler zu sichten, er übernachtete bei einem Freund, für 50 Euro stemmte er die komplette Reise.

»Diego, wir müssen professionell auftreten«, sagte ihm Mrosko. Mein Gott, wenn sich das herumsprach: Die Agentur Mrosko reiste mit der Mitfahrzentrale. Wenn er sich das so vorsagte, fand es Mrosko durchaus selbst lustig. Aber das Geschäft war eine ernste Sache.

Wer sieht denn, wie ich anreise, dachte sich Diego, wer weiß denn, wo ich übernachte? Mrosko würde ihm nicht den Stolz nehmen, wie viel Geld er der Agentur sparte.

Diego buchte erneut eine Mitfahrgelegenheit, als er ihre Nachwuchsspieler in Rostock und Leipzig besuchte. Um des Friedens willen tat Mrosko so, als merkte er es nicht.

Seine Ausflüge in den Jugendfußball gaben Diego im Herbst 2012 jedes Mal das Gefühl, aus einer anderen Zeit zu sein. Er war 30. Er musste die Sprache des Jugendfußballs, seiner innersten Heimat, neu lernen. Niemand sagte mehr A-Jugend, B-Jugend. Stattdessen wurde von U19, U17 geredet, vom jüngeren Jahrgang, vom 96er Jahrgang, der in Berlin sehr gut sein sollte, Diego musste stets umrechnen, 96er Jahrgang, welches Alter ist das, ach, die 16-Jährigen, B-Jugend also. Und dann die Gespräche über das Spiel: den Raum ziehen, vertikale Pässe, Pressingbälle. In zwölf Jahren war der Fußball ein anderer Sport geworden. Erstaunlich, dass er ihn in der Amateuroberliga immer noch sehr passabel spielte.

Was gleich geblieben war, waren die Menschen, ihre Freuden und Sorgen. Jugendspieler 2012 hatten noch immer Schwierigkeiten in der Schule, Ängste, aus dem Team zu fliegen, wenn der Trainer sie einmal anbrüllte, und ernährten sich zu oft von zu viel Fast Food. Zu den Menschen in diesem neuen Sport namens Fußball fand Diego immer noch schnell Zugang. Er betreute eine Gruppe von neun Jugendspielern für Mrosko. Er besorgte ihnen Arzttermine bei Doktor Mildner, da gingen die ganzen Sportler Berlins hin, Eishockeyspieler, Handballer. Er kümmerte sich um Nachhilfe in Mathe, Mathe war nicht sein Ding, aber in Erdkunde konnte er selbst helfen, die Hauptstädte der ganzen Welt konnte er doch auswendig. Er klärte den Ärger mit Panajiotis Haritos, einem vom tollen 96er Jahrgang, der sich bei Hansa Rostock einmal vom Abendessen im Fußballinternat abgemeldet hatte, um einen Zug nach Hause zu nehmen, und dann zwei Stunden später von einem Trainer noch am Rostocker Bahnhof gesehen wurde, mit einem Döner Kebab in der Hand. Diego verstand Panajiotis sogar: der hatte am Bahnhof nur auf einen billigeren Zug nach Berlin warten, Geld sparen wollen.

»Wir müssen Geduld haben, Lars«, sagte Diego zu Mrosko, »in vier, fünf Jahren bringen uns die Jungs Geld.«

In den Sportzeitungen stand, dass Jugendspieler heutzutage Gehälter bis 6000 Euro erhielten. Dass dies nur 20 von 3000 Jungs aus den Nachwuchsleistungszentren betraf, stand nirgendwo. Bei Hansa Rostock mussten die Eltern vieler Spieler einen Kostenbeitrag von 170 Euro pro Monat für das Internat zahlen. Für Panajiotis zahlte Mrosko den Zuschuss, weil es sich die Eltern nicht leisten konnten.

Sie konnten nicht vier, fünf Jahre warten, dachte Mrosko und wusste nicht, wie er es Diego hätte erklären sollen, ohne ihm wehzutun.

Sandra hatte nicht mehr das Gefühl, nach Hause zu kommen, als sie nach all den Krankenhausbesuchen in ihre schöne Wohnung in der Riesestraße zurückkehrte. Die Wand in einem der Zimmer war feucht. Sie hatten den Eigentümer informiert, der Eigentümer sagte, das müsse die Hausverwaltung regeln. Der Hausverwalter schickte einen Gutachter, dann wechselte die Hausverwaltung. Sandra und Lars begannen von Neuem, das Problem zu erklären. Sie räumten das Zimmer, sie schlossen die Tür, aber das Problem blieb allgegenwärtig. Das Gefühl, dass die Eigentümer und Hausverwalter sie ausnutzen wollten, übertrug sich auf die Wohnung. Sandra wollte kein Bild mehr aufhängen. Das Gefühl, dass sie hier zu Hause waren, dass sie ein Zuhause hatten, war weg.

Lars verstand, was Sandra meinte, und er glaubte, ähnlich zu fühlen, diese Arschgeigen ließen sie mit der nassen Wand sitzen. Aber was er angesichts der nassen Wand vor allem fühlte, war: Jetzt ging alles schief.

Das Geld war mehr als knapp, und er stellte wieder einen Scout für die Agentur ein. Diego konnte es nicht fassen, Mrosko hatte doch ihn! Sandra traf den neuen Scout einmal und beschied, »den will ich nie mehr sehen«. Sie hasste Menschen, die permanent erzählten, wie toll sie waren, was sie hatten, wen sie kannten, wirklich, sie hasste solche Typen. Mein Gott, sie mussten doch keine Freundschaft schließen mit Carsten Schleite, seinem neuen Scout, dachte Mrosko. Hauptsache, er leistete solide Arbeit.

In schwierigen Situationen musste man in die Offensive gehen. Wenn er die Agentur nur noch auf Sparflamme laufen ließ, hatten sie erst recht keine Chance mehr. Jede anerkannte Spielerberatungsagentur beschäftigte Scouts. Und Mrosko wollte, wenn schon, eine anerkannte Agentur führen.

Er stellte Schleite nur im Nebenjob ein, für 400 Euro im Monat. Das musste doch zu verkraften sein. Er hatte das virtuelle Büro abgemeldet, er hatte den Q7 gegen einen nicht zu großen Mercedes getauscht, mit diesen Ersparnissen allein kompensierte er schon die Ausgaben für den Scout.

Bei den Jugendbundesligaspielen der U17 von Hertha BSC oder Tennis Borussia standen die Scouts von zehn bis 15 Agenturen am Spielfeldrand. Es waren also mehr Agenturen als Berliner Spieler da. Als Scout des VfL Wolfsburg war Mrosko stets gerne zu diesen Jugendpartien gefahren. Als Berater war er froh, einen Scout schicken zu können. Als Scout des VfL Wolfsburg war er unter den Eltern und Agenturspähern die heimlich bewunderte Autorität gewesen, derjenige, der das Tor zum Glück für die Jungen aufmachen oder verriegeln konnte. Als Berater am Spielfeldrand wäre er derjenige gewesen, der sich noch nicht einmal einen Scout leisten konnte.

Vordergründig waren sie unter den zehn bis 20 Berliner Beratungsagenturen alle Kollegen. Im Hintergrund machten sich einige – immer die anderen! – zwangsläufig die Spieler streitig. Aufgeregt rief Maikel Stevens Mrosko an. Mrosko möge ihm bitte, bitte helfen: Hakan Arduç habe ihm gedroht, »der glaubt, ich hätte einen seiner Spieler angegraben«, aber das stimme natürlich überhaupt nicht. Könne Mrosko nicht mal mit Arduç reden? Mrosko konnte Stevens nicht besonders leiden, der kontaktierte 15-jährige Spieler per Facebook und kokettierte dabei mit seinem Vater, dem Bundesligatrainer Huub Stevens, aber sagte dann natürlich, er wolle nicht über seinen Vater definiert werden. Selbstverständlich half Mrosko Maikel Stevens, die Sache mit einem Anruf beim Kollegen Arduç aus der Welt zu schaffen. Wenn er Frieden stiften konnte, wenn er von den Kollegen als Friedensstifter auserkoren wurde, war er glücklich.

Diesmal humpelte Mrosko allein durch die Rekonvaleszenz. Shergo, der ihn nach der ersten Fersenoperation auf Krücken begleitet hatte, war nach seiner schweren Knieverletzung in ein neues Leben vorausgeeilt. Shergoal war jetzt Busfahrer.

Er musste doch irgendeine Ausbildung machen, mit 33, und hatte überlegt, was er außer Fußballspielen gerne tat. Nicht viel, ehrlich gesagt. Na ja, vielleicht Autofahren. Er bewarb sich bei den Berliner Verkehrsbetrieben. In seinem Alter und mit seiner Erfahrung als Autofahrer konnte er eine beschleunigte Umschulung absolvieren, in fünf Monaten wäre er durch.

Was er da alles lernen musste, wie die Bremsanlagen funktionierten, ach du Scheiße, wie sollte er sich das merken, aber er zog das jetzt durch, schwor er sich. Er absolvierte die Busführerscheinprüfung, und nach fünf Monaten fuhr er los.

Shergoal steuerte den Bus auf der Linie M41 vom Hauptbahnhof zur Sonnenallee, den 166er von Schöneweide bis zur Boddinstraße, 38 Minuten im tiefsten Berufsverkehr durch Neukölln, ey, was war denn hier los, die Leute standen dicht gedrängt im Gang, die lehnten gegen seine Kasse, er bekam die Türen gar nicht mehr zu. »Bitte von den Türen zurücktreten«, rief er in sein Bordmikrofon und sagte sich: Das bist jetzt echt du, Shergoal, der mit 'nem vollen Bus durch Neukölln jagt.

Als er nach Schichtende ausstieg, merkte Shergoal, dass sein kaputtes Knie dick geschwollen war. Und er erinnerte sich, dass das Knie den ganzen Tag beim Bremsen wehgetan hatte. Er hatte den Schmerz in all dem Stress nur unterschwellig wahrgenommen.

»Bewerb dich doch bei Union«, scherzte Mrosko, es wurde ihr Running Gag. »Als Mannschaftsbusfahrer.«

Mrosko hätte nicht gedacht, dass er es dann war, der eine Bewerbung verschickte. Hansa Rostock suchte zum 1. Januar 2013 einen neuen Sportdirektor. Die Chancen im Fußballgeschäft kamen wie im Fußballspiel oft aus heiterem Himmel.

»'Cos I'm the unknown stuntman, that makes Clint Eastwood look so fine«, sang Mroskos Handy, Juri Schlünz war dran, Hansa Rostocks Nachwuchskoordinator, den Mrosko schon aus seiner Zeit als Scout kannte. Schlünz sollte dem neuen Aufsichtsrat Kandidaten für den verwaisten Sportdirektorposten vorschlagen. Da Hansa stark verschuldet in der dritten Liga gestrandet war, suchte der Klub explizit keinen etablierten Sportdirektor, sondern einen Facharbeiter aus dem Hintergrund, etwa einen Scout, der sich auf dem Markt der jungen, noch billigen Spieler bestens auskannte. Schlünz hatte da auch an ihn gedacht.

Enthusiastisch schrieb Mrosko seine Bewerbung samt Konzept für Hansa, »eine langfristige und konzeptionelle Neuausrichtung« wollte der Aufsichtsrat, was das immer für ein Gequatsche war heutzutage. Weil sie kein Geld hatten, mussten sie zwangsweise mit jungen Talenten den nächsten Anlauf nehmen, hieß das. Den richtigen Trainer dafür hätte Mrosko natürlich sofort gewusst: Peter Hyballa.

Aber Peter war in der ersten österreichischen Liga bei Sturm Graz untergekommen, na ja, Hansas aktueller Trainer Marc Fascher passte erst einmal, der konnte eine Mannschaft mitreißen, so wie es eine junge Elf brauchte.

Mrosko schickte sein Konzept seinem Trauzeugen Uwe Vester, konnte Uwe da noch mal drüberschauen, bevor Mrosko zum Bewerbungsgespräch nach Rostock fuhr. Uwe war doch der Fußballprofessor, der in seinen Gegneranalysen für Schalke 04 zwölf Seiten schrieb und Wert darauf legte, eine ganz eigene Sprache zu pflegen, diese Phrasen des neuen Fußballdeutschs waren ihm zuwider. »Vertikales Spiel« zum Bespiel, der Ausdruck war doch gar nicht greifbar, fand Uwe, »wenn ich solche Begriffe benutze, muss sofort ein Bild entstehen«, also gab es in seinen Analysen kein vertikales Spiel, sondern der gegnerische Mittelfeldspieler spielte »den Ball sofort in die Tiefe«.

Schönes Konzept, sagte Uwe, ein paar Kommata hatte er Mrosko noch gesetzt.

»Uwe«, sagte Mrosko ein paar Tage später am Telefon, er rief noch aus Rostock an, denn er musste seinen Enthusiasmus mit jemandem teilen, »ich hatte gerade ein Supergespräch mit Juri Schlünz.« Inhaltlich lagen sie nach Mroskos Empfinden auf einer Wellenlänge, wobei, Inhalte, Konzepte, das klang immer so tiefschürfend, das war doch in Wirklichkeit kein Hexenwerk. Worum es als Sportdirektor bei Hansa ging, war, ein Auge und die Kontakte zu haben, um die richtigen jungen Spieler zu holen und nicht übereifrig an der Mannschaft herumzuschrauben. »Sie hätten noch einen zweiten Kandidaten im Auge, sagte mir Schlünz«, erzählte er Uwe am Handy. Ja gut, das war natürlich nur professionell, sich mehrere Kandidaten anzuschauen, sagte ihm Uwe. Klar, sagte Mrosko.

Auf der Rückfahrt von Rostock ging er die Elf, *seine* Hansa-Elf noch mal durch. Er würde natürlich am liebsten sofort Daniel Reiche als Verteidiger holen, aber das konnte er nicht machen, Spieler aus seiner Agentur verpflichten, auch wenn es bescheuert war, auf Reiche zu verzichten, das war der ideale Spieler für Hansas derzeitige Situation, jung und schon abgeklärt. Aber gut, er verstand schon, dass solch ein Verpflichtung ein Geschmäckle hätte, dass er als Sportdirektor nichts machen durfte, was den Verein irgendwie in Verruf bringen konnte. Seine Beratungsagentur würde er rechtzeitig vor dem Wechsel zu Hansa schließen, die Spieler auf ein, zwei andere vertrauensvolle Berater verteilen, das war kein Problem.

Ein paar Tage später telefonierte er wieder mit Schlünz, ob er schon etwas vom Aufsichtsrat gehört hatte, Dezember 2012 war angebrochen, Hansas neuer Aufsichtsratschef war nun offiziell in Amt und Würden. Er würde sicher bald eine Rückmeldung von oben kriegen, sagte Schlünz, zur Winterpause sollte der neue Sportdirektor doch schon installiert sein, bis da hin waren es nur noch drei Wochen.

Uwe Vester rief an, sicher wollte der auch wissen, ob sich bei Hansa schon etwas tat.

»Lars«, sagte Uwe, »ich muss dir etwas sagen: Ich werde Sportdirektor bei Hansa Rostock.«

Mrosko kam es vor, als ob sein Kopf auf einmal hin- und herschwankte, von lauter Fragezeichen durchgeschüttelt.

»Du?«

»Ich konnte es dir nicht sagen. Ich hatte drei Tage nach dir ein Vorstellungsgespräch mit Hansas neuem Aufsichtsratsvorsitzenden in Oberhausen.«

»Aber, Moment mal, ich verstehe gerade gar nichts: *Du* wirst bei Hansa Sportdirektor? Du warst da auch im Gespräch? Warum hast du mir das nicht gesagt!«

Nur ein paar Geräusche drangen durch die Leitung. Schluchzte Uwe, fragt sich Mrosko. Schleppend fand Uwe die Worte wieder.

»Der Aufsichtsrat hatte mir absolutes Stillschweigen auferlegt. Ich hatte Angst, wenn was nach außen dringt, bin ich draußen. Du kannst mir glauben, das war für mich eine undankbare Situation.«

»Uwe, du bist mein Trauzeuge. Du übernachtest bei mir, wenn du in Berlin bist. Ich schicke dir mein Konzept für Hansa, und du sagst mir nicht, dass du auch ein Vorstellungsgespräch hast!«

Uwe Vester versagte die Stimme. Natürlich hatte Mrosko recht. Er hätte es ihm sagen *müssen*. Das sah er selbst. Aber er hatte es einfach nicht geschafft. Es gab Situationen, in denen es Menschen nicht gelang, das zu tun, was sie selbst für richtig und anständig hielten. Mrosko war so enthusiastisch gewesen angesichts der Hoffnung, bei Hansa anzufangen. Uwe hatte nicht der sein wollen, nicht der sein können, der ihm sagte: »Lars, der Aufsichtsratsvorsitzende hat auch mit mir gesprochen. Der kennt zwar deinen Namen, aber der hat dich nicht wirklich auf dem Zettel. Er tendiert eher in meine Richtung.« Wie hätte er das sagen sollen? Wie konnte er seinem Freund sagen: Ich bin es, der – ohne es zu wollen – deinen Traum zerstört.

»Ich hätte es ihm trotzdem sagen müssen«, sagte sich Uwe Vester. Da hatte Mrosko schon aufgelegt. Und Uwe hatte es ein zweites Mal nicht geschafft zu sagen, was er sagen wollte.

Wie war das bei anderen Menschen, bei denen, die immer sagten: Da musst du weitermachen. Machten die wirklich einfach weiter, wenn sie emotional so sehr verletzt wurden?

Äußerlich konnte er das auch. Er redete auch mit Uwe nach ein paar Wochen oberflächlich wieder ganz normal, war schon klar, dass Uwe ebenfalls Hansa-Sportdirektor werden wollte, wenn man es ihm anbot. Deswegen war Mrosko nicht sauer. Er war nur krass enttäuscht, krass getroffen. Ihm war, als verlangsamte ihn die Enttäuschung innerlich, als verbreite die persönliche Verletzung in seinem Inneren eine große Stille, während er äußerlich weiter funktionierte, während es äußerlich weiter lärmte.

Also weitermachen. »Ich schäme mich so, dass der Deal geplatzt ist, denn ihr seid so ehrliche Menschen«, hatte Orduspors Chefscout Koray Palaz vor einem Jahr zu Diego und ihm gesagt, als Alpers Wechsel nach Ordu scheiterte. War ja schön, dass Koray und Uwe seine Redlichkeit schätzten, aber irgendwann musste einfach und schlicht mal etwas herumkommen in diesem Geschäft. Mit Koray telefonierte er noch regelmäßig, »ich möchte das gerne wiedergutmachen«, hatte Koray noch gesagt, was man halt so sagte. Nun, Ende 2012, war Koray auch schon wieder von Orduspor freigestellt.

»Kannst du mit Diego nächste Woche nach Istanbul kommen?«, fragte Koray Palaz bei seinem nächsten Anruf. »Ich übernehme auch den Flug, das bin ich euch schuldig. Ich möchte euch jemanden vorstellen.«

Im Nu packte Mrosko die Vorfreude. Ob das in anderen Berufen auch so war, oder machte das wirklich nur der Fußball mit einem, diese abrupte, die Sinne überflutende Begeisterung, klar, diese konnte im Fußball auch genauso jäh wieder von Bitterkeit weggespült werden, aber daran wollte er jetzt nicht denken.

Sie lernten Ceylan Çalişkan kennen! »Weißt du, was das bedeutet, Diego?« Natürlich wusste Diego, was das bedeutete, er hatte Mrosko nach Korays Anruf ja noch einige Details über Çalişkan aus dem Internet zusammengesucht. Doch man konnte es sich nicht oft genug sagen: Weißt du, was das bedeutet, wenn wir mit dem eine Kooperation eingehen können!

»Wir müssen ein Geschenk mitbringen, Diego.« Gastgeschenke hatten in der Türkei noch einmal eine ganz andere Bedeutung. »Was schenkt man so einem Mann?«

Einem Mann, der laut Diegos Internetrecherche über ein Privatvermögen von 70 Millionen Euro verfügte. Ceylan Çalişkan war, zurückhaltend ausgedrückt, einer der einflussreichsten Spielerberater der Türkei. Er betreute den ersten türkischen Superstar, Hakan Şükür, er hatte Jean Tigana, John Carew, Fernando Meira und weitere Klassefußballer im Dutzend in die Türkei vermittelt.

Wie verabredet, wartete Koray Palaz in Istanbul im *Sabri's* auf Mrosko und Diego. Vor dem Eingang zum kleinen Café konnten sie zu Ceylan Çalişkans Macht aufschauen, 152 Meter hoch. Sie standen zu Füßen des Polat Towers, der mit seinen Glasfassaden wie ein gigantischer Spiegel aus dem Meer der Bürgerhäuser im gediegenen Stadtteil Beşiktaş herausragte. Das Hochhaus gehörte zu einem Teil Çalişkan. Mroskos Blick fiel auf die orangefarbene Plastiktüte in Diegos Hand, die übliche Tüte aus einem Berliner Türkenladen. Mrosko war sich nicht mehr sicher, ob ihre Geschenkidee wirklich so passend war.

»Also«, sagte Koray, »Ceylan gesellt sich in einer Viertelstunde zu uns. Die Sache hat nur einen Haken: Wenn ihr ihm nicht gefallt, kann es sein, dass er nach drei Minuten aufsteht und geht.«

Solche Typen fand Mrosko sensationell, eigentlich. Im *Sabri's* glaubte er plötzlich zu schwitzen. Dabei war doch die Klimaanlage an, verdammt.

Hinterher waren sich Diego und Mrosko sicher, dass sie ihn sofort erkannten, als er ins Café trat. Am sicheren Schritt, am weit geöffneten Hemd unter dem blauen Anzug, an den ruhenden Augen, so genau konnten sie das nicht definieren, sie waren sich nur sofort sicher, dass dieser Mann in seinen Vierzigern Ceylan Çalişkan war. Koray stand auf und begrüßte ihn mit Küsschen hier, Küsschen da, auf die Wangen. Mrosko und Diego gaben ihm die Hand, und als sie sich wieder setzten, schien Çalişkan sie gar nicht mehr zu beachten.

Er redete mit Koray. Was sagte er nur, fragte sich Mrosko, aber die Minuten verstrichen, ohne dass an Çalişkans Gesten zu erkennen war, was er empfand. Irgendwann, es waren sicher schon drei Minuten verstrichen, ohne dass Çalişkan sie eines Blickes gewürdigt hatte, registrierte Mrosko: Er lacht! Was immer es war, das Çalişkan zum Lachen gebracht hatte, es konnte nicht ganz schlecht für sie laufen, wenn er lachte.

Plötzlich erhob sich Ceylan Çalişkan. Scheiße, der würde jetzt doch nicht wirklich gehen, ohne mit ihnen geredet zu haben? Was hatte ihm denn nicht gepasst?

»Was ist los?«, zischte Mrosko Diego zu.

»Wir gehen hoch in sein Büro«, übersetzte Diego.

Der Polat Tower hatte 42 Stockwerke, Geschäfte, Büros, Wohnungen. Das Büro von Ceylan Çalişkan sah aus wie eine Luxuswohnung. Durch eine Art Wohnzimmer mit dunklen Designersofas ging es hinein ins Arbeitszimmer, das enorme Fenster gab den Blick über die Dächer der Stadt und den Bosporus frei. Diego erinnerte sich daran, was er in der Hand trug.

Er griff in die orange Plastiktüte aus dem Berliner Türkenladen und sagte: »Bruder Ceylan, wir haben dir auch etwas mitgebracht.«

»Das ist nicht dein Ernst?«, hatte Mrosko eine Stunde zuvor gefragt, als Diego mit der orangefarbenen Plastiktüte aus seinem Hotelzimmer gekommen war.

»Wieso?«, hatte Diego zurückgefragt, »wir sind von der Basis. Und so treten wir auch auf, mit Geschenken aus der Plastiktüte.«

»Da hast du recht«, hatte Mrosko gesagt, und sie waren aus ihrem Hotel am Taksim-Platz mit dem Gefühl aufgebrochen, mit der Plastiktüte die Welt erobern zu können.

An seinem massiven Schreibtisch – war das etwa Eiche? – blickte Ceylan Çalişkan, die heimliche Eminenz des türkischen Fußballs, auf die Plastiktüte, in die Diego mit selbstverständlicher Handbewegung griff.

»Ihr habt mir etwas mitgebracht. Das ist aber nett. Was ist es?«

Mrosko glaubte, seine Schläfe pochen zu hören. Hatte er genug Zeit zu denken, oder kam es ihm nur danach so vor, als sei dieser Gedanke durch sein Hirn gerast: Hoffentlich wirft er uns nicht raus.

»Ah!«, rief Ceylan Çalişkan, »Kaffee und Schokolade!«

Diegos Mutter hatte Jakobs-Kaffee und Schogetten für sie besorgt.

»Ich liebe Schokolade!«, rief Çalişkan. »Das ist endlich mal ein praktisches Geschenk. Hier kamen schon Berater mit teuersten Uhren an, aber was soll ich mit noch einer Uhr, ich kann auch nur eine tragen. Schokolade und Kaffee! Das ist großartig, vielen Dank!«

Ceylan Çalişkan reichte Mrosko und Diego die Hand.

Welche Spieler vertraten sie denn, wollte er, nun in stürmischer Laune, wissen. Mrosko reichte ihm seine Liste, Vertretung von Edin Džeko in Deutschland, Vertretung von Egemen Korkmaz in Deutschland, seine Liste las sich gar nicht so schlecht; was war das für ein gnadenloser Beruf, dass er nach zwei Jahren trotzdem noch immer keinen Gewinn machte.

Sie mussten mit Çalişkan essen gehen. So coole Typen, die mit einer Plastiktüte zu ihm kamen, musste er einladen. Irgendwo auf der Strecke durch die Stadt bat Ceylan Çalişkan seinen Chauffeur anzuhalten. Mrosko verstand nicht, was los war, der Chauffeur stieg aus, Ceylan stieg aus, waren sie schon da, aber das konnte nicht sein, sie standen irgendwo am Straßenrand. Dann stiegen der Chauffeur und Ceylan wieder ein. Sie hatten die Plätze getauscht. »Ich möchte euch fahren«, sagte Ceylan Çalişkan.

Also, sie mussten auf jeden Fall zusammenarbeiten. Auf jeden Fall, bestätigte Mrosko und hatte nach zwei Jahren als Spielerberater das Gefühl: Jetzt ging es los. Das Gefühl war so erfüllend, dass er nicht daran dachte, wie oft er das Gefühl schon gehabt hatte.

Nur ein paar Tage später hörte Ceylan Çalişkan zum ersten Mal den *Unknown Stuntman*, »and I might fall from a tall building so Burt Reynolds don't get hurt. I might leap a mighty canyon so he can kiss and flirt.«

»Wie geht es dir, mein Freund?«, fragte Mrosko.

»Hör mal«, sagte Ceylan. »Hast du vielleicht die Telefonnummer von Kolo Touré?«

Kolo Touré war ein afrikanischer Weltklasseverteidiger, der beim

FC Arsenal in London spielte. Das war, bislang, nicht gerade Mroskos Fußballliga gewesen. Er sagte: »Ich schau mal, was ich machen kann.«

Er konnte jede Telefonnummer im Fußball besorgen. Ganz sicher. Er kannte immer jemanden, der jemanden kannte, der jemanden kannte. Unlängst hatte Giacomo Petralito angerufen, der Vertrauensberater von Wolfsburgs Sportdirektor Klaus Allofs. Ob Mrosko ihm nicht die Nummer eines Spielers von Hannover 96 besorgen könne, Konstantin Rausch. Den wolle er gerne Allofs vorschlagen. »Ich zahle dir 2000 Euro«, sagte Petralito.

Eine Minute später hatte Mrosko die Nummer. »Ja, Wahnsinn!«, sagte Petralito, »ich habe doch gerade erst aufgelegt.« Die 2000 Euro zahlte er tatsächlich.

Wobei er sich hätte denken können, dass Petralito dann öfter anrief und nach Telefonnummern verlangte. Und natürlich nichts mehr zahlte. Die 2000 Euro waren nur der Köder gewesen.

Aber gut, es war wichtig, jemanden wie Petralito auf seiner Seite zu wissen. Petralito hatte den brasilianischen Kunstfußballer Diego zu Werder Bremen gebracht und in Zürich einem kritischen Sportjournalisten ins Gesicht geschlagen. Das hieß, er war wer im Spielerberatergeschäft. Der konnte ihm vielleicht mal bei einem Sportdirektor die Tür öffnen.

Kolo Touré, überlegte Mrosko, wer konnte jemanden kennen, der jemanden kannte? Er ging im Kopf seine Kontakte durch, die mal entfernt etwas mit Arsenal zu tun gehabt hatten, er überflog im Internet den Kader von Tourés Nationalelf, der Elfenbeinküste – Elfenbeinküste!

Guy Demel, ein Verteidiger, der bis vor Kurzem noch beim Hamburger SV gearbeitet hatte, spielte für die Elfenbeinküste. Und Guy Demels Berater in Deutschland war Carsten Eisen. Den kannte er doch, ein guter Typ, mit einer Schwäche für Bertolt Brecht. Des Dichters Weisheit »Wenn die Wahrheit zu schwach ist, sich zu verteidigen, muss sie zum Angriff übergehen« propagierte Eisen als sein Lebensmotto. In seinem Erstberuf war Eisen Privatdetektiv.

Mrosko erklärte dem Detektiv die Sachlage. Galatasaray Istanbul interessierte sich für Touré, und wenn der Transfer zustande kam, würde auch Eisen davon profitieren. Noch am selben Tag erhielt Ceylan Çalişkan Kolo Tourés Handynummer von Mrosko, der die

Nummer von Eisen erhalten hatte, der die Nummer von Guy Demel erhalten hatte.

Mitte Januar 2013 meldete sich Çalişkan aus Südafrika bei Mrosko. Die Afrikameisterschaft lief gerade am Kap. Çalişkan hatte nun mit Touré gesprochen, aber bei dem verabredeten Treffen seien dann ein halbes Dutzend Ivorer aufgekreuzt, die alle irgendwie Berater von Touré zu sein schienen, jedenfalls glaubten alle, an einem Vereinswechsel mitverdienen zu müssen. Das sei ihm zu undurchschaubar. Aber könnte ihm Mrosko auch die Handynummer vom Star der Elfenbeinküste, Didier Drogba, verschaffen?

Noch einmal lief die Telefon-Staffel, Mrosko zu Eisen, Eisen zu Demel, Eisen wieder zu Mrosko, Mrosko zu Çalişkan, und danach hörte Mrosko nichts mehr von der Sache. Bis er ein paar Tage später, am 27. Januar 2013, im Internet die Schlagzeile sah: Drogba wechselt zu Galatasaray Istanbul. Auf einem der Fotos aus Südafrika war neben Drogba und den Galatasaray-Gesandten ein türkischer Mann mit weit offenem Hemd zu sehen.

Bei dem Transfer, einem Transfer, der weltweit Aufsehen erregte, hatte er den ersten ganz kleinen Stein ins Rollen gebracht, dachte Mrosko, nicht ohne Stolz. Geld erhielt er dafür nicht, verlangte er auch nicht. Er hatte Ceylan nur einen Gefallen getan. Gefallen, glaubte er, würden einem früher oder später zurückgezahlt.

In Gedanken bei Drogba, Galatasaray und dem Afrika-Cup, saß er in der Realität auf der Tribüne des Karl-Liebknecht-Stadions an der Allee nach Glienicke, Babelsberg, Abstiegskampf in der dritten Liga, die 2000 Zuschauer betonten die Leere des Stadions. Vor dem Anpfiff in Babelsberg ging er in den VIP-Raum, Hände schütteln, eine Suppe essen, fast wäre ihm der Löffel aus der Hand gefallen. Da stand Carsten Schleite, sein 400-Euro-Scout, und genoss sichtlich das VIP-Büfett.

»Was machst du hier?«, sagte Mrosko, es klang nicht wie eine Frage, sondern wie: »Du hast hier nichts zu suchen!«

Schleite musste sich von einem der drei Babelsberger Spieler in Mroskos Agentur eine VIP-Karte besorgt haben oder, noch schlimmer, er hatte beim Klub ein Ticket auf den Namen der Agentur bestellt; ohne Mrosko darüber zu informieren.

Schleites Platz war an der Blechbalustrade auf den Nebenplätzen der Berliner Stadien, er sollte Jugendspieler für ihn scouten! Es war nicht so, dass Mrosko seinem Mitarbeiter nicht einmal ein Zuckerl wie die VIP-Karte in Babelsberg gegönnt hätte. Aber ein Spielerberater musste seine eigenen Mitarbeiter mit Misstrauen überwachen und sie nicht zu nahe an die Spieler der Agentur heranlassen. Denn regelmäßig machten sich fleißige, ehrliche Angestellte von Spielerberatern plötzlich selbstständig und nahmen Klienten der Agentur in ihre neue, eigene Firma mit.

Nach ihrem überraschenden Treffen im VIP-Raum sahen sich Mrosko und sein Mitarbeiter Schleite die Partie in Babelsberg getrennt, auf Sitzen in gebührendem Abstand, an.

Das schönste Spiel, das Mrosko im Frühling 2013 sah, war eine Partie Mädchen-Hockey. Uwe Vester, als Sportdirektor bei Hansa Rostock nun plötzlich eine öffentliche Figur des Profifußballs, war nach Berlin gekommen, weil Mrosko ihm einen Spieler von Hertha 03 Zehlendorf zeigen wollte. Verbandsliga, sechste Liga, dort gab es heutzutage selbst für einen klammen Drittligisten wie Hansa keine Spieler mehr zu entdecken. Aber Uwe Vester fuhr trotzdem nach Berlin. Er vertraute Mroskos Auge, und vor allem war ihm jeder Vorwand recht, den Freund wiederzusehen. Gespielt beiläufig konnten sie sich vielleicht aussprechen.

Felix, der Zehlendorfer Junge aus der Verbandsliga, hatte ein wunderbares Gefühl für den Ball, Diego hatte Einzeltraining mit ihm gemacht, um ihn zu testen. Felix konnte richtig was an der Murmel, und ein vernünftiger Junge war er auch, wollte Solartechnik oder so in Berlin studieren. Mrosko und Diego hatten noch immer ihre Tagträume, Profifußballer zu werden, bloß jetzt in ihren Dreißigern, wo sie es selbst nicht mehr schaffen konnten, übertrugen sie ihre Träume auf Jungs wie Felix, ein Junge aus der Versenkung, ein Talent, das nur sie erkannten. »Mal einen aus der Verbandsliga in den Profifußball bringen, das wäre es«, träumte Mrosko. Er konnte nicht sagen: Das wäre schöner, als Drogba zu Galatasaray zu bringen. Aber es war sein ursprünglichster Traum: von ganz unten, gegen alle Wahrscheinlichkeit, nach oben.

Uwe Vester sagte in so vorsichtigen Worten wie möglich, dass Felix natürlich eine echte Begabung am Ball sei, aber er das viel schnellere Tempo drei Spielklassen höher nicht packen würde. Mrosko dachte, »Mann, so ein feiner Spieler würde Hansa guttun«, und sagte nichts. Nach dem Schlusspfiff schlenderten sie über die Sportanlage an der Onkel-Tom-Straße. Ein Mädchen-Hockeyspiel einer Mannschaft namens Zehlendorfer Wespen lief noch. Sie waren beide froh über den Vorwand, verweilen zu können.

Mädchen-Hockey-Scout musste auch ein guter Beruf sein.

Das erste Lachen löste sich. Irgendwann schien es angesichts der Unschuld des Hockeyspiels logisch, über ihr innerliches Zerwürfnis wegen des Hansa-Jobs zu sprechen. Irgendwie schien es angesichts der reinen Liebe zum Sport, die dieses Hockeyspiel aussandte, plötzlich leicht für Uwe zu sagen: »Das war falsch von mir. Ich hätte dir sagen müssen, dass ich auch bei Hansa im Gespräch war.« Irgendwie war es bei diesem Spiel leichter zu verstehen, warum Uwe es nicht gesagt hatte.

Sie betrachteten das Mädchen-Hockey bis zum Schlusspfiff, schlenderten zu ihren Autos und blieben auch da noch stehen, unfähig, sich schon zu trennen.

Das Hockeyspiel lebte noch in Mrosko. »Das müssen wir wieder im Fußball finden«, sagte er, »die einfache Freude am Spiel, den Geruch von Gras, wenn du am Platz stehst und spürst, hier bist du zu Hause. Und was machen wir stattdessen in diesem Spiel? Jagen irgendwelchen Scheißdeals nach.«

Uwe Vester versuchte, seine Verwunderung zu verbergen. Ja, klar war es schön, mal Kinderfußball oder Mädchen-Hockey zu schauen. Aber Profifußball war nun mal ein Geschäft, und sehr oft das schönste Geschäft. Es gab dort noch genügend Momente, in denen sich der Fußball genießen ließ. Als er sich von Mrosko verabschiedete, war er, nach der Entspannung beim Mädchen-Hockey, schon wieder Sportdirektor von Hansa Rostock, mit tausend Gedanken an seinen Job im Kopf.

Mrosko dagegen spürte immer dringender das Verlangen, wieder einmal ein guter Mensch zu sein. Christian Pothe, der Vizepräsident des FC St. Pauli während Mroskos Zeit in Hamburg, hatte ihm öfter von seiner Stiftung erzählt. Die Pothe-Stiftung versuchte, bedürftigen Kindern Sport im Verein zu ermöglichen, sie übernahm die Mitgliedsbeiträge und schenkte den Kindern Sportkleidung. Er wolle gerne mithelfen, sagte Mrosko. Er könne, mit seinen Kontakten im Fußball, doch ein Benefizspiel organisieren.

Er sah das Ereignis vor seinem geistigen Auge, all die Freunde und Bekannten aus dem Profifußball, von ihm vereint zu einem gigantischen Fest. Er wandte im Frühling 2013 ähnlich viel Zeit und mehr Begeisterung für die ehrenamtliche Organisation eines Benefizspiels auf als für seine Arbeit als Spielerberater.

Er trommelte die Freunde zusammen. Er kümmerte sich um einen Sportplatz, er überredete Robert Hoyzer, zum ersten Mal seit dem Schiedsrichterskandal wieder ein Spiel zu pfeifen, klar hatte Hoyzer Mist gebaut, als er 2005 für eine Wettmafia ein DFB-Pokalspiel verschob, aber Hoyzer war ein Berliner, und Mist hatten sie alle mal gebaut, man musste auch mal verzeihen können.

Je mehr Mrosko über das Benefizspiel nachdachte, desto tollere Ideen hatte er, es musste mehr als ein Spiel werden, ein richtiges Fest. Er organisierte Ponyreiten, Hüpfburgen, Schminktische, das würde alles umsonst für die Kinder sein, dazu ein Festzelt, Kuchenbüfetts, Grillstände und eine Tombola mit handsignierten Bundesligatrikots für alle. Riesige Leinwände mussten her, das Spiel würde am 1. Juni 2013 steigen, am Tag des DFB-Pokalfinales in Berlin, die Leute sollten am Sportplatz bleiben und nachher gemeinsam Bayern gegen den VfB Stuttgart schauen.

Sandra bemerkte bewegt, mit welcher Liebe zum Detail Lars das Ereignis organisierte, das konnte er, das gefiel ihm offensichtlich. Vielleicht sollte er das zum Beruf machen, Eventmanagement?

»Das wahre Finale«, stand auf den Werbeplakaten für den 1. Juni 2013. Es traten an: die Mrosko Allstars. Als Sportplatz hatte Mrosko die Anlage der SG Großziethen ausgewählt. Das Dorf Großziethen hatte er als Junge immer vom Wohnzimmerfenster in der Ringslebenstraße gesehen, auf der anderen Seite der Mauer.

Jedes Detail musste stimmen. Mrosko organisierte einen Bus für die Kollegen aus dem Profifußball, die nach dem Spiel ins Olympiastadion zum DFB-Pokalfinale wollten. Rechtzeitig vor Spielbeginn stellte Mrosko einen Kühlschrank in die Kabine der Old Boys, die gegen die Jungen antreten würden. Er legte Wasser, isotonische Sportdrinks, eine Dreiliterflasche Wodka und 60 Schnäpse in den Kühlschrank.

Peter Hyballa coachte selbstverständlich die Old Boys, Unions Rekordtorschütze Karim Benyamina und der Berliner in St. Paulis Jahrhundertelf, Michél Dinzey, waren mit von der Partie, aber vor allem die Typen des Fußballs, daran lag Mrosko: Lutz Pfannenstiel, der einzige Fußballprofi der Welt, der auf allen fünf Kontinenten gespielt hatte, wobei er in Neuseeland mal einen Pinguin geklaut und in seine Badewanne gesetzt hatte. Und Andreas Neuendorf, der Bilder gemalt hatte, damit er seinen Rufnamen Zecke als Künstlernamen in den Pass eintragen durfte. Robert Hoyzer sagte einen Tag vorher ab. Seine Mutter sei krank. Aber Boxweltmeister Graciano Rocchigiani spielte mit, den kannte Mrosko persönlich, natürlich, unter Berlinern; wenn es mal darum ging, Geld einzutreiben, konnte Rocky ja nicht selber an der Tür des Säumigen erscheinen, Rocky hatte ja 'nen Namen zu verlieren, »lass mal«, sagte Mrosko und machte das dann schon.

Im Tor der Old Boys stand, 161 und einen halben Zentimeter groß, »die Katze«: Klaus Mrosko.

Mrosko selbst spielte sieben, acht Monate nach seiner vorerst letzten Fußoperation auch mit, natürlich, bei dem Spiel. Dann würde er halt danach ein paar Tage humpeln.

1500 Zuschauer säumten den Spielfeldrand, Mrosko hatte schnell den Ball, stand still, ließ den Gegner kommen, und dann würde er ihm den Ball durch die Beine schießen, das war doch die Schau hier. Der Gegner kam und nahm Mrosko einfach den Ball ab.

»Mann, Lars, reiß dich zusammen!«, rief Zecke Neuendorf, und die Zuschauer lachten, er selbst lachte auch. Es war einfach alles zum Lachen schön, was er hier auf die Beine gestellt hatte.

Nach den 90 Spielminuten griff Zecke Neuendorf nach dem Mikrofon. »Hey, Leute, ich weiß, ihr wollt Autogramme, aber wir haben gerade so einen Spaß. Wir spielen noch eine halbe Stunde.« Die Leute jubelten. Das war Fußball, dachte Mrosko.

Was würden sie wohl eingenommen haben, mit der Tombola und so, vielleicht 5000 Euro. Sie hatten nur zwei Euro Eintritt genommen, Kinder unter 14 zahlten nicht, schließlich sollte es auch in diesem Sinne ein Benefizspiel sein: dass jeder es sich leisten konnte zuzuschauen. Eben, also, er kaufte jetzt erst mal von seinem Geld für alle Kinder ein Eis, schließlich ging es bei der Stiftung doch um das Wohl der Kinder.

Wie geil sich das anhörte: »Für alle Kinder hier ein Eis bitte.« Das waren sicher 100 Kinder, eher 200. Wie schön es war, die glücklichen Kinder anzusehen. Er ging ins Festzelt, eine Umarmung hier, ein Handschlag dort, »sensationell, wie du das organisiert hast«, »ein überragender Tag, Kompliment«, und er musste sagen – also, er sagte es natürlich nicht, er fühlte es nur –, das Glück der Leute rührte ihn, ach, weißte was, er hatte eine Idee. »Bitte 100 Bier«, sagte er zum Meister am Zapfhahn.

»100?«

»100 Bier.«

Wie das aussehen würde, 100 Gläser Bier nebeneinander, ob die überhaupt auf den Tisch am Ausschank passten, Mrosko lauschte noch immer begeistert den Worten nach, so etwas mal aussprechen zu können: »100 Bier, bitte.« Er bestellte gleich noch mal 200, jeder im Festzelt sollte ein Bier von ihm spendiert bekommen.

Als er am nächsten Morgen aufwachte, hatte er noch 75 Euro in der Tasche. Er hatte 1500 Euro zu dem Benefizspiel mitgenommen, weil er sich vorgenommen hatte, den einen oder anderen einzuladen.

Von den Einnahmen des Benefizspiels mussten sie die Kosten begleichen, den Zeltaufbau, den Bustransport, die Hüpfburgen, die Ponys, die Bewirtung der Spieler, wie viele Kleinigkeiten da zusammenkamen. Mrosko legte 600 Euro von seinem eigenen Geld dazu, damit für die Stiftung etwas übrig blieb.

Er brauchte nicht mehr rumzurechnen. In der Transferperiode im Sommer 2013 musste er den einen Deal landen. Sonst würde es eng. Aber fühlte er das nicht schon seit einem Jahr? Und irgendwie ging es immer so weiter. Irgendwie schlug er sich, wie die meisten Spielerberater, von Transferperiode zu Transferperiode durch.

Diego war mit voller Begeisterung dabei, er hatte einen Trainerschein gemacht und organisierte in der Sommerpause für die acht Berliner Nachwuchsspieler aus Mroskos Agentur ein Privattraining. Morgens ging er mit ihnen in Wedding im Park laufen, abends feilten sie auf dem Kunstrasenplatz an der Behmstraße an ihrem Fußballspiel, sie waren anders als die anderen Berater, in welcher Agentur gab es das schon, nicht nur das Privattraining, sondern das Gefühl zusammenzugehören.

Mrosko fuhr unterdessen mit seinen drei Babelsberger Spielern durch Deutschland. Der SV Babelsberg war abgestiegen.

Wie viele Profifußballer im Jahr 2013 waren die drei schon daran gewöhnt, jeden Sommer wieder einen neuen Verein zu suchen. Daran gewöhnt, das sagte man so. Wirklich konnte man sich an die Ungewissheit nie gewöhnen. Finde ich noch einen Klub, oder ist meine Profikarriere mit 22 oder 26 von einem Moment auf den anderen vorbei? Mit 22 oder 26 Jahren, die Sportjournalisten schrieben noch immer, »in den besten Jahren eines Fußballers«.

Es gab, aufgrund der guten Ausbildung in den Nachwuchsleistungszentren und des mittlerweile globalen Transfermarkts in Deutschland ein Überangebot an ordentlichen Fußballprofis. Selbst ein Spieler wie zum Beispiel Malik Fathi, der sich jahrelang als etablierter Erstligaprofi fühlen durfte, fand schlagartig keinen Arbeitgeber mehr. Eine Formschwäche, eine Verletzung genügte, um von einem ersetzt zu werden, der gerade keine Formschwäche, keine Verletzung hatte. Und wie sollte man nach einem Abstieg anderswo den Platz von einem ergattern, der nicht abgestiegen war?

Daniel Reiche hatte ein Angebot des MSV Duisburg. Das war außergewöhnlich, ein Drittliga-Absteiger, der in die zweite Liga wechseln konnte. Aber daran konnte man doch mal sehen, wie gut Daniel war! Während sie darauf warteten, dass Duisburg ihnen einen Vertragsentwurf zukommen ließ, wurde gemeldet: Der MSV Duisburg erhielt wegen finanzieller Ungereimtheiten nicht die Lizenz für die zweite Liga. Ob er überhaupt in der dritten Liga weiterspielen durfte, war ungewiss. »Wir finden schon was«, sagte Mrosko.

Darmstadt 98, dritte Liga, meldete sein Interesse an Daniel Reiche. Sie fuhren nach Darmstadt, es war ein Dienstag im Juni. Der Trainer, Dirk Schuster, erschien Reiche im Gespräch sympathisch. Der ließ einen Spieler auch mal nachfragen. Sie erwarteten seine Zu- oder Absage dann bis heute Abend, sagten die Darmstädter Verantwortlichen Reiche zum Abschied. Es war Mittag.

Das mache er nicht, sagte Daniel im Auto zu Mrosko, was sollte das, ihn so künstlich unter Druck zu setzen. Mrosko fragte noch einmal in Darmstadt nach, sie konnte dem Jungen doch einen Tag Bedenkzeit geben, einen einzigen Tag. Nein, es musste heute über die Bühne gehen.

Daniel Reiche sagte aus Prinzip ab. Ihn unter Druck zu setzen war keine Grundlage für eine Zusammenarbeit.

»Ich kann deine Entscheidung verstehen«, sagte Mrosko. Daniel schätzte Mroskos Zurückhaltung, er setzte seine Spieler nicht unter Druck, ein Angebot anzunehmen. Mrosko stellte ihm Fragen und half ihm so, die Antwort zu finden, ob er zu einem Verein wechseln sollte oder nicht.

»Wir finden schon was«, sagte Mrosko.

Jahn Regensburg war interessiert, dritte Liga. Sie trafen sich an der Autobahnraststätte Hirschberg, auf der A9, nicht so weit von Hof entfernt. Die Raststätte hatte 2013 den dritten Platz beim Autobahnraststätten-Wettbewerb »Das Golden R« belegt. Sie lag ziemlich genau auf halbem Weg von Berlin nach Regensburg. Dass sich Fußballvereine und Spieler zu Verhandlungen an Autobahnraststätten trafen, schien eigentlich nur noch in Geschichten aus den Achtzigerjahren zu geschehen. Aber in der dritten Liga lebte die alte Zeit, die alte Schlichtheit fort. Jahns Sportdirektor wartete schon in der Raststätte an einem der Tische mit den falschen Marmorplatten auf sie. Es war Franz Gerber, der »Schlangenfranz«, der als Trainer beim FC St. Pauli ein Jahrzehnt zuvor Mrosko auf stets freundliche Art zur Seite geschoben hatte. Nun begrüßte er Mrosko mit einer Umarmung.

Daniel Reiche und Mrosko erklärten, was Reiche verdienen wollte, Gerber erklärte, was sie in Regensburg vorhatten, und dann fuhren sie wieder in die entgegengesetzten Richtungen, jeder 250 Kilometer nach Hause. Ein konkretes Angebot von Jahn erfolgte danach genauso wenig wie eine klare Absage. Die Verhandlungen blieben, wie so oft im Profifußball, im Ungenauen hängen, weil der Verein eigentlich nicht so viel zahlen wollte, den Spieler allerdings schon ganz gerne hätte, aber vielleicht noch einen billigeren bekam, und der Spieler sich eigentlich schon vorstellen konnte, in Regensburg zu spielen, aber lieber doch woanders, wo die finanzielle Seite sicherer schien.

»Wir finden schon was«, sagte Mrosko.

Rot-Weiß Erfurt war interessiert, dritte Liga. Der Sportdirektor Alfred Hörtnagl präsentierte ihnen gleich einen konkreten Gehaltsvorschlag, das ließ sich gut an. Aber er konnte Daniel Reiche noch nicht sagen, wer in der kommenden Saison Erfurts Trainer sein würde.

»Jeder Trainer wird mit dir klarkommen«, sagte der Sportdirektor.

Aber Daniel wollte die Trainerbesetzung abwarten. Nach einer Woche war immer noch kein Trainer verpflichtet. Zehn Tage vergingen, Daniel wurde unruhig, er wollte einfach die Ungewissheit loswerden, ein Fußballer musste doch wissen, wo er nächstes Jahr spielen, leben würde. »Komm, wir machen das jetzt einfach mit Erfurt«, sagte er zu Mrosko.

Mrosko vereinbarte einen Termin mit Hörtnagl, Mittwochmorgen in Erfurt. Am Dienstagabend rief der Sportdirektor an, es täte ihm leid, sie hätten nun doch Abstand von der Verpflichtung Reiches genommen.

Ja, was war das denn, das ging so nicht, das war unter der Gürtellinie, tobte Mrosko.

In solchen Situationen wurde Daniel Reiche Mroskos Berater. »Lass uns ruhig bleiben, Lars. Jetzt geht es darum, etwas anderes zu finden.« War schon klar, aber irgendwie musste er doch seine Enttäuschung abreagieren. Wie konnten sie mit einem guten Jungen wie Daniel so umspringen, wie konnten sie es wagen, so respektlos mit einem seiner Jungs umzuspringen. Arschgeigen!

Mrosko sagte nicht mehr: »Wir finden schon was.«

Er sagte, er habe mal mit Viktoria Kölns Trainer Claus-Dieter Wollitz telefoniert. Wenn Daniel wolle, könne er dort unterkommen. Das war ein Verein, der ordentliche Gehälter zahlte. Der aber in der vierten Liga spielte. Daniel Reiche, der einen Monat zuvor noch auf dem scheinbar sicheren Sprung zurück in die zweite Bundesliga stand, unterschrieb, ohne noch länger zu überlegen, in der Regionalliga.

Manchmal fragte sich Mrosko: Warum geht nur bei mir so viel schief? Deals platzten ständig im letzten Moment, seine Spieler verpassten Verträge in der zweiten Liga oder der Türkei, aber nie erhielt mal ein Spieler unerwartet einen Vertrag in einer höheren Liga.

Tatsächlich ging nicht nur bei ihm so viel schief. Die knapp verpassten Verträge entsprachen dem Alltag der meisten Berater, der meisten Fußballer im Jahr 2013. Angesichts des Überangebots an ordentlichen Fußballern drängten auf jede Stelle mindestens eine Handvoll Spieler. So jonglierte jeder Verein auf den freien Stellen in seiner Mannschaft mit mehreren Optionen. Bei jedem Vereinswechsel gab es drei oder mehr Spieler, drei oder mehr Berater, die fühlten, das hätte ihr Wechsel, ihr Deal sein sollen. Während Darmstadt, Regensburg, Erfurt mit Mrosko und Daniel Reiche verhandelt hatten, hatten sie mit zwei, drei weiteren Innenverteidigern ähnliche Gespräche geführt. »Du bist unser Wunschspieler«, sagten Sportdirektoren gerne in diesen Gesprächen.

Es war Zeit für den Stuntman. Der Stuntman, das anonyme Gesicht, der sich mutig in Abenteuer stürzte, damit andere den Ruhm ernteten, »it's true, I hire my body out for pay, hey hey«. Ceylan Çalişkan rief den Stuntman an.

Wie ging es meinem Freund Lars? Um es kurz zu machen, Beşiktaş, der nobelste unter Istanbuls drei Spitzenklubs, suchte einen neuen Trainer. Hatte Mrosko irgendeine Idee?

Felix Magath war in diesem Sommer 2013 noch immer ohne neue Aufgabe. Aber in die Türkei würde Magath nicht gehen, da kannte Mrosko ihn zu gut, da verstand ihn Mrosko bestens: Das Konzept eines allmächtigen Trainers würde unter den patriarchalisch veranlagten türkischen Vereinspräsidenten eher weniger funktionieren.

Mrosko rief Peter Hyballa an. Nicht, dass er glaubte, Peter hätte eine Chance, bei Beşiktaş unterzukommen, so verblendet war er in seiner Begeisterung für Peters Kunst dann doch nicht. Aber Peter kannte andere Trainer.

»Fällt dir einer ein?«

»Was ist mit Co Adriaanse?«, sagte Peter, nachdem er überlegt hatte.

Co Adriaanse, der die hohe niederländische Schule in einem harten Ton lehrte, gehörte zum neuen Typ der globalen Trainer. Amsterdam, Porto, Salzburg, Donezk, Al-Saad, Enschede hießen seine jüngsten Stationen, er schlug am neuen Ort auf und legte los. Anpassungsproblem gab es nicht, er hatte doch sein Programm.

»Adriaanse!«, rief Çalişkan. »Eine super Idee! Stellst du den Kontakt her, und du bist drin im Deal.«

Das konnte der Deal werden! Da lag der Deal vor ihm, jetzt musste er nur noch zugreifen! Den Trainer für Beşiktaş bestellen – sie redeten über eine Provision von 200 000 Euro, verteilt auf drei Jahre, nur mal so grob überschlagen. Und er war fortan der, der Co

Adriaanse zu Beşiktaş gebracht hatte, er war drinnen im großen Geschäft, *the Stuntman who made it big time.*

Co Adriaanse war erfreut über Mroskos Anruf. Der Posten bei Beşiktaş käme für ihn durchaus infrage, sagte er. Er war seit einer Saison ohne Anstellung.

»Okay«, sagte Ceylan Çalişkan, »wo wollen wir uns treffen? In Istanbul geht das nicht, wenn mich hier jemand mit Adriaanse sieht, geht die Geschichte eine halbe Stunde später durch alle Medien.«

»Barcelona«, sagte Mrosko.

»Barcelona?«, fragte Ceylan, »wieso Barcelona?«

Weil ich noch nie dort war, weil ich schon immer dorthin wollte, dachte Mrosko.

Barcelona, die Hüterin des schönen Spiels, die Stadt des zauberhaften Fußballs, war der perfekte Ort für *den* Deal. Später würde er sagen können: In Barcelona wendete sich alles zum Guten. Und es würde klingen wie: Natürlich, in Barcelona.

Mrosko spazierte mit Diego durch die Altstadt zum Hafen, die Sommersonne streichelte die Haut, die Touristen trugen kurze Ärmel, und jeder würde denken, Diego und er seien einer von ihnen, zwei ganz normale Urlauber.

»Was denkst du«, sagte Mrosko zu Diego, während sie durch Barcelona schlenderten, »was kann man bei Beşiktaş als Trainer wohl verdienen?«

»Keine Ahnung.«

»Du bist doch Türke, du musst das doch wissen.«

»Na ja, denkst du, es ist dreist, wenn wir mit 800 000 Euro im Jahr einsteigen?«

»Netto. Ja, das sollte passen. Das ist doch gutes Geld.«

»Dann steigen wir damit ein?«

»Ich denke schon.«

Sie nahmen ein Taxi zum Hotel *Rey Juan Carlos I.* Sie wollten auf keinen Fall zu spät kommen und waren deshalb zu früh dort.

In der Lobby schwebten runde, goldene Lampen über dem dunklen Parkett, sie hingen an unsichtbaren seidenen Fäden. Als Mensch schrumpfte man hier augenblicklich, die Lobby war gut zehn Stockwerke hoch, im Angesicht der unendlichen Höhe erschien alles und jeder auf dem Boden klein. Die Präsidenten und Premierminister der acht wichtigsten Industrienationen waren hier zu ihrem jährlichen Treffen der G8 zusammengekommen. Der FC Barcelona brachte hier regelmäßig seine hoffnungsvollen Neuzugänge bei Vertragsverhandlungen unter.

Co Adriaanse kam im leichten Sommeranzug durch die Tür. Barcelona taugte ihm als Treffpunkt. Er besaß – Symbol des globalen Trainers – ein paar Kilometer die Küste hinunter ein Ferienhaus.

Das Ferienhaus war ein guter Ausgangspunkt für ein bisschen Small Talk. Mrosko und Adriaanse waren nur Minuten davon entfernt, miteinander einen Deal anzubahnen, der ihr Arbeitsleben prägen konnte. Dabei kannten sie sich noch gar nicht. Co Adriaanse fand es nicht merkwürdig, dass ihm ein unbekannter Berater eine tolle Chance verschaffte. So war es ihm schon öfter widerfahren.

Mrosko tastete sich über das Ferienhaus und Cos Arbeit in Salzburg, wovon ihm ja Peter Hyballa schon viel erzählt hatte, zum Thema vor. Geld. Er würde als Provision von Beşiktaş zehn Prozent des Trainergehalts verlangen, sagte Mrosko, nur damit Co Adriaanse da im Bild sei, er wolle ehrlich mit ihm umgehen. Das erscheine ihm korrekt, sagte Adriaanse, er selbst habe wie so viele Trainer der älteren Schule keinen festen Berater, also, es werde niemand mehr auftauchen, der auch noch seinen Anteil verlangte.

Diego und Mrosko lächelten, und da tauchte schon ein Berater auf: Ceylan Çalişkan, das Hemd unter dem Anzug weit geöffnet.

Jetzt hatten sie gar keine Zeit gehabt, mit Co Adriaanse über dessen Gehaltsvorstellungen zu sprechen.

Überschwänglich begrüßten Mrosko und Diego ihren Mann aus Istanbul. Die Aufregung ließ die Umarmungen und Handschläge etwas größer geraten als gewollt. Ceylan sprach Co Adriaanse auf Flämisch an.

Was für eine Überraschung!

Ja, er war als Sohn türkischer Gastarbeiter in Antwerpen groß geworden.

Sie redeten, vielleicht ohne es zu merken, auf Flämisch weiter, Mrosko wurde heiß, wie sollte er sich da einschalten, ohne brüsk zu wirken, ach, so, Entschuldigung, Englisch, sagte Ceylan.

Er stellte Beşiktaş' Lage in groben Zügen dar, Dritter letzte Saison hinter den ewigen Rivalen Galatasaray und Fenerbahçe, darum ging es natürlich, darum ging es immer: die wieder zu überholen, Beşiktaş' Mannschaft war ganz passabel, auch wenn der fliegende Schotte im Tor, Allan McGregor, wohl nicht zu halten war. Den Portugiesen im Sturm, Hugo Almeida, kannte Co Adriaanse natürlich. Natürlich. Ja, dann kamen sie mal zum Geld, welche Vorstellungen hatte Co denn?

Mrosko öffnete den Mund, und ehe er ein Wort herausbrachte, antwortete Co Adriaanse schon: »2,5 Millionen Dollar«, Adriaanse redete weiter, dazu als Meisterprämie das und als Punktprämie dies, Mrosko hörte die Zahlen nur noch vorbeirauschen, 2,5 Millionen Dollar, er hatte 2,5 Millionen Dollar gesagt, Mrosko nahm an, brutto, aber das war dann auch schon egal, bei 2,5 Millionen Dollar. Er konnte sich nicht dagegen wehren, dass er noch während Adriaanses Gehaltsvortrag schon die Provision berechnete: Das wären 250 000 Dollar für ihn, jedes Jahr, über drei Jahre. Unauffällig schob Mrosko die Hand unter den Tisch und ballte sie dort zur Faust.

Mrosko und Diego konnten nicht mehr aufhören zu lachen.

»2,5 Millionen!« Sie japsten. Sie lachten schon wieder.

»Stell dir vor, wenn wir mit unseren 800 000 eingestiegen wären.«

»Co hätte uns gekillt.«

Sie saßen im Taxi auf dem Rückweg vom Hotel *Rey Juan Carlos I.* Ceylan Çalişkan hatte noch vom Verhandlungstisch aus in der Lobby Beşiktaş' Präsidenten angerufen. Sie wollten Co Adriaanse. Das Gehalt gehe in Ordnung.

»Gott sei Dank war ich einmal im Leben für zehn Sekunden zu langsam mit meiner Zunge, und Co ist mir zuvorgekommen«, sagte Mrosko.

»800 000 Euro, bitte.«

Sie lachten so sehr, dass der Taxifahrer mitlächeln musste, ohne zu wissen, warum und worüber. Wenige Tage später rief sie Ceylan Çalişkan wie verabredet an, um ihnen die weiteren konkreten Schritte mitzuteilen. Doch er sagte: Der europäische Fußballverband habe Beşiktaş wegen des Verdachts auf Spielmanipulationen für die neue Saison von der Europa League ausgeschlossen. Aufgrund des finanziellen Verlusts könne man Co Adriaanse leider nur noch ein Gehalt von 600 000 Dollar netto pro Jahr offerieren.

Mrosko zwang sich, nichts zu fühlen, sondern die Nachricht zu analysieren.

Es war möglich, dass Beşiktaş tatsächlich neu budgetieren musste. Wahrscheinlicher war, dass sie von Anfang an Co Adriaanse keine 2,5 Millionen Dollar hatten zahlen wollen und nun versuchten, unter Ausreden das Gehalt zu drücken. Nicht auszuschließen war, dass sie Co Adriaanse mit dem niedrigen Angebot dazu bringen wollten abzusagen, weil sie sich parallel mit einem anderen Trainer einig geworden waren. Es war unerheblich, was der wahre Grund für das plötzlich gesunkene Gehalt war. Er werde es auf keinen Fall annehmen, sagte Co Adriaanse, der wohl ahnte, dass eine Zusammenarbeit, die mit solch einem Vertrauensbruch begann, sich nicht sehr einträchtig gestalten würde.

Einen Tag später, am 26. Juni 2013, gab Beşiktaş bekannt, es habe den kroatischen Nationalcoach Slaven Bilić als neuen Trainer verpflichtet.

Diego kehrte in den Volkspark im Wedding zurück. Er ging mit den Nachwuchsspielern aus Mroskos Agentur wieder auf seine Laufrunde, wie er sich auf den Tag freute, in drei, vier, fünf Jahren, wenn er und Mrosko auf der Tribüne saßen, um das erste Profispiel von einem der Jungs anzuschauen.

Doch Diego merkte, dass es für Mrosko diese Rückkehr in den Alltag und in die bewährten Träume nicht mehr gab. Adriaanse zu Beşiktaş hatte *der* Deal sein sollen. Es war für Mrosko *der* geplatzte Deal geworden.

Diego versuchte ihn aufzumuntern, Oktay Ugur, ihr 14-Jähriger von Tennis Borussia, war wirklich die Bombe, der wurde was. Mroskos Gesicht verzog sich nur kurz. Was wollte er denn mit 14-Jährigen. Seine Freunde fanden, er wurde oft laut, um Frust zu kompensieren. Aber wenn er wirklich tief getroffen war, sahen sie ihn gar nicht. Dann blieb er still für sich alleine. Er konnte nur noch an all die enttäuschten Hoffnungen denken, Alpers geplatzter Deal mit Orduspor, Bilals Schienbeinbruch, Çalhanoğlus verhinderter Wechsel zu Wolfsburg, Korkmaz' nicht existenter Wechsel zu Hertha, Daniels geplatzte Rückkehr zu Duisburg, dazu nun als Krönung 250 000 Dollar in den Wind, 250 000 Dollar jedes Jahr, über drei Jahre, und dann starrte er diese

Wand zu Hause an, die immer noch feucht war, niemand, der ihnen den Wasserschaden reparierte. Er hatte einfach nur ein Spielerberater sein wollen, irgendein Spielerberater, der Fußballer entdeckte und Fußballer vermittelte, war das wirklich zu viel verlangt.

»Du hast seit ein paar Tagen echt übel Mundgeruch«, sagte ihm Sandra.

Kam vermutlich von der Galle, die ihm überlief, war doch verständlich. Er kaute Kaugummi, er putzte sich ständig die Zähne. Der Mundgeruch kam immer zurück. Was sollte das jetzt, wollte ihm Gott oder sonst wer beweisen, dass es immer noch schlimmer kommen konnte? Danke, das wusste er schon.

Er hatte bestialischen Hunger, und wenn er dann eine Riesenportion Nudeln verschlungen hatte, bekam er Magenschmerzen, na, das war irgendwie ja auch logisch, aber trotzdem, normal war dieser ständige Wechsel zwischen Hunger und Magenschmerzen auch nicht.

»Ihre Magenklappe schließt nicht mehr«, sagte der Arzt.

Er und das Handy kehrten ins Krankenhausbett zurück. Man werde den oberen Teil seines Magens um die Speiseröhre herumschlingen und dann dort festnähen, erklärte ihm der Arzt vor der Operation. So werde verhindert, dass Magensäure und Nahrung durch die offene Magenklappe immer wieder zurückflossen. Die Operation habe sich in den letzten Jahren sehr bewährt.

Nach dem Eingriff löffelte Mrosko Brühe, etwas anderes würde er nun monatelang nicht essen können, vielleicht noch Brei. Nicht, dass er Hunger hatte.

Seine Mitarbeiter besuchten ihn am Krankenbett; in seinem Zweitbüro, konnte er langsam sagen.

Mensch, das wäre doch super, wenn Oktay Ugur als B-Jugendlicher nächste Saison bei Hansa Rostock ins Internat könnte, sagte Diego, um ihn mit Enthusiasmus anzustecken. Mrosko reagierte kaum.

Könne Mrosko ihm seinen Mercedes leihen, fragte Carsten Schleite, sein Nebenjobscout. Im Krankenhaus brauche Mrosko den Wagen doch nicht.

Er verlieh seinen Wagen gern, er fand, dass Schleite seine Arbeit ordentlich erledigte. Aber er hatte ein Problem damit, hier krank zu liegen, und dann kam der Typ auch noch an und wollte haben, haben, haben, immer wollten alle nur haben, nichts geben, letztens war schon wieder ein Strafzettel auf Schleites Dienstfahrt angefallen, »weißt du was«, sagte Mrosko: »Hiermit bist du gekündigt!«

Die Tage vergingen, und er löffelte Suppe. Schleite habe bei Maikel Stevens in der Agentur angeheuert, wurde Mrosko zugetragen. War ihm doch egal. Wenig später rief ihn der Vater des Jugendnationaltorwarts Fabian Bredlow an, eines der hoffnungsvollsten Talente in Mroskos Agentur. »Ja, der Fabian braucht immer seine Streicheleinheiten«, sagte der Vater, es sollte wohl wie die Begründung für eine Verabschiedung klingen. Fabian Bredlow hatte sich Maikel Stevens' Agentur angeschlossen.

In der Welt der Stuntmen gab es nach Mroskos Empfinden klare Regeln: Sie waren sich für nichts zu schade, keine Arbeit war ihnen zu gefährlich, zu schmutzig, sie konnte auch mal Mist bauen, mit der Faust zulangen oder was mitgehen lassen, aber was gar nicht ging, war: andere betrügen, andere hintergehen.

Etwas in ihm riss, als er hörte, dass Carsten Schleite seinen Jugendnationaltorwart zu seinem neuen Arbeitgeber gelockt hatte. Er könnte Schleite auf die Fresse hauen, würde er vielleicht irgendwann auch, aber das war nicht die Lösung, sah Mrosko selbst, das würde ihm nicht die Schwere und Enttäuschung nehmen, die ihm dieser Beruf aufbürdete.

Weihnachten 2013 ließ er noch vorüberziehen, an Weihnachten hatte er viel Zeit, nachzudenken und zurückzublicken, wie sehr Mrosko in der Vergangenheit lebte, fiel den Freunden auf. Also, er konnte die Transferperiode im Januar noch mitnehmen, aber er sah nicht, wo der eine Deal herkommen sollte. Stark zu sein bedeutete dieses eine Mal, die Realität zu sehen: Über kurz oder lang würde er mit seiner Agentur bankrottgehen.

Am 28. Dezember 2013 schrieb Mrosko eine SMS-Nachricht, so lang wie ein Brief, las sie noch einmal durch und schickte sie an mehr als 300 Freunde, Bekannte, Kontakte im Profifußball.

Verblüfft lasen die Empfänger von Felix Magath bis Jens Todt die SMS. So eine Nachricht hatten sie noch nie erhalten. »Ich bin enttäuscht vom Profifußball, wo es immer nur um den nächsten Profit, den nächsten Vertrag, die nächste Schlagzeile geht, aber nicht mehr um das Spiel an sich! … Das ist nicht mehr meine Welt … Ich danke allen, die ich in den zurückliegenden 15 Jahren kennen und schätzen gelernt habe, Freunden, Bekannten, Kollegen … Heute habe ich meine Berateragentur aufgelöst. Ich ziehe mich aus dem Fußballgeschäft zurück.«

Einige wie Lorenz-Günther Köstner riefen Mrosko an, um zu fragen, was denn los sei. Manche wie der Trainer des Karlsruher SC, Markus Kauczinski, schrieben kurz zurück: Viel Glück! Die meisten lasen die SMS, drückten die Delete-Taste ihres Handys und machten weiter.

Epilog
Unverändert

Der Himmel über Berlin lastet grau auf der Stadt, als Bundespräsident Joachim Gauck, Michail Gorbatschow und Lech Wałęsa am 9. November 2014 mit Hunderttausenden Bürgern am Brandenburger Tor zusammenkommen, während Mrosko zum Fußballplatz an der Neuköllner Straße geht. Tausende weißer Luftballons sind dort, wo einst die Mauer stand, am Boden festgebunden, vom ehemaligen Grenzübergang Bornholmer Straße bis zum Checkpoint Charlie. Wenn Gauck, Gorbatschow und Wałęsa ihre warmen Worte zum 25. Jahrestag des Mauerfalls gesprochen haben, werden die weißen Ballons in den dann schon schwarzen Himmel aufsteigen, wird die Mauer sich noch einmal symbolisch in Luft auflösen. Mrosko schlendert vom Vereinsheim des TSV Rudow zu den Umkleidekabinen, ein paar Mütter Rudower Jugendspieler stehen auf der Tribüne, »und, habt ihr den Sekt dabei?«, fragt Mrosko. Aber sicher haben sie den Sekt dabei am Sonntagmorgen. Hat nichts mit dem Mauerfall zu tun. Einen Piccolo genehmigen sich die Mütter während des Spiels ihrer Söhne aus Tradition.

Die A-Jugendmannschaft des TSV Rudow spielt in der Landesliga, vierte Spielklasse, gegen den BFC Dynamo, passt doch zum Ehrentag, dass der Gegner BFC Dynamo heißt, der einstige Hätschelklub der Stasi. In der Umkleidekabine der Rudower Jungs stehen Orangenscheiben, säuberlich geschnitten, und Schokoladenkekse für den schnellen Energieschub bereit, aber vorher gibt es ein gemeinsames Frühstück im Vereinsheim und eine Taktikbesprechung am Flipchart; in der vierten Liga der A-Jugend, leidenschaftlicher Freizeitsport. Es mögen nicht die größten Talente Berlins sein. Aber sie sollen die professionellste Betreuung bekommen. Mrosko ist der Assistenztrainer, Shergoal der Cheftrainer.

So genau kann Mrosko gar nicht sagen, wie sie zu der Jugendmannschaft kamen, irgendwie fragte irgendwer Shergo, war doch klar, dass er dann mit von der Partie war. »Und: breit stehen, Männer«, sagt Shergo, ein Dutzend 18-jähriger Jungs in roten Kapuzenpullovern sitzt mit heilig ernsten Gesichtern vor ihm, die Arme verschränkt. Außer Shergos Stimme ist kein Geräusch zu hören im Besprechungsraum unter dem Dach des Vereinsheims. Am Flipchart stehen Kreuze und Kreise, Mitspieler und Gegner, mit dem Stift zeichnet Shergo nach, was es heißt, wirklich breit zu stehen, der Spieler auf der ballfernen Spielfeldseite rückt nicht zu weit ein. Auch in der vierten Jugendliga geht es heute ständig um Verschieben, Pressen, 25-Meter-Zone, Mrosko ergreift das Wort, manchmal, wenn ein Spitzenspiel für die A-Jugend des TSV Rudow ansteht, geht er vorab auf Scoutingtour, um den Gegner auszuspionieren, in der vierten A-Jugendklasse. »Ihr wisst ja, Männer«, sagt Mrosko mit spannungsgeladener Stimme zu den Jungs, und für einen Augenblick wird die Stille penetrant, »heute ist ein historischer Tag. Vor 25 Jahren kamen die Ossis vom BFC Dynamo rüber und haben uns die Milka-Schokolade gestohlen! Heute bleiben die Punkte hier!«

Die Jungs lachen befreit auf. Der Spaß muss schon politisch unkorrekt sein, damit er richtig lustig ist.

Unmittelbar hinter dem Sportplatz des TSV Rudow ragen die mit weißem Kunststoff verkleideten Hochhäuser der Gropiusstadt in den Himmel über Berlin. Mrosko und Shergo sind zurück, wo alles begann.

Shergo wohnt um die Ecke, nun auf der anderen Seite des Zwickauer Damms, der die Gropiusstadt wie mit einem Linealstrich von den Einfamilienhäusern Rudows trennt. Samstags, am Abend vor den A-Jugendspielen, übernachtet Mrosko öfter bei Shergo auf dem Sofa. Sie essen mit Shergos Frau Kristin und der fünfjährigen Tochter zu Abend. Wenn es für Kristin und Shergo Zeit ist, die Kleine ins Bett

Wenn schon, dann Kapuzenpullis, nicht so langweilige Trainingsanzüge: Das Trainerteam Shergoal und Mrosko mit ihren Jungs vom TSV Rudow.

zu bringen, räumt Mrosko, ohne dass jemand etwas sagt, ohne dass jemand was sagen müsste, den Tisch ab. Später setzen sie sich auf das Sofa, sie spüren nicht mehr den Zwang loszuziehen. Sie trinken Tee. Es reicht doch, von den alten Zeit zu erzählen, weeste noch, wie du beim Angeln in der Sonne eingeschlafen bist und wir dich liegen ließen, bis du mit Sonnenbrand ins Krankenhaus musstest? Die taktischen Kniffe der A-Jugend des TSV Rudow werden selbstverständlich auch durchgesprochen.

Manchmal ist es nur ein Satz über die A-Jugend des TSV Rudow, der augenblicklich die große Fußballwelt in Shergos Wohnzimmer zurückbringt. Sollten sie nicht auch mit einer Dreier-Abwehr spielen wie Bayern München?

Der Profifußball ist so weit weg von ihm, denkt Mrosko – der Profifußball ist noch immer seine Welt, fühlt Mrosko im nächsten Moment. Er möchte endlich wahre Distanz zum Profispiel gewinnen, er möchte endlich wieder zurück ins Profispiel. In den ersten Monaten, nachdem er Ende 2013 ausstieg, kamen ihm die beiden Gedanken oft fast gleichzeitig. »Das ist menschlich«, sagte ihm Peter Hyballa, »du musst erst einmal die Orientierung wiederfinden.«

Als Mrosko am 28. Dezember 2013 seine Beratungsagentur schloss, sprach er mit Shergoals Berater Henry Hennig und mit Robert Schneider, der unter anderem Bastian Schweinsteiger betreut. Er bot ihnen an, seine Spieler zu übernehmen. Wenn schon, dann würde er korrekt scheitern. Seine Spieler sollten nicht unter seiner Aufgabe leiden, »ihr könnt entweder zu Robert Schneider oder Henry Hennig gehen, zwei der besten Berater«.

Er hatte praktisch kein Geld mehr, das war ja die Sache, aber er bezahlte Diego die Trainerfortbildung. Dass es seinen Freunden gut ging, war wichtiger als die Frage, wie es ihm selbst ging. Es tat ihm doch leid wegen Diego, der mit ihm geträumt hatte und jetzt auch erst einmal sehen musste, wie er weitermachte.

Das Gefühl, die Agentur gewissenhaft abzuwickeln, erleichterte Mrosko den Abschied. Er war kein Spielerberater. Er hatte es schon länger gefühlt. Jetzt konnte er es sich eingestehen. Er hatte ein paar naive Entscheidungen getroffen, wie Alex Ba, den Kellner, einzustellen, aber daran war das Projekt nicht gescheitert. Um es als Spielerberater zu schaffen, reichte es schlichtweg nicht, ein Auge für Fußballer und ein beeindruckendes Netzwerk im Profispiel zu besitzen. Der Markt für Spielerberater war einer der umkämpftesten in der Geschäftswelt, von zehn Wettbewerbern verdiente nur einer genug, um zu überleben. Da setzten sich nur die durch, die wirklich ein Talent für diesen Beruf hatten – die neben dem Auge und dem Netzwerk auch die Fähigkeit besaßen, 13 Stunden am Tag zu telefonieren, die es liebten zu reden und zu werben, die es verstanden zu verkaufen, zu umgarnen und zu tricksen. Ein Spielerberater ertrug es, ständig zurückgewiesen zu werden. Ein gnadenloser Ehrgeiz trieb ihn, an dem Ort anzukommen, den er für oben hielt.

Er war nicht traurig, dieser Welt den Rücken zu kehren, sagte sich Mrosko. Aber die Frage blieb: Was machst du jetzt?

Er schickte Peter Hyballa auf das Handy die Zeichnung eines Krokodils, das ein belegtes Toastbrot mampft. Das Emblem für sein Croque-Restaurant. Das mampfende Krokodil würde über der Eingangstür seines Imbissladens wachen. Während seiner Zeit als angehender Kindergärtner hatte Mrosko in Hamburg die Croques entdeckt, er liebte die mit Käse überbackenen Toasts und Baguettes. In Berlin gab es an jeder Ecke Currywurst und Kebab, teilweise sogar beides im selben Imbiss, bald würde es in Berlin vermutlich auch Currywurst mit Kebab geben, aber auf die Idee, sich auf Croques zu spezialisieren, war noch niemand gekommen.

Er suchte in den Immobilienanzeigen unter Gewerbe, er hatte die Lage der angebotenen Lokale meistens gleich vor Augen, er kannte doch die Stadt. Am Maybachufer würde ein Weinhandel schließen. Er wusste sofort: Das war sein Lokal. Vor der Tür floss der Kanal, da konnte er im Sommer Stühle auf die Straße stellen, Studenten wohnten in der Gegend, viele Läden, viel Laufkundschaft, und er wäre in Neukölln, zu Hause. Kreuzberg lag auf der anderen Seite des Kanals, Kreuzberg schwappte am Maybachufer schon nach Neukölln, die gestiegenen Mieten trieben die Kreuzberger über den Kanal. Kreuzkölln nannten sie die Gegend, sollte ihm recht sein, das waren seine Kunden. Er nahm Guiseppe mit, seinen Nachbarn, damit der sich mal den Weinladen ansah. Guiseppe hatte dort sofort den Croque-Imbiss vor Augen: Küche hier, Toilette dort, Tische mit hohen Stühlen an den Fenstern, Guiseppe zeichnete alles auf, er war in einer Firma für den Aufbau von Messeständen zuständig. In Neukölln kannte Mrosko immer jemanden, den er gerade brauchte.

Wenige Tage nachdem er Peter Hyballa das Croquedil-Emblem geschickt hatte, rief Mrosko ihn wieder an: Er hatte mit Lorenz-Günther Köstner gesprochen, vielleicht werde er beim VfB Stuttgart jetzt doch wieder Scout! Köstner wollte etwas für ihn tun und hatte mit dem Sportdirektor des VfB, Fredi Bobic, geredet. Falls Bobic einen Scout benötigte, kannte er einen vorzüglichen, loyalen.

Hyballa dachte, »Croque-Imbiss, Scout, andauernd eine andere Idee, vor und zurück, hin und her, ey, das wird mir jetzt echt zu viel.« Aber als er in Ruhe nachdachte, verstand er Mrosko doch. »Allein nach New York gehen und sich durchzusetzen, der Satz ist superschnell gesagt. Aber es zu schaffen? Lars suchte einen Halt.«

Die Vermieterin des Lokals am Maybachufer sagte Mrosko ab. Mit Fredi Bobic schrieb er sich einmal kurz per SMS, sie müssten sich mal treffen, und hörte dann nichts mehr von ihm.

»Lars war richtig drin im Profifußball, dann war er kurz draußen – und schon ist er richtig raus. Das ist Fußball. Das ist schwierig zu begreifen, wenn du Sparkassenangestellter bist«, sagt Peter Hyballa und erzählt, während er das Schicksal seines Freundes auf den Nenner bringt, gleichzeitig auch seine eigene Geschichte.

Er sitzt in einem gläsernen Autohaus in Velbert am Niederrhein zwischen BMWs, den Cappuccino am Kaffeeautomat gibt es für 50 Cent, die Rücken von zwei Empfangsdamen, gekleidet und geschniegelt wie Lufthansa-Stewardessen, bilden den Blickfang. Peter Hyballa wartet, dass der Mechaniker sein Auto auf Vordermann bringt. Ihm ist, Ende Mai 2014, aufgegangen, dass er doch die Winterreifen wechseln muss. »Willkommen in der realen Welt«, sagt Peter Hyballa, selbst fasziniert, dass ihm erst zum Ende des Frühlings die Winterreifen an seinem Auto eingefallen sind. Es ist das erste Mal seit gut zehn Jahren, dass er sich wieder mit Reifenwechseln beschäftigen muss. Sonst fuhr er doch immer Dienstwagen.

Und dann – »auf einmal bist du richtig raus« – fand er nach seiner Entlassung bei Sturm Graz im April 2013 zwölf Monate lang keine Anstellung mehr. Am Anfang war die Arbeitslosigkeit auch Freiheit, die Versagensängste wichen, die nagenden Fragen verschwanden, kannst du noch mit drei Stürmern spielen, verweigern die Spieler unterschwellig schon den Dienst? Sogar mal ein eigenes Auto kaufen zu müssen, hatte doch was, mal eines selbst auszusuchen. Peter Hyballa, wieder frei, ging an die Universität, er hielt in seiner braunen Lederjacke Vorträge vor Sportpsychologie-Studenten, das selbst gewählte Thema: »Das Denken eines Trainers unter Druck.« Er ging selbst in Philosophie-Vorlesungen, Kulturphilosophie faszinierte ihn, wie prägt die Herkunft, die Wohngegend, die Kultur. Er ging aus den Vorlesungen auch schnell wieder raus, wenn sie ihm zu hochtrabend erschienen.

Die ersten Zweifel meldeten sich in der ersten Sommerpause nach der Entlassung. Er konnte die Verunsicherung noch wegwischen, aber dann lief die nächste Saison, es kam die nächste Winterpause, überall wurden Trainer entlassen. Und niemand rief ihn. Der

Gedanke ließ sich doch gar nicht mehr verdrängen: Und wenn dich nie mehr ein Klub ruft?

Peter Hyballa dachte nicht an Croque-Läden, wenn er wenigstens Croque-Läden gehabt hätte, er bewunderte Mrosko für seinen Ideenreichtum. Er dachte nur daran, was er offenbar alles falsch gemacht hatte, dass »wahrscheinlich die coolen Sprüche irgendwann wie Schnellbälle zurückkommen mussten, voll in mein Gesicht«. Ein Trainer ist an seinem verzweifeltsten Punkt angelangt, wenn er glaubt, seine Arbeitslosigkeit hätte eine Logik.

Ein Mann im Profifußball erinnerte sich noch an die fabelhaften Talente des Peter Hyballa. Sascha Lewandowski wurde im April 2014 zum Bundesligatrainer bei Bayer 04 Leverkusen berufen, um im letzten Monat der Saison die Champions-League-Qualifikation zu retten. Er wollte einen Mann an seiner Seite, der eine Mannschaft emotional aufputschen, mitreißen konnte. Er stellte Peter Hyballa als seinen Assistenztrainer ein.

Und auf einmal bist du wieder richtig drin.

Mit einem Punkt Vorsprung auf den VfL Wolfsburg schaffte Bayer Leverkusen unter Lewandowski und Hyballa zum Ende der Bundesligasaison 2013/14 tatsächlich noch den Sprung auf Platz vier und somit in die Champions League. Besonders stolz war Peter Hyballa, dass er widerstanden hatte, als er Leverkusens Spieler am Tribünenrand mit den Fans feiern sah. »Da gehst du diesmal nicht mit«, befahl er sich, obwohl es natürlich juckte, feiern, sich feiern lassen. Er trotzte der eigenen Eitelkeit. Er war jetzt seriös, konnte er sich sagen.

Zur Belohnung vertraute ihm Bayer Leverkusen für die folgende Saison die A-Jugendmannschaft an. Ein A-Jugendtrainer bei einem der großen sechs deutschen Klubs war 2014 ein prestigeträchtiger Posten. Die Deutschen betrachteten die Jugendarbeit als ihren großen Stolz; nun. Sie waren gerade in Brasilien Weltmeister geworden, und alle Welt führte das auf ihre konsequente Nachwuchsarbeit zurück.

Zwölf Jahre, nachdem er in Wolfsburg als A-Jugendtrainer in die große Welt des Profifußballs aufbrach, ist Peter Hyballa wieder im A-Jugendfußball angekommen. Drei Engagements in Profiligen liegen dazwischen und die Frage, »was willst du wirklich: Willst du nur auf die Bühne?«, ins Rampenlicht des Bundesligafußballs, »oder geht es dir darum, als Trainer mit einer Mannschaft zu arbeiten, egal, ob in einer Jugendelf oder bei den Profis?«. Wenn er ehrlich ist, würde er am liebsten beides, mit einer Mannschaft auf der Bühne arbeiten. Doch seine Reise hat ihm auch Demut beigebracht: Er ist froh, überhaupt hauptberuflich als Trainer arbeiten zu können, egal wo.

Von Wolfsburgs A-Jugend in zwölf Jahren zu Leverkusens A-Jugend, das klingt nach einer Fahrt einmal im Kreis, doch in Wirklichkeit war es ein Vorwärtsmarsch in eine andere Zeit. An seinem ersten Arbeitstag als Leverkusens Jugendtrainer schritt Peter Hyballa ins Büro im Bauch des Stadions und staunte fasziniert über das Bild der Zukunft, das sich ihm bot: Alle Mitarbeiter, vom Assistenztrainer bis zum Fitnesscoach, saßen vor Computern. Nach einer Woche kam es Hyballa vor: »Der IT-Mann war schon achtmal da, der kommt bald auch noch aufs Mannschaftsfoto.« Spiele und Trainingseinheiten werden gefilmt und sollen am Computer ausgewertet werden. Bei manchem Verein wie der TSG Hoffenheim tragen die A-Jugendlichen im Training einen Chip am Schuh, der die Geschwindigkeit und Länge jeden Sprints misst. Der gläserne Athlet ist Wirklichkeit geworden.

Diese Generation der 17-Jährigen erwartet, dass ein Trainer ihnen das Spiel in quasiwissenschaftlicher Sprache lehrt. »›Du Depp!‹ könntest du heute gar nicht mehr zu den Spielern sagen«, denkt Peter Hyballa, will er auch gar nicht mehr, er fühlt, dass er mit Ende 30 die Erfahrung besitzt, wie weit er in seiner Leidenschaft gehen kann; er denkt, dass er ein Gleichgewicht zwischen sachlicher Wissensvermittlung und emotionalem Anheizen gefunden hat. Der ideale Trainer heute sei »ein Easy Rider, der Müsliriegel isst«, sagt er. Das Instinktive des alten Fußballs mit dem Durchdachten des modernen Spiels zu vereinen hat er zu seiner Mission gemacht: »Einen Spagat zu schaffen zwischen dem heute angestrebten Roboter-Fußball und dem Spiel freier Künstler – die Quadratur des Kreises suche ich.«

Der Mechaniker im Autohaus Velbert will von Peter Hyballa wissen, was wir mit den abmontierten Winterreifen machen. Peter stockt. Ja, was macht man denn mit abmontierten Winterreifen gewöhnlicherweise?

»Also«, tastet er sich vor, »sind die denn noch zu verwenden?«

»Selbstverständlich.«

»Und dann, also, könnte man die denn dann hier einlagern?«

»Natürlich.«

Na also, feixt Peter Hyballa mit Freude über sich selbst, er lerne doch, sich in der Welt zurechtzufinden.

Vom Croquedil hörte Peter Hyballa im Frühsommer 2014 auf einmal nichts mehr. Nachdem es mit dem Vertrag für das Lokal am Maybachufer nicht geklappt hatte, ließ Mrosko die Idee mit dem Croque-Imbiss fallen. Warum, wusste keiner von seinen Freunden so genau, war er desillusioniert, hatte er es sich anders überlegt, hatte er gemerkt, dass er das Startkapital nicht zusammenbekam. Mrosko machte es mit sich selbst aus.

Er beharrte darauf, dass er mit dem Profifußball abgeschlossen hatte. Er las in der Zeitung, dass Thomas Schaaf neuer Trainer bei Eintracht Frankfurt wurde, und er dachte, das wäre doch ein Weg zurückzukehren, als Scout für Schaaf in Frankfurt, das wäre doch eine geile Arbeit.

Acht Jahre zuvor, im Sommer 2006, war er mit Schaaf durch Portugal gereist. Sie sichteten bei der Junioreneuropameisterschaft, Schaaf für Werder Bremen, Mrosko für Wolfsburg. »Du kannst doch bei mir mitfahren, dann sparst du dir das Mietauto«, bot Schaaf an, er nahm noch zwei weitere Scouts mit, zu viert war die Reise sowieso unterhaltsamer. Sie fuhren in portugiesische Kleinstädte, Aveiro mit den bunten Häusern am Meer, Braga mit dem gigantischen Felsen statt einer Tribüne im Stadion, sie sahen wunderbare Talente, Toulalan für Frankreich, João Moutinho für Portugal, Branislav Ivanović für Serbien. Am letzten Abend lud Mrosko Schaaf und die zwei anderen Scouts aus ihrer Reisegruppe zum Fischessen ein, sie saßen kurzärmlig im Freien, die immer noch warme Luft streichelte die Haut, nur die Grillen zirpten. Die Rechnung beglich Mrosko, ein kleines Dankeschön für Schaafs Fahrdienste.

Als Mrosko die Rechnung beim VfL Wolfsburg einreichte, weigerte sich Geschäftsführer Klaus Fuchs, sie zu übernehmen. Das sei ein privates Mahl, kein Dienstessen gewesen. Ja, Entschuldigung, er sparte dem VfL mindestens 600 Euro für den Mietwagen, da war doch wohl ein Essen als Dankeschön für Schaaf drin, ein ganz normales Fischessen, 150 Euro für vier Personen; er dachte mit und sparte dem VfL Geld und sollte nun auf der Restaurantrechnung sitzen bleiben? Das war nicht in Ordnung, das würde er Herrn Fuchs noch spüren lassen, auf subtile Art.

»Herr Mrosko, was soll das denn?«, fragte Fuchs ein paar Wochen später, dabei sollte er nur zu gut wissen, was das sollte. Bei der nächsten Spesenabrechnung hatte Mrosko als Bewirtungskosten einzelne Bulettenbrötchen am Imbiss in Wedau aufgeführt und sich dafür handgeschriebene Bewirtungsbelege auf schmierigen Abreißblättern geben lassen.

Bei der Erinnerung daran muss er acht Jahre später selbst schmunzeln. Auf was für Späße er als junger Mann gekommen war.

Er nahm zu Schaafs Mitarbeitern Kontakt auf und tatsächlich, sie wollten das Scouting bei Eintracht Frankfurt neu besetzen.

»Ich dachte, du wolltest mit dem Fußball aufhören?«, fragte ihn Sandra.

»Irgendwas muss ich doch arbeiten«, sagte Mrosko. So weit war er noch nicht, um zuzugeben, dass er zwar mit dem Fußball aufhören wollte, andererseits aber nichts lieber machte, als im Fußball zu arbeiten.

Im Juli 2014 fuhr er nach Ungarn, um die Jugendeuropameisterschaft für 18-Jährige zu besuchen. »Was machst du denn hier?«, fragten ihn die Scouts der Bundesligisten, die alten Kollegen, erstaunt. »Ich bin gerade in Wien im Urlaub und dachte, ich fahre mal kurz rüber, um wieder ein bisschen Fußball zu schauen«, sagte Mrosko. Das glaubte keiner, aber es konnte sich auch niemand vorstellen, was er hier tat. Eintracht Frankfurt hatte ihn zum Scouten geschickt. Er schrieb für Thomas Schaaf auch die Gegneranalyse über Eintrachts ersten Gegner im DFB-Pokalwettbewerb, Viktoria Berlin, alles auf Honorarbasis. Es sprach keiner aus, und er wusste es: Sie testeten ihn.

Bernd Pfeifer rief an, um Mrosko die Rückmeldung zu überbringen. Pfeifer war selbst Scout und Trainer Schaaf von Werder Bremen zu Eintracht Frankfurt gefolgt, heutzutage schleppten Bundesligatrainer ihr eigenes Mitarbeiterteam von Klub zu Klub mit. Also, sagte Bernd Pfeifer: Die Berichte über Viktoria Berlin und aus Ungarn hätten ihnen gefallen. Sie würden sich bei der Geschäftsführung dafür einsetzen, dass die Eintracht ihn als Scout einstellte. Also, mal klar gesprochen: Das Ding war durch. Er sollte sich darauf einstellen, nach Frankfurt umzuziehen.

Am anderen Ende der Telefonleitung, in der Riesestraße, wo Neukölln aus Vogelzwitschern und Bäumen am Straßenrand bestand, bemerkte Mrosko, wie lange er das schon nicht mehr gehört hatte: dass ihn jemand gelobt hatte. Es war etwas, was er als Spielerberater vermisst hatte, ohne es definieren zu können: wie sehr ihm das Gefühl abging, zu einer Gruppe zu gehören, sich zugehörig zu fühlen.

Er verwendete Worte wie »Traumberuf« nicht, er würde aber sagen: Fußballscout war sein Ding. Zumindest sich selbst konnte er das schon wieder eingestehen.

Dinge, gar Fehler einzugestehen war nicht so einfach. Er würde auch immer darauf beharren, dass man sich das erst einmal trauen musste, so wie er 2010 in Wolfsburg Kopf an Kopf in ein Wortgefecht mit Sportdirektor Dieter Hoeneß zu gehen, vor einem der mächtigsten Männer des deutschen Fußballs nicht zurückzuweichen. Aber klar, seine Auseinandersetzung mit Dieter Hoeneß hatte ihn den besten Job und vier Jahre gekostet. Noch einmal anfangen zu können wäre ein Geschenk.

Über seinen Bruder fand er in Frankfurt sofort eine Wohnung in der Nähe des Stadions, 320 Euro für 30 Quadratmeter, er freute sich diebisch, wenn er den Freunden von der Miniwohnung erzählte: Das Spartanische stand für seine neue, alte Bescheidenheit; für sein Gefühl, ganz von vorne anzufangen. Morgens um acht ging er eine halbe Stunde laufen, nicht zu lange, damit der Fuß nicht wieder anschwoll, lange genug, damit der Rücken sich entspannte. Er fühlte sich fit, er fühlte sich bereit. Bernd Pfeifer von der Eintracht rief an und sagte ihm, du, jetzt stellen wir erst einmal einen anderen ein, Bernd Legien vom FC Ingolstadt.

Sie waren zur Erkenntnis gelangt, dass sie zunächst vor allem einen Mann für den Innendienst brauchten, der die Einsätze aller Scouts koordinierte. Da schien Legien geeigneter als Mrosko.

Dieser Einschätzung wollte noch nicht einmal Mrosko selbst widersprechen, er war keiner für das Büro, er musste raus, auf die Tribüne, Spieler sehen. Aber hatte er irgendetwas falsch verstanden, hatte er sich zu früh, zu viel Hoffnung gemacht? Nein, nein, versicherten ihm verschiedene Eintracht-Mitarbeiter, sie seien immer noch bemüht, ihn einzustellen. Doch dazu musste erst einmal eine Stelle im Scouting frei oder neu geschaffen werden. So verging der Sommer, dann der Herbst 2014. Mrosko sagte die Miniwohnung in Frankfurt ab.

Auf den roten Kapuzenpullovern, die der A-Jugend des TSV Rudow als moderne Version der alten Trainingsjacke dienen, steht geschrieben: »Denke bescheiden. Fühle Stolz.« Mrosko hat die Pullover besorgt, gratis für die Jungs, dazu graue weite Trainingshosen, wie sie gewöhnlich eher Breakdancer als Fußballer tragen. Unter dem Motto auf den Kapuzenpullovern findet sich, in kleiner Schrift, noch ein Halbsatz: »Sponsored by Tolgay Arslan.«

Mrosko hatte den Bundesligaspieler des Hamburger SV gefragt, ob er nicht die Jungs unterstützen wolle, nur das Beste für die Jungs. Mrosko kannte Arslan aus dessen Spielzeit bei Peter Hyballa in Aachen. Im Januar 2014 trafen sie sich noch einmal in Hamburg zum Essen. Mrosko und Diego wollten Tolgay zu Galatasaray transferieren. Mrosko hatte damals gerade hingeworfen als Spielerberater.

»Ich weiß, du hast eigentlich keinen Bock mehr«, sagte ihm Diego. Aber Ceylan Çalişkan hatte noch einmal bei ihm angerufen: Galatasaray wolle Tolgay Arslan, ob sie da nicht was machen könnten. »Komm, Lars«, sagte Diego, »wir haben was zusammen angefangen, dann mache ich auch nicht ohne dich weiter.«

Am Ende scheiterte ein Wechsel von Tolgay an den vier Millionen Euro, die der Hamburger SV als Ablöse forderte, aber für Mrosko hatte der angebahnte Transfer trotzdem etwas Versöhnliches. Nun, eigentlich draußen aus dem Geschäft, erkannte er, welchen Kitzel das Beratergeschäft haben konnte, das angenehme Gespräch mit Tolgay, das Hin-und-her-Telefonieren mit dem HSV und Ceylan, klappte es, klappte es nicht. In dem Moment hatte der Hochdruck nichts Existenzielles mehr, nichts existenziell Bedrohliches, sondern nur etwas rauschhaft Fiebriges. Auch wenn am Ende statt ein paar Hunderttausend Euro Provision nur ein Satz Kapuzenpullover für die A-Jugend des TSV Rudow heraussprang.

Tolgay Arslan kennt die Rudower Jungs nicht, er hat keinen Bezug zu Berlin. Er kennt nur Mrosko und denkt, dass eine A-Jugend von Mrosko ganz cool sein muss. »Was hat meine Truppe gemacht?«, fragt er Mrosko in SMS-Nachrichten sonntags, nach seinen Bundesligaspielen mit dem Hamburger SV.

Am 9. November 2014 streifen die Jungs die Kapuzenpullover in der Umkleidekabine ab, legen sich die Hände auf die Schultern und versichern einander in einem Kreis ihre Nähe. Shergo wiederholt die taktischen Schlüssel, in der 25-Meter-Zone verteidigen, keine langen Bälle, aber überraschende Flügelwechsel, Mrosko liefert die Emotionen nach, aggressiv sein, ohne Leidenschaft funktioniert Fußball nicht, den Gegner einschüchtern, »okay, Männer?«, ein Nicken, na, dann kommt. »Jambo Liar!«, schreien alle, keine Ahnung, wo der Spruch herkommt, geht doch nur darum, *gemeinsam* zu schreien.

Als sie hinausgehen, knirschen ihre Stollenschuhe auf den Steinplatten zum Fußballplatz, es ist eines der schönsten Geräusche des Fußballs, jeder Spieler erkennt es sofort. Das Knirschen der Stollen klingt nach Aufbruch, nach Erwartung und Hoffnung, nach: Jetzt geht es los.

An der Blechbalustrade vor dem Kunstrasenplatz lehnt die Katze. Lars begrüßt seinen Vater, viel Zeit für eine Unterhaltung bleibt nicht, das Spiel geht los, der Vater versteht es doch, wegen des Spiels ist er doch hier. Das Spiel, nicht der Sekt der Mütter neben ihm, nicht einmal so sehr das Ergebnis, sondern einfach das Spiel interessiert Klaus Mrosko noch immer mehr als alles andere: kluge Pässe, verwegene Dribblings, geschicktes Freilaufen, die Schönheit der Bewegungen, die menschliche Leidenschaft. Vor ein paar Wochen hat er seine Rente angetreten, das sei kein Drama gewesen, sagt Klaus Mrosko, sondern auch nur ein guter Grund, mal wieder ein besonderes Fußballspiel zu organisieren, sein Abschiedsspiel am Amtsgericht Köpenick.

Die Enkel kommen ihn oft besuchen. Da überfrachte er den ganzen Tisch mit Süßigkeiten, klar, seine Töchter seien dann ein wenig sauer, dass er den Kindern zu viel Zucker gebe. Aber ist es nicht herrlich, die Enkel glücklich zu sehen?

Sie sind doch, bei allem, was passiert ist, noch immer eine Familie, findet der Vater und will den Gedanken niemals aufgeben. Bei Björns Primiz, seiner ersten Messe als katholischer Priester, in der Gedenkkirche Maria Regina Martyrum in Charlottenburg, waren die Kinder schon wieder aufgebracht, weil die Mutter unter Valium stand, wie konnte das sein, bei so einem Ereignis, sie würde gar nicht alles mitbekommen. Aber ihr wisst nicht, was für Schmerzen sie leidet, sagte der Vater. Es ist eure Mutter, sagte er.

Lars hatte zu der Primiz heimlich den alten Neuköllner Pfarrer eingeladen, bei dem Björn die Erstkommunion empfangen hatte, dazu Björns Religionslehrer, überhaupt alle Lehrer, an die er sich erinnerte, sogar Björns Kindergärtner. Wie Björn gerührt staunte, als all diese Wegbegleiter auftauchten, dachte Lars stolz.

»Ne, das ist schon alles richtig schön«, sagt der Vater am Rande des Rudower Fußballplatzes. Er meint das Leben. Die Sorgen um Lars macht er mit sich selbst aus.

Er kann nicht ewig warten, ob ihn Eintracht Frankfurt nun doch noch anstellt oder nicht, das weiß Mrosko. Die, die mit ihm vom Fußball träumten, haben sich mit Ende 30 entweder im Spiel etabliert wie Peter Hyballa oder in andere Berufe abgesetzt. Diego arbeitet nun als Abteilungsleiter in einem großen Sportartikelgeschäft. Shergoal ist Polizist. Das Busfahren hielt sein Knie nicht aus. Aber Polizist ist schon in Ordnung, geradezu ironisch in Anbetracht seines bisherigen Lebens. Objekt- und Personenschutz heißt sein Dienstbereich, viel vor Gebäuden im Auto herumsitzen und gucken, okay, Fußballspielen war spannender, aber »ist jetzt halt 'ne andere Ära«, sagt Shergoal.

Gelegentlich ist Mrosko dank eines Bekannten für Nike als Scout unterwegs, um potenzielle Werbestars unter den jungen Fußballtalenten zu identifizieren, aber er weiß, er braucht eine richtige Arbeit. Dachdecker geht mit seinem Fuß nicht mehr, auch wenn ihm der Beruf gefiel, so hoch über der Stadt. Er ist ungelernt. Aber Bestatter werden immer gesucht, hat ihm ein Kumpel erzählt. Oder wenn er sich als Tankstellenpächter versucht? Wenn er über die verschiedenen Möglichkeiten nachdenkt, fällt ihm immer wieder Eintracht Frankfurt ein. Und wenn es doch noch klappt? Er weiß, er sollte nicht mehr zu optimistisch sein, schon aus Selbstschutz, aber gegenüber anderen Scouts oder Spielerberatern betonen die Eintracht-Scouts standhaft, dass sie ihn gerne dazuholen möchten, die von oben müssten ihnen bloß endlich die Stelle genehmigen.

Bald ist er 38. In seinem Selbstbild hatte er sich in diesem Alter immer mit Kindern gesehen. Hat nicht geklappt, manche Sachen klappten halt nicht. Sandra und er haben sich im Sommer 2014 getrennt. Besser nicht darüber reden, besser den Schmerz nicht provozieren, auch wenn sie sich, Widersprüche des Lebens, seit der Trennung gut verstehen. Doch wenn er sich in jüngeren Jahren sein Leben mit 38 vorgestellt hatte, dann hatte er immer auch eine weitere Gewissheit gehabt: Fußball würde in diesem Leben eine Rolle spielen. Ein paar Monate würde er noch auf Eintracht Frankfurt warten.

Zum Jahresbeginn 2015 meldet sich Mrosko arbeitslos und beginnt, um die Zeit des Wartens auf die Eintracht zu überbrücken, ehrenamtlich zu arbeiten. Um sechs Uhr früh fährt er mit einem Kleinbus los und sammelt die Kinder ein. Er hebt sie aus ihren Rollstühlen in den Bus, er lacht viel und versucht, auch durch Gesten zu ihnen zu sprechen. Ein Junge spuckt nach ihm, und Mrosko redet liebevoll weiter. Wenn sie halbwegs vollständig sind, macht er die CD an. Wolle Petry würde den Kindern sicher auch gefallen, »Einfach geil – endlich frei«, aber der wahre Hit, hat er herausgefunden, sind spanische Kinderlieder. Er dreht die Musik auf, nicht zu laut, damit keiner Angst kriegt, *»Veo, veo, que ves?«*, die Kinder klatschen mit, klatschen können die Kinder doch, die haben ein Rhythmusgefühl, da ist Stimmung im Bus, da kriegt man richtig gute Laune, mit den Kindern im Bus. »Hier kommt der Partybus«, sagt Mrosko, als sie die Schulen für gehandicapte Kinder in Marienfeld und später am Wannsee ansteuern. Als er ein siebenjähriges Mädchen aus dem Bus hebt, verlangt sie durch Laute und Gesten, dass er ihr seine Wange hinhält. Das Mädchen streichelt die Wange. Um 14:45 Uhr holt Mrosko die Kinder wieder ab und bringt sie nach Hause.

Er hört die Diagnosen von den Eltern, Autismus, Down-Syndrom, aber er will mehr über die Kinder wissen. Er geht für ein paar Tage mit ihnen in die Schule. In einer Klasse kommen auf fünf Kinder vier Pädagogen, manchmal fünf. Sie üben mit den Kindern zählen, sie erklären ihnen, wie man die Gabel benutzt, wie man einen Ring über einen Stab wirft. Und niemand merkt den Pädagogen an, dass sie das schon Dutzende Male mit denselben Kindern versucht haben. Als er aus der Schule tritt, sagt sich Mrosko, die Eindrücke werde er mit in seinen nächsten Beruf nehmen, was immer das sein wird, und die Eindrücke werden ihn gelassener machen, dankbarer.

Eine Woche später kehrt er in die Schule zurück. Er leitet für die, die stehen und gehen können, den Sportunterricht für einen Tag. Er lässt die Kinder tanzen, »Aram Sam Sam« und »Veo, veo«. Dann holt er den Fußball heraus. Er passt, und irgendwann kriegt er den Ball von einem Jungen tatsächlich zurück, »sauberer Pass!«, ruft Mrosko, und sein Lachen versteht jeder, »sauberer Pass!«

»Geil«, sagt Shergo am 9. November 2014 am Rande des Rudower Fußballplatzes zu Mrosko, »die haben alle Kunstrasenschuhe an.« Mrosko lacht diebisch.

Der Platz an der Neuköllner Straße ist mit Kunstrasen ausgelegt. Doch bei Regen wird er ungewöhnlich glitschig, Kunstrasenschuhe, ohne Stollen an der Sohle, geben kaum noch Halt. »Was ist denn das für ein scheiß Platz!«, flucht der Linksaußen des BFC Dynamo nach wenigen Spielminuten, als er bei einer Drehung wieder weggerutscht ist. Mrosko und Shergo versuchen gar nicht, ihr Prusten zu verbergen.

Sie sitzen in Campingstühlen am Spielfeldrand. Haben sie sich hingestellt, ist doch cool, Trainer in Campingstühlen. Aber dann treiben die Gefühle des Spiels sie doch nach wenigen Minuten auf die Beine. Die Jungs des BFC Dynamo besetzen den Raum in ihrer Spielhälfte dicht gedrängt, professionell gestaffelt, in der vierten Spielklasse der A-Jugend, und dann passen sie den Ball hin und her, von links nach rechts und zurück, in der Erwartung, irgendwann eine Lücke in Rudows Verteidigung zu erspähen und mit einem langen Pass hineinzustechen. Shergoals und Mroskos Team dagegen greift mit flachen Passkombinationen an, riskiert kurze Steilpässe, wenn wir hier, in der vierten Spielklasse der A-Jugend, nicht mehr versuchen, eleganten Fußball zu spielen, wo dann, finden Shergoal und Mrosko. Aber Mitte der zweiten Halbzeit markiert der BFC Dynamo mit einem vereinzelten Konter das 0:1.

Ist doch ein Drecksspiel, Fußball.

Der Himmel über Berlin wird an diesem Tag sein Grau nicht mehr abschütteln. Es regnet nicht, aber die Luft ist so feucht, dass man glaubt, nass zu werden. Mrosko setzt sich wieder in den Campingstuhl und muss, ohne dass er es merkt, angesichts des spannenden Spiels gleich wieder aufstehen. Er hat noch nie im Leben ein Fußballspiel gesehen, das ihn gleichgültig ließ. Er erinnert sich, wie er mit Anfang 20 einmal mit seiner damaligen Freundin Antje im Park in Lichterfelde spazieren ging. An einem Sportplatz blieb er stehen.

»Was ist denn?«

»Warte mal, den kenne ich.«

Eine Mannschaft alter Männer wärmte sich auf.

»Markus!«

»Mensch, Lars, was machst du denn hier?«

Ein Arbeitskollege des Vaters vom Amtsgericht bereitete sich mit der Betriebssportelf Rot-Schwarz 65 auf ihr Seniorenspiel vor. Markus wollte einen Witz vor Mrosko und dieser schönen jungen Frau machen. »Wir haben keinen Schiedsrichter, willste nicht pfeifen?«

»Klar«, sagte Mrosko.

»Das ist nicht dein Ernst?«, sagte Antje, aber sie musste ahnen, dass es ihm natürlich ernst war.

90 Minuten lang wartete Antje im Park, bis Mrosko die Partie der Betriebssportliga abpfiff. Vielleicht war es kein Wunder, dass sie, wie so viele Frauen in seinem Leben, versucht hatte, ihn zu verändern.

Die letzte Spielminute im Spiel der vierten A-Jugendliga zwischen dem TSV Rudow und dem BFC Dynamo läuft. Shergo, der für Union in der zweiten Bundesliga stürmte, und Mrosko, der Edin Džeko für Wolfsburg sichtete, rudern mit den Armen, nach vorne!, nach vorne!, sie rufen, obwohl sie wissen, dass ihre Spieler sie nicht hören werden: »Komm, Ramiz, jetzt schieß!«, »Schieeeß!« Und Ramiz schießt.

Der Schiedsrichter, der 17 Euro für die Leitung des Spiels erhält, hat sich schon entschieden, nach diesem Angriff abzupfeifen. Und Ramiz schießt den Ball ins Tor, aus 18 Metern, genau ins untere rechte Toreck, zum 1:1, nicht in der letzten Spielminute, sondern in der letzten Spielsekunde. Mrosko rennt auf das Spielfeld, er vergisst seine Ferse, er umarmt die Jungs. Er weiß nicht, ob Eintracht Frankfurt ihn nehmen wird, er weiß nicht, was aus seinem Leben wird, er weiß nur, dass er diesen Moment unverändert liebt.

Anmerkungen

Ich möchte mich ganz herzlich bei Lars Mrosko, seiner Familie und seinen Wegbegleitern für die Offenheit und Geduld bei unseren Gesprächen bedanken. Mir standen bei meinen Recherchen auch für die hundertste Nachfrage und Überprüfung alle Türen offen. Das ist keine Selbstverständlichkeit, weshalb ich es aufrichtig zu schätzen weiß. Ein besonderer Dank gebührt auch Jörg Diehl, dem Autor des Buchs »Rockerkrieg«, der Lars Mrosko und mich zusammenbrachte.

Dieses Buch basiert auf den Erinnerungen von: Adam dem Spirituosen-Dieb, Andreas Bergmann, Shergo Biran, Klaus Brüggemann, Sven Brux, Wolfgang Dremmler, Kaan Ergün, Uwe Erkenbrecher, Torsten Fröhling, Ursula Gerlach, Mike Glindmeier, Dieter Hoeneß, Peter Hyballa, Alexander Jakowitz, Mario Jurcevic, Lorenz-Günther Köstner, Ronald Lotz, Felix Magath, Sandra Metzdorf, Björn Mrosko, Brygida Mrosko, Lars Mrosko, Klaus Mrosko, Joachim Philipkowski, Christian Pothe, Daniel Reiche, Jürgen Rehberg, Markus Schatte, Dieter Schatzschneider, Stephan Schmidt, Klaus Schumann, Gökhan Senol, Bernd Sudholt, Jens Todt, Uwe Vester, Thomas Westphal.

Darüber hinaus haben mir geholfen: Björn Andersson, Barbara Baumgartner, Reinaldo Coddou, Jan Döhling, Denis Fengler, Maximilian Geis, Hauke Hungerland, Markus Kauczinski, Armin Kraaz,

Markus Lotter, Jörg Nabert, Jörg Neblung, Lutz Schnedelbach, Thomas Tebbe, Benedict Wells, Peter Wenig.

Bernhard Janssen, der langjährige Nachwuchskoordinator des VfL Wolfsburg, teilte mit, die Presseabteilung des VfL gestatte ihm leider nicht, über Lars Mrosko zu sprechen.

Gespräche, die zum Großteil Jahre zurückliegen, lassen sich nicht mehr im exakten Wortlaut wiedergeben. Sie sind in diesem Buch im Wortsinn nacherzählt, aus der Erinnerung und im Ton der jeweiligen Person. In einigen wenigen Fällen basieren die Dialoge ausschließlich auf den Schilderungen von Lars Mrosko.

Verwendete Literatur:

Bjørnstad, Ketil: »Vindings Spiel«, Frankfurt, 2006.

Kuhrt, Hungerland & Kösling: Prozessakte Lars Mrosko gegen FC St. Pauli, Arbeitsgericht Hamburg, 2003.

Perarnau, Martí: »Herr Guardiola«, München, 2014.

Ruf, Christoph: »Die Untoten vom Millerntor«, Köln, 2004.

Benutzte Zeitungs- und Internetarchive:

11 Freunde, Aachener Zeitung, B. Z., Berliner Morgenpost, Berliner Zeitung, Bild-Zeitung, Frankfurter Allgemeine Zeitung, fussballdaten.de, Die Fußball-Woche, Hamburger Abendblatt, Hamburger Morgenpost, Märkische Allgemeine, kicker-Sportmagazin, Der Spiegel, Süddeutsche Zeitung, Stern, Der Tagesspiegel, transfermarkt.de, Die Welt, Wolfsburger Allgemeine Zeitung, Die Zeit.

Geschrieben wurde »Mroskos Talente« zur Musik von Al Stewart, Stevie Nicks, Dire Straights und den Killers. Das Lied *Year of the Cat* zum Beispiel, acht Stunden lang, 73 Mal hintereinander.

Danksagung von Lars Mrosko

Ich möchte mich bei allen bedanken, die bewusst oder unbewusst zum Gelingen dieses Buches beigetragen haben. Insbesondere beim Autor Ronald Reng, der vieles während unserer Gespräche kritisch hinterfragte und mich des Öfteren zum Nachdenken anregte. Bei meiner Familie, meinen Freunden und Weggefährten. Aber auch bei jenen, die mir – oftmals nicht vergebens – zu mehr Diplomatie geraten haben.

Ich werde daran arbeiten!

Fußball ist Magie, ein Spiel, das Menschen verzaubert. Jeder, der die Augen schließt und sich an die Fußballspiele seiner Kindheit erinnert, wird noch einmal das schiere Glück spüren, einen Ball zu schießen, wird noch einmal das Zusammengehörigkeitsgefühl einer Mannschaft genießen und den Geruch einer Umkleidekabine oder eines Rasenplatzes in der Nase haben. Ich wünsche jedem Fußballer und jedem Mitarbeiter im Profifußball, dass es ihm gelingt, sich bei aller Ernsthaftigkeit und Verbissenheit des Geschäfts immer mal wieder an die unschuldige Schönheit des Sports zu erinnern. Denn bei allem Streben nach Erfolg, Ruhm und Reichtum ist das Beste am Fußball am Ende doch genau dies: dass es ein Spiel ist, das uns beim Spielen glücklich machen kann.

Das Buch würde ich in aller Bescheidenheit gern meinen Großeltern widmen, Oma Dora, Opa Locke (†) und Oma Annchen sowie Hermann Bley (†) und Adolf Remy.

Bildnachweis

Thorsten Baering *Seite 67*
Getty Images/Hans-Joerg Richter *Seite 53*
Lars Mrosko privat *Seiten 37, 84, 113, 130, 189, 229, 231, 329, 342, 390*
picture alliance/dpa/Jochen Lübke *Seite 257*
picture alliance/dpa/Fritz Rust *Seite 163*
picture alliance/dpa/Miguel Villagran *Seite 17*
Simon Puschmann *Seite 57*
Witters *Seite 215*

Das Buch, das Robert Enke selbst schreiben wollte.

Ronald Reng

Robert Enke

Ein allzu kurzes Leben,
Mit 30 Abbildungen

Piper Taschenbuch, 432 Seiten
€ 11,00 [D], € 11,40 [A]*
ISBN 978-3-492-27316-9

Robert Enke war eine außergewöhnliche Persönlichkeit im deutschen Tor. Mit 20 berufen, für den legendären FC Barcelona zu spielen, war er mit 25 ein vergessenes Talent. Als es schon fast zu spät schien, etablierte er sich doch noch als Weltklassetorwart. Ronald Reng – Journalist, Torwart und ein Freund Enkes – erzählt die Geschichte hinter dem öffentlichen Menschen. Enkes Selbstmord berührte und erschütterte Deutschland weit über die Welt des Fußballs hinaus.

* Cover- und Preisänderungen vorbehalten

Leseproben, E-Books und mehr unter **www.piper.de**